中国社会科学院　学者文选

张泽咸集

中国社会科学院科研局组织编选

中国社会科学出版社

图书在版编目（CIP）数据

张泽咸集／中国社会科学院科研局组织编选. —北京：中国社会
科学出版社，2007.12（2018.8 重印）

（中国社会科学院学者文选）

ISBN 978 - 7 - 5004 - 6568 - 3

Ⅰ.①张…　Ⅱ.①中…　Ⅲ.①张泽咸—文集②经济史—中国—
古代—文集　Ⅳ.①F129.2 - 53

中国版本图书馆 CIP 数据核字（2007）第 181146 号

出 版 人　赵剑英
责任编辑　冯广裕
责任校对　刘菊静
责任印制　郝美娜

出　　　版　中国社会科学出版社
社　　　址　北京鼓楼西大街甲 158 号
邮　　　编　100720
网　　　址　http：//www.csspw.cn
发 行 部　010 - 84083685
门 市 部　010 - 84029450
经　　　销　新华书店及其他书店

印刷装订　北京市十月印刷有限公司
版　　　次　2007 年 12 月第 1 版
印　　　次　2018 年 8 月第 2 次印刷

开　　　本　880×1230　1/32
印　　　张　17
字　　　数　409 千字
定　　　价　99.00 元

出 版 说 明

一、《中国社会科学院学者文选》是根据李铁映院长的倡议和院务会议的决定，由科研局组织编选的大型学术性丛书。它的出版，旨在积累本院学者的重要学术成果，展示他们具有代表性的学术成就。

二、《文选》的作者都是中国社会科学院具有正高级专业技术职称的资深专家、学者。他们在长期的学术生涯中，对于人文社会科学的发展作出了贡献。

三、《文选》中所收学术论文，以作者在社科院工作期间的作品为主，同时也兼顾了作者在院外工作期间的代表作；对少数在建国前成名的学者，文章选收的时间范围更宽。

中国社会科学院

科研局

1999 年 11 月 14 日

目　录

编 者 的 话

1956年我从武汉大学毕业，分配来中国科学院哲学社会科学学部（今中国社科院前称）历史一所工作，至今已逾半个世纪。几十年来，我一直在历史研究所学习与工作。

回顾既往，非常惭愧。1956—1976年的二十年间是我人生的黄金年华时期，那时精力充沛，理应学有所成。为庆祝历史所创建五十周年（1954—2004），我在2003年写了篇短文《关爱与奋进》，其中提到历史所内和我年龄大抵近似的这一代，"除个别人在某方面有较深造诣者外，整体学术水平实难与前辈学者比肩，明显是跌入了低谷，真正改变中衰的学术劣势只能寄托于广大中青年大众了。五十年风风雨雨，诱惑与浮躁的社会大环境，短视使人们不能或不愿坐冷板凳，下苦功夫；乐于追风或是长期飘浮，造成了学术上的贫困"。我是常常跟不上变化多端的时代潮流，个人想治学而不可得，既无家学渊源，又无多少时光保证个人进行学习，跌跌撞撞五十年，感谢历史所几位学术前辈对我的提携，引导我缓慢步入学术殿堂，拓展了自己的学术视野，治学有所进步。明确历史研究必须读原著，重思考，不能走马观花，要尊重前人成果，尽可能不使用间接资料，要有正确的理论依据和必要的实证探求。经过多年的摸索，我确定自己的研究范围是在汉、宋之间，上溯源于春秋、战国，下及于大一统的元代。《从中西对比，看中国汉宋之间封建经济结构的若干特点》一文，集中代表了我对中国中古史与西欧中世纪史的异同看法。我收集了百万计的资料卡片，准备写作《汉宋时期农业》，拟从十个方面具体写作较大型的农业史。1996 年，右目视力突然不及 0.2，已有近二十年的冠心病也常常报警，我只好赶紧收缩工作面，改为采用分区域将两个统一盛世（汉、唐）和两个分裂时期（六朝、宋辽金夏）分别写出其发展变化。结果，宋辽金部分仅写出两章初稿，脑血栓病大发作，只好戛然中止继续写作，缓慢删削形成《汉晋唐时期农业》。不止此也，我曾是上海师大的兼职教授，1987 年，我给该校硕士生讲授一个月《汉宋间的寺院和寺院经济》，当时写了讲授提纲，分列六个专题，并备有万余张卡片资料，返京后，拟据此写一本 15—20 万字左右的书，结果只写了几千字便因自己对佛教内律所知极少，写作遇上麻烦，一时又无法迅速补课，由是只好停止继续写作。聊举事例，说明我治学根底浅薄，无所作为。五十年主要是近三十年内，我写了几本书，发表了几十篇论文，文字数量并不算很少，终因学力浅薄，学术创新甚少，挑战权威乏力。所写论文，除《一得集》（2003 年，兰州大学出版社）所收之外，这次所收 23 文，原题《汉晋唐史论》，乃就文内主旨而言，内容粗疏，目前精力已无法加以清理修订。首篇写《粮食生产》一文，得益于王曾瑜、郭松义二位朋友鼎立合作而成，特书此以志谢意。

略论中国战国至清代的粮食生产

　　纵观我国二千余年粮食生产的发展历史,不难发现,粮食生产始终囿于小生产的手工劳动水平,发展速度相当缓慢;但也必须承认,由于历代农民的辛勤劳动,在小生产手工劳动的范围内,随着生产经验的积累,农民们逐步地实行精耕细作,扩大复种指数,提高亩产量,形成了一条独特的中国粮食生产发展的道路,积累了相当丰富的农学遗产。我们应当珍视古代粮食生产的成就,并对其缺陷给予历史的分析和科学的说明。

一　作物品种的变化

　　二千多年来,我国各类粮食作物品种在粮食总产量中的比重,并不是一成不变的。

　　早在周代,《诗经·噫嘻·载芟·甫田》等篇屡屡提到"播厥百谷",可知当时粮食作物品种繁多。大致说,那时是以黍和稷为主。到战国时代,菽(豆)和粟逐渐成为主要粮食作物。《墨子》卷2《尚贤中》说:"菽粟多,而民足乎食。"孟子、荀子等也往往以菽、粟并称①，稻、麦则居于次要地位。《论语》卷9《阳货》记孔子说："食夫稻，衣夫锦，于女安乎?"稻与锦并称，显然当时的稻还是比较稀有的作物。

汉代，菽的地位有所下降，粟是最重要的粮食，其次则是麦。汉初，"漕转山东粟，以给中都官，岁不过数十万石"。七十余年间，"太仓之粟陈陈相因，充溢露积于外，至腐败不可食"。至武帝元封元年（前110年），"山东"漕粟岁增至六百万汉石（《史记》卷30《平准书》）。当时有输粟拜爵之制，又有纳粟免罪之法，甚至官品也以粟的数量为单位，有二千石、千石等品级，充分反映了粟在粮食生产中具有举足轻重的地位。董仲舒对汉武帝说："《春秋》他谷不书，至于麦、禾不成则书之，以此见圣人于五谷最重禾与麦也。"他认为关中"俗不好种麦"，"损生民之具"，汉武帝因此派"遣谒者劝种宿麦"（《汉书》卷24《食货志》）。氾胜之在关中便以推广种麦而著名（《晋书》卷26《食货志》）。这都说明麦的生产在汉代比以往受到了重视。《后汉书》所载东汉皇帝对粮食生产所下的十几次诏书，其中有九次涉及麦②，显示了麦在粮食生产中的比重在不断增长。

两汉以粟、麦为主的粮食生产结构是北方作为全国经济重心的反映。两汉以降，北方的粮食生产在较长时期内仍以粟、麦为主。北朝贾思勰的《齐民要术》卷1认真总结了北方的农业生产经验，把粟放在首位，详细介绍粟的品种达九十七种，并按其习性区分为早、晚、耐旱、易春、味美等类。这表明粟的生产有了相当高度的发展。北朝至隋唐的田租、唐代的地税和两税中的

---

① 参看《孟子》卷14《尽心》；《荀子》卷9《王制》。《管子》卷5《重令》。

② 《后汉书》卷1，光武帝建武五年五月诏。又卷2，明帝永平四年二月诏，十年四月诏，十八年四月诏。又卷3，章帝建初五年二月诏。又卷4，和帝永元五年二月诏。又卷5，安帝延平元年十月诏，永初三年七月诏，永初五年闰三月诏。

田亩税，原则上仍以粟为标准。宋朝两税"谷之品七，一曰粟，二曰稻，三曰麦，四曰黍，五曰稷，六曰菽，七曰杂子"（《宋史》卷174《食货志》；《文献通考》卷4《田赋》）。实际是以粟、稻、麦三类为主。金朝两税主要"输送粟、麦"。金世宗时，"天下仓廪贮粟二千七十九万余石"（《金史》卷50《食货志》）。元代王祯是山东人，他在南方做官，所作《农书》仍列粟为百谷之首，说"粟之于世，岂非为国为家之宝乎"！

两汉以后，江淮以南的山地、丘陵虽也种粟，但远远不及推广种麦那样有成效。东晋元帝太兴元年（318年）下诏说："徐、扬州土宜三麦，可督令燧地，投秋下种"（《晋书》卷26《食货志》）。宋文帝元嘉二十一年（444年），因水稻歉收，令南徐（今江苏镇江）、南兖（今江苏扬州）、南豫州（今安徽和县）"及扬州、浙江西属郡，自今悉督种麦，以助阙乏"（《宋书》卷5《文帝纪》）。二十年后，宋孝武帝又下令东境诸郡种麦，"尤弊之家，量贷麦种"（《宋书》卷6《孝武帝纪》）。唐宋时，仍沿袭这种在南方推广种麦的方法。南宋时，大批北人南徙，加之军队马料需用大麦，刺激了麦类生产的发展，"农获其利，倍于种稻"，"而种麦之利，独归客户。于是竞种，春稼极目，不减淮北"（庄季裕《鸡肋编》卷上）。由于南宋推行麦、稻两熟制，麦类生产并不影响种稻，所以南方种麦非常盛行。南宋末，至有"天下百姓皆种麦"之说（《黄氏日抄》卷78《咸淳七年中秋劝种麦文》）。当然，此说自含有夸大的成分。在北方，元人王祯说，"大、小麦，北方所种极广"（《农书》卷7《大小麦》）。至此，麦显然已取代粟，居北方粮食生产的首位。明人宋应星说："四海之内，燕、秦、晋、豫、齐、鲁诸道，烝民粒食，小麦居半，而黍、稷、稻、粱仅居半。西极川、云，东至闽、浙、吴、楚腹焉，方长六千里中，种小麦者二十分而一，磨面以为捻头、

环饵、馒首、汤料之需，而饔飱不及焉。"（《天工开物》卷上《乃粒》）

我国种植水稻的历史也很悠久。在汉代，黄河流域已有不少地方种稻，西汉《氾胜之书》说："春冻解，耕反其土……冬至后一百一十日可种稻。稻地美，用种亩四升。始种稻欲温，温者缺其塍，令水道相直，夏至后大热，令水道错。"（《齐民要术》卷2《水稻》引）这是适应华北春季气温低，为保证按时种稻采取控制水流以调节稻田水温的技术。东汉《四民月令》说："三月可种粳稻，稻美田欲稀，薄田欲稠。"（《全后汉文》卷47）这是根据田土的性质以分别下种的稀稠。可见汉代的水稻生产已积累了相当的经验。但由于黄河流域的气温、雨量等条件，水稻生产未能在北方取得重大发展。

水稻生产的发展是和南方开发、经济重心的南移密切相联系的。江淮以南，温润潮湿，适宜水稻生长，但在汉代，江南地广人稀，人们虽"饭稻羹鱼"，种稻乃是"火耕水耨"，生产技术水平低下[1]。成都平原由于战国时已修筑了都江堰水利工程，沃野千里，加以气候适宜，是著名稻产区。东汉以来，特别是孙吴在江东立国后，北人大批南下，带来了先进农业技术，长江下游一带水稻生产才得到较快发展。六朝时期，历代征收租赋都以稻谷计算。东晋太和六年（371年），"丹杨、晋陵、吴郡、吴兴、临海五郡又大水，稻稼荡没，黎庶饥馑"（《晋书》卷27《五行志》）。说明水稻对当时国计民生的极端重要性。

隋朝统一南北，在华北的关中、河南等地推广种稻，而水稻的主要产地仍在南方。南北大运河的修建，促进了我国的南粮北运。唐初，稻米北运岁不过二十万石，中唐以来，便增至二三百万石

---

① 参看《史记》卷129《货殖传》；《汉书》卷6《武帝纪》。

(《新唐书》卷53《食货志》)。北宋太宗时，规定南米漕运额为三百万石，后又增至六百万石（《续资治通鉴长编》卷34 淳化四年）。北宋中期的田渊说："江、淮民田十分之中，八、九种稻"（《宋会要辑稿·食货》7 之13）。漕运额的显著增长，正是和南方普遍种稻及其产量提高密切相关的。可以说，早则唐朝，晚则北宋，稻谷产量已经后来居上，成为我国的首要粮食作物。

玉米和甘薯原产美洲，明朝中叶以后传入中国①。清人包世臣说，玉米生长不择地，"瓦砾山场皆可植，其嵌石罅尤耐旱，宜勤锄，不须厚粪，旱甚亦宜溉"，"收成至盛，工本至轻，为旱种之最"（《齐民四术》卷1《辨谷》）。邓林《包谷谣》亦称"天降嘉谷，不择硗确"（《乾隆洵阳县志》卷11《物产》）。《乾隆芷江县志》说，玉米"近时楚中遍艺之……垦山为陇，列植相望。岁收子，捧米而炊，以充常食，米汁浓厚，饲豕易肥"。甘薯生长也不择地。徐光启说，南北各地，"皆可种之以助人食"，他列举甘薯有"十三胜"，说"此种传流，决可令天下无饿人也"②。清初刘献廷《广阳杂记》卷5说，甘薯"种沙地中，易生而极蕃衍"。玉米和甘薯的不择土质，所费工本少，产量高的优点，便是它们受到人民欢迎，得以迅速推广种植的重要原因。

---

① 参看《清史资料》第7辑《有关玉米、番薯在我国传播的资料》，中华书局，1989年。

② 《农政全书》卷27《树艺》。他所说"十三胜"是（1）一亩收数十石；（2）色白味甘，于诸土种中，特为敻绝；（3）益人与薯蓣同功；（4）遍地传生，剪茎作种，今岁一茎，次年便可种数百亩；（5）枝叶附地，随节作根，风雨不能侵损；（6）可当米谷，凶岁不能灾；（7）可充笾实；（8）可以酿酒；（9）乾久收藏屑之，旋用饼饵，胜用饧蜜；（10）生熟皆可食；（11）用地少而利多，易于灌溉；（12）春夏下种，初冬收入，枝叶极盛，草薉不容其间，其间但须壅土，勿用耘锄，无妨农功；（13）根在深土，食苗至尽，尚能复生，虫蝗无所奈何。

种植玉米最早的记载，据专家研究是明正德《颍州志》（1511年）。到崇祯十六年（1643年），有文献记载种植玉米的是北直、山东、河南、陕西、南直、广东、广西、云南、浙江、福建十省。清代至1840年前，更推广到四川、贵州、湖南、湖北、江西、山西，乃至东北盛京、西北新疆以及台湾等地。不少地区的人民以玉米为主食，如川、陕、鄂交界的大巴山区，"夏收视麦，秋成视包谷，以其厚薄定岁丰歉"（严如煜：《三省边防备览》卷11《策略》）。江西宁州（今修水）、武宁一带，也"长年藉此以为粮"（同治《南昌府志》卷8《土产》）。

甘薯自明万历年间传入闽、广以后，很快推广种植于东南沿海各省区。清朝乾隆时，一再下诏"广为栽种"和"劝种"①接济民食，于是，北方如胶东一带，"蕃衍与五谷等"（道光《胶州志》卷14《物产》）。南方如四川等地也出产甘薯极多。乾、嘉以来，甘薯便成为广大贫苦农民的重要食粮。玉米和甘薯的推广种植，使我国原来很多不能种粮的山地、沙土之类得到了充分利用，从而大大增加了粮食的产量。

综述二千多年来我国粮食品种变化的历史，总的趋势是稻谷、玉米、甘薯等高产作物的比重逐步增加，而粟、黍、菽等低产作物的比重逐步缩小。当然，高产和低产的概念是相对的，本文所述，也仅限于中国古代的生产水平而言。

二 耕地面积的扩大

耕地面积的扩大，大致可以反映古代粮食生产的广度。西周

---

① 《清高宗实录》卷1234，乾隆五十年七月辛酉；又同书卷1236，乾隆五十年八月庚辰。乾隆《济宁直隶州志》卷2《物产》。

和东周之交黄河中下游地区，可耕而未垦的荒地还有很多。春秋战国之际，由于铁制农具和耕犁的逐渐推广使用，才使黄河中下游地区得到了较普遍的开发。

我国历代皇朝留下了若干垦田数字，在研究经济发展史时应该作为参考。但在使用时需持慎重态度，因为这些数字与实际状况显然有出入或者有极大的出入。以汉、唐情况为例。西汉平帝时耕地为八二七万汉顷，依每汉亩约折合 0.6916 市亩计[①]，约为五亿多市亩。东汉现存五个耕地数字，少者六八九万汉顷，多者七三二万顷，折合市亩为四亿至五亿亩之间。我们知道，汉代（特别是西汉）的耕地主要集中于黄河中下游的狭长地带，据1954 年统计，整个黄河流域的耕地面积是六亿五千万亩[②]。由此可见，史书所记汉代耕地数仍然偏高。隋代耕地，文帝时为一九四〇万隋顷，炀帝时为五五八五万隋顷。依每隋亩折合约 1.1 市亩计[③]，已大大超过现代中国的耕地数。唐玄宗时，耕地有一四四〇万唐顷，依每唐亩折合约 0.81 市亩计[④]，约为十二亿市亩，隋、唐时的耕地数显然不会符合实际情况[⑤]。宋、元、明、清历代都有一些耕地数字，这里不一一列举。不要忘记，我国历代的耕地统计往往局限于中原地区的皇朝，边疆少数民族的聚居地和若干与中原政府并立的政权的耕地数，一般都缺乏统计资料。因此，我们不宜轻率地将历代诸皇朝提供的数字作为研究古代耕地

①　汉亩折算市亩，系据王达《试评〈中国度量衡史〉中周秦汉度量衡亩制之考证》，载《农史研究集刊》第一册（1959 年）。

②　邓子恢《关于根治黄河水害和开发黄河水利的综合规划的报告》，载 1959年 7 月 20 日《人民日报》。

③　依一隋亩为八六四〇平方隋尺，一隋尺为 29.6 厘米计算。

④　依一唐亩为六千平方唐尺，一唐尺为 30 厘米计算。

⑤　参看汪篯《史籍上的隋唐田亩数非实际耕地面积》，载 1962 年 8 月 5 日《光明日报》。我们的计算和汪先生有所不同，但基本结论是一致的。

面积变化的依据。

自战国以至于清代，我国耕地面积总的趋势无疑是逐步扩大的。它的主要表现是广大南方与边疆的开发以及山区梯田的修建。

（1） 南方的开发

战国和秦汉时期，江淮以南，草木丛生，仍属未开垦的地区。《盐铁论》卷1《通有》说，荆、阳（扬）地区，"伐木而树谷，燔莱而播粟，火耕而水耨，地广而饶财"。这种火耕水耨的开荒方式，对南方的初期开发起了相当大的作用。西晋初，杜预说，"诸欲修水田者，皆以火耕水耨为便……往者东南草创人稀，故得火田之利"（《晋书》卷26《食货志》）。可见两汉在南方的垦荒，取得了某些成效。此后，经历了立国于江南的六朝时期长期耕垦，长江下游和太湖流域的农业有了巨大进展。沈约说："会土带海傍湖，良畴亦数十万顷，膏腴上地，亩直一金，鄠、杜之间不能比也。荆城跨南楚之富，扬部有全吴之沃。"（《宋书》卷54《孔季恭传·论》）可知会稽郡一带到南朝时，生产水平已可与华北关中并驾齐驱。但是，孙吴和南朝对南方的开发，主要着重于长江下游一带。"宁饮建业水，不食武昌鱼"的民谣，是孙皓迁都武昌，"民泝流供给，咸怨毒"的反映（《宋书》卷31《五行志》），它说明当时长江中游的生产比较落后。

隋唐时代，长江下游地区农田水利有新发展，粮食生产继续上升，"机杼耕稼，提封七州，其间茧税鱼盐，衣食半天下"[1]。自中唐以来，北方藩镇割据，生产很受影响，"江、淮田一善熟，则旁资数道，故天下大计，仰于东南"（《新唐书》卷165

---

[1] 《全唐文》卷748，杜牧《李纳除浙东观察使兼御史大夫制》。

《权德舆传》)。

四川在两汉时期所开发的耕地局限于川西的蜀、广汉和川东的巴郡等少数地点。经历蜀汉和南朝，到隋唐时，已有较广泛的垦辟。如成都府在隋代设蜀郡共十三县，同一地区在唐代已发展为成都府和蜀、彭、汉，简四州二十五县，户口增加三四倍，反映当地生产有明显的发展（《隋书》卷29《地理志》，《旧唐书》卷41《地理志》)。

唐朝开发成效最显著的是现今江西省一带。"荆、扬二州，疆土旷远"。西晋惠帝时分置江州，治豫章（参看《南齐书》卷14《州郡志》)。自此直至南朝末年，仅赣江下游和鄱阳湖沿岸有所垦殖。到了唐代，除今赣南而外，广大地区的生产面貌有了很大改观，"江西七郡，列邑数十，土沃人庶，今之奥区，财富孔殷，国用所系"（《白居易集》卷55《除裴堪江西观察使制》)。

湖南在汉代仍是瘴疠之乡。南朝时，长沙郡地，"湘川之奥，民丰土闲"（《南齐书》卷15《州郡志》)。在个别点上的生产有了发展。唐后期，湖南不少地方已有较多的开发，僖宗诏书说，"湖南、江西管内诸郡，出米至多"[①]。

五代十国时期，南方不少地区的经济在继续发展。宋初，"江南、两浙、西川富饶之土，皆为异域"（《司马文正公传家集》卷25《论财利疏》)，在消灭南方诸国以后，江淮便成了"天下根本"，"天下无江淮，不能以足用"（《直讲李先生文集》卷28《寄上富枢密书》)。特别是吴越所居的两浙路，粮食生产尤为突出，"苏、常、湖、秀，膏腴千里，国之仓庾也"（《范文

---

① 《唐大诏令集》卷72《乾符二年南郊赦》；参看《旧唐书》卷14《宪宗纪》。

正公集》卷 9《上吕相公并呈中丞谘目》）。"水田之美，无过于苏州"（《吴郡志》卷 19《水利》）。哲宗时，"苏州秋赋一岁六十万石"（《续资治通鉴长编》卷 512，元符二年七月丁未），而神宗时，北方"河东十三州两税以石计，凡三十九万二千有余"（《宋史》卷 175《食货志》）。这些记述，证明了江南经济的大发展。

宋朝垦辟耕地卓有成效的是福建路。唐高宗时，福建一带仍是"左衽居椎髻之半，可耕乃火田之余"（《全唐文》卷 164，陈元光：《请建州县表》）。福州在没有开发时，"户籍衰少，耘锄所至，甫迩城邑，穹林巨涧，茂木深翳，小离人迹，皆虎豹猿猱之墟"（《淳熙三山志》卷 33《僧寺》）。经历唐和五代时期，到了北宋，福建已跃居全国粮食生产的先进行列。秦观说："今天下之田称沃衍者，莫如吴、越、闽、蜀，其一亩所出，视他州辄数倍……何哉？吴、越、闽、蜀，地狭人众，培粪灌溉之功至也。"（《淮海集》卷 15《财用》）福建多山，修造梯田，"缘山导泉，倍费功力"（《续资治通鉴长编》卷 34，淳化四年三月壬子）。由于地少人多，到南宋时，"虽上熟之年，犹仰客舟兴贩二广及浙西米前来出粜"（《历代名臣奏议》卷 247，赵汝愚奏）。

宋代南方的夔州路和广南东、西路乃至荆湖南北路的开发仍较差。南宋宁宗时，湖北路是"地广人稀，耕种灭裂"（彭龟年《止堂集》卷 6《乞权住湖北和籴疏》《历代名臣奏议》卷 109）。真德秀说，湖南"土瘠而垲，俗窭且贫"（《真文忠公集》卷 40《劝农文》）。岭南更比荆湖落后，"旷土弥望，田家所耕百之一尔，必水泉冬夏常注之地，然后为田，苟肤寸高仰，共弃而不顾，其耕也，仅取破块，不复深易，乃就田点种，更不移秧。既种之后，旱不求水，涝不疏决，既无粪壤，又不籽耘，一任于天"（周去非《岭外代答》卷3《惰农》）。南宋时，珠江三角洲虽有余粮接济福建路，但两广粮食生产状况并未根本改观。在元朝，湖广省的税粮是八十四万石，比较江浙省的四百四十九万石差距很大①。

元朝开发耕地初见成效的主要是云南行省，攻灭大理后，赛典赤赡思丁任云南省平章政事，"教民播种，为陂池以备水旱"（《元史》卷125《赛典赤赡思丁传》）。元政府还在云南境内广大地区大搞兵、民屯田，"云南八番……因制兵屯旅以控扼之，由是而天下无不可屯之兵，无不可耕之地矣"（《元史》卷100《兵志》）。当时，云南收税粮二十七万石，超过了北方的辽阳、甘肃省和因战乱破坏严重的陕西、四川省（《元史》卷93《食货志》）。

明代的长江下游仍是首要产粮区，值得注意的是两湖和两广地区耕地的开辟和粮食生产的迅速增长。宋朝的谚语说，"上界有天堂，下界有苏、杭"（曹勋《松隐文集》卷26《进前十事札子》），"苏、湖熟，天下足"②。到明代中叶，则为"湖、广熟，天下足"之谚所取代。李延昰《南吴旧话录》卷22《梅贞起》条引《乡评录》证实明英宗天顺时（1457—1464年）梅贞起已引有此谚语。其后，明正德年间（1506—1521）何孟春《余冬序录》卷59说："其地（按：指湖广）视诸省为最钜，其郡县赋额视江南西诸郡所入差不及，而'湖广熟，天下足'之谣，天下信之，盖地有余利也。"

---

① 《元史》卷93《食货志》；又卷183《苏天爵传》："江浙税赋居天下十七"；又卷130《彻里传》："江浙税粮甲天下，平江、嘉兴、湖州三郡当江浙十六、七。"

② 叶绍翁《四朝闻见录》乙集《函韩首》；另外，陆游《渭南文集》卷20《常州奔牛闸记》。《吴郡志》卷50，薛季宣《浪语集》卷38《策问二十道》，吴泳《鹤林集》卷39《隆兴府劝农文》；徐元杰《楳埜集》卷2《月日进讲》，高斯得《耻堂存稿》卷5《宁国府劝农文》。

说明两湖粮食生产的发展及其继续增长的潜力。稍晚的郑若曾《郑开阳杂著》卷11《苏松浮赋议》云："湖广最称钜省、延袤千里，产殖丰饶，谚曰，湖广熟，天下足。"唐人柳宗元形容岭南的荒凉，说："漳江南去入云烟，望尽黄茅是海边。"（《全唐诗》卷352《岭南江行》）而明人孙蕡却说："广南富庶天下闻，四时风气长如春。"（《光绪广州府志》卷15《广州歌》）黄佐《粤会赋》说："而今千百山泽之沃，钟为土毛，禾稻绮错，秔稌穛释，塍埒交经，枕海连皋，秋成丰蔚，富侈相高。"（《雍正广东通志》卷60）显然已是另外一种景象。广西不少地方，在明代，"水田低则称田，旱田高则称地，田皆种稻，地种杂粮……水田之中，多喜种芋"。"耕用牛，溉用车，亦用戽"（钱文昌：《粤西诸蛮图记》）。据统计，太祖洪武二十六年（1393年）广西有二十一万余户，至孝宗弘治四年（1491年），约近四十六万户（《明史》卷45《地理志》）。百年之内户口大增，反映广西农业也有显著进展。

明代对贵州和云南也有较多的开发。洪武十一年（1378年），置贵州都司卫所，创立屯田。景泰二年（1451年），贵州各卫，修举屯田（《明史》卷11《景帝纪》）。沐英攻占云南后，注意发展生产，前后"垦田一百一万二千亩"。其子沐春"在镇七年，辟田三十万五千九百八十四亩，增粮四十三万五千八百石有奇"[①]。云贵境内某些少数族聚居地的粮食生产也有较大增长。明初，白族聚居的大理洱海地区，有耕地四十二万亩，明末增至八十万亩。素称干旱的云南县（今祥云）因兴修水利一变而为"云南熟，大理足"的沃壤（康熙《大理府志》卷12《风俗》）。

清代，长江三角洲在农业技术和单位面积产量上仍然领先，但因人口稠密，已无能力生产余粮。成为清王朝谷仓的主要是四

---

① （明）李元阳 隆庆《云南通志》卷9，参看《明史》卷126《沐英传》。

川、两湖和江西四省。江汉平原、洞庭湖周围出现大量"湖田"和"围田",号称"天下第一出米之处"①。而"江、浙百姓全赖湖广米粟"(《清圣祖实录》卷193,康熙三十八年六月戊戌),"湖广之米日至苏州者不可胜数"②。四川境内,因有大批移民垦殖,山区也修造了很多梯田。雍正时,有人说:"查各省米谷,惟四川所出最多,湖广、江西次之。"③

清代对台湾的开发也很突出。自康熙二十二年(1683年)统一台湾,到雍正初年,前后不过四十年,"而开垦流移之众,延袤二千余里,糖谷之利甲天下"(蓝廷珍《东征集》卷3《覆制军台疆经理书》)。耕地由原来以台南为中心的西部沿海地带,扩展到南部的琅峤(今恒春),北部的淡水、鸡笼(今基隆),山后的蛤仔滩(今宜兰浊水溪一带)、崇爻、卑南觅(今台东花莲港等地)。该岛"一年丰收,足供四五年之用"④。雍正初,清朝政府规定每年运送漳、泉平粜和供军食的大米就达八万三千余石,一般民间运输更不在其内。

(2) 边疆地区的开发

自秦汉至明,我国开垦耕地的重点在南方,并不是说北方的耕地就没有新的开发。《齐民要术》卷1《耕田》、《四时纂要》卷4《七月》所说"开荒山泽田",都是指的北方,两汉以来,历代都可看到若干在北方垦荒的零星记载。到了清朝,由于将西部和北部一些少数民族聚居的边疆地区统一于中央政权之下,这些地区耕地面积的扩大就更为加快。

---

①　《硃批谕旨》,雍正四年十二月四日,署湖广总督福敏奏。
②　《硃批谕旨》,雍正四年五月十四日,福建巡抚毛文铨奏。
③　《硃批谕旨》,雍正五年十二月三日,浙江总督李卫奏。
④　《硃批谕旨》,雍正四年七月二十六日,闽浙总督高其倬奏。

　　东北地区在汉、唐之际已有所开发。汉朝在玄菟郡（今沈阳东）设屯田六部（《后汉书》卷6《顺帝纪》）。住居在松花江南北的夫余人和挹娄人已知播种五谷。西晋末年，北方大乱，两河、山东人不少流亡至辽东，慕容皝在那里依魏、晋旧法设屯田，实行分租办法①。在唐代，东北建立有渤海国，不仅旱种粟、豆、麦，卢城（今吉林桦甸市东）一带还出产水稻（《新唐书》卷29《渤海传》、《渤海国志长编》卷1《总略》）。辽圣宗开泰九年（1020年），"燕地饥"，户部副使王嘉主张"移辽东粟饷燕"（《辽史》卷59《食货志》），说明辽东的农业已有新的发展。金朝开发东北成绩卓著，据考古发掘，北至今黑龙江省，也发现金代不少铁制农具，证明各族人民在那里开垦了不少荒地。金章宗时，东北上京等路"岁收税粟二十万五千余石"（《金史》卷50《食货志》）。明代"徙江淮、齐鲁之民居之"以垦荒（《全辽志》卷4《风俗志》），至有"辽东地皆沃壤"之说②。东北是满族"龙兴之地"。康熙时，清朝政府为了抵御沙俄侵略，自关内调回大批八旗官兵，同时河北、山东民户也纷纷前往垦荒，盛京地区的旗地，不含官庄和园地由顺治年间的四十六万余垧，到乾隆四十五年（1780年）达到二百廿八万五千七百一十六垧（日）③，民田顺治十四年（1657年）为四万八千一百六十五亩，乾隆四十六年（1781年）达到一百二十五万六千一百二十一亩，另如吉林、黑龙江等地也各有增长（阿桂：乾隆《盛京通志》卷37）。随着生产扩大，东北的余粮不断外运。康熙中期，"运盛

---

　　① 《晋书》卷108《慕容廆载记》；又卷109《慕容皝载记》。

　　② 《冀越通》；又《明史》卷134《叶旺传》，"洪武四年，偕镇辽东……垦田万余顷，遂为永利……辽人德之"。

　　③ 日或称垧，约为六亩。

京粮米于山海关内者，又泛海贩粜于山东者多有之"（《清圣祖实录》卷128，康熙二十五年十二月丙辰）。乾隆时，东北"所出各色粮石，不但直隶、山东仰其接济，并河南、山西、陕西等省均资流通，借裕食用"。"天津一县，向来以商贩东省粮食营生者，每岁约船六百余只……沿海贫民以搬运粮石生活者不下数万人"①。到19世纪初年，"关东豆、麦每年至上海者千余万石"②。此说虽有夸大，但可知东北地区生产的粮食，每年运到江南等省地，已到达相当规模。

在长城以北和内蒙古地区，秦始皇命蒙恬"略取河南地"，在阴山以南设县数十，徙内地罪人垦荒（《史记》卷6《秦始皇纪》）。汉武帝在当地设朔方郡，招募十万贫民垦荒，西汉和新莽时，在五原、北假屯田以殖谷（参看《汉书》卷24《食货志》，又卷99《王莽传》）。唐代在朔方、丰、夏、灵州一带发展屯田，供应了当地十余万军人的食粮。可见汉、唐间，河套地区已有相当的开发。西夏时，引黄灌溉取得了不小成绩。在明代，有不少汉族农民前往内蒙古鄂尔多斯和归化城一带垦种。同时也有蒙古人从事农垦。据嘉靖《宁夏新志》卷1记载，明朝政府在宁夏的屯田近一万二千顷。清代有不少直隶和鲁、晋、豫、陕等省的贫民到口外谋生，康熙时，"巡行边外，见各处皆有山东人，或行商，或力田，至数十万之多"。"今河南、山东、直隶之民往边外开垦者多，大都京城之米，自口外来者甚多。口外米价虽极贵之时，秫米一石不过值银二钱，小米一石不过值银三钱，京师亦常赖之"③。乾隆元年（1736

---

① 光绪《栖霞县续志》卷9牟昌裕《条陈时政疏》。

② 包世臣《中衢一勺》上卷，《海运南漕议》，《安吴四种》卷1。

③ 《清圣祖实录》卷230，康熙四十六年七月戊寅；又卷240，康熙四十八年十一月庚寅。

年），在晋西北设清水河通判（今在内蒙古境内），"延袤五百余里，毗连蒙古地方……民人寄寓者十有余万"（海宁：《晋政辑要》卷1）。当时的新垦农田主要在归化城土默特旗、河套西部和热河一带。雍正十三年（1735年），清朝为平定准噶尔叛乱，一次开放土默特旗土地四万顷，并在山西等省招民耕垦（《土默特旗志》卷5）。热河自乾隆四十九年（1784年）设承德府后，"民人渐多，山厂平原尽行开垦"。乾隆皇帝在《咏古二首》诗序中说："口外东自八沟，西至土城子一带皆良田，直隶、山东无业贫民出口垦种者不啻亿万，此汉、唐、宋、明所无也。"（《乾隆热河志》卷7）19世纪初，大规模开垦河套地区，开挖水渠，引黄灌溉，被誉为塞上米粮川。此外，清朝还在外蒙鄂尔坤河和图拉河一带大兴屯垦，雍正九年（1731年）的粮食产量比六年（1728年）增加了近四倍，达一万零六百三十石（张穆：《蒙古游牧记》卷7）。

西北方面，汉武帝派兵攻占河西走廊、设立四郡，以通西域后，西北广大地域输入了先进的汉文明。汉朝在西域轮台、渠犁（今焉耆）等处设置屯田，传布掘井技术①。敦煌人索勱在伊循城（今且末）一带将兵横断注滨河，"灌浸沃衍"，变瘠土为沃壤，"大田三年，积粟百万"（《水经注》卷2《河水》）。自北朝以至隋唐，在焉耆、龟兹、于阗等处，都盛产稻、麦、粟、菽，高昌号称谷、麦一年再熟，瓜州一带"以雪水溉田"（《旧唐书》卷103《张守珪传》）。唐朝在"轮台、伊吾屯田，禾菽弥望"（《新唐书》卷216《吐蕃传》）。在肃州、玉门、张掖等地的屯田，天宝中，岁收粮二十六万余石。青海一带，早在南北朝时期

---

① 《汉书》卷96《西域传》；《后汉书》卷88《西域传》；并参看《观堂集林》卷13《西域井渠考》。

吐谷浑已在那里种植粟、豆、大麦，唐代在西宁等地设置屯田，取得了良好收成①。中唐以后，河西与西域先后被吐蕃攻占。在凉州，"蕃人旧日不耕犁，相学如今种禾黍"（《全唐诗》卷298，王建《凉州行》）。沙州民以牛三头荷犁进行耕作，到北宋太宗时，"殿直丁惟清往凉州市马，惟清至，而境大丰稔"（《宋会要辑稿·方域》21之15）。五代后晋时，有人由内地去于阗，"西至瓜州、沙州，二州多中国人"（《新五代史》卷74《回鹘传》、《于阗传》）；《宋史》卷490《高昌传》记高昌回鹘"地产五谷，惟无荞麦"，以骆驼耕田；又《挥麈前录》卷4）。这是河西与西域地区的粮食生产持续发展的重要原因。清朝自平定准噶尔和大、小和卓木的叛乱后，开始在伊犁等地大规模经营屯田，到乾隆四十二年（1777年），兵、遣二屯垦田二十二万余亩，民屯垦田二十八万亩②。嘉庆时，仅乌鲁木齐一带户屯田土达六十八万余亩（《新疆识略》卷2），当时，自甘肃嘉峪关经巴里坤、乌鲁木齐、昌吉、瑚图壁、玛那斯等地至伊犁，沿途都有新开的屯田和内地迁徙的民户。总之，新疆获得了更多的开发。

西藏地区早在6世纪时已用木犁，"垦平原作田，自湖中引沟渠灌溉，种植庄稼"③。7世纪以来，出产小麦、青稞、荞麦。到了清代，西藏西北布鲁克巴一带产稻、黍、豆、麦，拉萨附近产青稞、小麦，昌都和阿里、噶尔渡等地出产稻、粟④。

由此可见，到清朝全盛时，从内地到边疆，祖国广大可耕地已得到了很大的开发。

---

① 参看《旧唐书》卷93《娄师德传》；又卷109《黑齿常之传》。
② 《西域图志》卷33、卷34。
③ 藏文《吐蕃王朝世系明鉴》，转引自王忠《新唐书吐蕃传笺证》，第10页。
④ 参看佚名：《西藏考》；《西藏记》卷下《物产》。

(3) 山田和梯田的开发

我国现代十八亿亩耕地中①山区和丘陵的耕地大约占百分之四十五，可见，在我们这个多山的大国，修造梯田，实为古代耕地垦辟史的重要篇章。

汉代已有陆田、高田、草田等称谓。陆田是和水田相对称的旱地，在华北是大量存在的。草田和高田存在于丘陵和山区，"高田种小麦，终久不成穗"（《汉诗》卷10《古歌》）。自然不是平原景象。自汉魏以至唐、宋，各地还有不少畲田②，这些"火耕畲种"的田地尚不能称为梯田。直至解放前，我国某些少数族仍存在先放火烧山、后点种的原始耕作技术，他们并没有修造成梯田。

南北朝以来，"山田"之名屡见于载籍，《齐民要术》多次记载了北方的山田种植③。江淹、萧子显、庾信等人描述了江淮以南山田的耕作④。唐人诗文中谈到山田大多在江淮以南，这些山田看来很可能已是梯田，比较典型的是唐人樊绰所说云南的山田，"蛮治山田，殊为精好"（《蛮书》卷7《云南管内物产》）。这些位于滇池以西的山田，不仅种麦，而且种水稻，山地本来是斜坡，既能蓄水种稻，显然已修造成梯田了。

宋代有关梯田的记载更多了，苏籀描写南方梯田所种水稻，

---

① 我国20世纪中叶耕地面积数字，在笔者作本文时，曾向农业部咨询，以1957年最高只16亿亩，其余年份通常为15亿亩左右，最近（2007年）说，现有耕地18亿多亩，今从之。

② 参看《后汉书》卷80上《杜笃传》；《太平御览》卷56《地部》引《魏名臣奏》；《陈诗》卷3《征虏亭送新安王应令诗》。

③ 参看《齐民要术》卷1《耕田》、《种谷》；卷2《大小麦》。

④ 参看《梁诗》卷3，江淹《秋至怀归》；又卷5肖子显《从军行》；《庾子山集》卷4，《归田》。

"云际潺湲入下田，田塍级级逗平泉"（《双溪集》卷3《晴日纵步》）。在福建，"闽山多于田，人率危耕侧种，塍级满山"（《淳熙三山志》卷15《水利》）。南宋宁宗时，有人上奏说："闽地瘠狭，层山之巅苟可寘人力，未有寻丈之地，不坆而为田。泉流接续，自上而下，耕垦灌溉，虽不得雨，岁亦倍收。"（《宋会要辑稿·瑞异》2之29）宋代福建的开发，在很大程度上即是梯田的开发。范成大《骖鸾录》描写江西袁州的仰山，"岭阪上皆禾田，层层而上至顶，名梯田"。这可能是我国最早使用"梯田"一词的记载。王安石也说："抚之为州，山耕而水莳。"（《临川先生文集》卷83《抚州通判厅见山阁记》）在建康府，上元县的山田四十七万亩，江宁县的山田二十六万亩，占这两个县耕地的半数以上（《景定建康志》卷40《田数》）。浙东山多，梯田也很多，"台之为郡，负山并海，阪田陿薄，下上涂泥，侧耕危获，较计毫厘"①。处州冯公岭一带，"百级山田带雨耕，驱牛扶耒半空行"（楼钥《攻媿集》卷7《冯公岭》，冯公岭位于处州，见《方舆胜览》卷9处州）。荆湖地区在北宋前期已有"山田可以莳禾"，"山田悉垦"的记载（《续资治通鉴长编》卷47，咸平三年四月己未）。南宋范成大记游衡阳与零陵间的黄黑岭时，"谓非人所寰，居然见锄犁，山农如木客，上下翾以飞"（《石湖居士诗集》卷13）。在岭南，北宋陈尧叟谈到了当地耕作制度，"田多山石，地少桑蚕"，"今民除耕水田外，地利之博者唯麻苎耳"（《宋史》卷284《陈尧叟传》）。四川多山，除成都府路山田较少而外，潼川府路和夔路多是山田（汪应辰《文定集》卷4《御札问蜀中旱歉画一回奏》），利州路的某些地区还停留在"着裤刀"、实行"刀耕火种"的阶段（《宋会要辑

---

① 《两浙金石志》卷8《大宋台州临海县佛窟山昌国禅院新开涂田记》。

稿》兵26之26～27）。如上所述，宋朝南方各路的山田和梯田在耕地总数中占了相当的比例。

山田不仅南方有，北方也同样大量存在。唐代河南西部的虢州，"所治多是山田"（《旧唐书》卷188《崔衍传》）。北宋欧阳修谈到"河东山险，地土平阔处少，高山峻坂，并为人户耕种"（《欧阳文忠公全集》卷116《乞罢刈白草札子》）。金朝边元鼎说，"远斸山田多种黍"（《中州集》卷2《新居》）。阎长言《婆速道中书事》也说，"泉源疏地脉，田垄上山腰"（《中州集》卷9）。婆速路在今辽宁凤城市一带，足见山田垦辟，已由内地发展到边疆。

了解南北情况的元朝王祯对梯田作了总结性的介绍："梯田，谓梯山为田也。夫山多地少之处……下自横麓，上至危巅，一体之间，裁作重磴，即可种艺。如土石相半，则必垒石相次，包土成田。又有山势峻极，不可展足，播殖之际，人则伛偻，蚁沿而上，耧土而种，蹑坎而耘。此山田不等，自下登陟，俱若梯磴，故总曰梯田。上有水源，则可种秔秫，如止陆种，亦宜粟麦。盖田尽而地，地尽而山，山乡细民，必求垦佃，犹胜不稼，其人力所致，雨露所养，不无少获。然力田至此，未免艰食，又复租税随之，良可悯也。"修造和耕种梯田非常艰辛，"凌冒风日面且黧，四体臞瘁肌苦刲，冀有薄藉胜稗稊"[1]。明、清两代，各地有关山田、梯田的记述更多，这里不再赘述。贫苦农民耕垦梯田，希望摆脱租税盘剥，稍得温饱，但是在地主和官府设置的榨取大罗网之中，他们也同样不能幸免。

此外，我国古代劳动人民对开发耕地还有不少创造，例如垦辟沿海涂田，耕植濒江沙田，改造利用盐碱地以及湖田、圩田、围田的出现等等，除盐碱地改良在本文后面将予介绍外，其余都

----

[1] 王祯《农书》卷11《田制》。

限于篇幅，不再一一分述。

综上所述，二千多年来，我国的耕地由黄河中下游的狭长地带逐步扩展到了全国广大的平原和山区。到清代乾嘉时期，我国的实际耕地面积肯定已超过了以往的任何一个皇朝时期。应当指出，历代耕地面积并不是直线上升，而是沿着迂回的道路曲线上升。每一次大战乱和大灾荒，都造成了人口锐减，耕地也大量荒芜。在边疆地区，还常常因此而造成农业生产的中断。

三 生产工具的改良

生产工具的改良和生产技术的进步，必然要促进粮食单产量的提高。因此，简单介绍这几方面的情况，大致可以看出我国古代粮食生产的深度。

在人类农业发展史上，铁器的使用和推广具有十分重要的意义。我国春秋战国时代便出现了这样一次影响深远的技术革命，促进了农业的发展。汉朝人说，"铁器者，农夫之死士也"（《盐铁论》卷1《禁耕》）。自此铁农具的使用日益普遍，种类繁多。概括起来，主要有以下几类：

（1）耕播工具：耒耜、镢、臿、铲之类的翻地农具早已存在，但在春秋战国之交普遍改为铁制，乃是重大的进步。耒耜以足踩踏，"耕者日以却"（《淮南子》卷10《缪称训》）。翻地逐步向后退，它的功效低，而费力大。自春秋以至秦汉，耕犁逐渐推广，战国时，耕犁只有破土的犁铧。到汉代，新增加了犁壁，可以翻转土块。而且铁铧式样也增加了，可以分别适用于生荒地或熟地。但，汉代（特别是西汉）的耕犁还比较笨重，使用长辕。牲口挽犁，虽早已用牛，西汉时仍大量使用马耕，"农夫以马耕载，而民莫不骑乘"（《盐铁论》卷3《未通》）。汉武帝时，牛耕才得到更多的重视与推广。"赵过始为牛耕，实胜耒耜之利"（贾思勰《齐民要术序》）。牛犁耕田的功效当然大大高于耒耜，"用力少而得谷多"。赵过为搜粟都尉，"其耕耘下种田器，皆有便巧"（《汉书》卷24《食货志》）。但从墓室出土壁画看，西汉长辕犁仍需双牛抬杠①。"长辕，耕平地尚可，于山涧之间则不任用，且回转至难，费力"（《齐民要术》卷1《耕田》）。因此，随着开垦丘陵和山地的需要，长辕逐渐为短辕所代替。东汉时，出现了可用一头牛拉挽的短辕犁，汉魏以来，长、短辕犁在各地交错使用。到了唐代，较普遍地使用短辕犁（参看《太平广记》卷216《王子贞》）。陆龟蒙《耒耜经》所介绍的江东犁便是短辕，它由十一个部位组成。辕"如桯而樛"，即是曲辕，把长辕改成曲而短，便于安装犁镵，耕作时也较省力。而且，在辕之上有"评"，人们可以根据翻土深浅的需要进退犁评，以调节犁箭上下，改变牵引点的高低。这种比较精巧的耕犁，自唐以后，没有什么重大改进。但为了适应各种不同的耕垦需要，各地创制了多种形式的耕犁。

犁过的土块必须及时破碎，否则不利于保墒和农作物的生长。汉朝人已认识到"大块之间无美苗"（《盐铁论》卷3《轻重》）。宋元之间的《种莳直说》明确谈了耙的功用。"古农法云：犁一耙六，今日只知犁深为功，不知耙细为全功。耙功不到，则土粗不实，后虽见苗立根，根土不相着，不耐旱，有悬死、虫咬、干死等病。耙功到，则土细又实，立根在细实土中，又碾过，根本相著，自然耐旱，不生诸病"②。耙的出现很早，

---

① 崔寔《政论》说："今辽东耕犁，辕长四尺，回转相妨，既用两牛，两人牵之，一人将耕，一人下种，二人挽耧。"这应是《汉书》卷24，《食货志》所说之"耧犁"。

② 元司农司《农桑辑要》卷1引；王祯《农书》卷12引。

河南辉县和山东济南出土的战国农具即有人力铁耙，战国时《管子》卷 8《小匡》谈到"深耕"和"疾耰"，庄子《南华真经杂编·则阳第二十五》云："深其耕而熟耰之，其禾繁以滋。"乃是对耙碎土块的重要性已有所认识。贾思勰《齐民要术》卷 1《耕田》说："古曰耰，今曰劳。"即用无齿的耙压碎土块。汉代有无耕牛拉挽的耙，目前尚难断定。20 世纪 70 年代，广东连县出土了西晋时的犁耙水田耕作模型，耙下有六个长齿，上有横把，显然是人扶牛拉的耕耙①，有了畜拉耙、耢，可以加速犁后的碎土工作。《齐民要术》卷 1《耕田》，又卷 2《水稻》说，北朝时，已广泛使用铁齿镉䂭（即耕耙）、劳和陆轴以碎土。唐人陆龟蒙《耒耜经》说："耕而后耙，渠梳之义也，散墢去芟者焉。"为了迅速碎土，耙齿必须锋利，才便于破散板结，除去杂草。唐以后，耙具仍有所改进。王祯《农书》卷 2 列举了耙（方耙、人字耙）、耖、耢的图样和功用，指出南方水田只用耙、耖，不用耢，北方旱地则用耙、耢。整地时，"耙遍数惟多为熟"。宋元之际耕耙的新改进，显然是适应于精耕细作的要求。此外，自唐代开始，还出现了碌碡、砺䂫等工具，在耙田以后，以之碾碎土块，并有压场和脱粒之用。

西汉赵过集中一批巧匠，发明耧车，用牛牵引，在旱地播种，据说是"日种一顷"②。元代，"创制下粪耧种于耧斗后，别置筛过细粪，或拌蚕沙，糙时随种而下，覆于种上"。又在耧车

---

① 徐恒彬《简谈广东连县出土的西晋犁田耙田模型》，载《文物》1976 年第 3 期。

② 《全后汉文》卷 46 崔寔《政论》按汉一顷一百汉亩折合六九市亩，数字太大。王祯《农书》卷 12 引《政论》："日种一顷"之下，有注云："据齐地大亩一顷为三十五亩也。"约合二十四市亩，数字还是大了。而且这个注的文字，实际上是一字不改抄袭《齐民要术杂说》，疑不实。

后再加砘车，在耧车下种后，砘车转碾沟垅，使土和种子紧密接触（王祯《农书》卷 12《农器图谱》），很有利于保证播种的质量。

（2）中耕工具：中耕通常是指除草和松土，使用小农具。商代已用石锄之类锄草培苗。周代有钱、镈等锄地除草工具。耨是战国时的重要农具，宋元以来，称为小锄。汉代使用钱（铫）、耨，耰以铲地除草。北朝时则有锋、耩、锄、镞等，以锋锋地，可使"地恒润泽而不坚硬"（《齐民要术》卷 1《耕田》）。用耩把土推向两旁以培土。自宋、元以来，为了适应华北平原大块田地的耘田，创造了兽力挽行的耧锄，据说一个人可用它每天耘田二十亩，同时还有镫锄，乃是没有两刃角的锄，锄草时不致伤稼。江浙一带的水田创制了耘荡，既可代替手耘足耘，"所耘田数，日复兼倍"。还有耘爪，在竹管上加铁尖套在手指上，用以耘田很便当①。

（3）收割工具：周代已有铚、艾之类的收获农具，乃是不同形状的镰刀。春秋战国之际改为铁制以后，虽历代各地形制不一，如钩镰、矩镰、钹镰（艾镰）等，实亦大同小异。宋元间出现推镰，用长木首作两股短叉，架以横木，"两端各穿小轮圆转，中嵌镰刀前向"，使用时，"速于刀刈数倍"②。又有艾麦的长镰麦钐，装在篾竹编成的麦绰上，系以绳索，"两手齐运艾麦"，"盖地广种多，必制此法，乃易收敛，比之镰穫手樏，其功殆若神速"③。

（4）粮食加工工具：以杵臼进行粮食加工为时最早，但手

---

① 王祯《农书》卷 3《锄治》，又卷 13《钱镈》；徐光启《农政全书》卷 22《农器》。

② 王祯《农书》卷 14《推镰》；《农政全书》卷 22《农器》。

③ 王祯《农书》卷 19《𦂣麦门》；《农政全书》卷 24《农器》。

舂效率太低。汉代出现了脚踏的踏碓，《太平御览》卷 762《杵臼》引桓谭《新论》说：“杵臼之利，后世加巧，因借身以践碓，而利十倍”。同书卷 829《舂》又引《新论》说：“又复设机关，用驴骡牛马及役水而舂，其利乃且百倍。”汉魏以来，还有了水碓①。至如砻、磨、碾之类的工具，自秦汉以来也陆续问世，开始时使用人力或畜力，魏晋以降，渐改用水力，有的还利用齿轮原理能同时转动几台碓磨。晋人刘景宣仿杜预所制八磨，“巨轮内建，八部外连”，“策一牛之任，转八磨之重”②。宋元以后，有水击面罗，筛面倍于人力；有立轮连二磨，以水冲击，功力为陆磨的数倍。王祯还设计了水轮三事，利用水转轮轴，“一机三事（砻、磨、碾），始终俱备”，还有水转连磨，大水冲击三轮，可带动九轮运转，功效大大提高③。但这些大型碓碾设备，在当时仅由地主、官僚和富商设置。

（5）灌溉工具：春秋战国时代，已使用桔槔等以代替过去那种抱汲瓶浇水的原始方法，是一个重大的进步。秦汉时，除利用河渠漫灌外，灌溉工具通常有瓦瓮、柳罐、桔槔和辘轳，它们无法灌溉大片农田。东汉后期，有人创制了翻车（《后汉书》卷 78《张让传》）。曹魏时，马钧在洛阳以翻车灌园，“其巧百倍于常”（《三国志》卷 29《杜夔传》注引）。随着江南的开发，日益普遍使用水车。唐代水车大致可分人力（手力、足力）、畜力和水力三类。既有翻车，还有筒车。筒车形似纺车，上置竹筒，利用水力“旋转时，低则舀水，高则泻水”（《全唐文》卷 948，陈廷章《水轮赋》）。唐朝，凡“渠堰不便之处，多构水车，无

---

① 参看《后汉书》卷 87《西羌传》；《三国志》卷 15《张既传》。

② 《太平御览》卷 762《器物部》引嵇含《八磨赋》；参看《魏书》卷 66《崔亮传》。

③ 王祯《农书》卷 19《利用门》；徐光启《农政全书》卷 18《水利》。

水之地以斯不失其利"①。到宋、元、明时,翻车和筒车的种类增多,比较唐代有不少的改进与提高。

综上所述,二千年间的农业生产工具虽有不少改良,但始终停留在手工劳动的水平,由于租佃制剥削所造成小生产的保守性,即使发明了较先进生产工具也不易于推广,甚至失传。西汉时早已有了耕犁,而"贫民或木耕、手耰、土耰"(《盐铁论》卷6《水旱》)。养牛比马容易,成本也较低,故自西汉时,牛耕取代了马耕。贫民无力饲养耕牛,汉代有人力犁,由几个人共挽犁以代牛。北宋前期的踏犁,也用人拉挽,"可代牛耕之功半,比钁耕之功则倍"(《宋会要辑稿·食货》63之163)。唐代已有较先进的曲辕犁,但直到1949年前,一些落后地区仍在使用木犁。明代后期,西方传教士利用机械原理制造灌溉工具如龙尾车、玉衡车、恒升车等是当时比较先进的灌溉农具,但基本上停留在书面介绍上,谈不上使用和推广。因此,我们在研究古代的农业和农具时,必须充分注意租佃制的特点以及全国各地经济技术发展的严重不平衡性。

四　生产技术的进步

我国古代农民在长期粮食生产过程中,积累了非常丰富的生产技术经验,是发展粮食生产的一份重要历史遗产。现就其中主要的几项概述如下:

(1)掌握农时:粮食生产受天时、地利等自然条件的制约很大。我国人民早已懂得了农时的重要性。战国晚期的《吕氏春秋》卷26《审时篇》分析禾、黍、稻、麻、菽、麦六种作物

---

① 转引自唐耕耦《唐代水车的使用与推广》,载《文史哲》1978年第4期。

的"先时"、"后时"和"得时"的情况，并从其生长、收获和品性三方面加以比较，这是当时粮食生产经验的重要总结。汉人氾胜之说："凡耕之本，在于趣时、和土、务粪泽、早锄、早获。"（《齐民要术》卷1《耕田》引）强调了赶上时令，早锄地，早收割。北朝贾思勰进一步指出："顺天时，量地利，则用力少而成功多，任情返道，劳而无获。"（《齐民要术》卷1《种谷》）播种适时，收获更需及时。汉人说："力耕数耘，收获如寇盗之至。"（《汉书》卷24《食货志序》）颜师古注释说："如寇盗之至，谓促遽之甚，恐为风雨所损。"对于麦收，《韩氏直说》："五、六月麦熟，带青收一半，合熟收一半，若过熟则抛费。"（元《农桑辑要》卷2《播种》引）由于我国土地辽阔，各地气象和作物的播种收获时节千差万别，当地农民都能因地制宜，并在历代农书和其他记载中有所反映。事实上，即使就收获而言，并非所有作物都要抢收。《齐民要术》列举了大豆、粱秫和黍的收割要适当晚些，因为大豆和粱秫"性不零落，早刈损实"，"黍早米不成"[1]。

（2）农田水利：水利是农业的命脉。夏、商、周三代，已有了水井和灌溉渠道。但修筑较大规模的水利工程，只有在春秋战国之交，即普遍推广铁制农具后才有实现的可能。当时著名水利工程有芍陂、邗沟、引漳灌邺、都江堰、郑国渠等等。秦汉以后，历代修筑了不少渠堰陂塘之类水利工程，太湖地区的一套完整水利系统尤为有名。各地水利工程虽有些时兴时废，但存在着量的增益。明人徐光启很重视农田水利，所著《农政全书》中，水利占了九卷。他推崇西洋水利科学，更重视我国人民的实践经验，不仅注重东南水利建设，也很注意西北水利建设，认识到改

---

[1]　《齐民要术》卷2《黍穄》、《粱秫》、《大豆》。

良土壤和灌溉条件的重要性。他结合我国南北各地的不同条件，具体提出了利用河、湖、泉乃至凿井、修水库等等用水之法，有不少至今仍具有参考价值。

（3）精耕细作：人们往往说我国有几千年精耕细作的传统，这并不确切。夏、商、周三代的耕作技术相当原始。到战国时，《孟子》卷1《梁惠王》说："深耕易耨。"《韩非子》卷11《外储说左上》说："耕者且深，耨者熟耘也。"① 当时，以铁耜、铁钁、铁铧翻地，以人力铁耙碎土、铁耨（锄）除草，比过去是有很大进步。但农民使用这些手工农具不可能大面积地迅速打碎田土，除了汉代的小面积区种法田地确是精耕细作而外，全国广大耕地按当时一丁耕五十汉亩计，耕作是免不了要比较粗放的②。只有淘汰了使用人力的耒耜，改进了的耕犁可以进行深耕和翻土，特别是有了畜拉的耕耙，可以较快地破碎土块，才有可能出现一般田亩的精耕细作。我国主张精耕细作的农学理论也是自此以后才大为盛行。《齐民要术·杂说》主张："凡人家营田，须量己力，宁可少好，不可多恶。"③ 南宋陈旉《农书》卷上《财力之宜》引用农谚说："多虚不如少实，广种不如狭收。"明末《沈氏农书》《运田地之法》说："作家第一要勤耕多壅，少种多收。"精耕细作要求在单位面积上投入更多的劳动时间，采

---

① 《孟子》卷1《梁惠王（上）》；《韩非子》卷11《外储说左（上）》。

② 按，《汉书》卷24《食货志》，晁错说："今农夫五口之家，其服役者不下二人，其能耕者不过百亩。"故云一丁耕五十亩。《魏书》卷7上《高祖纪》，太和元年（477年）诏，"一夫制治田四十亩……无令人有余力，地有遗利"；《新唐书》卷120《袁高传》记唐德宗时，"今田不及五十亩，即是穷人"，可见汉唐间，一丁耕地大致是四十一—五十亩。汉亩虽比唐亩小，但在使用人力耒耜或者虽有耕犁，但在畜拉耕耙没有大量使用之前，一丁耕汉亩五十亩，是肯定难以精耕细作的。

③ 《齐民要术》之《杂说》，学术界公认不是《齐民要术》的原文，它是贾思勰之后，唐宋人的作品，掺在《齐民要术》前面，作者是谁，现已无法考证。

取各种措施，实现稳产高产。但是，在租佃制社会的生产条件下，势必有相当部分的地区和农户，是不可能实现精耕细作的。

（4）改良盐碱地：我国耕地中，盐碱地占了不小比例，特别是华北平原一带。早在战国时，劳动人民已掌握了排水结合种稻，可以有效地改良盐碱地。魏国史起为邺令，引漳水溉田，"终古潟卤兮生稻粱"。秦国开郑国渠，"溉潟卤之地四万余顷，收皆亩一钟"（《汉书》卷29《沟洫志》），使关中成为沃野。西汉哀帝时，贾让提出治河三策，主张多穿沟渠以分水势，"通渠有三利，不通有三害"。其中一害是"水行地上，凑润上彻，民则病湿气，木皆立枯，卤不生谷"。如果修通沟渠，"则盐卤下湿，填淤加肥，故种禾麦，更为秔稻，高田五倍，下田十倍"（《汉书》卷29《沟洫志》）。这种改良盐碱地的办法原则上为历代所采用。明人袁黄说："濒海之地，潮水往来，淤泥常积，有咸草丛生，此须挑沟筑岸，或树立桩橛，以抵潮汛。"于是在田边分别远近，开大小不等的沟，"以注雨潦，此甜水淡水也，其地初种水稗，斥卤既尽，渐可种稻"[①]。清代，孙氏《教稼书》提出，苜蓿"不畏碱，先种苜蓿，岁夷其苗食之，三年或四年后，犁去其根，改种五谷蔬果，无不发矣"[②]。

（5）选育良种：好种出好苗，是确保丰产的重要条件。很早以来，劳动人民便注意选种。《氾胜之书》说，种麦要"择穗大强者"，"曝使极燥"，"取乾艾杂藏之"；"禾种择高大者"。可见汉代的选种经验还比较简单。《齐民要术》卷1《收种》强调选种要纯，"凡五谷种子，浥郁则不生，生者亦寻死。种杂者，禾则早晚不均，春复减而难熟，粜卖以杂糅见疵，炊爨失生

---

① 《授时通考》卷10《土宜门·物土》引袁黄《宝坻劝农书》。
② 乾隆《济宁直隶州志》卷2《物产》。

熟之节"。当时粟有九十七个品种，包括了早熟、耐旱、免虫、味美、耐风或易舂等诸种特性。麦的品种较少，其中"赤小麦，赤而肥，出郑县"。"朱提小麦，至粘弱，以贡御"。稻的品种有三十七个，有早熟、晚熟以及香稻、秫稻等等区分。可知南北朝时期，劳动人民在选种方面已有很大进展。唐宋以后，特别是明清两代关于粮食作物品种的记述难以悉数。清代《授时通考》依次列举全国各府县的稻谷品种便有数百种，限于篇幅，不能一一分述。

（6）施肥：要使庄稼长得好，须在地里上肥料。殷商时，已知施用粪肥。战国时，人们将土壤分为九类，用八种动物骨头和麻子煮汁拌种，是为种肥。《氾胜之书》说，"草秽烂，皆成良田"。说明汉代已知腐草沤肥，并注意到了"蚕矢"和"溷中熟粪"（人粪尿）的肥效。六朝人郭义恭《广志》说："茗草，色青黄，紫华，十二月稻下种之，蔓延殷盛，可以美田。"（《太平御览》卷1000《百卉部·茗》）这是现存我国最早的绿肥记载。《齐民要术》卷1《耕田》、卷3《蔓菁》记载了种植绿豆、小豆、胡麻以沤肥，以旧墙土作肥料，同书《杂说》还提到秋收治田后，将穰、谷糠等制造踏粪的方法。宋人陈旉的《农书》卷上《粪土之宜》和元人王祯《农书》卷3《粪壤》，分别记载了宋、元之际所使用的各种有机肥，并且介绍了多种多样的积肥和造肥方法。陈旉主张对不同土壤施用不同肥料，"土壤气脉，其类不一，肥沃硗埆，美恶不同，治之各有宜也"。明朝中叶的《菽园杂记》卷12说，"山阴有田，灌盐卤或壅盐草灰，不然不茂"；"严州壅田多用石灰。台州则锻螺蚌蛎蛤之灰，不用人畜粪，云人畜粪壅田，禾草皆茂，蛎灰则草死禾茂，故用之"。

施肥除上述"种肥"之外，又分基肥和追肥。明末《沈氏农书·运田地法》说："凡种田总不出'粪多力勤'四字，而垫底尤为紧要。"垫底即是施基肥。还要施追肥，"田上生活……只有接力一壅，须相其时候，察其颜色，为农家最要紧机关"。例如"麦要浇子，菜要浇花"。徐献忠《吴兴掌故集》卷13《禾稻》以种稻为例，记载老农经验，"下粪不可太早，太早而后力不接，交秋多缩而不秀，初种时必以河泥作底，其力虽慢而长……交处暑，始下大肥壅，则其力倍而穗长矣"。

关于施肥和地力的关系，古代劳动人民已有正确的认识。"粪壤者，所以变薄田为良田，化硗土为肥土也"（王祯《农书》卷3《粪壤》）。这就能够提高单位面积产量。"新沃之土壤，以粪治之，则益精熟肥美，其力当常新壮矣，抑何敝何衰之有"（陈旉《农书》卷上《粪田之宜》）。经常施肥就可保持地力常新壮，这是多么可贵的正确认识。

（7）轮作和套作：实作轮作制对于保持土壤肥力、减少病虫害和增加生产都有重要作用。《吕氏春秋》卷26《任地篇》说，"今兹美禾，来兹美麦"。《氾胜之书》说，"区种麦"，"区种大豆"，"区种粟"……"禾收区种"（《齐民要术》卷2《大小麦》引）。说明自战国以来已存在着个别地实行粟麦轮作制。同一个氾胜之又说："田，二岁不起稼，则一岁休之。"可见即使在西汉后期，耕地还实行较普遍的休闲制度。东汉郑玄注释《周礼·司徒·司寇》说，"芟其禾，于下种麦"，"芟夷其麦，以其下种禾、豆"，说明轮作制是继续有所发展。北朝《齐民要术》记录了多种多样的轮作制，说明一种作物要在另一种作物以后栽种，而且还作出了一些比较，主张粟和水稻等必须轮作，播殖谷类以前最好先种豆类，"凡美田之法，绿豆为上，小豆、胡麻次之"（《齐民要术》卷1《耕田》）。充分肯定了豆类与谷物间的轮作关系，这显然是为了弥补肥料的不足。北魏均田令规定不少田地要定期休耕，也从另一角度体现了这个问题。隋唐时，这类现象大为减少，唐初，关中地区，"禾下始拟种麦"（《旧唐书》卷84《刘仁轨传》），便是实行粟、麦轮作的事例。唐代开始，北方种麦日趋普及，结合豆类作物的种植，两年三收的轮作制才有可能在华北的某些地方推行。

套作可说是充分利用地力的另一种特殊轮作方式。它是在同一块地里并排地栽种另一不同的作物，或者在一种作物生长期中再播种另一种作物，以使土地尽可能不空闲起来。汉朝氾胜之已说到瓜田里可种薤，或者"可种小豆于瓜中"（《齐民要术》卷2《种瓜》引）。这也许是我国套种的最早记载。《齐民要术》有较多的套作记载，如葱地内种胡荽，麻子地套种芜菁等等①。自此以后，套作在园艺菜蔬方面有很大发展。也有少数套种粮食的。元、明之际，长谷真逸《农田余话》卷上说，浙江永嘉一带，种水稻，"稀行密莳，先种其早者，旬日后，复莳其晚苗于行间，俟立秋成熟，刈去早禾，乃锄理培壅其晚者，盛茂秀实，然后收其再熟也"，这是早、晚稻同亩异莳再熟。徐光启谈到了另一类套作法，即"预于旧冬耕熟地，穴种麦，来春就于麦陇中穴种棉。但有穴种麦，即漫种棉亦可刈麦"（《农政全书》卷35《木棉》）。这是说的麦棉套作。

（8）复种：劳动人民在我国温带气候条件下，创造性地利用地力发展了复种制。南方气候温暖湿润，更有利于首先发展。左思《吴都赋》说，孙吴有"再熟之稻"，其实是一种再生稻②。自东晋、南朝以至于唐、宋时期有不少关于早稻、晚稻的

---

① 《齐民要术》卷2《种麻子》，卷3《种葱》，并参看卷5《种桑柘》，卷6《养羊》。

② 关于"再熟稻"，历来有两种解释，一种认为是"一岁再种"，即双季稻；另一种认为是再生稻，宋朝人乐史和范成大，明朝人黄省曾等力主后说。我们认为再生稻说是正确的。

记载。但一般还不是双季稻。宋人陆九渊说，"江东、西田分早晚，早田者种占早禾，晚田种晚大禾……此间（按：指湖北路荆门军）陆田若在江、东西，十八九为早田矣"（《象山先生全集》卷16《与章德茂》）。那时早稻往往是旱稻。吴泳说："豫章则襟江带湖，湖田多，山田少，禾大、小一收。"（《鹤林集》卷39《隆兴府劝农文》）早晚稻只能各自一收。甚至到了清代，程瑶田的《九谷考·稷》中还说，江西饶州，"稻亦岁再熟，然皆异亩而種，亦非获后更莳之也"。所以，不能轻易地将早田、晚田一律视为复种两熟稻田。

　　明文记述粮食一年两熟的，最早见于唐代，《吐蕃番出土文书》证实，唐代西州部分地方是实行了麦禾两熟制的。在滇池以西，"水田每年一熟，从八月获稻，至十一月、十二月之交，便于稻田种大麦，三月、四月即熟，收大麦后，还种粳稻"（樊绰《蛮书》卷7《云南管内物产》）。宋代，特别是南宋，江淮以南较多地存在稻、麦两熟制。叶梦得说，江东路一带，"二麦收刈后，合重行耕犁，再种晚禾"[①]。晚稻收获后，又可种冬麦，"腰镰刈晚禾，荷锄种新麦"（虞俦《尊白堂集》卷1《和姜总管喜民间种麦》）。黄震在江西抚州劝种麦，说"收麦在四月，种禾在五月，初不因麦迟了种禾"[②]。禾是指晚稻，当时早稻一般不能与冬麦连作，实现一年两熟。明清以来，仍是如此。明代邝璠《便民图纂》说："十一月，种大小麦。稻收割毕，将田锄成行垄，令四畔沟洫通水，下种以灰粪盖之。"（《授时通考》卷六《天时门》引）徐光启说："凡田，来年拟种稻者，可种麦。"（《农政全书》卷35《木棉》）清人吴邦庆也说："种稻之田，未

---

① 《石林奏议》卷11《奏措置买牛租赁与民耕种利害状》。
② 《黄氏日抄》卷78《咸淳八年中秋劝种麦文》。

放水以前，或种麦……"（《泽农要录》卷4《树艺》）

唐、宋时代，闽广一带已出现了双季稻。唐代岭南"收稻再度"（元开《唐大和上东征传》）。宋代福州"负山之田岁一收，濒海之稻岁两获"（卫泾《后乐集》卷19《福州劝农文》）。《永乐大典》卷5343引《山阳图志》说，潮州"谷尝再熟，其熟于夏五、六月者曰早禾，冬十月曰晚禾"，"若秔与秫即一熟，非膏腴地不可种，独糙赤米为不择"，"若田半植大、小麦，逾岁而后熟，盖亦于一熟者种耳"。可知在宋代，闽广一带的双季稻也还不是很普遍。元、明之际，上引《农田余话》卷上云："闽、广之地，稻收再熟。"明、清两代，双季稻获得了新的推广。王象晋《群芳谱》说："稻一年再熟，今浙江温州稻一岁两种。"程瑶田《九谷考·稷》中提到，安徽桐城县枞阳镇一带，"其地有山田，有围田。围田稻岁一收，山田地气暖，岁再熟也"。稻"三月下穜，六月获者为早稻……早稻获后，犁其田而莳之，九月乃收"。这些都是说的个别地点。宋应星说："南方平原田，多一岁两栽两获者。"（《天工开物》卷上《稻》）到19世纪前期，不但"浙东、闽南、广东、广西及江西、安徽，岁种再熟田，居其大半"。而且连"两湖、四川，在在亦渐艺此"①。此说虽可能有所夸大，但表明南方复种有很大发展。

明清时，在福建、岭南还有一年三收的。明末谢肇淛在《五杂俎》卷4说："闽田两收，北人诧以为异，至岭南则三收矣。"台湾因"地力甚厚"，有"三熟四熟"的（周凯《道光厦门志》卷6《台运略》）。屈大均说，在海南岛"若勤于耒耜，则一年有三熟之稻"（《广东新语》卷14《食语·谷》）。在福州

---

① 李彦章《榕园全集》，《江南催耕课稻编》；另外包世臣《齐民四术》卷1《辨谷》："南土多收两熟者，上熟厚，下熟薄。"

地区，采用两稻一麦方式，也可一岁三收，但"十亩之中，止
有三亩可以如此，以工本稍费，故为之稀耳"（《榕园全集》，
《江南催耕课稻编》）。

五　单位面积产量的提高

二千多年的我国租佃制社会里，从事粮食生产的农民都是分
散的个体生产者，耕地大多又是地主所有，农民要遭受租佃制和
官府的各种剥削与压迫。他们生产粮食是在极端严重的社会对抗
条件下进行的。

本文暂且撇开阶级剥削与对抗的一面，在古代，谈论提高粮
食的单位面积产量，还要取决于很多因素，要受一个时代经济技
术条件的制约。汉代氾胜之搞"区种法"是我国历史上最早出
现的高产试验田。后人对它很感兴趣，纷纷撰书和实验，但因工
本过大，始终无法大范围推广。因此，我们探讨历代的单位面积
产量，应该着眼于历代的一般亩产量记录，而不是看到个别的高
产数字。

战国秦汉时期，载籍中提供的一般亩产量数字有：（1）魏
李悝说，平年"岁收亩一石半"（《汉书》卷24《食货志》）。战
国时，亩制混乱，据临沂银雀山出土《孙子兵法·吴问》，"韩、
魏制田……以二百步为亩"。可见魏亩为当时东亩的两倍，即合
0.5764市亩，从而推知当时每市亩约产粟五市斗，约合67.5市
斤。李悝说上熟亩产为四倍，则为270市斤。（2）秦修郑国渠，
"收皆亩一钟"（《汉书》卷29《沟洫志》）。一钟是六斛四斗。
秦行大亩，每亩合0.6916市亩，可推算每市亩产粟18.5市斗，
约合250市斤。（3）汉文帝时，晁错说："百亩之收不过百石。"
（《汉书》卷24《食货志》）汉初行小亩，每亩合0.2882市亩。

可折算每市亩产粟 6.9 市斗，约合 94 市斤。（4）《管子》卷 15
《治国篇》："常山之东，河汝之间……中年亩二石，一夫为粟二
百石。"可推知每市亩约 188 市斤。（5）《淮南子》卷 9《主术
训》："一人蹠耒而耕，不过十亩，中岁之获，卒岁之收，不过
亩四石。"武帝时行大亩，每亩合 0.6916 市亩，约合每市亩产粟
157 市斤，这在当时应算水浇高产田了①。（6）东汉仲长统说，
"今通肥硗之率，计稼穑之入，亩收三斛"（《后汉书》卷 49
《仲长统传》），约合每市亩产粮 117 市斤。总的说来，战国、秦
汉时期一般亩产虽应在 100 市斤上下，只有水浇地才能达到 150
市斤乃至 200 市斤以上②。

魏晋南北朝时期有一些罕见的粮食高产纪录③，一般亩产量
记述很少，且因当时亩制混乱，这里不拟逐一讨论。

唐代亩产量记录如下：（1）河源垦田五千顷，岁收粟百余
万斛（《新唐书》卷 110《黑齿常之传》）。即每唐亩产二唐石，
每唐石约为六市斗，每唐亩约为 0.81 市亩，从而可推算每市亩
产粟 200 市斤。唐德宗时，陆贽说，长安附近，"私家收租，有
亩至一石者"，按对半分租计算，也是亩产粟二石，产量同于河
源垦田。（2）崔弘礼"请于秦渠下辟荒田二百顷，岁收粟二万

---

①　《汉书》卷 29《沟洫志》，汉武帝时，河东守番係建议穿渠"引河溉汾阴蒲
坂下，度可得五千顷……度可得谷二百万石以上"，平均亩产四石，与《淮南子》所
说相同，可知是水浇地的高产纪录。

②　秦汉（武帝后）一亩合 0.6916 市亩，西汉前期一亩合 0.2882 市亩，粟一市
石按 135 市斤计算。

③　亩收十石者，有嵇康《养生论》（《全三国文》卷 48）；《齐民要术》卷 1
《耕田》；《梁书》卷 28《夏侯夔传》等。亩收数十石者，如傅玄说曹魏课田，白田
收十余斛，水田收数十斛（《晋书》卷 47《傅玄传》）。刘焉治蜀，绵竹亩收稻三十
斛有至五十斛者（《华阳国志》卷 3《蜀志》）。前秦苻坚时大熟，上田亩收七十石，
下者三十石（《资治通鉴》卷 104 太元七年）。此外还有一些记载，不一一列举。

斛"（《旧唐书》卷163《崔弘礼传》）。即亩产一斛，约合每市亩产粟100市斤。(3) 元和中，"振武垦田四千八百顷，收谷四十余万斛"（《资治通鉴》卷239）。合每市亩产粟不足100市斤。(4) 代宗时，有人作了一个偏低的估计，"田以高下肥瘠丰耗为率，一顷出米五十余斛"[1]。依此说法，每市亩平均产粟50市斤。

自汉迄唐，有关亩产量的记述，主要是反映了北方粟、麦生产的情况，总的说来，古代的粟、麦亩产量不可能有大幅度提高。我们还可以列举唐以后的例证。北宋仁宗时，在绛州正平县南董村淤田，"田亩旧值两、三千，所收谷五、七斗，自淤后，其直三倍，所收至三、两硕"[2]。每宋亩约合0.8649市亩[3]，每宋石约为三分之二市石，可知南董村田未淤时，约合每市亩产粟52—73市斤，淤田后，合每市亩产粟208—312市斤。金朝侯挚说，黄河以南地区，"上田可收一石二斗，中田一石，下田八斗"（《金史》卷47《食货志》）。可知分别约合每市亩产粟125市斤、104市斤、83市斤。

北方粟麦亩产量没有多大提高，并不意味着农业劳动生产率没有提高。自战国以至西汉，耕犁使用远非普遍，农民常靠耒耜耕地。《淮南子》卷9说，一个强劳力"蹠耒而耕"，不超过七市亩。一个劳动力年产粟仅700市斤上下，只有水浇地才能亩产超过1000市斤[4]。随后，耕犁经过重大改进，又有了

①　《新唐书》卷54《食货志》。这位估计者，按全国6300万人计算，不分大小，每人日食米2升，每人衣着和吉凶礼费也各以2升米折算，结果推算出全国有耕地2721万余顷。很显然，这一估计不可靠，因为它估算了一般亩产量，故录出供参考。

②　《宋会要辑稿·食货》7之30《水利》。

③　依一宋亩为6000平方宋尺，一宋尺为31厘米计。

④　前引李悝、晁错、《管子》卷15《治国篇》所谓一夫百亩之说，应是指上农之家拥有耕犁时的生产率。

畜拉耕耙，并较普遍地使用后，一个劳动力可耕旱地几十亩。据宋朝记载，牛耕效率是镤耕的四倍①。自北魏以至于唐，一夫可耕地为四十—五十亩，宋朝郑寰转引"国朝之法，一夫之田为四十亩"，此亦应指北方的情况②。据 1949 年前调查，北方旱地一具耕犁可耕 48 市亩③，由此可知，在汉唐之际，北方的农业劳动生产率大有提高，但并非表现于粟麦亩产量的增长。

在南方，孙吴时，钟离牧"爱居永兴，躬自垦田，种稻二十余亩……春所取稻得六十斛米"（《三国志》卷 60《钟离牧传》）。当时一亩约合 0.7465 市亩，每石约合 0.205 市石，折合每市亩产米 123 市斤④，依稻谷 70% 的折米率计算，约合每市亩产稻 176 市斤。唐朝南方水稻田已大量开发，稻谷的亩产量肯定比北方的粟麦产量为高。我国古代农业真正显示依靠精耕细作，增加复种指数，从而提高亩产量的发展方向，大致始于唐宋之际，特别是宋代南方的先进地区。北宋时，一般平均亩产量，"大约中岁亩收一石"⑤。约合每市亩产麦 108 市斤。但在南方水稻生产发达的地区，亩产二三石的记载比较普遍。范仲淹谈到苏州"中稔之利，每亩得米二石至三石"⑥。朱熹说，绍兴府一带，

---

① 参看《宋会要辑稿·食货》63 之 163《农田杂录》。

② 《吴郡志》卷 19《水利》。我们说是北方情况，因为在南方，直到明清之际，桐乡人张履详说："吾里地田，上农夫一人止能治十亩。"（《补农书》卷下）湖广一带种水田，也大体如此。另外，自北魏至唐，一夫之耕地数字，已见前注。

③ 潘鸿声《解放前长江黄河两流域十二省区使用的农具》，载《农史研究集刊》第 2 册。

④ 依三国时一亩为 8640 平方尺，一尺为 24 厘米计算，稻米每石为 150 市斤。

⑤ 《宋会要辑稿·食货》63 之 77《营田杂录》。每市石小麦以 140 市斤计。

⑥ 《范文正公奏议》卷上《答手诏条陈十事》。

"每亩出米二石"①。陈傅良说，"闽、浙上田收米三石，次等二石"②。罗愿也说，徽州"大率上田产米二石者"（《淳熙新安志》卷2《税则》）。每宋亩产米二、三宋石，约合每市亩产米230—345市斤，约折稻谷为329—493市斤。我们须考虑当时已较多地实行了稻麦连作，因此，再加上亩产小麦一石，则每市亩年产粮，共约437—601市斤。那时，还有亩产稻谷六七石的丰产记录，这里不多作介绍了。

明清时，南方粮食生产发达地区的亩产量继续有所提高。何良俊说，明嘉靖时，松江府西乡一带，亩产二石五斗至三石（《四友斋丛说》卷14）。天启时，浙江海盐县丰年亩产米二石五斗。张履祥说，桐乡"田极熟，米每亩三石，春花一石有半，然间有之，大约共三石为常耳"。"下路湖田，有亩收四、五石者"（《补农书》卷下）。依每明亩相当于0.9216市亩，每明石约相当于1.073市石计③。亩产米二石五斗，折合每市亩产米437市斤，即稻谷624市斤。亩产米三石，则折合每市亩产米524市斤，即稻谷749市斤，再加亩产春花（依小麦计）一石半，约合每市亩244市斤。依稻麦复种合计，每市亩产粮868—993市斤。这是当时较高的产量，至于太湖附近亩产四五石米者，则折合每市亩产稻谷1000斤上下了。可见明代的亩产量比宋代又有明显提高。

在清代，包世臣《齐民四术》卷2《庚辰杂著》说："苏民精于农事，亩常收米三石，麦一石二斗，以中岁计之，亩米二石，麦七斗。"在湖广地区，乾隆时，黄梅县"泉甘土沃，民勤

---

① 《朱文公文集》卷16《奏救荒事宜状》。
② 《止斋先生文集》卷44《桂阳军劝农文》。
③ 依一明亩为6000平方明尺，一明尺约为32厘米计算。

于农"，"计亩可获五六石不等"（光绪《黄梅县志》卷六《地理志》）。宜章县"每上田一亩，获谷五担"（嘉庆《宜章县志》卷37《风土志》）。乾隆末，安徽宿松县，平年亩产稻三石多①。道光安年，巢县知县舒梦龄在《劝民力田示》中说，该县"即雨水调匀之年……计每亩打稻二三担，出息可谓极薄"（道光《巢县志》附录《告示》）。雍正时，四川省的"膏腴每田种一石，可收谷百余石"②。按每亩用种七八升计算，每亩产稻七八石。康熙时，台湾诸罗县"田园一甲计十亩……尽属水田，每岁可收粟五十余石"（同治《福建通志》卷50《田赋》）。甚至生产比较落后的贵州省，雍正、乾隆时，有的"苗人所种水田，上田每亩可出稻谷五石，中田可出四石，下田可出三石"③。据再晚一些的人说，该省黎平府贵州东南黎平县，上田一亩，"丰年可收谷七石，稍次五六石"；贞丰州（贵州西南贞丰县），"丰年可收草谷十石，稍次，六七石"（爱必达《黔南史略》卷21、卷28）。我们不知道贵州地方的度量衡标准，但产量提高则是肯定的。在一般情况下，清亩、石与明代相差无几。由此可见，明清时不仅亩产量仍有增长，而且在前代的南方落后地区，其亩产量也大致接近于长江下游三角洲的水平。

需要指出，农业上的手工劳动，南方水田亩产提高，所投入的劳动量大量增加，因而其可耕面积必然相应小于北方。宋薛季宣说："营田之卒一人垦地约二十亩，岁得谷六十硕。"蔡戡说，屯田，"每人当二十五亩"（《浪语集》卷19《论营田》；蔡戡《定斋集》卷3《条具屯田事宜状》；《历代名臣奏议》卷260）。

---

① 乾隆朝刑科题本，大学士管刑部事阿桂题，乾隆五十七年七月十四日，第一历史档案馆。

② 《硃批谕旨》，雍正十一年十月四日，广东总督鄂弥达奏。

③ 乾隆《贵州通志》卷36《艺文》，张广泗《议复苗疆善后事宜疏》。

方回《古今考》卷18附论云："一农今耕田三十亩。"所指为浙西水田，《永乐大典》卷7892《临汀志》记元在汀州路屯田，"每军三人，耕田四十五亩"，明人《四友斋从说》卷14云：松江府西乡"夫妻二人可种二十五亩，稍勤者可种三十亩"，而《补农书》卷下记桐乡张履祥云，"吾里地田上农夫一人止能治十亩"，"吾乡田不宜牛耕"，由此可知，南方水田，每人可耕面积少于北方旱地，乃是事实。

在古代的经济技术条件下，不可能有很精确的度量衡，而且各地甚至同一地区的度量衡也往往有很大差异。因此，我们对历代粮食亩产量的计算，就只能是近似的，甚至连近似也谈不上。但在某种意义上，这些不全面、不准确的亩产量数字，还是为我们提供了历代粮食亩产量增长的概貌。

我们要珍视古代劳动人民的农业经验，也应当历史地看待古代农业生产上存在的问题，例如，由于当时的粮食生产水平低，不能提供充足的粮草，因此，对畜牧业不够重视。然而发展畜牧业，现在是变得愈来愈重要了。又如受古代科学知识水平以及一家一户的个体生产的限制，显然不会理解毁林开荒、水土流失所破坏的生态平衡，特别是在北方地区，造成大片土地的不断沙漠化、盐碱化，使黄河的水患愈益严重，这在今天已经是看得十分清楚了。自唐代开始，围湖造田的不良后果在当时已被一些人所认识，然而少数豪强地主为了私利，以邻为壑，自唐宋以后，仍在继续围垦不已。而腐败的官府也无法制裁这种罪恶行径，实际上是听之任之。

总之，在农业生产领域中重视粮食生产，这是我国的优良传统，但是，农业生产是一个包括农、林、牧、副、渔在内的综合性生产部门。就以农业本身而言，也还有粮食生产和经济作物之分，它们是互为补充，缺一不可的。单纯地重视粮食生产，甚至排挤其他生产来发展粮食生产，结果不但影响其他各部门生产的发展，而且也势必要影响粮食生产的发展和提高，这是我国历史上农业生产中的重要经验和教训。也是我们今天应引以为鉴的。

刊《中国史研究》1980年第3期，原题《略论我国封建时代的粮食生产》，是和王曾瑜、郭松义二位先生合作共同完成的

试论汉唐间的水稻生产

　　我国水稻生产从文献记载上看，以黄河流域为先。但从近几十年在长江、珠江和黄河流域的原始社会遗址中所发现的稻粮米粒和谷壳来看，南方种稻比北方为早。据水稻专家丁颖研究，黄河流域的稻种来自长江流域，稻作在长江流域比黄河流域发展要早。黄河流域水稻记载较早是和这一地区古代文化发达程度有关的①。

　　由于我国幅员辽阔，各地情况千差万别。在地理上，秦岭、淮河是我国南北的天然分界线，南北在气候、雨量、土壤、作物品种和植物生长等方面都有很大区别，种植水稻情况也呈现出明显的差异。现代我国种植水稻，据1955年和1957年的统计，长江、珠江流域诸省区的稻田面积占全国稻田面积的95%②。古代没有留下精确的统计，但大致情况也不会例外。不过，汉唐时期

---

　　① 参看《文汇报》1961年9月26日，丁颖《中国栽培稻种的起源问题》。考古证明，距今七千年前的新石器时代，南方河姆渡人已种植水稻，其后，逐渐向北方乃至高海拔地区发展。

　　② 参看《中国农报》1956年第7期，农业部《全国水稻生产技术会议总结》；万国鼎《五谷史话》。

的江淮以南尚处于逐步开发的阶段，汉代南方的生产很落后，即使到了唐末五代，南方如两广、云贵一带仍很少开发，两湖的不少地区也尚待开发。因此，我们不能机械地把现代水稻生产情况套用于古代。为了具体探讨汉唐间我国水稻的生产情况，为按照地理上的南北分界线分别华北与江淮以南进行叙述。

一　华北地区的水稻生产

黄河流域是我国古代文明的中心。唐宋以前，我国国民经济主要依靠黄河流域。农业生产特别是粮食生产在整个古代中国社会生产中所占地位非常重要。我国几千年的文明史中，粮食品种和产量前后有过不少的变化。就华北地区来说，水稻生产从来没有占据过主要地位。但不少地区在汉唐间的千多年内，却有相当的时间持续种植了水稻，而在另一些地区却只有零星的水稻生产记载。

（一）　长期种植水稻的地区

长安、洛阳和邺都一带在汉唐间的不少时间内是全国的政治、经济中心。河南的中部南部地处黄淮平原，邻近南方，这些地区的水稻生产在北方是比较突出的。

长安、关中地区　关中是汉唐时北方著名水稻产区。周代，关中便是周原膴膴，艺植黍稷稻粱，"滮池北流，浸彼稻田"的了。汉唐间，关中种稻有发展是和郑白渠水灌溉相关的。"（秦）始皇之初，郑国穿渠，引泾水溉田，沃野千里，民以富饶"。郑渠溉地四万顷，使作物丰收，为秦国富强奠定了重要物质基础①。之后，关中

---

① 《汉书》卷 28 下《地理志》；参看《史记》卷 29《河渠书》，《汉书》卷 29《沟洫志》。

陆续兴修了龙首渠、灵轵、成国渠、沣渠、六辅渠，白渠引泾水
溉田四千五百余顷，在当时尤为有名。班固说："郑白之沃，衣
食之源……五谷垂颖，桑麻铺棻。"① 汉武帝说，"今内史稻田租
挈重，不与郡同"（《汉书》卷29）。左内史即左冯翊，是京畿
所在，确实出产水稻。武帝常微行外出打猎，"驰骛禾稼稻秔之
地，民皆号呼骂詈"，东方朔曾为此提出批评，并谈到关中是陆
海之地，"又有秔稻、梨、栗、桑、麻、竹箭之饶"②。可见关中
产稻是和郑白渠等水利工程的修建有密切联系。《氾胜之书》所
谈种稻的专门知识，便是他在关中做农官所总结的关中种稻经
验。

东汉初年，有人反对刘秀大力经营洛邑，认为关中沃野千
里，"带以泾渭，号曰陆海"。"畎渎润淤，水泉灌溉，渐泽成
川，粳稻陶遂，厥土之膏，亩价一金"③。说明关中水田肥沃，
在继续种稻。顺帝时，虞诩说，雍州"沃野千里，谷稼殷积"，
"因渠以溉，水舂河漕，用功省少，而军粮饶足"④。可见东汉后
期，关中仍然盛产水稻。汉末大乱，关中水利事业遭到很大破
坏，魏明帝青龙元年（233年），开凿成国渠，自陈仓（宝鸡）
以至槐里，筑临晋陂，引汧、洛水流灌溉盐卤地三千多顷，获得
较大收益⑤。前秦苻坚依郑白故事，发动三万余人开泾水上源，
凿山起堤，通渠引渎，以灌溉盐碱化了的田亩，使水稻生产有所
发展⑥。随后北方大乱，直到北周时才着手修复郑白渠，"渠堰

---

① 《昭明文选》卷1班固《西都赋》。
② 《汉书》卷65《东方朔传》。
③ 《后汉书》卷80上《杜笃传》。
④ 《后汉书》卷87《西羌传》。
⑤ 《晋书》卷26《食货志》。
⑥ 《太平御览》卷75《地部》引《十六国春秋·前秦录》；参看《晋书》卷
113《苻坚载记》。

之利复起”[①]。“白渠水带泥淤灌田，益其肥美”，由于地主富商竞设水碾硙，严重妨碍了水利。唐初，郑白渠仅能溉田一万余顷。代宗大历时，水田只存六千二百余顷[②]，“岁收稻二百万斛，京城赖之”[③]。当时，长安的内苑也种了不少水稻[④]。敬宗时，刘仁师为修渠堰副使，改修白渠，“关中大赖焉”[⑤]。鄠县汉陂水，“任百姓灌溉平原等三乡稻田”[⑥]。文宗允许百姓取白渠水溉田，并分送水车于畿内，“以广溉种”[⑦]。唐僖宗的诏书说：“关中郑白渠，古今同利，四万顷沃饶之业，亿兆人衣食之源，比者权豪竞相占夺，堰高硙下，足明弃水之由，稻浸稑浇，乃见侵田之害。”[⑧] 地主豪强分割关中水利，唐政府已无力制止。到了宋初，陈省华为栎阳令，“县之郑白渠，为邻邑强族所据”[⑨]。经过宋朝一番整顿，王沿在真宗时指出，郑白渠仅能溉田三千顷。郑白渠的水利自两汉以后，每况愈下，所溉水稻田也逐渐减少。

隋唐时，郑白渠水溉田减少，但关中人民种水稻仍是方兴未艾。隋唐之际，长安清禅寺，“竹树森繁，园圃周绕，水陆庄田，仓廪硙碾，库藏盈满”[⑩]。寺院的水田自然是种植水稻。玄

① 《读史方舆纪要》卷52《泾水》。

② 《通典》卷2《水利田》；《新唐书》卷215上《突厥传》；参看《旧唐书》卷98《李元纮传》。

③ 《唐语林》卷1《政事》，《新唐书》卷146《李栖筠传》；但《唐会要》卷89《硙碾》作“岁收粳稻三百万石”。

④ 《新唐书》卷145《严郢传》。

⑤ 《新唐书》卷37《地理志》宝历元年；《唐会要》卷89《疏凿利人》误作大历二年。

⑥ 《册府元龟》卷497《河渠》。

⑦ 同上。《旧唐书》卷17上《文宗纪》。

⑧ 《全唐文》卷88《相度河渠诏》；《册府元龟》卷497《河渠》。

⑨ 《宋史》卷284《陈尧佐传》。

⑩ 《续高僧传》卷29《慧胄传》。

宗开元初，在同州引洛水及堰黄河水作通灵陂，灌注朝邑、河西二县水稻田二千余顷①，使广大不毛之地变为"原田弥望，亩浍连属"的"秔稻之川"②。王铧受命为京兆尹稻田判官，负责稻田事务③，华州所属栎阳等县的不少荒地也引水灌溉，"皆生稻苗"。其后，唐玄宗把京兆府界内新辟稻田，授与贫穷户与逃还百姓④，五代周世宗派何幼冲为关西河渠堰使，在雍、耀之间，"疏泾水以溉稻田"⑤。这都说明，关中地区水稻生产的长期兴旺。

　　唐代关中种了不少水稻，从当代人诗作中也能得到反映。"变芜秔稻实，流恶水泉通……是阅京坻富，仍观都邑雄。"⑥ 它说出了水利与水稻的密切关系，也描绘了水稻丰收在望，京坻富足的事实。近郊田野，"香稻啄残鹦鹉粒"⑦，渭村秋天，"枣赤梨红稻穗黄"⑧，终南山区水田，"荒畦九月稻叉芽，蛰萤低飞陇茎斜"⑨。鄠杜一带，"稻花香泽水千畦"，"秋雨几家红稻熟"⑩。汧阳的地主田庄，"西园夜雨红樱熟，南亩清风白稻肥"⑪。广大

---

①　《旧唐书》卷185上《姜师度传》；《元和郡县图志》卷2《关内道》，但《新唐书》卷37《地理志》作"引洛堰河以溉田百余顷"。

②　《全唐文》卷28玄宗《褒姜师度诏》；《册府元龟》卷497《河渠》，又卷673《褒宠》；又卷678《兴利》。

③　《旧唐书》卷105《王铧传》。

④　《唐大诏令集》卷73《亲祀东郊德音》；《册府元龟》卷85《赦宥》，又卷105《惠民》，又卷135《愍征役》。

⑤　《册府元龟》卷497《河渠》；《五代会要》卷27《疏凿利人》。

⑥　《全唐诗》卷74苏颋《奉和圣制至长春宫登楼望稼穑之作》。

⑦　《全唐诗》卷230杜甫《秋兴》。

⑧　《全唐诗》卷443白居易《内乡县村路作》。

⑨　《全唐诗》卷391李贺《南山田中行》。

⑩　《韦庄集》卷8《鄠杜旧居二首》；《全唐诗》卷698。

⑪　《全唐诗》卷698韦庄《题汧阳县马跑泉李学士别业》。

农村,"稻香山色叠,平野接荒陂"①。"桑林摇落渭川西,蓼水深深接稻泥"②。"稻垄蓼红沟水清,荻园叶白秋日明,空坡路细见骑过,远田人静闻水行"③。来源于现实生活的作品,同样折射出关中水稻生产旺盛。

洛阳地区 《战国策》记载一个故事:"东周欲为稻,西周不下水,东周患之。苏子……乃往见西周之君曰:'君之谋过矣,今不下水,所以富东周也。今其民皆种麦,无他种矣。君若欲害之,不若一为下水,以病其所种。下水,东周必复种稻;种稻而复夺之。若是,则东周之民,可令一仰西周,而受命于君矣。'西周君曰:'善。'"④ 这说明战国时期,洛阳一带已利用上流之水以种稻了。解放后,洛阳汉墓出土了肥大美好的稻米⑤,虽无法证明是否为洛阳本地所产,但当地产稻是无疑的。

曹丕说,新城(河南新城)秔稻,"上风炊之,五里闻香"⑥,桓彦林说,"新城之秔,既滑且香"。袁准说,"新城白粳,濡滑通芬"⑦。同时代人一致赞誉新城水稻,可见其品种之优良。晋武帝咸宁元年(275年)下令,"以邺奚官奴婢著新城,代田兵种稻"⑧。说明新城水稻在曹魏时由兵屯生产,西晋时改为官奴婢耕作了。

洛阳西南的卢氏县是东魏时南荆州所治,李愍在州内"开

---

① 《全唐诗》卷582温庭筠《京兆公池上作》。

② 《全唐诗》卷676郑谷《访题表兄王藻温上别业》。

③ 《全唐诗》卷682韩偓《秋村》。

④ 《战国策》卷1《周策·东周欲为稻》。

⑤ 参看《考古学报》1957年第4期《河南省洛阳汉墓出土的稻米》。

⑥ 《全三国文》卷7曹丕《与朝臣书》;《艺文类聚》卷85《秔》。

⑦ 《北堂书钞》卷142《酒食部》引桓彦林《七设》,袁淮《招公子》;又卷144《饭篇》,重引《七设》。

⑧ 《晋书》卷26《食货志》咸宁元年令。

立陂渠，溉稻千余顷"①，获得了好收成。隋炀帝自洛南巡，庾
自直应诏作诗，"伊雒山川转，江河道路长……稻粱叨岁月，羽
翮仰恩光"②。表明伊雒一带在隋代种了不少水稻。唐高宗时，
洛阳附近丰收，秔米每斗十一钱，粟米价更贱③，反映这块地区
水陆兼作。在洛阳西南的宜阳，"昌谷五月稻，细青满平水"④。
伏牛山、陆浑一带，"晨登歇马岭，遥望伏牛山……秔稻远弥
秀，栗芋秋新熟"⑤。"红粒陆浑稻，白鳞伊水鲂，庖童呼我食，
饭热鱼鲜香"⑥。在虢州（灵宝县），"满畦秋水稻苗平"⑦。五代
后唐和北宋政府先后都在洛阳城南设稻田务，负责发展水稻生
产⑧，说明洛阳地区是长期种稻的，伊水中还盛产银灰色的鲂
鱼，鱼稻并举，颇具江南生产特色。

　　黄河以北的河南北部地区　河南北部及其毗邻的河北南部是
战国时魏国所在地。魏文侯时，西门豹为邺令，改良了漳水两岸
盐碱地。魏襄王时，史起为邺令，引漳水灌溉邺地，人们颂美
"邺有贤令兮为史公，决漳水兮灌邺旁，终古舄卤兮生稻粱"⑨，
说明盐卤地经过水流清洗，变成了良好稻田。自此以后，长期有

---

　　① 《北齐书》卷22《李元忠传》。愍与元忠同宗。

　　② 《隋诗》卷6《初发东都应诏》。关于汉至隋诗本文原用丁福保《全汉三国
晋南北朝诗》，今一律改用逯钦立编《先秦汉魏晋南北朝诗》，因而书卷名号与以往
有异。

　　③ 《资治通鉴》卷199 永徽五年。

　　④ 《全唐诗》卷392 李贺《昌谷诗》。

　　⑤ 《全唐诗》卷51 宋之问《游陆浑南山，自歇马岭到枫香林以诗代答李舍人
适》。

　　⑥ 《全唐诗》卷453 白居易《饱食闲坐》。

　　⑦ 《韦庄集》卷1《虢州涧东村居作》。

　　⑧ 《旧五代史》卷43《唐明宗纪》；《册府元龟》卷495《田制》；《宋史》卷
174《食货志》；《文献通考》卷7《官田》。

　　⑨ 《汉书》卷29《沟洫志》。

利于种稻。东汉安帝时，"修理西门豹所分漳水为支渠，以溉民田"①，仍是和发展水稻生产相关的。邺是曹魏的政治经济中心，当地农业生产受到了更多地注意，《魏都赋》描述广阔田野里的庄稼，"西门溉其前，史起灌其后。滮流十二，同源异口，畜为屯云，泄为行雨，水澍粳稌，陆莳稷黍，黝黝桑柘，油油麻纻……雍丘之粱，清流之稻……若此之属，繁富夥够"②。清流位于邺西，所产水稻被称为御稻，非常有名。五代后汉时，磁州刺史慕容彦超努力疏导西门豹和史起所修漳、滏十二磴的遗迹，还是为了种稻③。

河内离邺城不远，东汉安帝时，曾修理当地旧渠，灌溉公私田畴，以发展水稻生产④。汉末卢毓说："河内好稻，真定好稷……地产不为无珍也。"⑤ 袁淮也很称赞河内的青稻⑥。魏文帝时，司马孚为河内典农，亲自检行沁水水利，"天时霖雨，众谷走水，水石漂迸，木门朽败，稻田泛滥，岁功不成"。由是，他在沁水上改建石门，保证水源，以利水稻生产⑦。晋初，潘岳为河阳、怀二县令，那里"稻栽肃芊芊，黍苗何离离"⑧，可见当地种稻不少。北魏孝文帝时，沈文秀为怀州刺史，"大兴水田，于公私颇有利益"⑨。隋初，卢贲在怀州决沁水东注，称为利民

---

① 《后汉书》卷5《安帝纪》，元初二年（115）正月。

② 《昭明文选》卷6左思《魏都赋》。

③ 《册府元龟》卷497《河渠》。

④ 《后汉书》卷5《安帝纪》，元初二年二月。

⑤ 《全三国文》卷35卢毓《冀州论》；《太平御览》卷839《稻》引。

⑥ 《北堂书钞》卷142《酒食部》引袁淮《招公子》；《艺文类聚》卷85引袁淮《观殊俗》云："河内青稻，新城白粳。"

⑦ 《水经注》卷9《沁水》。

⑧ 《昭明文选》卷26，《晋诗》卷4潘岳《在怀县作》；参看《晋书》卷50《潘岳传》。

⑨ 《魏书》卷61《沈文秀传》。

渠，引水流入温县，称为温润渠，"以溉舄卤，民赖其利"①。说明自北朝以至隋代，怀州持续种植水稻。曾经担任相州刺史与河北按察使的唐人张说，在玄宗开元时上表说，"漳水可以灌巨野，淇水可以溉汤阴，若开屯田，不减万顷。化萑苇为杭稻，变斥卤为膏腴，用力非多，为利甚溥"。建议是否实行，史无明文②。但我们知道，开元时，河南曾大开水田，而且，宋人王沿曾指出："魏史起凿十二渠，引漳水溉斥卤之田，而河内饶足。唐至德后渠废，而相、魏、磁、洺之地并漳水者累遭决溢，今皆斥卤不可耕……夫漳水一石，其泥数斗，古人以为利，今人以为害，系乎用与不用尔。"③ 如果王沿所说水渠在唐肃宗后才崩坏是事实，那么，张说的建议很可能是实行了，或者是虽无张说建议，但因水渠完好，当地是相沿种稻的。杨承仙担任怀州刺史，正好在唐朝至德以后，"浚决古沟，引丹水以溉田，田之污莱遂为沃野，衣食河内数千万口，流入襁负不召自至如归市焉"④。宪宗元和时，疏导沁水，"黄泥五斗，杭稻一石，每亩一锺，实为广济"。这件事，被夸张为"由是河内无饥年之患"⑤。文宗太和时，温造为河阳、怀节度观察等使，"以河内膏腴，民户凋瘵，奏开浚怀州古秦渠坊口堰，役工四万，溉济源、河内、温、武陟四县田五千余顷"⑥。由此可见，河内一带自汉、魏以来长期种植水稻。

---

① 《隋书》卷38《卢贲传》；参看岑仲勉《隋书求是》第309页。

② 《张燕公集》卷9《请置屯田表》；《全唐文》卷223文同。由于《两唐书》本传和志都不记此事，故不明建议是否实行。

③ 《宋史》卷300《王沿传》。

④ 《毗陵集》卷8《故怀州刺史杨公遗爱碑颂》《全唐文》卷390文同。《文苑英华》卷775。

⑤ 《金石续编》卷9《沁河坊口广济渠天城山兰若等记》。

⑥ 《旧唐书》卷165《温造传》。

汲县位于鄴南，低洼有水堰田，东汉顺帝时，崔瑗为县令，修通沟渠，使卤薄地变成了沃土，开创稻田数百顷①。卫州（汲县）共城有百门陂，"百姓引以溉稻田，此米明白香洁，异于他稻"。自北朝魏、齐以至于唐，常以之进贡朝廷②。唐末五代，仍设稻田务于此，负责官营水稻的生产③。北宋仁宗还派人"出怀、卫、磁、相、邢、洺、镇、赵等州，教民种水田"④。这都说明河南北部地区有长期种植水稻的历史。

黄河以南的河南地区（南阳盆地除外） 地处中原的河南是北方著名的水稻产区，除上面扼要介绍豫西的洛阳和鄴为中心的豫北地区外，还有不少地方在汉唐时期也曾以种植水稻著名。

曹魏时，为了保证军粮供应，大搞屯田，在河南境内推广种稻，得以"积谷于许都，以制四方"。后来为了准备攻打孙吴，邓艾认为"陈蔡之间，上下田良，可省许昌左右诸稻田，并水东下"。在淮南北开展屯田，预计一年可收五百万石以为军资⑤，司马懿采纳这一建议，"又修诸陂于颍之南北，溉田万余顷，自是淮北仓庾相望"⑥。显然，曹魏时期的屯田使黄淮地区一度水田大增。唐朝末年，赵犨为忠武军节度使，他在陈州（今淮阳）"询邓艾故址，决翟王河以溉稻粱，大实仓廪"⑦。可以看出邓艾

---

① 《后汉书》卷52《崔瑗传》，参看《太平御览》卷268《职官·良令长》引《崔氏家传》。

② 《元和郡县图志》卷16《河南道》。

③ 《旧五代史》卷112《周太祖纪》；《册府元龟》卷495《田制》；《宋史》卷95《河渠志》。

④ 《宋史》卷173《食货志》。

⑤ 《魏志》卷28《邓艾传》；《晋书》卷26《食货志》。

⑥ 《晋书》卷1《宣帝纪》，又卷26《食货志》。

⑦ 《旧五代史》卷14《赵犨传》；《新五代史》卷42《赵犨传》作"决翟王陂溉民田"说明不少民田种植水稻。

在两淮地区行屯田，种水稻的影响。北魏宣武帝曾命令淮南北所在镇戍，"皆令及秋播麦，春种粟、稻，随其土宜，水陆兼用"①。这说明淮南北是水陆兼作的农产区。

接近淮水的汝南一带，西汉时，有鸿隙大陂，藉其溉灌，以多财用"郡以为饶"②。成帝时，关东雨水多，陂溢为害，丞相翟方进奏，请决毁鸿隙陂。东汉光武时，汝南太守邓晨使许扬为都水掾，规划修复，"起塘四百余里，数年乃立"，灌溉了很多田地，"鱼稻之饶"，为其他郡县所不及③。但陂塘易被洪水冲毁，修理费用巨大。明帝时，汝南郡守鲍昱，改以石为水门，结实坚固，"水常饶足，溉田倍多"④。章帝时，何敞在汝南郡东修理鲖阳旧渠（在今河南新蔡县北），垦田大增，促进了当地水田的发展⑤。南朝宋文帝的诏书也说，"徐（今徐州）、豫（今汝南）土多稻田"⑥，需要很好修理旧陂，进行水田耕种。

唐玄宗时，曾在河南大力推广水田。开元中，身为魏州、汴州刺史的宇文融被派充河南、北沟渠堤堰决九河使，想按禹贡九河故道"开稻田以利人"⑦。宰相张九龄主张开河南水屯，派"充河南开稻田使"⑧。在许、豫、陈、亳、寿等州设置水

①《魏书》卷8《世宗纪》。按淮南种稻，本应列入南方，为免重复，所谈曹魏和北魏时两淮种稻，一律附于北方论述。

②《汉书》卷84《翟方进传》。

③《后汉书》卷15《邓晨传》，又卷82《许扬传》；《水经注》卷30《淮水》，皆作灌溉"数千顷田"，疑有夸大。

④《后汉书》卷29《鲍昱传》。

⑤《后汉书》卷43《何敞传》，又卷53《周燮传》，原文作"垦田岁增三万多顷"，疑过于夸大。

⑥《宋书》卷5《文帝纪》。

⑦《旧唐书》卷105《宇文融传》；《资治通鉴》卷216开元十六年正月。

⑧《旧唐书》卷99《张九龄传》，又卷8《玄宗纪》；按《新唐书》卷62《宰相表》，"开元廿二年七月甲申，九龄为河南开稻田使"。

田百余屯，占全国屯田总数的九分之一①。开元二十五年（737年）四月，玄宗诏令水屯稻田分给贫民和归还逃户耕种②。德宗贞元时，曲环为陈许节度使，派部将孟元阳"董作于西华屯，元阳盛夏芒屩，立稻田中，须役者退，而后就舍，故其田无岁不稔，军中足食"③。这个西华屯可能是开元时并未分配完毕的水屯稻田。在贞元时，董晋为汴州，以崔翰为观察判官，"实掌军田，凿洤沟，斩茭茅，为陆田千二百顷，水田五百顷，连岁大穰，军食以饶"④。唐人说，"晚泊水边驿，柳塘初起风，蛙鸣蒲叶下，鱼入稻花中"⑤。"稻黄扑扑黍油油，野树连山涧北流"⑥。说明开封地区兼有水田、旱地，稻田生产呈现出一派兴旺景象。

（二）某些时期种植水稻的地区

汉唐时期的北中国，除了上述较多的产稻地域而外，现在的山东、河北、山西，乃至祖国西部若干地区，也曾成功地种植了水稻。

山东　东汉初，山阳（今金乡）太守秦彭"兴起稻田数千顷"，并从实际出发，"分别肥瘠，差为三品，各立文簿，藏之乡县"。章帝曾把这套按田地肥瘠分等的方法颁发各地方作参考⑦。下邳相（今徐州市）张禹把水宽二十里的蒲阳陂"开水

---

① 《唐六典》卷7《工部·屯田郎中》注，参看《旧唐书》卷8《玄宗纪》。
② 《旧唐书》卷9《玄宗纪》，《册府元龟》卷503《屯田》，记开设水屯在开元廿五年四月，误。应依《玉海》所引，乃开元二十二年开设水屯。
③ 《旧唐书》卷151《孟元阳传》。
④ 《韩昌黎集》卷24《崔评事墓志铭》；《全唐文》卷566。
⑤ 《全唐诗》卷299王建《汴州水驿》。
⑥ 《全唐诗》卷470卢殷《雨霁登北原寄友人》。
⑦ 《后汉书》卷76《秦彭传》。

门，通引灌溉"，"垦田四千余顷，得谷百余万斛"①。汉末，夏侯淳在陈留（河南陈留）、济阴（山东定陶）间，"断太寿水作陂，身自负土，率将士劝种稻，民赖其利"②。魏文帝时，郑浑在沛郡（江苏沛县），因地低水涝，乃修陂遏，开稻田，"顷亩岁增，租入倍常"③。北魏彭城镇将、徐州刺史薛虎子以其地有水灌良田十余万亩，他建议"兴力公田，必当大获粟稻"，结果被批准付诸实施④。隋文帝时，薛胄在兖州，改进沂、泗水流，"决令西注，陂泽尽为良田"，水稻丰收⑤。《三齐记》说，密州（山东诸城）辅唐县，曾堰浯水南入荆水，灌溉水田数万顷，余堰至唐中叶还存在，"稻田畦畛存焉"⑥。唐文宗时，日本高僧圆仁在山东听说青州（益都）以东诸处，蝗虫为灾，"吃却谷稻"⑦。登州等地，"但有粟，其粳米最贵"⑧。可见，唐代在山东的不少地区种了水稻，但不如种粟普遍。

　　河北　现今北京市郊区及其毗邻的河北涿县一带，在汉唐间也出产水稻谷。汉光武帝时，渔阳太守张堪"于狐奴（今顺义）开稻田八千余顷，劝民耕种，以致殷富"⑨。曹魏时，刘靖都督河北诸军事，"修广戾陵渠大堨，水溉灌蓟南北，三更种稻"，

---

　　① 聚珍本《东观汉纪》卷11《张禹》。《后汉书》卷44《张禹传》文略，作"垦至千余顷"。据章怀注引《东观记》作"垦田千余顷"，"四"为衍字，误。参吴树平《东观汉记校注》卷18张禹条。

　　② 《魏志》卷9《夏侯淳传》。

　　③ 《魏志》卷16《郑浑传》；《晋书》卷26《食货志》。

　　④ 《魏书》卷44《薛野䐗传》。

　　⑤ 《隋书》卷56《薛胄传》。

　　⑥ 《元和郡县图志》卷11《河南道》。

　　⑦ 《入唐求法巡礼行记》卷2开成五年（840年）正月廿一日。

　　⑧ 《入唐求法巡礼行记》卷1开成四年（839年）四月八日。

　　⑨ 《后汉书》卷31《张堪传》。

边民获得了利益①。在修戾陵堨时，又开车箱渠，"灌田二千顷"。十几年后，加制水门，"水流乘车箱渠，自蓟西北径昌平，东尽渔阳潞县"，使四五百里内万余顷田地成为稻田。晋惠帝时，刘弘"立石渠，修主堨，治水门"。用四万余功，对水利灌溉续有所改进②。自此直至北魏后期，戾陵堰在日渐荒废，幽州刺史裴延儁征发民夫再加营造，"溉田百余万亩，为利十倍"，直至北齐末年，都连续种植了水稻③。他还修复了范阳郡的督亢旧渠，"溉田万余顷"，"积稻谷于范阳城"④。北齐孝昭帝时，嵇晔再议开导幽州督亢旧陂，"岁收稻粟数十万石，北境得以周赡"⑤。唐高宗永徽中，裴行方在幽州引泸沟水广开稻田数千顷，百姓赖以丰给⑥。

北魏宣武帝时，定州有屯兵八百户耕种稻田⑦。那时候，冀、定数州，连年水灾。崔楷上疏主张按地势高下分别耕作，"因于水陆，水种秔稻，陆艺桑麻"。但实施结果，成效并不理想⑧。其后，宋太宗时，何承矩知雄州，他"引援汉、魏至唐屯田故事"，主张在河北中部（今高阳、雄县、霸县一带）"引淀水灌溉"，"广袤数百里，悉为稻田"，曾获得了好收成⑨。

此外，史书记载渤海国时期，"卢城之稻"，非常有名⑩。卢

① 《魏志》卷15《刘馥传》。

② 《水经注》卷14《鲍丘水》。

③ 《魏书》卷69《裴延儁传》。

④ 《魏书》卷69《裴延儁传》；《北齐书》卷22《卢文伟传》。

⑤ 《隋书》卷24《食货志》；但《读史方舆纪要》卷11作岁收稻粟四十万石，不知何所据。

⑥ 《册府元龟》卷497《河渠》。

⑦ 《魏书》卷58《杨椿传》。

⑧ 《魏书》卷56《崔楷传》。

⑨ 《宋史》卷273《何承矩传》，参同书卷173《食货志》；《通考》卷7《屯田》。

⑩ 《新唐书》卷219《渤海传》；参看《渤海国志长编》卷1《总略》。

城在今吉林桦甸市东，说明水稻的种植已在逐步北移。今天吉林省的延边朝鲜族自治州所在地盛产水稻，可说是历史上东北地区早已出产水稻的合乎逻辑的发展。

山西　山西毗邻长安、洛阳，西汉时，为了接济关中食粮，征兵数万，在河、汾间穿渠作渠田，预计五千顷田，岁收二百万石，实际是"田者不能偿种"，只好将这些水田交由越人（江、浙人民）耕种，使之向少府交租①。可见山西在汉代已有了水田种稻。隋文帝时，杨尚希在蒲州"引濊水，立堤防，开稻田数千顷，民赖其利"②。晋阳县，开皇六年（586年），"引晋水溉稻田周回四十一里"③。文水县城宽大约三十里，唐代，"百姓于城中种水稻"④。德宗时，韦武在绛州，引汾水作十三渠，开辟水田三千多顷，水稻获得丰收⑤。直到北宋中叶，欧阳修、梅尧臣、司马光等人也都说绛、并、汾等州出产水稻⑥。

西北地区　河套平原、宁夏平原、青海的湟河谷地、河西走廊的沃州以及新疆的某些地方在汉唐间也曾因军事、政治等原因，发展灌溉，种植水稻。

在河套平原，王莽始建国三年（11年），以五原、北假"膏壤殖谷"，使赵并发戍卒在北假屯田，以助军粮⑦。唐武则天时，丰州（内蒙古五原西南）都督娄师德率士屯田，"积谷数百万，兵以饶给，无转饷和籴之费"⑧。北魏孝文帝"诏六镇、云中、

---

① 《史记》卷29《河渠书》；《汉书》卷29《沟洫志》。
② 《隋书》卷46《杨尚希传》。
③ 《元和郡县图志》卷13《河东道》。
④ 《元和郡县图志》卷13《河东道》；《太平寰宇记》卷40《河东道·并州》。
⑤ 《唐文拾遗》卷27吕温《韦公神道碑铭》；参看《新唐书》卷98《韦待价传》。
⑥ 参看《欧阳文忠公集》卷2《晋祠（诗）》；《宛陵集》卷56《送谢师厚太傅通判汾州》；《司马文正公传家集》卷66《题绛州鼓堆祠记》。
⑦ 《汉书》卷99中《王莽传》。
⑧ 《新唐书》卷108《娄师德传》。

河西及关内六郡各修水田，通渠溉灌"①。这次修水田地域已不限于河套平原，还包括了山西、陕西、河北等省的部分地方。唐德宗时，吐蕃围攻灵州（宁夏灵武），唐派运粮使郑克驹自夏州（陕西横山）以牛马杂运米六万余斛，又从胜州（今鄂尔多斯市东北）溯河运云、朔米万余斛去灵州，"积谷稻数万斛，人心颇固"②。说明唐代在河套地区及黄土高原的某些地方也种了水稻。宋太宗时，陕西转运使郑文宝"至贺兰山下，见唐室营田旧制，建议兴复，可得杭稻万余斛，减岁运之费"③。其后，明太祖时，仍有人在宁夏"修筑汉唐旧渠，引河水溉田，开屯数万顷"，获得水稻丰收④。

　　在陇西，东汉光武时，马援建议在河西"开导水田，劝以耕牧"⑤。武威太守任延"为置水官吏，修理沟渠，皆蒙其利"⑥。曹魏时，凉州刺史徐邈"广开水田，募贫民佃之，家家丰足，仓库盈溢"⑦。敦煌太守皇甫隆"教使灌溉，得谷加五"⑧。唐武则天时，凉州都督郭元振派甘州刺史李汉通"辟屯田，尽水陆之利，稻收丰衍"⑨。同一件事，《旧唐书》卷97说是"粟"而不是稻。类似歧异之例还不少。西北地方常是旱种粟、麦，但也不排除种有水稻。唐代敦煌文书所记诸寺丁壮簿中，大量记载了"艾稻×日"、"回造粳米稻"、"回造稻谷"、

① 《魏书》卷7《高祖纪》。
② 《册府元龟》卷484《经费》，又卷498《漕运》。
③ 《宋史》卷277《郑文宝传》。
④ 《明史》卷134《甯正传》。
⑤ 《后汉书》卷24《马援传》。
⑥ 《后汉书》卷76《任廷传》。
⑦ 《魏志》卷27《徐邈传》；《晋书》卷26《食货志》。
⑧ 《晋书》卷26《食货志》。
⑨ 《新唐书》卷122《郭元振传》。

"春稻"、"差送节度粳米"以及"般稻谷入城"等等①，说明敦煌的寺田种有水稻。自敦煌以西，汉代已在渠犁、伊吾等地置水屯田，至迟自北朝以来，焉耆、龟兹、疏勒等地，史书明确记载出产水稻②。高昌一带，北朝至隋唐史籍只说产谷（禾）麦，吐鲁番出土的不少文书却记载当地产稻谷。唐玄宗开元七年（718年）二月敕，"伊州（今哈密）岁贡年支米一万石宜停"③。也可说明西域是产稻米的。

华北种稻虽有很长的历史，但直到汉末，种植面不广，年产量也不多。社会上视大米为珍品。《汉律》规定，粮食作酒，稻米所酿者为上尊，稷米所酿为中尊，粟米所酿为下尊④。东汉人郑玄说，"秔米馥芬，婚礼之珍"⑤。这些情况，都反映了汉代华北稻米的稀少。

曹魏以来，北方的水稻生产有了较大发展，但并没有改变稻米稀缺的状况。晋人袁甫说："缯中之好，莫过锦……谷中之美，莫过稻。"⑥ 并中之俗，"寒食三日作醴酪，又煮粳米及麦为酪，捣杏仁煮作粥"⑦。北魏前期，安同为征东大将军、青冀二州刺史，想吃稻米饭而不易得，其子屈，典太仓事，"盗粳米数石"以养亲，安同清廉，告官揭发其事，明元帝为此特别下令，"长给（安）同粳米"⑧。隋灭陈，南来高级降官眷属，"欲粳米

---

① 《敦煌资料》第一集，第261—274页（中华书局1961年印本）。
② 《北史》卷97《西域传》，按：《魏书》卷102《西域传》已佚，据《北史》文补，文字全同。
③ 《册府元龟》卷168《却贡献》。
④ 《汉书》卷71《平当传》如淳注引。
⑤ 《艺文类聚》卷85《百谷部》；参看《隋书》卷9《礼仪志》。
⑥ 《晋书》卷52《袁甫传》。
⑦ 晋陆翙《邺中记》，《丛书集成初编》，商务本（1937年）。
⑧ 《魏书》卷30《安同传》。

为粥，不能常办"，被迫只好食麦①。由此可见，直到南北朝末年，在华北境内，官僚上层人士也还不易得到稻米。到了唐代，北方的水稻生产有了较大发展，江淮以南生产的稻谷被大批运到北方，长期以来在北方把稻米视为奇珍的局面得以大为改观。

二 江淮以南地区的水稻生产

秦岭、淮河、白龙江以南年降雨量多、热量大，即使最北的地区每年也有八九个月的无霜期，岭南更是四季无霜冻。高温多雨的自然条件，有利水稻栽培。自汉至唐，南方正处于逐步开发过程中。西汉时，这一广大地区便已种了水稻。司马迁说："总之，楚越之地，地广人稀，饭稻羹鱼，或火耕而水耨，果隋蠃蛤，不待贾而足。"②班固也说："自合浦、徐闻南入海，得大州，东西南北方千里。武帝元封元年（前110年），略以为儋耳、珠厓郡……男子耕农，种禾稻纻麻，女子桑蚕织绩。"③他们概括地说明了江淮以南和南海诸岛的种稻，并指明了当时耕作的原始粗放性质。下面就汉唐间江淮以南的著名稻作区，自西而东扼要介绍如下。

（一）江淮以南著名稻作区

汉中、巴蜀地区　陕西南部汉中地区与西安相距非遥，由于中阻秦岭，自然景观与长安迥异。汉中和安康一带的年降雨量和气温都与西安相差很大，那里，至今仍出产大米、茶叶、甘蔗、柑橘，与主要产麦的关中八百里秦川很不相同。

---

① 《陈书》卷26《徐孝克传》。
② 《史记》卷129《货殖列传》；《汉书》卷28下《地理志》。
③ 《汉书》卷28下《地理志》。

秦末楚汉相争，汉王刘邦自南郑东出，"萧何居守汉中，足食足兵"①。其后，刘邦的宠姬戚夫人是汉中洋川人，"夫人思慕本乡，追求洋川米，帝为驿致长安"②。说明秦、汉之际，汉中便以出产大米有名。汉武帝时，张卬为汉中守，"发数万人作褒斜道五百余里"，从秦岭开通道，为的是运"汉中谷可致"长安③。汉末，张鲁据汉中，令信其道者出米五斗，又在义舍置义米，也是当地盛产稻谷的反映。唐人赞美安康郡，"野亭晴带雾，竹寺夏多风，溉稻长洲白，烧林远岫红"④。说明秦岭以南的汉中、安康地区，在汉唐间已经产稻出名。

益州在汉中以南，是有名的天府之国。战国末年，秦灭蜀后，蜀守李冰凿离碓，"穿郫江检江……又溉灌三郡，开稻田，于是蜀沃野千里，号为陆海，旱则引水浸润，雨则杜塞水门，故记曰：水旱从人，不知饥馑，时无荒年，天下谓之天府也"⑤。司马迁说："汉之兴自蜀汉。"⑥《华阳国志》卷3也说"汉祖自汉中出三秦伐楚，萧何发蜀汉米万舻"，保证了前线军粮供应。汉文帝时，蜀守文翁"穿湔江口，溉灌郫、繁田千七百顷"⑦。绵竹、资中、成都、繁县、江原等县到处都有稻田⑧。三国时，庞统、法正等人公认益州殷富，是和那里的粮食生产发展密切相关的。

① 《华阳国志》卷2《汉中志》；参看《史记》卷54《萧相国世家》。
② 《水经注》卷27《沔水》引《汉中记》。
③ 《汉书》卷29《沟洫志》。
④ 《全唐诗》卷497姚合《金州书事寄山中旧友》，参看《全唐诗》卷560薛能《褒斜道中》。
⑤ 《华阳国志》卷3《蜀志》记李冰事，在秦孝王时；《水经注》卷33《江水》引《风俗通》说是秦昭王时。昭王在孝王之前，不论二说何者属实，都是在秦灭蜀之后，即在战国末年。至于灌溉面积，《风俗通》说"溉田万顷"。
⑥ 《史记》卷15《六国年表》。
⑦ 《华阳国志》卷3《蜀志》；《水经注》卷33《江水》。
⑧ 《华阳国志》卷3《蜀志》；《昭明文选》卷4左思《蜀都赋》。

诸葛亮为维护都江堰工程的安全，派精兵千二百人专职看守①。这一水利工程长期为人们造福。唐初，高士廉在益州，"于故渠外别更疏决，蜀中大获其利"②。直到现代，都江堰工程仍是成都平原水稻生产的重要水源条件。

蜀郡东北梓潼郡的涪县（四川绵阳），"有岩田，水稻田"③。巴郡江州县（重庆市）"县北有稻田，出御米"④。东汉初，益州牧岑彭率兵到江州，乘胜直抵巴郡所属垫江县（重庆合川市），"收其米数十万石"⑤，迫使公孙述不战而败，这也反映川东地区汉代已有不少稻田。

唐初，"运剑南之米以实京师"⑥。四川的香稻、粳稻很受称赞。在阆中，"粳稻更比屋"，"高田失西成，此物颇丰熟"⑦。"香稻三秋末，平田百顷间"⑧。雅州荣经县等地米质优良，"炊之甚香滑，微似糯味"⑨。南嶲州（今西昌）一带的屯田，德宗时，"岁收谷数万石，军食之余，又以北饷黎州清溪关（四川汉源），镇军皆足"⑩。宣宗时，有人建议在嶲州西南之可县，利用地宽平，多水泉，"可灌秔稻"⑪。《汉书》卷28下《地理志》说，"巴、蜀、广汉……土地肥美，有江水沃野……民食稻、鱼，亡凶年忧"。可见四川地区米、鱼之盛。

---

① 《水经注》卷33《江水》。
② 《旧唐书》卷65《高士廉传》。
③ 《华阳国志》卷2《汉中志》。
④ 《华阳国志》卷1《巴郡》；《水经注》卷33《江水》。
⑤ 《后汉书》卷17《岑彭传》。
⑥ 《册府元龟》卷498《漕运》。
⑦ 《全唐诗》卷220杜甫《南池》。
⑧ 《全唐诗》卷229杜甫《茅堂检校收稻》。
⑨ 《太平御览》卷839《百谷部》引袁滋《云南记》。
⑩ 《册府元龟》卷678《兴利》。
⑪ 《新唐书》卷184《杨收传》。

　　南阳盆地　河南西南部位于伏牛山（秦岭）以南和桐柏山之间的南阳盆地，地理情况与汉中、淮南相类似。当地水流较多，汉代已多陂田。西汉酷吏宁成曾在南阳"买陂田千余顷，假贫民，役使数千家"①。东汉初年，光武帝的外舅，樊宏一家，"开广田土三百余顷……陂渠灌注"②。名将张纯率兵屯田南阳，取得了一定成绩③。现代南阳地区盛产小麦，种稻不多，在汉代似乎不是这样。张衡说，"其水则开窦洒流，浸彼稻田，沟浍脉连，堤塍相辒……冬稌夏穑，随时代熟"，"若其厨膳，则有华芗重秬，滍皋香秔，归雁鸣鵽，黄稻鱻鱼"④。西汉元帝时，南阳太守召信臣，"行视郡中水泉，开通沟渎"，作钳卢陂，累石为堤，傍开六个石门，"以广灌溉，岁岁增加，多至三万顷"⑤。东汉光武帝时，杜诗在南阳相继修理，深受南阳民众欢迎，被誉为"召父、杜母"⑥。汉末水利工程败坏，西晋初，杜预在荆州"修召信臣遗迹……以浸原田万余顷"⑦。唐武宗时，卢钧镇守襄阳，使李从事"复（召）信臣旧规"。"数百里间，野无隙田，旱无枯苗，召堰既成，秋田大登，八州之民，咸忘其饥……岁增良田，顿至四万"⑧。唐末以后，渠堰又

---

　　① 《史记》卷122《宁成传》。

　　② 《后汉书》卷32《樊宏传》。

　　③ 《后汉书》卷35《张纯传》。

　　④ 《昭明文选》卷4张平子《南都赋》。

　　⑤ 《汉书》卷89《召信臣传》，《通典》卷2《水利田》，《元和郡县图志》卷21《山南道》，《太平寰宇记》卷142《山南东道》都说是灌溉三万顷，数字疑有夸大。《水经注》卷29淯水条记此事，作"溉穰、新野、昆阳三县五千余顷"，可能属实。

　　⑥ 《后汉书》卷31《杜诗传》。

　　⑦ 《晋书》卷34《杜预传》；《通典》卷2《屯田》。

　　⑧ 《孙可之集》卷10《复召堰籍》；《全唐文》卷795孙樵文同。四万顷数字，肯定有夸大。

渐荒废，"京西唐、邓间，尚多旷土"。宋仁宗时，唐守赵尚宽
又修复召信臣陂渠遗迹，引水溉田数万顷，变硗瘠为膏腴①。苏
轼在唐州看到所修复的三陂，"疏召信臣之渠，渠之左右田多作
秔稉"②。王安石也说，经过赵尚宽整修，"昔之菽、粟者多化而
为稌，环唐皆水矣，唐独得岁焉"③。可见，自汉以来,南阳地区
只要有较好的水利设施，便常常种植水稻。

与南阳盆地相连的襄樊地区，是盆地南缘缺口所在，流经盆
地的唐河、白河在此注入汉水，自然景观近似南阳盆地。东汉
时，王宠为南郡太守，凿蛮水与木渠相会，"溉田六千余顷，无
饥岁"④。晋初，羊祜在襄阳，使兵士"分以垦田八百余顷，大
获其利"⑤。南朝人夸奖襄樊一带出产的蝉鸣稻是"滍水鸣蝉，
香闻七里"⑥。"六月蝉鸣稻，千金龙骨渠"⑦。唐朝前期，李孟
犫为邓州司马兼陆门堰稻田使，"条流百道，浸润七邑，疆畦绮
错，稼穑龙鳞"⑧，水稻生产获得了好收成。

　　湘、鄂、赣地区　西晋末年，北方大乱时，"荆、扬晏安，
户口殷实"⑨。东晋南朝，"江左大镇，莫过荆、扬"。六朝时，
经济实力荆州远比扬州落后。鄱阳所在的江西地区，原属扬州，

　　①《宋史》卷173《食货志》，参看《宋史》卷426《赵尚宽传》；《宋会要辑
稿》《食货》卷7之61《水利杂录》嘉祐五年（1060年）七月条。
　　②《苏东坡全集》卷19《新渠新序》。
　　③《王临川集》卷38《新田诗序》。
　　④　郑獬《郧溪集》卷15《修宜城县木渠记》；参看《宋史》卷173《食货
志》；《宋会要辑稿》《食货》卷7之61《水利杂录》。
　　⑤《晋书》卷33《羊祜传》。
　　⑥《全梁文》卷66庾肩吾《谢东宫赉米启》。
　　⑦《北周诗》卷4庾信《奉和永丰殿下言志十首之六》。
　　⑧《文苑英华》卷922李翛《李君神道碑》，参看《元和郡县图志》卷21《山
南道》。
　　⑨《晋书》卷65《王导传》。

晋初分置江州，生产也较落后。

魏明帝时，荆州刺史王基在夷陵（今宜昌）附近打败吴军，"收米三十余万斛"。江陵有沮、漳二水，溉膏腴之田以千数，安陆左右，陂池沃衍。他建议就地发展生产，足以抗衡孙吴①。可见湖北境内长江沿岸的种稻已有较好的基础。梁初，郑绍叔在司州（孝感东北）"广田积谷"，获得好收成②。

唐代，湖北水稻生产有了很大发展。郢州京山县南有温汤水，"拥以溉稻田，其收数倍"③。"郧国稻苗秀"④，在复州（沔阳）"处处路旁千顷稻"⑤。黄冈是"罢亚百顷稻，西风吹半黄"⑥。汉阳是"秔稻清江滨"⑦。江陵是"水浪红粒稻"⑧。韦宙在江陵有别墅，"良田美产，最号膏腴，积稻如坻，皆为滞穗"⑨。说明唐代湖北各地所产水稻既有黏性较强的秔稻，也有早熟的籼稻"罢亚"。

长沙在汉代号为瘴疠之乡，生产落后。但在汉魏之际的曹丕说，"江表唯长沙有名好米"，米质比洛阳所产为差。而南朝人庾肩吾认为长沙所产稻米，"兼水陆之殊品"，"味重新城"，那就是业已赛过了洛阳地区所产的米了⑩。《南齐书》卷15《州郡志》说，"湘川之奥，民丰土闲"，对湖南地区的总的估计颇为

① 《魏志》卷27《王基传》。
② 《梁书》卷11《郑绍叔传》。
③ 《元和郡县图志》卷21《山南道》。
④ 《全唐诗》卷126 王维《送友人南归》。
⑤ 《全唐诗》卷613 皮日休《送从弟皮崇归复州》。
⑥ 《全唐诗》卷520 杜牧《郡斋独酌》，黄州作。
⑦ 《全唐诗》卷238 钱起《赠汉阳隐者》。
⑧ 《全唐诗》卷440 白居易《江州赴忠州，至江陵以来舟中示舍弟五十韵》。
⑨ 《太平广记》卷499《韦宙》。
⑩ 《全梁文》卷66《谢湘东王赉米启》，《又谢赉米启》；《全三国文》卷7 曹丕《与朝臣书》。

恰当。

唐代，湖南的水稻生产有了新的发展。武陵地区兴修了大批水利工程，其中不少溉田千顷以上，在汉代樊陂基础上增修的考功堰溉田千一百顷①，很便于稻田灌溉。此外，湘潭之涓湖溉良田二百余顷，盛产水稻②。岳州产稻③，宁乡大沩山地区"垅香禾半熟"④。湘水沿岸，"江间稻正熟"⑤。湘南永州，"杭稻油油绿满川"⑥。十国时期的马殷，在潭州"因诸山之泉筑堤潴水，号曰龟塘，灌溉公私一万余顷"⑦。总之，唐和十国时期，湖南的常德地区、洞庭湖沿岸以及现今沿粤汉铁路的湘水两岸水稻生产比较发达，宋朝平定荆湖以后，乃以大船数百艘"运湘中米"去开封⑧。

江西地区，在晋宋之际，彭泽令陶潜于公田种稻（秫和秔）⑨，显然是沿用群众的种稻习俗。雷次宗《豫章记》说，"地方千里，水路四通……嘉蔬精稻，擅味于八方……沃野垦辟，家给人足……故穰岁则供商旅之求……人食鱼稻"⑩。南齐末年，萧衍自雍州起兵东进，使郑绍叔"督湘、江二州粮运"，运粮主要是稻米⑪。唐德宗贞元时，长安饥荒，从江西、湖南运

---

① 《新唐书》卷40《地理志》。
② 《元和郡县图志》卷29《江南道》。
③ 《太平寰宇记》卷113《江南西道》。
④ 《全唐诗》卷839齐己《新秋》。
⑤ 《全唐诗》卷49张九龄《南还湘水言怀》。
⑥ 《全唐诗》卷276卢纶《送从叔牧永州》。
⑦ 《宋会要辑稿》《食货》7之44，又61之109；《宋史》卷173《食货志》。
⑧ 马令《南唐书》卷22《刘承勋传》。
⑨ 《宋书》卷93《陶潜传》。
⑩ 《太平寰宇记》卷106《江南东道》引。
⑪ 《梁书》卷11《郑绍叔传》。

稻米十五万石，经襄阳以至长安①。唐文宗派孟琯巡察米价，"其江西、湖南地称沃壤，所出常倍他州，俾其通流，实资巡察"②。唐僖宗诏书说，"湖南、江西管内诸郡，出米至多"③。这都说明江西、湖南产稻不少。"鄱阳胜事闻难比，千里连连是稻畦"④。韦丹在南昌开凿五百九十八所陂塘，溉水田一万二千顷⑤。白居易为江州司马，"职散优闲地"，"禄米麐牙稻"⑥。抚州修华陂、千金陂，"沿流三十余里，灌注原田新旧共百有余顷，自兹田无荒者，民悉力而开耕"⑦。吉州新淦县有水流，"地宜稻谷"⑧。总之，鄱阳湖周围及赣江中下游沿岸，水稻生产相当普遍。清明时节，"雨余田水落方塘……满耳蛙声正夕阳"⑨，正是南方水田耕种繁忙时的景象。

　　淮南地区　汉唐间，淮南是著名稻作区。东汉前期，广陵太守马棱"兴复陂湖，灌田二万余顷"，使稻收丰衍，《东观记》云："兴復陂湖，增岁租十余万斛。"⑩ 汉末，陶谦使陈登为典农校尉，"尽凿溉之利，秔稻丰积"⑪。南朝时，淮阴一带，"田稻丰饶"⑫。盛唐时，"淮海唯扬……秔稻有望"⑬。杜佑为淮南节

① 《陆宣公集》卷 2《冬至大礼大赦制》；《册府元龟》卷 89《赦宥》。
② 《册府元龟》卷 474《奏议》。
③ 《唐大诏令集》卷 72《乾符二年南郊赦》。
④ 《全唐诗》卷 496 姚合《送姚州张使君》。
⑤ 《新唐书》卷 197《韦丹传》，又卷 41《地理志》。
⑥ 《全唐诗》卷 439 白居易《官舍闲题》。
⑦ 《全唐文》卷 805 柏虔冉《新创千金陂记》。
⑧ 《太平寰宇记》卷 109《江南西道》。
⑨ 《全唐诗》卷 642 来鹄《清明日与友人游玉粒塘庄》。
⑩ 《后汉书》卷 24《马棱传》；参看《续汉书》《郡国志（三）》广陵郡。
⑪ 《魏志》卷 7《陈登传》裴注引《先贤行状》。
⑫ 《南齐书》卷 14《州郡志》。
⑬ 《册府元龟》卷 162《命使》。

度使，"决雷陂，斥海濒弃地为田，积米至五十万斛"①。李吉甫在高邮筑塘，溉田数千顷，"变舄卤为稻粱之壤"②。在楚州（淮安），"万顷水田连郭秀，四时烟月映淮清"③。在广陵，"溪水堪垂钓，江田耐插秧"④。唐朝末年，"山阳（淮安）沃壤，淮畔奥区，地占三巡，田逾万顷"，因为经营不善，"纵当稔岁，皆失利于稻粱"⑤。概括说明了淮南扬州地区一直种稻。

在安徽境内，汉代设富陂县于霍丘附近，"多陂塘以溉稻"⑥。汉末，曹操派朱光在庐江"大开稻田"。吕蒙深知"皖田肥美，若一收熟，彼众必增"，经历数年，敌势难当。由是，力劝孙权早日挫败此谋⑦。因为寿州一带，"地方千余里，有陂田之饶"⑧。梁武帝时，豫州（今寿县）刺史夏侯夔"帅军人于苍陵立堰，溉田千余顷，岁收谷百余万石"⑨。其后，侯景在淮南收租税，北齐淮南经略使辛术派兵渡淮，"烧其稻数百万石"⑩。唐代，濠州（今凤阳）产米、麦，"其食杭稻"⑪。历阳（今和县）是"场黄堆晚稻"⑫。在此要着重指出芍陂工程和水稻生产的关系。相传它始建于春秋楚庄王时，"孙叔敖决期思之

---

① 《新唐书》卷166《杜佑传》，参看《权载之文集》卷11《杜佑淮南遗爱碑》。

② 《册府元龟》卷73《命相》；又卷678《兴利》。

③ 《全唐诗》卷359刘禹锡《送李中丞赴楚州》。

④ 《全唐诗》卷214高适《广陵别郑处士》。

⑤ 《桂苑笔耕集》卷13《许权摄观察衙推充洪泽巡官》。

⑥ 《水经注》卷30《淮水》。

⑦ 《吴志》卷9《吕蒙传》。

⑧ 《南齐书》卷14《州郡志》。

⑨ 《梁书》卷28《夏侯夔传》，亩产十石，疑有误。

⑩ 《北齐书》卷38《辛术传》。

⑪ 《太平寰宇记》卷128《淮南道》。

⑫ 《全唐诗》卷363刘禹锡《历阳书事》；参看《太平广记》卷339罗元则条。

水，而灌雩娄之野"①。东汉高诱解释说，雩娄即汉代庐江地区。章帝时，庐江太守王景修复"芍陂稻田"，陂径百里，灌田万顷。民不知牛耕，乃"教用犁耕"，"垦辟倍多，境内丰给"②。1959年，对安丰塘的发掘调查证明，坚固的闸坝是混合草土筑成，人们认为很可能是王景所筑造芍陂的一部分③。汉末建安时，刘馥在淮南"广屯田，兴治芍陂及茹陂、七门、吴塘诸堨，以溉稻田，官民有畜"④。其中七门等堨在舒城境内，是西汉刘信所立，溉田二万顷，年久渐废，至刘馥加以修复⑤。三国时期，淮南常为魏、吴战场，芍陂屡遭破坏⑥。晋初，刘颂为淮南相，大力修整，"百姓歌其平惠"⑦。东晋末年，刘裕北伐姚秦，先派毛修之修复芍陂，"起田数千顷"，以给军粮⑧。宋文帝时，刘义欣为豫州刺史镇寿阳，"芍陂良田万余顷，堤堨久坏，秋夏常苦旱"，义欣派人"伐木开榛，水得通注，旱患由是得除"⑨。南齐高帝派垣崇祖"修治芍陂田"，以储备军粮⑩。明帝时，徐孝嗣力主在淮南修理陂遏，"精寻灌溉之源"，以建立屯田，"水

---

① 《淮南子》卷18《人间训》；参看《全后汉文》卷47崔寔《四民月令》，《汉书》卷28下《食货志》。

② 《后汉书》卷76《王景传》；《水经注》卷32《肥水》；《太平寰宇记》卷129《江南道》。

③ 《文物》1960年第1期，殷涤非《安徽寿县安丰塘发现汉代闸坝工程遗址》。

④ 《魏志》卷15《刘馥传》，《晋书》卷26《食货志》；参看《魏志》卷1《武帝纪》建安十四年七月，《太平寰宇记》卷125《淮南道》。

⑤ 《文献通考》卷6《水利田》引宋人刘公非《七门庙记》；《太平寰宇记》卷126淮南道庐州庐江县，记刘馥修筑七门堰，灌田1500顷。

⑥ 参看《吴志》卷2《孙权传》，《水经注》卷32《肥水》，《太平御览》卷66《地部》引刘澄之《豫州记》。

⑦ 《晋书》卷46《刘颂传》。

⑧ 《宋书》卷48《毛修之传》。

⑨ 《宋书》卷51《刘义欣传》；《通典》卷2《水利田》。

⑩ 《南齐书》卷22《垣崇祖传》。

田虽晚"，仍可以改播豆、麦①。梁武帝时，裴邃北伐，"始修芍陂"②。隋代，"芍陂旧有五门堰，芜秽不修"，寿州总管府长史赵轨派人"更开三十六门，灌田五千余顷，人赖其利"③。唐中叶，在"寿州置芍陂屯，厥田沃壤，大获其利"④。这充分说明了芍陂水利和历代水稻生产发展的密切关系。

江南地区　长江下游南部，包括苏南、皖南和浙江的北部，是汉唐间南方最重要的水稻产区。晋武帝诏书说，"东南以水田为业"⑤。《晋书》卷27《五行志》记太和六年（371年）六月，"丹杨、晋陵、吴郡、吴兴、临海五郡大水，稻稼荡没，黎庶饥馑"。由此可见江南种稻的普遍。

皖南山多，水田也不少。梁武帝时，新安太守任昉身死，家有桃花米二十石⑥。桃花米即是籼稻，自南朝以至于北宋，在休宁和歙县一带长期种植，"为饭香软"⑦。宣城的德政陂，引渠溉水田二百顷，南陵有大农陂，溉田千顷，很利于种稻⑧。池州九华山一带，"万畦香稻蓬葱绿，九朵奇峰扑亚青"⑨。九华山上化城寺附近，有"平田数千亩，种黄粒稻"，"其芒颖，其粒肥，其色殷，其味香软，与凡稻异"。它是唐德宗建中初，从新罗移植，自此以至南宋末年长期播种不绝⑩。

---

① 《南齐书》卷44《徐孝嗣传》。
② 《梁书》卷28《裴邃传》，又《裴之横传》。
③ 《隋书》卷73《赵轨传》；《册府元龟》卷678《兴利》作五十顷，误。参看《隋书》卷31《地理志》。
④ 《通典》卷2《屯田》。
⑤ 《晋书》卷26《食货志》。
⑥ 《南史》卷59《任昉传》。
⑦ 《太平寰宇记》卷104《江南东道》。
⑧ 《新唐书》卷41《地理志》；《太平寰宇记》卷103《江南东道》。
⑨ 《全唐诗》卷707殷文圭《九华贺雨吟》。
⑩ 《宋人集·丙编》陈岩《九华诗集》《化城寺》。

在苏南，东汉初年，李忠在丹阳垦田种稻，吸引了不少流民①。汉末，张昭在丹阳创修娄湖，"溉田数十顷"。晋人陈敏也在那里遏马林溪以建练湖，"溉田数百顷"②。张闿在曲阿立新丰塘（湖），"溉田八百余顷，每岁丰稔"③。梁武帝时，还在丹阳修建思湖、长塘湖、高湖等以溉水田④。"江南佳丽地，金陵帝王州"，汉末建康一带所出现的"再熟之稻"乃是再生稻⑤。句容附近，唐人多次兴修水利，绛岩湖设斗门两个，"旱暵则决而全注，霖潦则潴而不流"，"开田万顷，赡户九乡"，年年盛产稻鱼⑥。常州也修了不少水利，"其地恒穰，故有嘉称"⑦。唐代，江左农田，"沃野收红稻"，"是时秔稻熟，西望尽田畴"⑧，可见种稻的相当普遍。

在浙江北部，东汉初年，第五伦为会稽守，"俸禄常取赤米"⑨。汉末，王朗为会稽守，当地产秔稻很多⑩。南朝大地主谢灵运在会稽的别业，"田连岗而盈畴，岭枕水而通阡，阡陌纵横，塍埒交经……蔚蔚丰秋，莐莐香秔"⑪。唐人歌咏江浙一带种稻的诗作近百首，那时全国各地进贡朝廷的优良稻谷，绝大多

---

① 《后汉书》卷21《李忠传》。

② 《元和郡县图志》卷25《江南道》。

③ 《晋书》卷76《张闿传》；《元和郡县图志》卷25《江南道》作"新丰湖"。

④ 《太平寰宇记》卷89《江南东道》。

⑤ 《昭明文选》卷5左思《吴都赋》。

⑥ 《文苑英华》卷813樊珣《绛岩湖记》；《全唐文》卷445。

⑦ 《全唐文》卷316李华《常州刺史厅壁记》。

⑧ 《全唐诗》卷189韦应物《送张侍御秘书江左觐省》，又卷192《襄武馆游眺》。

⑨ 《东观汉纪》卷18《第五伦》；《北堂书钞》卷74引《续汉书》文同；《艺文类聚》卷72《米》引《东观汉记》称"受俸禄，常求赤米"。《后汉书》卷41《第五伦传》不记此事。

⑩ 参看《魏志》卷13《王朗传》及裴注引《魏略》。

⑪ 《宋书》卷67《谢灵运传》；参看《宋诗》卷2谢灵运《会吟行》；又《白石岩下径行田》。

数集中于江浙的扬州、常州、苏州、湖州、婺州等地①。

稻离不开水。这里，略述一下江南水利情况。镜湖是浙东著名水利工程，创始于东汉顺帝永和五年（140 年），在会稽、山阴两县界筑塘蓄水，"若水少则泄湖灌田，如水多则开湖泄田中水入海，所以无凶年，堤塘周回三百一十里，溉田九千余顷"②。宋人说，"鉴湖由汉历吴、晋以来，接于唐，又接于钱镠父子之有此州，其利未尝废者"③。由此可见，鉴湖对浙东水稻生产具有极重要的作用。

江南的水利工程，《新唐书·地理志》多有记载，仅以湖、杭、越、明四州所记以水溉田者为例，太湖而外，长城之西湖，溉田三千顷；安吉石鼓堰，溉田百亩；余杭有上湖、下湖、北湖，溉田千余顷。於潜有紫溪水溉田；新城有官塘堰水溉田；会稽有防海塘，自上虞抵山阴百余里，蓄水溉田。诸暨有湖塘，溉田二十余顷。上虞有任屿湖，溉田二百顷。鄮有小江湖，溉田八百顷，西湖溉田五百顷。广德湖溉田四百顷。仲夏堰溉田数千顷。所列举的已经不少，但《新唐书·地理志》还有很多重要的遗漏。上述越州的鉴湖便失载，又如杨德裔在会稽引陂水溉田数千顷④，宪宗时，赵察在奉化县开赵河，溉民田八百余顷，开白杜河溉民田一千二百余顷⑤，文宗时，鄮令王元晖建它山堰，

① 《新唐书》卷41《地理志》；另外，《元和郡县图志》卷28《江南道》，饶州贡秔米；《新唐书》卷37《地理志》，京兆府贡水土稻。

② 《元和郡县图志》卷26《江南道》；《太平御览》卷66《地部》引《会稽记》，参看《通典》卷2《水利田》，《全唐文》卷695韦瓒《修汉太守马君庙记》。文中说"至今千有余年"，可能此文非唐人所作。

③ 《元丰类稿》卷13《序越州鉴湖图》；参看《宋史》卷173《食货志》；《宋会要辑稿》《食货》卷7之61《水利杂录》。

④ 《文苑英华》卷950杨炯《杨公墓志铭》；《全唐文》卷195文同。

⑤ 《四明志》卷14《奉化县志》；《四明图经》卷3文同。

"截断咸潮积碛水，灌溉民田万顷余"①。杭州盐官县的临平湖，"溉田三百余顷"。湖州乌程县吴兴塘，"溉田二千余顷"②，获塘"溉田千顷"。安吉县的邸阁水，"灌田五百一十亩"。长兴县的西湖，"旁溉田三万顷，有水门四十所，引方山泉注之"。③ 这个西湖始凿于南朝时④，"行莳新田苗……方欢鱼稻饶"⑤。直到唐代中叶，仍然"岁获秔稻蒲鱼之利"⑥。明州勾章县在汉代已有陂堰灌溉，东晋会稽内史孔瑜再加修理，灌溉二百余顷，皆成良田⑦。明州鄮县之广德湖始建于南朝齐、梁之际，不断疏浚增修，唐代宗大历时溉田四百顷，宣宗时，溉田达八百顷⑧。

（二）江淮以南各地的逐步开发

上面列举江淮以南稻作发展的地区，没有提到闽、广、云、贵和台湾、西藏等地，因为这些地区在汉唐间一千多年内，生产比较落后，有待于宋、元以后逐步开发。上面已谈到的那些南中国的水稻耕作区，也是在汉唐间逐步发展起来的。这里，再从荒地开发、州县设置和户口增加的角度作若干补充。

汉隋间的耕垦稻田　汉武帝诏书说："江南之地，火耕水耨。"⑨ 司马迁和班固也曾概括叙述了汉代江淮以南的原始粗放

---

① 《四明它山水利备览》卷下《它山歌诗》，参看《四明志》卷12《鄞县志》。
② 《元和郡县图志》卷25《江南道》。
③ 《太平寰宇记》卷94《江南东道》。
④ 《旧唐书》卷178《于頔传》；《全唐文》卷729王彦威《赠太保于頔谥议》。
⑤ 《艺文类聚》卷9范云《治西湖》；又《文苑英华》卷163。
⑥ 《唐会要》卷89《疏凿利人》；《册府元龟》497《河渠》。
⑦ 《晋书》卷78《孔瑜传》。
⑧ 《元丰类稿》卷19《广德湖记》。
⑨ 《史记》卷30《平准书》；《汉书》卷6《武帝纪》。

种稻方式①，这无疑是正确的。但在过了七八百年后，《隋书》卷31《地理志》说，"江南之俗，火耕水耨，食鱼与稻，以渔猎为业，虽无蓄积之资，然而亦无饥馁……自平陈之后，其俗颇变"②。生产情况与西汉相比，显然发生了不小的变化。这一变化，经历了一个相当长的过程。西汉时，荆、阳（扬）"伐木而树谷，燔莱而播粟，火耕而水耨，地广而饶财"③。长江中下游耕种方法是比较原始的。西晋初年，杜预说："诸欲修水田者皆以火耕水耨为便……往者东南草创人稀，故得火田之利。"充分肯定了火耕水耨对于修水田的便当，但也说明了它只是地广人稀草木丛生时所适宜的原始耕作方法。东晋初年，应詹上表指出："江西良田，旷废来（未）久，火耕水耨，为功差易……则仓盈庾亿，可计日而待也。"④ 他所说的"江西"是指长江以北、淮水以南的地区。西晋末年，这一地区，因战乱而荒废。东晋建国江南，百废待兴，为了务农重谷，应詹建议效法曹操屯田，"随宜开垦"，把那些荒废未久的熟荒地开垦出来。垦种熟荒地，开始时，也可采用火耕水耨方法，易于收到成效。言外之意，既种之后，便不能因循故技，年年如是地粗放耕种了。东晋穆帝时，殷浩乘北方后赵石虎身死，国内大乱时，乃"开江西疁田千余顷，以为军储"⑤，准备北伐。南朝大地主谢灵运在会稽的田园中也有疁田⑥，浙东"鄞县多疁田"⑦。山谦之《吴兴记》说，"疁，烧田也"。吴兴县有吴疁山，"昔有吴氏烧山为田，因名"。

① 参看《史记》卷129《货殖列传》；《汉书》卷28下《地理志》。
② 《隋书》卷24《食货志》也有类似说法，同样是不确切的。
③ 《盐铁论》卷1《通有》。
④ 《晋书》卷26《食货志》。
⑤ 《晋书》卷77《殷浩传》。
⑥ 《宋书》卷67《谢灵运传》。
⑦ 《宋书》卷80《豫章王子尚传》。

《玉篇》和《广韵》都说"田不耕烧种"为畬①。看来长江下游一带在六朝时所盛行的畬田是和火耕水耨很相似的。对于火耕水耨的解释,汉朝人应劭说:"烧草下水种稻,草与稻并生,高七八寸,因悉芟去,复下水灌之,草死,独稻长,所谓火耕水耨。"② 可见火耕水耨及畬田都和稻田的开垦有关。种稻要除草,应劭的解释已注意到了。比他早的《淮南子》和比他晚的《齐民要术》也都反复谈到了种稻除草的必要性。东晋以后,火耕水耨的耕作仍在某些地区继续使用。南朝萧梁时,在江州新蔡立屯,"垦作蛮田"③。陈庆之在北司州(今信阳南)"开田六千顷",连年丰收④。梁元帝说:"其渚江也,夹江带阡……人腰水心之剑,家给火耕之田。"⑤ 至于岭南广州等地,在南朝末年,仍是"火耕水耨,弥亘原野"⑥。说明两汉六朝时期火耕水耨是江淮以南开垦荒地常用的办法,《隋志》把这种耕垦法视为整个江南地区的普遍耕作方式,那是很不恰当的了。

　　唐代因地制宜,开垦稻田　江淮以南广大地区,经过两汉六朝几百年的不断耕垦,到了唐代,不少可耕地已得到了开发,人们因地制宜,兴建了各种农田,种植了以水稻为主的各种粮食作物。现在通行的历史著作说围田、架田、梯田、淤田、沙田等农田是宋代出现的,很可能是受了王桢《农书》的影响。这种意见并不确切,甚至是有错误的。

────────────

　　① 谈钥《吴兴志》卷4《山、乌程县》。
　　② 《汉书》卷6《武帝纪》元鼎二年条注引;又《史记》卷30《平准书》注引。应劭所谈除草技术,现在颇难通解。
　　③ 《梁书》卷3《武帝纪》。
　　④ 《梁书》卷32《陈庆之传》。
　　⑤ 《艺文类聚》卷26《人部》引《玄览赋》。
　　⑥ 《徐仆射集》卷2《广州刺史欧阳頠德政碑》;《艺文类聚》卷52《善政》引;《全陈文》卷11。

（甲）围田、圩田、湖田　确切地说，围田和圩田有区别①，这里姑且不去细辨。围田是在一块田地周围筑堤，环而不断，中为良田。围田始于何时，尚难肯定。但不始于宋代是没有疑问的。宋人沈括在宿州看到一石碑，"乃唐人凿六陂门，发汴水以淤下泽，民获其利，刻石以颂刺史之功"，谓"淤田之法，其来盖久矣"②。范仲淹说，"江南旧有圩田，每一圩方数十里为大城，中有河渠，外有门闸，旱则开闸引江水之利，潦则闭闸拒江水之害，旱潦不及，为农美利"。"臣访询高年，则云曩时两浙未归朝廷，苏州有营田军四都共七八千人，专为田事，导河筑堤，以减水患"③。这是江浙地区的圩田。沈括还说，在皖南芜湖一带也有圩田，其中一个大圩田乃土豪秦氏世代占有，称为秦家圩。在南唐时，"置官领之，裂为荆山、黄春、黄池三曹，调其租以给赐后官"④。六朝隋唐以来，长江下游地区的经济比较发展，可耕地已较多地得到了开发，至迟在唐末五代已正式出现了圩田。

湖田是围湖为田，在我国早已存在。孙吴永安三年（260年），作丹阳湖田，兵民并作⑤。东晋南朝时，谢灵运曾想决去会稽回踵湖和始宁岯崲湖水以为田，孔灵符请求迁徙那些无资之家去余姚、鄞、郯三县，垦起湖田。唐代也有人上书，请废广

---

① 王桢《农书》卷11《围田》，"围田，筑土作围以绕田也"。"圩田，谓叠为圩岸，扞护外水，与此相类"。说明二者有区别。《文献通考》卷6《水利田》记有"圩田水利"，此外，把"湖田、围田"另立标题，也说明圩田和围田有区别。

② 《梦溪笔谈》卷24《杂志》。

③ 《续资治通鉴长编》卷143仁宗庆历三年（1043年）九月丁卯；《宋文鉴》卷43范仲淹《答手诏条陈十事》。

④ 沈括《长兴集》卷21《万春圩图记》。

⑤ 《吴志》卷19《濮阳兴传》。

德湖为田①。润州丹阳县之练湖，幅员四十里，"其旁大族强家泄流为田，专利上腴，亩收倍锺"②。当时筑堤横截十四里，取湖下地作田，此即围田。刘晏状称，"自被筑堤以来，湖中地窄，无处贮水，横堤壅碍，不得北流，秋夏雨多，即向南奔，注丹阳、延陵、金坛等县良田八九千顷，常被淹没；稍遇亢阳，近湖田苗，无水溉灌。所利一百一十五顷田，损三县百姓之地"③。到了唐末，练湖附近的民户仍不断"耕湖为田"，致使水旱灾害频仍，于是有人大声疾呼："害大利小者其以湖为田之谓欤！"④用这种湖田种稻是围湖的结果，盲目围湖所造成的弊害也自唐代开始。到了宋代，由于官户、形势户大量占湖为田，其弊害也就更突出，成为人们经常议论的主题⑤。

　　湖田通常用以种稻，唐诗中例证甚多。"湖田十月清霜堕，晚稻初香蟹如虎"⑥。"三顷湖田秋更熟"⑦，"湖田稻熟雁来时"⑧。方干的镜湖田庄里，"落叶凭风扫，香秔倩水舂"⑨。钱塘湖中有无税田十余顷，田户设法"盗泄湖水，以利私田"⑩。"何言禹迹无人继，万顷湖田又斩新"⑪。唐代诗人中有十几位吟

---

①　曾巩《元丰类稿》卷19《广德湖记》。

②　《全唐文》卷314李华《润州丹阳县复练塘颂》。

③　《全唐文》卷370刘晏《奏禁隔断练湖状》。

④　《全唐文》卷871吕延祯《复练塘奏状》，又《练湖碑铭》。

⑤　《文献通考》卷6《湖田》引《涑水纪闻》言，王介甫欲兴水利，有献言欲涸梁山泊即得良田万顷者，介甫然其说，复以为恐无贮水之地，刘贡甫言，在其旁别穿一梁山泊则可以贮之矣。介甫笑而止，当时以为戏谈。今观建康之永丰圩、明越之湖田，大率即涸梁山泊之策也。

⑥　《全唐诗》卷671唐彦谦《蟹》。

⑦　《全唐诗》卷534许浑《村舍》。

⑧　《全唐诗》卷692杜荀鹤《辞杨侍郎》。

⑨　《全唐诗》卷648方干《镜湖别业》。

⑩　《全唐文》卷676白居易《钱塘湖石记》。

⑪　《全唐诗》卷506章孝标《上浙东元相》。

咏湖田，地点大多集中于江浙一带。由于湖田的大量出现，于是有人幻想塞洞庭湖为田，"决壅如裂帛，渗作膏腴田……龙宫变闾里，水府生禾麦"①。

（乙）渠田、溪田、渚田　汉武帝时，发卒数万人，穿渠引汾水以溉田，称为渠田。北人不习于水田，致"田者不能偿种"，乃改令越人耕种②。这种穿渠引灌的渠田，在江淮以南广大地区亦应同样存在。"野火芦千顷，河田水万畦"③。河田要清除芦苇，灌水耕植。"野竹初生笋，溪田未得苗。家贫僮仆瘦，春令菜蔬焦"④。溪田是利用河渠的积淤地进行耕作，这种现象在当今江南农村仍是常见的。

渚是水中的小块陆地，耕垦河湖中的小块陆地乃是人稠地少之处的谋生之计。渚田是冲积层土壤，通常比较肥沃。李德裕为浙西观察使，"郡有渚田千顷，盖上腴也"⑤。衢州有渚田，分属于乡邑之人⑥。四川巴南地区，"芋叶藏山径，芦花杂渚田"⑦。渚田常用以种稻，"渚田牛路熟"⑧，"日暮渚田微雨后，鹭鹚闲暇稻花香"⑨。渚田有水，鸟儿常集。成为诗人喜好吟咏的题材。

（丙）沙田、葑田　沙田是江河湖海泥沙淤积之地。唐、宋时，人们往往将沙田与芦场并提："沙田积蒿艾，竟夕见烧

①　《全唐诗》卷431 白居易《自蜀江至洞庭湖口有感而作》。
②　《史记》卷29《河渠书》；《汉书》卷29《沟洫志》。
③　《全唐诗》卷280 卢纶《送朝邑张明府》。
④　《全唐诗》卷299 王建《原上新居》。
⑤　《全唐文》卷731 贾𫗧《李德裕德政碑》。
⑥　《全唐诗》卷207 李嘉祐《赠王八衢州》。
⑦　《全唐诗》卷200 岑参《晚发五渡》。
⑧　《全唐诗》卷510 张祜《江西道中作》。
⑨　《全唐诗》卷676 郑谷《野步》。

焚"①。在芦苇杂草的滋生地，用火烧光以利耕种，"石斑鱼鲊香冲鼻，浅水沙田饭绕牙"②。充分说明沙田和种稻的密切关系。

宋人史炤《通鉴释文》说："江东有葑田。"元人王桢《农书》亦沿其说。葑田又称架田，至迟自中唐时便已存在。会稽人秦系说，"湖里寻君去……路细葑田移，沤苎成鱼网，枯根是酒卮"③。葑田是在湖面缚木为田丘以浮于水，用以种植早熟的水稻。鲍防说，"江南孟春天，荇叶大如钱，白雪装梅树，青袍似葑田"④。说明早春天气，江南已忙于种葑田，初秋一到，便是"稻花白如毡"了。葑田的出现，说明江东人多地少，人们只好设法充分利用空间以增产粮食。

（丁）山田、畲田　江淮以南，山地、丘陵极多。两汉、六朝以来，常用火耕水耨方式进行耕垦，自南北朝开始，已耕之地称为山田，用以种植谷物。唐代，山田大多在江淮以南，一般是旱种粟、麦。"十亩山田近石涵"⑤，"老农家贫在山住，耕种山田三四亩"⑥，"山田春雨犁"⑦，有水源的也可种稻。樊绰说，"蛮治山田，殊为精好"⑧。所讲的就是滇池以西的水田。山田种稻的并不是个别的现象。这些山田，实际便是南宋以后人们所习称的"梯田"。

畲田是山区的刀耕火种原始耕作方法，如果说汉魏之际在华

---

① 《全唐诗》卷543喻凫《晚次临泾》。
② 《全唐诗》卷587李频《及第后还家过岘岭》。
③ 《全唐诗》卷260秦系《题镜湖野老所居》。
④ 《全唐诗》卷307鲍防《状江南孟春》，又《状江南孟秋》。
⑤ 《全唐诗》卷526杜牧《秋晚怀茅山石涵村舍》。
⑥ 《全唐诗》卷382张籍《野老歌》。
⑦ 《全唐诗》卷671唐彦谦《第三溪》。
⑧ 《蛮书》卷7《云南管内物产》。

北地区尚可偶尔看到"火耕流种"、"火耕畬种"①，那么，在秦岭淮河以南，自两晋以后直至唐宋之际，是存在着大量火种畬田的。六朝时，"茅茨已就治，新畴复应畬"②。"野燎村田黑，江秋岸荻黄"③，"烧田云色暗，古树雪花明"④。所描述的都是畬田之类。

　　唐代，"梁、汉之间，刀耕火耨"⑤。贵州地方的东谢蛮"为畬田，岁一易之"⑥。甚至丽皋、荣德、乐源三县县址，也"随所畬田处为寄理，转移不定其所"⑦。高僧普愿住在皖南池州南泉山，"蓑笠饭牛，溷于牧童，斫山畬田，种食以饶"⑧。唐诗中谈到畬田的近九十首，以吟咏四川、湖南、安徽、江西诸地者为多，谈到江浙和云、贵、闽、广等地的较少。刘禹锡的《畬田行》叙述了从烧山到下种的始末⑨，因此，本文不再赘引畬田资料。大批畬田的出现，说明南方不少荒地在不断逐步开发。畬田也有少数种稻的。在历阳，"忆昨深山里，终朝看火耕……场黄堆晚稻，篱碧见冬菁"⑩。岭南"五月畬田收火米"⑪。东川龙州

　　①　《后汉书》卷80上《杜笃传》；《太平御览》卷56《地部》引《魏名臣奏》。

　　②　《晋诗》卷16陶潜《和刘柴桑》。

　　③　《陈诗》卷5徐陵《新亭送别应令》；《艺文类聚》卷29；《文苑英华》卷266。

　　④　《陈诗》卷3张正见《征虏亭送新安王应令》；《艺文类聚》卷29；《文苑英华》卷266作徐陵诗。

　　⑤　《旧唐书》卷117《严震传》。

　　⑥　《新唐书》卷222下《南蛮传》。

　　⑦　《太平寰宇记》卷122《江南西道》；《元和郡县图志》卷30《江南道》。

　　⑧　《宋高僧传》卷11《唐池州南泉院普愿传》。

　　⑨　《刘宾客文集》卷27，又《全唐诗》卷354《畬田行》。

　　⑩　《全唐诗》卷363刘禹锡《历阳书事七十韵》；参卷577温庭筠《烧歌》。

　　⑪　《全唐诗》卷475李德裕《谪岭南道中作》。

（四川平武）畬田生嘉禾①，所述是稻（旱稻）而不是粟。

全国各地种稻技术千差万别，中原地区早已使用耕牛与铁犁，而台湾岛上虽是"厥田良沃"，当地人民却"先以火烧而引水灌之，持一插以石为刃"，进行耕作②。江淮以南种稻一般已是精耕细作，要进行插秧和中耕，岭南钦州种稻，"牛耕仅能破块，播种之际，就田点谷，更不移秧……既种之后，不耘不灌"③。

汉唐间江南州（郡）县和户口的增加　汉唐间，随着南方的日趋开发，这一地区的户口迅速增加，州（郡）县地方行政机构也在不断增置。

汉唐间，由于政治上的原因，北人几度大批南下，加以不少南方土著迅速汉化，编入民户，使南方户口迅速增加。在南北人民的共同努力下，江南地区的生产发展加快，州（郡）县的设置相应迅速增加。汉武帝灭南越后，又灭东越、闽越，于其地置会稽郡。西汉时，会稽郡辖二十六县二十二万户④，东汉时，同一会稽郡旧地，已增划为会稽郡和吴郡，共辖二十七城二十八万余户了⑤。晋代，同一地域已划分为会稽郡、吴郡、吴兴郡、毗陵郡。唐朝时，更划分为润、常、苏、湖、杭、越，明、台、婺、温、衢、处、福等十三州七十余县，共有九十余万户。

又如豫章郡，西汉时十八县，六万户；东汉时二十一城，四十万户。到唐代，已划分为饶、洪、虔、抚、吉、江、袁七州三十二县。即以隋唐之际作比较，州郡数目虽相同，唐代新增设了

① 《旧唐书》卷37《五行志》。
② 《隋书》卷81《流求传》；《太平寰宇记》卷175《东夷·流求》。
③ 《岭外代答》卷8《月禾》。
④ 《汉书》卷28上《地理志》。
⑤ 《续汉书·郡国志四》。

十二县。又如长沙郡地，西汉时十三县，二十三万户；东汉十三城，二十五万户。孙吴建国江南，从长沙郡分析出衡阳郡和湘东郡。到了唐代，汉代的长沙郡地域已划分为潭、衡、岳、邵四州十九县了①。由此可以大致看出，汉唐间，江西、湖南的州县设置比江浙少，人口增加率及农业生产发展，都比不上长江下游的速度。

四川成都府在隋代仍称蜀郡，设十三县。唐代发展为成都府和蜀、彭、汉、简四州二十八县，反映出隋唐间四川地区的经济发展比较快。

上述唐代情况都以《旧唐书》所载玄宗时资料为依据。如果把北宋初年编定的《太平寰宇记》中所开列自唐玄宗以至北宋太祖时全国新建立的一百一十余县作一分析，便可清楚地看到，除十余县是增设于华北地区外，其余九十五县都是分布在秦岭、淮河以南。具体来说，在今江西境内者二十七县，福建二十县，安徽、湖北各有十县，浙江九县，四川、湖南各有七县，江苏五县。唐、宋之际，南北经济的主要发展趋势十分清楚。就南方来说，两广和云贵等地在唐宋之际没有新设州县，那里荒地更多。福建在汉代乃是越族所居，生产落后，直至南朝末年，经济发展也不快。唐高宗时，那里还是"左衽居椎髻之半，可耕乃火田之余"②。在中唐以后，福建的开发显著加快，到北宋中叶，当地经济已相当繁荣。江西也是在中唐以后，日趋开发的。《元和郡县图志》卷28所记饶州、洪州、吉州自玄宗开元以至宪宗元和不到一百年内，民户成倍增加。如饶州由开元时一万四千户、二十乡，猛增至元和时四万六千户、六十九乡。值得注意的

---

① 《旧唐书》卷40《地理志》。

② 《全唐文》卷164陈元光《请建州县表》。

是饶州自开元以来，岁贡秔米。可见当地户口的增加是和水稻生产的发展密切相关的。而且，唐文宗时，发现不少逃户在吉州开垦出水陆田四百顷①，更证实了耕地的垦发是与生产水稻有不可分割的联系。

三　水稻耕作技术的发展

（一）农具的改进与推广

生产的变化和发展首先是从生产工具的变化和发展开始的。就水田耕作来说，最重要的农具是犁和耙，这两种农具在汉唐间有显著变化和发展。

战国以来，已大量使用铁制农具，耕犁上安装有粗大的铁犁铧，耕地破土比以往使用的耒耜轻便。西汉中叶以后，耕犁有显著改进，犁铧的重量减轻了，出土的铁铧形式多种多样，分别用于耕种生荒地或熟地。而且，耕犁安装了犁镵，它不仅可以破土，而且能够翻转土块，有利于追施肥料和改良土壤。

相当长的时期内，耕犁都使用长辕，东汉时，虽已出现了短辕犁，但没有大量使用。在魏晋南北朝时期仍大量使用长辕犁。贾思勰说，"长辕犁平地尚可，于山涧之间则不任用，且回转至难，费力"②。随着大量山间丘陵地的开垦使回转方便省力的短辕犁逐渐受到重视，唐初以来，出现了曲而短的耕犁③，比过去的长辕双牛抬扛所使用的铁犁省力，又能深翻土壤。唐代犁铧和犁的式样很多，充分反映了各地生产技术发展的不同特点及不平

---

① 《册府元龟》卷694《武功》。
② 《齐民要术》卷1《耕田》。
③ 《朝野佥载》卷1。《全唐诗》卷137储光羲《田家即事》称，"双驾耕东菑"。

衡性①。陆龟蒙所介绍的使用于水田的耕犁，共分十一个部件，辕"如桯而樛"，即是曲辕。战国至汉代的铁铧略呈椭圆形，其后渐加改进，铁铧略呈尖形，唐代的犁铧为三角形，尖而锋利。"耕之土曰垡，垡犹块也。起其垡者镵也，覆其垡者壁也。草之生必布于垡，不覆之则无以绝其本根，故镵卧而居下，壁偃而居上，镵表上利，壁形下圆"②。明白地谈到了用犁铧破土，犁壁翻土。犁铧安装在犁底的木头上，耕田时，可以使耕犁平稳地前进。犁壁是微呈椭圆而向一方倾斜的，它安装在犁铧的上方。犁田时，铁铧所破起的土块沿着犁壁向一侧掀翻，整齐地倒伏在耕犁的右侧。使用这种耕犁时，用牛套上牛轭、绳索以挽之，比过去使用长辕犁轻巧得多了。

犁耕以后，土块粗大，既不利于保墒，也不利于农作物的生长，所以需要使用耙以耙碎土块。汉人贡禹说："农夫父子暴露中野，不避寒暑，捽草杷土，手足胼胝。"③颜师古的解释是以手掊土。我甚为怀疑，在广泛使用铁农具的汉代，岂能如此原始地以手掊土。河南辉县和山东济南出土战国农具已有人力铁耙，汉人刘熙《释名》也谈到了耙，汉代可能有了畜拉铁耙。不久以前，在广东出土了西晋永嘉时的犁、耙水田耕作模型，显示了耕作水田时，犁耙是不可缺少的重要农具。耙下有六个长齿，上有横把，以牲畜拉挽④。《齐民要术》记载北朝时广泛使用铁齿镉楱、劳和陆轴以破碎土块，铁齿镉楱即是耕耙，劳是无齿耙。它说，种水稻时，放去田中水，"曳陆轴十遍"。陆轴即碌碡，

---

①　参看《考古学报》1957 年第 2 期，金毓黻《从榆林窟壁畫耕作图看唐之寺院经济》；《考古》1959 年第 2 期，黄文弼《新疆考古之发现》。

②　《全唐文》卷 801 陆龟蒙《耒耜经》。

③　《汉书》卷 72《贡禹传》。

④　《文物》1976 年第 3 期，徐恒彬《简谈广东连县出土的西晋犁田耙田模型》。

上有列齿，畜力挽行于田中，以压碎泥土。这便说明不论南方和北方在耕田时都已广泛使用耕耙。

如所周知，汉代，我国的经济重心在黄河流域，那时江淮以南很落后。东汉章帝时，王景为庐江太守，淮南"百姓不知牛耕"，"郡有楚相孙叔敖所起芍陂稻田，景乃驱率吏民，修起芜废，教用犁耕，由是垦辟倍多，境内丰给"①。毗邻中原的淮南，在东汉初尚不知犁耕，广大江南地区自然更要落后。孙权立国江南，很注意"增广农亩"，"各广其田"。孙权甚至把"车中八牛，以为四耦"②。说明犁牛耕种已在江南推广。到东晋时，"缘江上下，皆有良田"③。这绝不是偶然的。南齐时，在广东雷州半岛设铁耙县，当地有"铁耙溪，溪有石似铁耙"④。说明耕耙的使用已推广到了岭南。六朝以来，广大江南地区的迅速开发，是和犁、耙等先进耕具的使用分不开的。

唐代，耕耙的使用遍及南北，"耕而后有爬（耙），渠梳之义也，散垅去芟者焉"。耕种稻田，不仅是耙碎、耙平田土，而且要把土耙透，耙烂成浆糊状，并清除瓦砾和杂草。

（二）水利灌溉

"稻生于水而不能生于湍濑之流"⑤。乃是先民早已具备的认识，汉代始见诸文字记载。汉政府规定，"凡郡县……有水池及鱼利多者置水官，主平水，收渔税"⑥。但在农田水利方面，尚

---

① 《后汉书》卷76《王景传》。
② 《吴志》卷2《孙权传》；《晋书》卷26《食货志》。
③ 《晋书》卷67《温峤传》。
④ 《太平寰宇记》卷169《岭南道》。
⑤ 《淮南子》卷16《说山训》。
⑥ 《续汉书》《百官志五》。

未看到这种水官的直接作用。唐政府设置水部郎中员外郎负责全国水利工作，"以导达沟洫，堰决河渠，凡舟楫灌溉之利，咸总而举之"①。还派遣渠堰使去各地指导水利疏凿事宜。地方官则负责当地的灌溉事业。王起在襄州，"特为水法，民无凶年"。②从出土文书可以看到在敦煌和高昌也都设有"平水"官，管理水渠的灌溉③。

　　我们在前面介绍各地种稻情况时，已结合当地水利设施的兴废作了若干说明。从而可以看到，自池塘堰坝以至大型水利工程是种稻所必需的。郑白渠和都江堰、芍陂等工程的兴建为发展水稻生产起了极为重要的保证作用。邺地的漳水自西门豹、史起之后，汉唐间屡加修复，灌溉便当，才能生产水稻。河西走廊一带少雨地区，在特别注重水利事业时，也能种植水稻。

　　秦岭、淮河以南，年降雨量多，种稻所需水量一般并不缺少。但水稻并不是从下种、插秧，直至收割始终让水泡着的。它有时需要水，另一些时候要放去积水，即是在需要水时，也要区分，或为浅水，或为较深的水，在决去水时，有时只要让水流基本放干为止，有时则要让水田晒干以烤田。稻田需根据各种不同情况及时进行灌溉。《齐民要术·水稻篇》谈到北方稻田，也注意到了什么时候"放水"、"决去水"、"又去水"和"下水"。唐朝人说，"江水灌稻田，饥年稻亦熟"④。那是千真万确的。

　　关于灌溉工具，汉末已有人发明翻车。宋人说，"今田家有

　　①　《唐六典》卷7《工部》。

　　②　《旧唐书》卷164《王起传》。

　　③　参看《敦煌资料》第一集（中华书局印）第188页，记王弘策为寿昌平水，此敦煌之平水官。高昌之平水官，见建初二年（406年）功曹书佐谦奏，记翟定为西部平水。《魏志》卷16《杜恕传》注引《魏略》，记孟康在曹魏正始中，为弘农太守，郡亦有平水官。

　　④　《全唐诗》卷585刘驾《江村》。

水车，天旱时引水灌田者即此器也"①。使用翻车可抗旱保丰收。"云逐鱼鳞起，渠随龙骨开……嘉苗双合颖，熟稻再含胎"②。唐文宗时，征发江南工匠在京兆府造水车，"散给缘郑白渠百姓，以溉水田"③，这是南方类型的翻车。使用翻车引水，安装坡度不能超过四十五度，提水高度一般也不能超过一丈。在广大华北地区，农田通常引地下水灌溉，翻车不能垂直安装以引水。在北方农村所使用的是斗式水车，或称八卦车。它用牲畜或人力推转，从数丈深的井中汲水灌田。唐初，蓝田人邓玄挺所"见水车，以木桶相连，汲于井中"④，便是这种水车。

此外，至迟自唐代开始，出现了利用水力以提水的筒车。它通常安置在水流较急的河溪旁，如果水流平稳的便要拦河筑坝以提高水位，在安放筒车的地方留一缺口，使上流的水从缺口集中流出，以水力冲动筒车运转，它日夜自动提水，既节省了人的劳动力，又便于灌溉，唐人称赞它"升降满农夫之用，低洄随匠氏之程……殊辘轳以致功，就其深矣，鄙桔槔之烦力，使自趋之……当浸稻之时，宁非沃壤，映生蒲之处，相类安车"⑤。

（三）改良盐碱地

我国华北广大地区，特别是黄河中下游平原一带，地多盐卤，对植物种子的发芽和幼苗的生长都很不利。我国劳动人民通过无数次的生产实践，摸索出了一些改良盐碱土的好经验。排水

---

① 《事物纪原》卷9《农业陶渔部·水车》。
② 《北周诗》卷3庾信《和李司录喜雨》；《文苑英华》卷153。
③ 《旧唐书》卷17上《文宗纪》太和二年。《唐会要》卷89《疏凿利人》作大历二年，误。
④ 《太平广记》卷250《诙谐·邓玄挺》。
⑤ 《全唐文》卷948陈廷章《水轮赋》。

结合着种稻便是一个很有效的办法。早在战国魏襄王时（公元前3世纪），史起为邺令，引漳水溉农田，老百姓颂为"终古舄卤兮生稻粱"。西汉哀帝时，黄河泛滥为灾，贾让提出的治河三策中，已认识到了开渠溉田，可以排走地下水中的盐分。在关中，郑国渠成，"溉舄卤之地四万余顷，收皆亩一锺"[1]。唐高宗时，长孙祥请求营修郑国渠，也说"至于咸卤，亦堪为水田"[2]。玄宗开元时，关中栎阳等县地多咸卤，只好荒废，其后开垦，用水冲刷卤土，"皆生稻苗"[3]。类似事例很多，前面谈到华北水稻生产情况时已有不少涉及。值得注意的是在盐碱地种稻，不仅要水流灌溉，而且要注意排水，即用淡水清洗盐碱地，并把它外流出去；以减少土层中的含盐量。北魏宣武帝时，冀、定数州连年遭受水灾，自称是"每思郑（国）、白（公），屡想王（景）、李（冰）"的崔楷，提出了"不可一准古法"的方案，"量其逶迤，穿凿涓浍，分立堤堨，所在疏通。预决其路，令无停蹙。随其高下，必得地形，土木参功，务从便省……钩连相注，多置水口，从河入海，远迩径通，泻其硗潟。泄此陂泽"[4]。漳水自战国以来，长期有利田作灌溉；中唐以后，渠废不修，漳水漫流，大片田亩废为盐碱地。宋人王沿深有感慨地说："夫漳水一石，其泥数斗，古人以为利，今人以为害，系乎用与不用尔。"[5]

（四）筑堤抗御海潮

我国东部沿海地带，地势较低，有的曾被海水浸渍，更多的

---

① 《汉书》卷29《沟洫志》。
② 《通典》卷2《水利田》。
③ 《册府元龟》卷105《惠民》。
④ 《魏书》卷56《崔楷传》。
⑤ 《宋史》卷300《王沿传》。

是常被海潮侵袭，加以地下水位高，盐分大，以致土壤大大盐碱化，严重妨碍农作物的生长。汉唐间，随着全国范围内农业生产的发展，如何很好利用和改良沿海地域土壤的任务便提上了工作日程。海潮的袭击是经常性的，不仅使海边良好的田地盐碱化，而且潮水还严重威胁人们的生命和安全。因此，在沿海建筑堤防，既能保障人的生命安全，又是进行农业生产的前提条件。

沿海筑堤，始于南北朝时期，到唐代有了新的发展。唐玄宗时，杜令昭在海州朐山县东筑永安堤，"以捍海潮"①。代宗时，李承在楚州（今淮安）置常丰堰以御海潮，"溉屯田瘠卤，岁收十倍"②。淮南节度使杜佑"决雷陂以广灌溉，斥海濒弃地为田，积米至五十万斛"。唐人称誉说，"濒海弃地，荻苇填游，一夫之勤，百亩可获，终古遗利，沛然嘉生"③。杭州盐官县的捍海堤塘，唐以前即已存在，玄宗开元时又重筑。杭州富阳县在高宗时也筑堤"以捍水患"④。白居易为杭州刺史，"始筑堤捍钱塘湖，钟泄其水，溉田千顷"⑤。越州会稽县东北有防海塘，自上虞江抵山阴百余里，以蓄水溉田，唐玄宗、代宗和文宗时，多次对它进行增修。"四明山水注于江，与海潮接，咸不可食，不可溉田。唐太和中，鄮令王公元暐始叠石为堰于两山间，阔四十二丈，级三十有六，冶铁灌之，渠与江截为二，渠流入城市，缭乡村以漕以灌，其利甚博"⑥。"截断咸潮积碛水，灌溉民田万顷

---

① 《新唐书》卷38《地理志》。
② 《旧唐书》卷115《李承传》；参看《新唐书》卷41《地理志》；楼钥《攻媿集》卷59《泰州重筑捍海堰记》。
③ 《新唐书》卷166《杜佑传》；《权载之文集》卷11《杜佑淮南遗爱碑》。
④ 《新唐书》卷41《地理志》。
⑤ 《新唐书》卷119《白居易传》；《唐语林》卷2《文学》。
⑥ 罗浚《宝庆四明志》卷12《鄮县志》；参看《新唐书》卷41《地理志》。

余"①。充分说明筑堤既可防阻海潮入侵，又可积存淡水灌溉民田。唐末，吴越钱镠所筑捍海石堤尤其有名。这一石堤，上起六和塔，下抵艮山门外，用巨石盛以竹笼，"植巨材捍之，城基始定"②。有了石堤，浙东一带，"七里为一纵浦，十里为一横塘，田连阡陌，位位相承，悉为膏腴之产"，"钱氏有国……全籍苏、湖、常、秀数郡所产之米，以为军国之计"③。这些滨海地区的耕地，当时被称为"海田"，著名"大历十才子"之一耿㳀，描写山阴地区种稻，"海田秋熟早，湖水夜渔深"④。

福建沿海也存在类似筑堤塘的事。泉州晋江县沿海筑常稔塘，溉田三百余顷，"人蒙其利"⑤。福州长乐县筑有海堤，"立十斗门以御潮，旱则潴水，雨则泄水，遂成良田"。闽县东也有海堤，"先是，每六月潮水咸卤，禾苗多死，堤成，潴溪水殖稻，其地三百户（？）皆良田"⑥。

由此可见，华东沿海人民与海潮搏斗，构筑堤塘，对发展生产，特别是种稻，起了很大的积极作用。

（五）精细整地

农业生产与工业生产不同，它受自然界各种条件的影响很大，季节性很强。因此，生产的每一个环节都要做到不误农时，

---

① 魏岘《四明它山水利备览》卷下《它山歌诗》。

② 《吴越备史》卷1武肃王；参看《宋史》卷348《毛渐传》。

③ 《农政全书》卷13《水利》引（元）任仁发《水利集》。按，《水利集》，今佚，原文仅见于此。

④ 《全唐诗》卷268《赠严维》；参看《全唐诗》卷586刘沧《怀汶阳兄弟》，记有山东沿海的"海田"。

⑤ 《新唐书》卷41《地理志》作贞元时筑，《太平寰宇记》卷102《江南东道》作贞观时筑，疑以《新志》为是。

⑥ 《新唐书》卷41《地理志》。

"顺天时，量地利，则用力少而成功多也"①。

《孝经援神契》曰："汙泉宜稻。"② 就是说，在我国的低洼和有地下水泉之地是宜于种稻的。在适宜种稻之地，每年必须适时而精细地进行平整，使土壤熟化，培养好地力，为水稻的生长创造良好的土壤条件。

汉代《氾胜之书》说："种稻，春冻解，耕反其土。种稻区不欲大，大则水深浅不适。"北朝《齐民要术》说："稻无所缘，唯岁易为良。""地无良薄，水清则稻美也。""北土高原，本无陂泽，随逐隈曲而田者，二月冰解地乾，烧而耕之，仍即下水，十日块既散液，持木斫平之。"③ 除了再一次强调稻需要水而外，还强调了北方冰冻方解，便要犁翻土地，随即放水进去，使土块湿润浸透，以便耙平。水稻种植与旱作粟、麦不同，在稻谷成熟前的几个月内，禾苗常须用水泡着，因此田面必须均平，田土不平，栽上秧苗后，水的深浅不一，妨害稻苗的均匀成长。为了免除这一缺陷，汉代的稻田块有意做得小些，随着种稻经验的丰富和耕作技术的进步，到南北朝时，"畦畔大小无定，须量地宜，取水均而已"。水稻田丘的大小按地形条件决定，即使田丘面积较大，经犁耙能做到修整平坦，同样可以种稻。

汉唐间，江淮以南广大地区种稻的整地方法没有明文记载。唐代《四时纂要》所记种稻耕作技术也明显偏重北方，而且亦无新的突破。专门讨论南方种稻的陈旉《农书》，所述耕耨之宜，则有明显的进步。但那是南宋人的作品。它专篇讨论了土地的利用和整地的方法，对旱田、晚田耕耨之先后迟速以

---

① 《齐民要术》卷1《种谷》。
② 《齐民要术》卷2《水稻》引。《太平御览》卷839《百谷部·稻》引。
③ 《齐民要术》卷2《水稻》；参看陈旉《农书》卷上《耕耨之宜篇》。

及山地和平原田的不同耕作方法都有明确记述，这当然是长期以来历史经验的总结，其中，也应包括唐代的耕作技术经验在内。

总之，整地的经验证明，"凡秋耕欲深，春夏欲浅"，"初耕欲深，转地欲浅"。"凡耕，高下田，不论春秋，必须燥湿得所为佳"（《齐民要术·耕田》）。这是因为秋天收割之后耕地，可把青草等埋盖在地里当肥料，而且地翻得深，经冬土壤风化，可使土壤熟化。但在春、夏耕地时，由于要立即播种，不宜深翻，把生土翻上来，有碍作物的生长。在翻地时，必须掌握土壤水分干湿得宜，切忌土地太湿时耕翻，致使土壤板结。在春季犁耕之后，要用耕耙多耙几遍，如果是秧田，更要用陆轴（碌碡）或蒲辊反复拖压，遍数越多越好，以使田面非常均平。只有经过精细整地，才能使土壤做到松软而又平整，适宜稻苗的生长。

（六）施肥和下种

汉唐间的稻田用肥，资料记载极少。《氾胜之书》重视粪种，当亦包括稻田在内。六朝人郭义恭《广志》说："苕草，色青黄，紫华，十二月稻下种之，蔓延殷盛，可以美田，叶可食。"[①] 人工栽培苕草，用作稻田绿肥，至迟自六朝时开始。直到现代，南方的稻农还是广为种植。每年秋季播种于田中，春季开花时，把它耕翻埋于土内，放水，使之沤烂为肥料。

《齐民要术·水稻篇》没有谈及施肥，《耕田篇》很重视绿肥，"凡美田之法，绿豆为上，小豆、胡麻次之……其美与蚕

---

① 《广志》原书今佚，此据马国翰《玉函山房辑佚本》。元明以来，认为郭义恭为晋朝人，最近有人考订其书是北魏前中期作品，见《文史》48 辑，1999 年。

矢、熟粪同"。它还谈到踏粪及以坏墙垣等作肥料①。当时是否用之于水稻田，未有明确记录。

选育和推广优良品种对提高粮食产量有重大的关系。贾思勰曾谈到了选种，"凡五谷种子，浥郁则不生，生者亦寻死。种杂者，禾则早晚不均，舂复减而难熟，粜籴以杂糅见訾，炊爨失生熟之节。所以特宜存意，不可徒然"。现存《氾胜之书》还保存了选择麦种的方法，当时也应有水稻选种。至迟自汉代以来，我国稻种已分为粳稻、籼稻两种类型，北方主要生产粳稻，南方则多种籼稻。同一类型的谷种还有多种名号，必须根据各地自然条件选种。种子一定要纯，以免同一块地里的水稻成熟有先后，既不便于田间管理，还要严重影响稻谷的质量和收成。《广志》列举了其时南北水稻品种十二个（内有粳稻四种），贾思勰说，北方的稻种已有二十四个。

有了优良稻种，必须适时下种。《氾胜之书》说："冬至后一百一十日，可种稻。稻，地美，用种亩四升。""三月种秔稻，四月种秫稻。"② 冬至后一百一十天正是农历清明节后，谷雨节前。华北开始解冻，气温普遍升高，已适宜下种，秔稻即粳稻，秫稻是糯稻。东汉崔寔也说，"三月可种秔稻"③。《齐民要术》说："地既熟，净淘种子，渍，经五宿，漉出，内草篅中裛之，复经三宿，牙生。长二分，一亩三升，掷。三日之中，令人驱鸟。"唐末的《四时纂要》记载种稻情况乃是综合《四民月令》及《齐民要术》的文字，别无新义④，这是当时仍沿袭以往种植方法的反映。南北朝时，谷种下泥之后，三天内，要有人守着赶

---

①　《齐民要术》卷端《杂说》，又卷3《蔓菁》。

②　石声汉《氾胜之书今释》，科学出版社1956年印本。

③　《全后汉文》卷47《四民月令》。

④　《四时纂要》卷2"三月种水稻"条。

鸟。唐人诗歌中有描述在秧田中悬杆扎草人以吓走鹰鸟之事，"吓鹰刍戴笠，驱犊篠充鞭"①。这种方法，一直沿用至近代。

（七）插秧和中耕除草

秧苗在秧田长到一定程度，便要拔秧移栽。我国明文记载移栽稻秧始于汉代。《四民月令》说："五月，可别稻及蓝，尽夏至后二十日，止。""稻：美田欲稀，薄田欲稠。"② 插秧最晚不迟于夏至后二十日，夏至在农历五月中下旬，再过二十日，已是夏历六月间，即阳历的七月上中旬之交了。在种单季稻时，江南各地通常在夏历三月下旬至迟四月把秧插完。由此也可以推知，《四民月令》所说栽秧是以华北地区为标准的。插秧的密度已注意到了有稀有密。如果说西汉时种稻通常是稀植③，那么，东汉时根据地力不同条件，进行密植或稀植，自然是一个重要和合理的发展了。

《齐民要术》没有规定具体的插秧时间，只是说，秧苗"既生七八寸，拔而栽之"。《四时纂要》"五月条"谈到了五月插秧，然后补充说，"不必须此月，随处乡风早晚"④。

---

① 《全唐诗》卷645李咸用《和吴处士题村叟壁》；参看清包世臣《齐民四术·养种》，"今俗间扎草人画面目持竹旗挂响铃以驱鸟啄……可妨鸟害"。

② 《全后汉文》卷47崔寔《四民月令》；《齐民要术》卷2《水稻》引。

③ 《史记》卷52《齐悼惠王世家》，《汉书》卷58《高五王传》都记载刘章《耕田歌》说，"深耕溉种，立苗欲疏，非其种者，锄而去之"。当时，这是政治诗，但就耕种方面来说，反映当时注意深耕和稀植苗的耕作技术。那时候，旱作和水田，大概都是如此的。

④ 《四时纂要》卷3。此条还说，"栽早稻，此月霖雨时，拔而栽之，栽欲浅，植根四散"。同书卷2"二月条"说，"种早稻，此月中旬为上时……如概者，五六月中霖雨时，拔而栽之，苗长者亦可拔之，去叶端数寸，勿令伤心"。案，《四时纂要》这两段文字，基本上和《齐民要术》卷2《旱稻第十二》相同。现实生活中，没有农历五六月栽早稻的事，"早稻"显系"旱稻"之误。另外，从《四时纂要》全书农事观之，偏重华北地区，而在北方，是没有早晚稻的分别。

《氾胜之书》说："始种，稻欲温，温者缺其塍，令其水道相直，夏至后大热，令水道错。"按季节不同区分别开挖水口的办法，是为了调节和控制田中水温，以保证水稻的正常生长。

水稻生长期内，繁殖力很强的杂草随之丛生，因此，必须中耕除草。汉人氾胜之说："稗，水旱无不熟之时，又特滋盛易得，芜秽良田。"① 水稗是水田中常见的杂草，它混杂在稻苗中，成熟又早，严重影响稻米的质量。西汉初，人们已认识到"离先稻熟，而农夫耨之，不以小利以伤大获"②。"离"，东汉高诱指出，即是水稗。稗不畏水旱，很易繁殖，"芜秽良田"，所以必须清除它。《齐民要术·水稻篇》反复谈到要薅除稻田中的杂草。水田除草，通常是在晴天进行，最简单的办法是手耘脚踩。晋宋之际的陶渊明在《归去来辞》中说，"归去来兮，田园将芜……怀良晨以孤往，或植杖而芸籽"③，即是指的耕田除草。

水稻性喜湿热，气候对它的影响很大。古代没有科学的气象记录，据气象专家从物候学方面进行研究，战国秦汉和隋唐时期，华北特别是关中的气温比现代为高，气候温和，雨量丰沛；而河南、山东等地，在 6 世纪前期的气温则比现代要低④。适宜的气候条件自然有利于水稻生产的发展，但天变是难测的。唐玄宗开元二十九年（741 年）"九月，大雨雪，稻禾偃折"⑤。夏历九月，正是关中水稻出穗到成熟的关键性时刻，需要较高的气温。大雨雪的突然降临，必使水稻死亡。关中后世种稻减少，除

---

①　《太平御览》卷 823《资产部·种殖》引《氾胜之书》。

②　《淮南子》卷 20《泰族训》。

③　《晋书》卷 94《陶潜传》；《昭明文选》卷 45 陶潜《归去来辞》。

④　《考古学报》1972 年第 1 期，竺可桢《中国近五千年来气候变迁的初步研究》。

⑤　《旧唐书》卷 9《玄宗纪》。

了水利条件外，可能和剧烈变化的气候条件有关。

（八）轮作与复种

劳动人民在长期生产实践中看到了在一块地里每年播种同一种农作物，产量往往逐年减少，还会引起病虫害。为了避免弊端，战国以来便出现了轮作法。西汉中期出现的代田法，西汉后期氾胜之提到的"田，二岁不起稼，则一岁休之"，都是轮作休闲制，不过并非用于稻田。《齐民要术》很重视同一块地里轮流播种各类作物，没有具体谈到水稻。但是，它说"稻无所缘，唯岁易为良"，一地既然不宜连续播种水稻，大概是主张水田旱地轮替种植的。唐人白居易说，太和戊申岁（828年）丰收，"清晨承诏令，丰岁阅田间，膏雨抽苗足，凉风吐穗初，早禾黄错落，晚稻绿扶疏，好入诗家咏，宜令史馆书；散为万姓食，堆作九年储"①。他描写长安郊区早禾成熟，晚稻长势良好的丰收景象，说明了这一地区的早禾（粟）、晚稻轮流交错耕种。

本文在前面已谈到了两淮地区自汉代以来便种了水稻，在最好不连作的情况下，很可能也是水陆两种交替。在种稻以外，还陆种黍、麦、豆、谷或其他菜蔬。南齐明帝时，徐孝嗣建议在淮南屯田，可以种水田或旱种菽、麦。北魏宣武帝诏令淮南北所在镇戍皆令及秋播麦，春种粟、稻，随其所宜，水陆兼用。这都说明两淮地区已实行合理轮作制度。

汉唐间，在五岭以北地区明确记载一年两作粮食两熟制的很少。唐人樊绰所记云南情况比较突出。他说，"从曲靖州以南，滇池以西，土俗唯业水田……水田每年一熟，从八月获稻，至十

---

①　《全唐诗》卷449白居易《太和戊申岁（二年，即828年）大有年，诏赐百寮出城观稼，谨书盛事以俟采诗》。

一月、十二月之交，便于稻田种大麦，三月四月即熟，收大麦后，还种粳稻"。① 这是明确地记载了一年稻麦两熟制。另外，"昆明东九百里，即牂柯国也……土热，多霖雨，稻粟再熟"②。说明云南东部和贵州某些地方也可能有稻、粟两熟制。白居易谈到苏南地区，"去年到郡时，麦穗黄离离，今年去郡日，稻花白霏霏，为郡已周岁，上愧刘君辞"③。这恐怕是异地轮作，而不是复种。

汉代产稻，并无早、晚稻之称。六朝人郭义恭《广志》所列举水稻品种，"南方有蝉鸣稻，七月熟"④。它是早熟的籼稻。南朝人说，"六月蝉鸣稻，千金龙骨渠"。"潩水鸣蝉，香闻七里"⑤。唐朝人说，"共理分荆国，招贤愧不才……始慰蝉鸣稻，俄看雪间梅"⑥。蝉鸣稻别称"六十早"，每年蝉鸣时谷熟，直至近代，还被人们广为种植。

稻分早稻、晚稻。早稻、晚稻之称，最晚自东晋南朝以来便已存在。东晋时，陶渊明谈到庚戌岁他在江西西田获早稻⑦。唐人白居易几次谈到浙江地区的早稻，"碧毯线头抽早稻，青罗裙

---

① 《蛮书》卷7《云南管内物产》，当然，就纬度来说，曲靖、滇池一线，也是相当于岭南地区的。

② 《新唐书》卷222下《南蛮传》；《旧唐书》卷197《南蛮传》。案，稻粟一般都是秋热，说"稻粟再熟"，甚为可疑，除非是早稻晚粟，或早谷晚稻，否则不能并存。

③ 《全唐诗》卷444《答刘禹锡白太守行》；参看《全唐诗》卷748李中《秋日登润州城楼》；又《村行》。

④ 《齐民要术》卷2《水稻第十一》引。

⑤ 《北周诗》卷4庾信《奉和永丰殿下言志》；《全梁文》卷66庾肩吾《谢东宫赉米启》。《文苑英华》卷226。

⑥ 《全唐诗》卷160孟浩然《荆门上张丞相》。

⑦ 《晋诗》卷17陶潜《庚戌岁九月中于西田获早稻》，按，庚戌乃晋安帝义熙六年（410年），农历九月中收稻，不知何以称"早稻"。

带展新蒲"。"绿科秧早稻,紫笋折新芦"①。陆龟蒙提到苏州"自春徂秋天弗雨,廉廉早稻才遮亩"②。关于晚稻,唐人薛逢说"高峰既许陪云宿,晚稻何妨为客春"③。唐彦谦说:"湖田十月清霜坠,晚稻初香蟹如虎。"④ 张贲说,"疏野林亭震泽西,朗吟闲步喜相携,时时风折芦花乱,处处霜摧稻穗低"⑤。文中并无晚稻之名,吴中的霜摧水稻当系晚稻无疑。

值得注意的是所有提到早、晚稻的多在江南,虽然如此,并没有材料说明当时早、晚稻复种。当然,在早、晚稻收割前后,田地一般是不会荒闲着的。西晋末年,华北大乱,司马睿刚到江东,便令徐、扬二州种麦,"投秋下种,至夏而熟,继新故之交,于以周济,所益甚大"⑥,即以种麦救灾。第二年,即大兴二年(319年),"吴郡、吴兴、东阳无麦、禾,大饥"⑦。其后自南朝刘宋经隋唐以至于宋,历代都相沿在南方推广种麦。江南各地水田在割稻以后,除了种菜、豆、或苕草外,至少有一部分是种植了麦类(大麦、小麦、元麦、荞麦)。所以,各地种植早、晚稻的田地,虽非水稻复种,实际上至少是有一部分存在着粮食复种的。

《广志》列举的水稻品种中,益州"有盖下白稻,正月种,五月获,获讫,其茎根复生,九月熟"。这种五月收割的盖下白稻也只能是早稻,收获四个月后,茎根又复结实。晋朝人左

---

① 《全唐诗》卷446白居易《春题湖上》,又卷449白居易《和(元)微之投简阳明洞天五十韵》。
② 《全唐诗》卷621陆龟蒙《刈获》。
③ 《全唐诗》卷548薛逢《五峰隐者》。
④ 《全唐诗》卷671唐彦谦《蟹》。
⑤ 《全唐诗》卷631张贲《奉和袭美题褚家林亭》。
⑥ 《晋书》卷26《食货志》。
⑦ 《晋书》卷27《五行志》。

思说，孙吴"国税再熟之稻"①。宋朝范成大认为即是再生稻②。我认为这个意见是正确的。在唐朝汉中南郑县，《十道记》记载"黄牛川有再熟之稻，土人重之"③。玄宗开元十九年（731年），扬州有"再熟稻"一千八百顷④。福建泉州有"再熟稻"，宋初乐史说，"春夏收讫，其株有苗生，至秋薄熟，即《吴都赋》所云再熟稻"⑤。江西洪州在宋神宗元丰六年（1083年）收稻之后，"再生皆实"⑥。这些再生稻都不是现代意义上的双季稻，而是稻荪。

地处岭南的闽、广等地，属亚热带，"地气暑热，一岁田三熟，冬种春熟，春种夏熟，秋种冬熟"⑦。不过，没有说明三熟的是什么作物。唐代的海南岛地区，"十月作田，正月收粟，养蚕八度，收稻再度"⑧。在广东潮州，"稻得再熟"⑨。在雷州半岛也有"再熟稻，五月，十一月再熟"⑩。这些地区的水稻复种在当时是可能的。至于《抱朴子》所说"南海、晋安有九熟之稻"，作者的原意如何，我们已不得而知。

在五岭以北，从文献记载来看，只有极个别地点是能够复种

① 《昭明文选》卷5左思《吴都赋》。
② 范成大《吴郡志》卷30《土物》："再熟稻，一岁两熟，《吴都赋》'乡贡再熟之稻'，蒋堂《登吴江亭诗》云，'向日草青牛引犊，经秋田熟稻生荪'。注云：'是年有再熟之稻'，细考之，当正皇祐间，今田间岁丰已刈，而稻根复蒸，苗极易长，旋复成实，可掠取，谓之再撩稻，恐古所谓再熟者即此。"
③ 《太平寰宇记》卷133《山南西道》。
④ 《册府元龟》卷24《符瑞》；《大平御览》卷839《百谷部》。
⑤ 《太平寰宇记》卷102《江南东道》。
⑥ 《宋史》卷64《五行志》。
⑦ 《初学记》卷8《江南道》引《广志》。
⑧ ［日本］元开《唐大和尚东征传》。
⑨ 《太平寰宇记》卷158《岭南道》。
⑩ 《太平寰宇记》卷169《岭南道》。

水稻的。南朝盛弘之《荆州记》说："桂阳郡西北接耒阳县，有温泉，其下流百里恒资以溉灌，常十二月一日种，至明年三月，新谷便登，重种一年三熟。"①　《初学记》、《元和郡县图志》、《太平御览》、《太平寰宇记》诸书都沿引了这一记载，说明自南朝以至唐、宋之际，湖南南部郴县、耒阳一带，因有温泉水流的灌溉，水稻可以复种，并获得丰收。

四　水稻生产和稻农的痛苦生活

晋朝人傅玄说，"陆田命悬于天……水田之制由人力。"②　他从侧面说出了人们努力修建水田可以保证稻田丰收。生产实践证明，耕作水田所费劳动远比旱地为多。唐代推广屯田，提到"凡营稻一顷，料单功九百四十八日，禾二百八十三日……麦一百七十七日"③。即是说，耕种一顷稻田所费功力为粟谷田的三倍多，为麦田的五倍多。分配耕种水陆田的耕牛也是互不相同，"山原川泽，土有硬软……土软处每一顷五十亩配牛一头，强硬处一顷二十亩配牛一头……其稻田每八十亩配牛一头"④。从官方的规定可以推测出，民间耕种水田所耗劳力远比旱地为多。水田所费功力大，收获量也比旱作粟、麦为多。西汉哀帝时，贾让提出治理黄河的计划中，谈到多穿漕渠溉田，"若有渠溉，则盐

---

① 《太平御览》卷837《百谷部》引，同书卷821《资产部》所引，文义同，并且说，"温液所周，正可数亩，过此水气辄冷，不复生苗"。说明了这种复种是特殊事例。"一年三熟"是诸书的共同说法，只有《太平寰宇记》作"可一年二熟也"。二熟、三熟，未知孰是。

② 《太平御览》卷56《地部》引《傅子》；《宋史》卷176《食货志》陈尧叟上书引《傅子》。

③ 《唐六典》卷7《工部·屯田郎中》。

④ 《通典》卷2《屯田》。

卤下湿，填淤加肥，故种禾麦，更为秔稻，高田五倍，下田十倍"①。

水稻生产扩大了，产量提高了，但在中古社会里，农民生活却没有因此得到保障。汉唐间租佃制下的地租通常是对分制。汉武帝承认，"今内史稻田租挈重，不与郡同"②。说明京畿地区的稻田租比地方州县所收田税要重。汉政府设置"稻田使者"是为了征收稻田的假税收入。曹魏时，稻田有较大发展，官府用"分田之术"，夺走了农民的大部分稻谷以供应军需。在江淮以南，东汉时的水稻生产远比西汉时进步，仅仅汉安帝在位的十几年内，便三次向江南征调稻米。永初元年（107年），"调扬州五郡租米"③。五郡是指九江、丹阳、庐江、豫章、会稽。汉代的九江郡设在今安徽境内。五郡包括了今赣、皖、苏、浙地区。七年以后，安帝又"调零陵、桂阳、丹阳、豫章、会稽租米"，以赈南北饥民④，调米区域由江浙一带扩展到了湖南。同年，又"调滨水县彭城、广阳（？陵）、庐江、九江谷九十万斛送敖仓"⑤，即调集苏、皖一带谷物于国库集中。

六朝（吴、东晋、宋、齐、梁、陈）立国江南，征调租税主要是稻谷。孙吴时，"租入过重"，致使不少州郡吏民和营兵浮游在外，使"良田渐废，见谷日少"⑥。东晋时，或征收亩税，

---

① 《汉书》卷29《沟洫志》。
② 同上。
③ 《后汉书》卷5《安帝纪》。
④ 同上。
⑤ 《东观汉纪》卷3《安帝》；广阳在河北，其地不产稻谷，从上下文义看，疑为广陵之误。《后汉书》卷5《安帝纪》记此事，作"调滨水县谷输敖仓"，文字简略，意义难明，而章怀注引《东观汉记》，即是上引文字，故疑有误字。
⑥ 《吴志》卷3《孙休传》。

或征口税，还有禄米等附加税，均收稻米①。南朝时，往往任土所出征收，"其田，亩税米二斗，盖大率如此"②。收税时，一般都在十一月，即收稻之后③。值得注意的是在江南推广种麦以后，又出现了夏调麦布④，夏调和秋征，正是麦、稻兼作在国家赋税制上的反映。

唐朝前期，丁租二石原则上是收粟，水田区域则交纳稻谷，规定稻谷一斗五升当粟一斗⑤。两税法时期所收斛斗，据杜佑说，德宗建中初，"税米、麦共千六百余万石"⑥。当时，北方藩镇割据，国家收入无几，大量米、麦主要来自南方。自唐初特别是中唐以来，唐政府大量从江淮以南征调稻谷，每年达二三百万石。唐亡以后，在南方立国的南唐、楚、吴越等国，仍是岁调稻谷，如浙江钱氏，"每田十亩，增收六亩"，谓之进际⑦。

受到中央政权保护的地主阶级非常专横。它们广占田地，征收重租，侵占水利。北方有名的郑白渠水利，被历代豪强侵占，或分割水田，或兴置碾硙。甚至身为汉代丞相的张禹也在那里占田四百顷，"皆泾渭溉灌，极膏腴上贾"⑧。南方著名芍陂水利，也不断被侵占，梁代裴之横"与僮属数百人，于芍陂大营田墅，遂致殷积"⑨。各地良沃稻田，纷纷被地主官僚侵占。西晋时，

---

①　《晋书》卷26《食货志》。

②　《隋书》卷24《食货志》。

③　参看《宋书》卷6《孝武帝纪》；《陈书》卷5《宣帝纪》。

④　参看《南史》卷5《齐明帝纪》；《陈书》卷5《宣帝纪》。

⑤　《通典》卷12《轻重》。

⑥　《通典》卷6《赋税》。

⑦　《宋会要辑稿》《食货》卷7之70《赋税杂录》，乾道三年（1167年）六月二十六日，嘉定七年（1214年）十一月二十八日等条。

⑧　《汉书》卷81《张禹传》。

⑨　《梁书》卷28《裴之横传》；参看《宋史》卷291《李若谷传》，《续资治通鉴长编》卷111明道元年（1032年）十二月壬辰条。

立进令刘友、尚书山涛、中山王司马睦、尚书仆射武陔共同侵占官府的水稻田①。丹阳附近周回八十里的练湖，长期灌溉沿湖百姓田地，唐代十几户地主耕湖为田，致"农商失恃，渔樵失业"②。在大地主田庄内，有山有水，"连峰竞千仞，背流各百里，滮池溉秔稻，轻云暖松杞"③。相形之下，那些无地少地的农民，每遇亢旱，只能坐以待毙，"贫弱者樵苏无托"，生活困苦不已。

广大贫苦农民"为供豪者粮，役尽匹夫力"④。他们"夜半呼儿趁晓耕，羸牛无力渐艰行，时人不识农夫苦，将谓田中谷自生"⑤。在南朝的荆州，有人"以短钱一百赋民，田登，就求白米一斛，米粒皆令徹白，若有破折者悉删简不受"⑥。在唐代，苏州大水时，"编户男女多为诸道富家并虚契质钱，父母得钱数百，米数斛而已"⑦。耕种稻田的农民在辛勤劳累之后，所获稻谷，被地租、田税和高利贷盘夺一空，"辛勤耕作非毒药，看着不入农夫口"⑧。他们通常自己没有吃的，"带水摘禾穗，夜捣具晨炊"⑨。生活极为悲惨。

附记： 最近，友人以 1982 年第 2 期《农业考古》杂志赠余，内有

---

① 《晋书》卷 41《李憙传》。

② 《全唐文》卷 871 吕廷祯《复练湖奏状》；《元和郡县图志》卷 25《江南道》；《新唐书》卷 41《地理志》；《宋会要辑稿》《食货》8 之 28《水利》。

③ 《宋诗》卷 2 谢灵运《会吟行》，参同卷《白石岩下径行田》；《昭明文选》卷 28。

④ 《全唐诗》卷 605 邹谒《岁丰》。

⑤ 《全唐诗》卷 673 颜仁郁《农家》。

⑥ 《宋书》卷 72《刘休祐传》，参看《南齐书》卷 54《顾欢传》。

⑦ 《册府元龟》卷 42《仁慈》。

⑧ 《全唐诗》卷 298 王建《海运行》。

⑨ 《全唐诗》卷 267 顾况《田家》。

《我国稻麦复种制产生于唐代长江流域考》一文，作者引述了日本学者有关这方面的一些论点，皆我所未见，不知其论据何在，颇以为憾。作者说唐开元前，已有稻麦复种，"及至盛唐中唐（开元—建中）之际，已在相当的范围内逐渐得到推广，形成了一种新的重要种植制度"，所列论据，除《蛮书》外，只有元、白诗各一首，鉴于复种制与拙文所谈有关，在此略予说明。

拙文初稿于1978—1979年，长达七万余字，其后修订，删削甚多。白居易在苏州所写那首诗，拙文也引了，我疑为"异地轮作，而不是复种"，而上文作者持复种说，理由是当地人稠地少。可是，《蛮书》所记云南稻麦复种，当地却不是人稠地少。说元稹《竞舟》写的是岳阳稻麦复种，证据也不足。第一，作者引《岁华纪丽》说，"麦以孟夏为秋"，并认为"《四时纂要》指出插秧多在五月，均与（元、白）诗中所言相符"。可是，《礼记·月令》云，"孟夏之月……麦秋至"，《四民月令》云，"五月可别稻及蓝"。它们是先秦和汉人的记载，不能说是长江流域事。《四时纂要》三沿用其记载，就能断定是指长江流域了吗？第二，元稹只在元和九年（814年）自江陵至长沙，途经岳阳，他没有在当地久留，以见闻感慨为诗，真实性尚不及白居易在苏州所为。第三，余家湖南，湘东北地区如岳阳、湘阴、长沙、益阳诸地，亲自去过，我亲自种过稻麦，就我所见，直至解放以前，在湘东北，同一地块上仍很少稻麦复种，除洞庭湖岸垸田外，各地也很少种双季稻。

作者说，"《四时纂要》主要是反映长江流域农业生产情况的"，我曾将该书记事一一查对，除极少数如茶叶、棉花等是新增加的外，其余大多沿袭旧记。因此，我曾说，"全书所载农事，大多偏重于北方"（《文史》11辑《汉唐时期的茶叶》注㉞），关于水稻，也不例外，拙文（现本书94页）注④亦已谈到。至于种麦，应区分大小麦，大麦中又有穬麦（元麦），这是古已有之，至今江苏地区所称三麦就是小麦、大麦、元麦，专题研讨稻麦复种，似不应忽视其差异。因为大麦成熟期比小麦早，更有利于麦稻复种。但就我所见资料，唐代江苏地区不见同一地块稻麦复种。北宋元丰时朱长文所撰《吴郡图经续记》卷上和南宋绍兴时陈旉所撰《农书》卷上，才确是记载江苏存在稻麦复种的。

　　作者提到唐代江域"更为有力的证据"以说明稻麦复种的是对职田收获物的处理办法所体现的情况，并且说"两税法的颁布与施行，正是长江流域稻麦二作制已经形成的反映"。人所共知，职田与两税法都是面向全国的，它牵涉面很广，无法用几句话说明，须知自六朝以至两宋，历代多次下令奖励南方种麦，但直至宋代，南方种麦仍不广泛。说唐代已是如何如何，实在很难提出具有说服力的证据（1983年3月22日补记）。

刊《文史》第18辑，1983年7月出版

秦汉时期海河平原农牧业生产

　　海河平原位于华北大平原北部，北倚蒙古高原与东北平原，东临大海，西以太行、王屋山与山西高原为界，南以黄河毗连黄淮平原。包括今北京、天津与河北省大部（冀北山地、张北高原除外），山东省黄河以西以及河南省黄河以北的地区。海河及其五大支流白河（潮白河）、永定河（桑干河）、大清河（唐河）、滹沱河（子牙河）、大运河（卫河），有如扇状流贯其间，地势低洼，故称之为海河平原区或河北平原区。

　　秦汉以前，海河流域的农业生产已是源远流长。战国时，燕、赵、中山等国建国于此区。北方的燕国，原是西周初年所封召公于北燕。《史记》卷34说是"燕国殷富"，而北邻胡人。司马迁说："燕外迫蛮貊，内措齐、晋，崎岖强国之间，最为弱小。"苏秦对燕文侯说："燕东有朝鲜、辽东，北有林胡、楼烦，西有云中、九原，南有呼沱、易水，地方二千余里，带甲数十万，车七百乘，骑六千匹，粟支十年，南有碣石、雁门之饶，北有枣栗之利。民虽不由田作，枣栗之实，足食于民矣，此所谓天府也。"[①] 它表明燕地盛产

------

　　① 《战国策》卷29《燕策》，上海古籍出版社1985年版。《史记》卷69《苏秦传》作"车六百乘，粟支数年"，其余文字与《战国策》同。

马匹，林野极富枣、栗等干果，旱地种粟，显示农、林、牧业全面发展，因而能抗衡六国，与关中、蜀中同样拥有"天府"之称。

1964年，燕下都（河北易县）第22号遗址出土不少铁制生产工具，如镬、锄、镰、斧、刀等等。旧燕国境内多处还出土了铁制农具①。很可以推知燕国农业生产颇有较高水平，才能使"燕国殷富"。

《史记》卷34《燕召公世家》记燕国末年，太子丹养壮士，"使荆轲献督亢地图于秦，因袭刺秦王"。督亢乃今河北省涿州、固安、安新、雄县地。《续汉书·郡国志五》涿郡条注引刘向《别录》云："督亢，膏腴之地。"《史记》卷34记司马贞《索隐》云："督亢之田在燕东，甚良沃。"可见督亢是燕国重要农作区。直至两汉以后，人们仍屡屡提及，且循旧迹修渠以溉田。

《史记》卷129《货殖传》称："燕代田畜而事蚕。"燕地畜牧滋盛，是当地最有名的马产地，遂使燕国拥有众多骑兵。燕地还植桑养蚕，为此后河北地区历代盛产丝绢打下了良好的基础。

中山国位于燕国之南，实力尚不及燕。《战国策》卷33记其国事于全书之末卷，"中山与燕、赵为王，齐闭关不通中山之使，其言曰：我万乘之国也；中山，千乘之国也，何侔名于我！"《史记·货殖传》因称："中山地薄人众。"它常与赵国交战，最终灭于赵。学者从河北灵寿遗址所出中山国的铜、铁器和陶范进行研究，揭示中山国前期主持政务的鲜虞族，是以牲畜为其立国的经济基础，并兼营农业。至中山国后期，迁都灵寿。当地出土的镬、铲、锄、镰等生产工具，用以翻土、中耕和收割，

① 陈应祺《燕下都第22号遗址发掘报告》，《考古》1965年第11期。石永士《战国时燕国农业生产的发展》，《农业考古》1985年第1期。

迄今未见有犁具出土，适足以表明其生产较为落后①。

赵国立国于海河平原南面，《战国策》卷3记张仪对秦王说："赵氏，中央之国也，杂民之所居也。"它建都邯郸，在战国诸雄中，位于魏之北，燕之南，韩之东，齐之西，居民兼诸国之民，故称"杂民"。赵武灵王胡服骑射取得重大成功的范例，在历史上是很著名的。赵灭中山后，兼有其地。《汉书·地理志》云："赵、中山，地薄人众。"说明赵国生产也并不兴旺。史称"赵之田部吏"赵奢，向平原君赵胜家收租时，杀其用事者九人，以此威望大增，"国赋大平，民富而府库实"。其后，赵奢子括将赵王所赐金帛，"日视便利田宅可买者买之"。名医扁鹊给赵简子治好病，"简子赐扁鹊田四万亩"②。对田地如此垂涎，自是农作受到重视的曲折反映。《史记》卷69记苏秦对赵肃侯说："赵地方二千余里，带甲数十万，车千乘，骑万匹，粟支数年。西有常山，南有河漳，东有清河，北有燕国。燕固弱国，不足畏也。秦之所害于天下者莫如赵，然而秦不敢举兵伐赵者，何也？畏韩、魏之议其后也……秦无韩、魏之规，则祸必中于赵矣。"由此可知，建国于河北南部兼有山西部分地域的赵国是农（粟）、牧（马）业很盛。赵主被苏秦说服后，以重礼约会诸侯，礼品中包括了"锦绣千纯"，反映赵地桑蚕丝织业已颇有名。

秦汉大一统期间，河北大地分置幽、冀二州。幽州在北，不时面临塞外匈奴、鲜卑、乌桓的扰乱，杀掠相寻，边防任务很重。《史记》卷60《三王世家》云："燕土墝埆，北迫匈奴，其

---

① 陈应祺《初论战国中山国农业发展状况》，《农业考古》1986年第2期。

② 《史记》卷81《廉蔺列传》；又卷43《赵世家》，又记"敬侯元年（前386年）……赵始都邯郸"。《汉书》卷28下《地理志》："自赵夙后九世称侯，四世敬侯徙都邯郸，至曾孙武灵王称王，五世为秦所灭。"

人民勇而少虑。"瘠薄而有草地，颇宜牧畜。《周官·职方》记幽州"畜宜四扰（马、牛、羊、豕）"。《禹贡》所记九州地域，虽难与汉制等同，大体轮廓应为近似。先秦时，《左传》记"冀之北土，马之所出"。汉灵帝时，蔡邕疏称，"幽冀旧壤，铠马所出"①。说明河北北部确以产马驰名。

两汉之际，《后汉书》卷18《吴汉传》记南阳宛人吴汉"亡命至渔阳，资用乏，以贩马自业，往来燕、蓟间"。他对渔阳太守彭宠说："渔阳、上谷突骑，天下所闻也。"与此同时，同书卷19《耿弇传》记耿弇对刘秀说，"发此两郡（渔阳、上谷）控弦万骑"，可轻易击败割据邯郸的王郎。凡此皆可概见冀北产马众多。同书卷8记灵帝光和四年（181年）"正月，初置骒骥厩丞，领受郡国调马。豪右辜榷，马一匹至二百万"。朝廷征调全国各地马匹，自是优先从产地挑选，豪右们藉此垄断价格牟利，毫无例外包括河北产马区在内。

马以外，河北还盛产其他牲畜。涿郡高阳人王尊少孤，叔伯使他"牧羊泽中"②。公孙弘年青时，"家贫，牧豕海上（渤海郡）"③。钜鹿人路温舒，也曾牧羊泽中④。就是河北各地畜牧盛行的几例。

幽州的种植业，《禹贡》说它产稻，但史文未见有实例。《后汉书》卷31记建武中，张堪为渔阳太守，"于狐奴（北京顺义）开稻田八千余顷，助民耕种，以致殷富。百姓歌曰：桑无附枝，麦穗两歧，张君为政，乐不可支。视事八年，匈奴不敢犯塞"。极为清楚地揭示，东汉初在北京地区种稻成功，而又种

---

① 《后汉书》卷74下《袁绍·刘表传赞》注引；又卷60下《蔡邕传》注引。
② 《汉书》卷76《王尊传》。
③ 《汉书》卷58《公孙弘传》。
④ 《汉书》卷51《路温舒传》。

麦、植桑，双双取得了丰硕成果。

渔阳在西汉置有盐铁官，两汉之际，渔阳太守彭宠利用盐、铁贸易，收购粮食，囤积珠宝，进而积兵反汉。幽州牧朱浮上疏云："今秋稼已熟，复为渔阳所掠。"诏书答称："今度此反虏，势无久全……今军资未充，故须后麦耳。"秋稼与夏麦并举，秋稼当是指稻或粟。光武帝准备亲征彭宠，大司徒伏湛上疏说："渔阳之地，逼接北狄……今所过县邑，尤为困乏，种麦之家多在城郭，闻官兵至，当已收之……渔阳已东，本备边塞，地接外虏，贡税微薄，安平之时，尚资内郡，现今荒耗，岂足先图。"①幽州所产粮食颇难满足当地消费，直至汉末仍大体如此。同书卷73《刘虞传》记灵帝时，"幽部应接荒外，资费甚广，岁常割青、冀赋调二亿有余，以给足之"，便可揣测当地生产水平不高。

建武五年（29 年），接受匈奴资助的彭宠被汉军彻底击败了。渔阳太守郭伋严惩凶狠奸猾的渠帅，整顿兵马，匈奴不敢入塞扰乱，"民得安业，在职五年，户口增倍"。社会安定了，生产得到了发展，张堪正是在这种社会环境下在渔阳发展稻、麦种植的。章帝时，李恂出使幽州，"慰抚北狄，所过皆图写山川、屯田、聚落百余卷，悉封奏上"，大受朝廷嘉奖②。由此看来，东汉在幽州置有屯田，藉以巩固边防，有助于推动当地生产发展。

汉灵帝以来，乌桓、鲜卑相继侵扰幽、冀、青、徐诸州。熹平六年（177 年）秋，护乌桓校尉夏育疏称："鲜卑寇边，自春以来，三十余发，请征幽州诸郡兵出塞击之。"建议未被采纳。

---

① 《后汉书》卷12《彭宠传》，又卷33《朱浮传》，又卷26《伏湛传》。
② 《后汉书》卷31《郭伋传》，又卷51《李恂传》。

不久，刘虞出任幽州牧，"虞到蓟，罢省屯兵，务广恩信。劝督农植（桑），开上谷（河北怀来）胡市之利，通渔阳（北京密云）盐铁之饶，民悦年登，谷石三十。青、徐士庶归虞者百余万口，皆收视温恤，为安立生业，流民皆忘其迁徙"①。由此看来，幽州农业生产在汉末曾短暂颇有成就，容纳来自山东的新增流民百余万，其时粮价低廉，应是粮食增多的体现。

在权力争夺中，公孙瓒擒杀了刘虞，尽有幽州。不久，袁绍与刘虞余部协同作战，击败公孙瓒于鲍丘（潮河流经渔阳境），瓒退保易京（河北雄县），"开置屯田，稍得自支"，积谷达三百万斛。《太平御览》卷35《凶荒》引《英雄记》云：汉末，"幽州岁岁不登，人相食，有蝗、旱之灾，民人始知采稆，以桑椹为粮，谷一石，十万钱，公孙伯圭开置屯田，稍得自供给"。由此很可以看出，其时幽州大地生产很不稳定，粮食收入远非丰富。

涿郡（涿州市），汉初始置，两汉地志均未记当地产铁和设置铁官事。而《汉书》卷27《五行志》记武帝征和二年（前91年），涿郡铁官铸铁时出了事故，显示涿郡冶铁业颇有一定基础。《后汉书》卷4记永元十五年（102年）七月，"复置涿郡故安铁官"。是知东汉仍在涿郡继续冶铸。生产铁农具自是铁冶的重要任务之一。

涿郡太守严延年在汉宣帝时，果断地诛杀了当地大姓东、西高氏，清除了社会毒瘤，郡内由是相对安宁，有利社会生产正常进行。汉和帝时，中山王刘焉亡故，征发涿郡与钜鹿、常山等地的黄杨杂木为冢墓，从侧面反映出所在尚是杂树交错，垦植有限。《汉书·地理志》称，"上谷（怀来）至辽东（辽阳），地

---

①　《后汉书》卷73《刘虞传》，又卷90《乌桓鲜卑传》；《通鉴》卷59初平元年（190年）四月，"农植"作"农桑"。

广民稀，数被胡寇"。它正是幽州境域政治和经济的现实状况。

渤海郡位居渤海之滨，两汉时，分隶幽州与冀州，其南半部是先秦时齐国旧地，为地势低平的贫困区，汉民不时在此地进行武装反叛。《汉书》卷89记宣帝时，龚遂为郡守，他严格区分真假"盗贼"的界限。下令属县，不要盲目拘捕反叛者，"诸持锄、钩、田器者皆为良民，吏无得问，持兵者乃为盗贼"，采取正确的政治措施，迅速导致郡内和平安定。他还注意到当地风俗好奢侈，不重视农作，乃率自俭朴，劝民重视农桑，规定每人种一株榆树，一百棵薤，五十棵葱，一块地韭菜，每家养母猪二头，鸡五只，鼓励民户卖剑买牛，从事农作，"秋冬课收敛，益蓄果实菱芡"。使种植业与养殖业很好地结合，增进了郡内社会安定与生产的发展。

《地理志》称幽州"有鱼、盐、枣、栗之饶"。它包含了水产与山林产品。《货殖传》说"燕、秦千树栗"，很看重林产干果。种桑多，桑葚不少，用以救荒充饥，也丰富了人们的食品。

冀州地处幽州以南，颜师古说："两河间曰冀州。冀州，尧所都，故禹治水自冀州始。"① 因地势低洼，水流横行，故须优先治理。通读两汉史册，很难见冀州诸郡有农作记录。从《汉书》的《王子侯表》、《功臣表》中，不难发现幽、冀二州不少郡县常被赐封给王室与功臣，例如《汉书》卷41记汉初右丞相郦商食邑涿郡五千户。《后汉书》卷42记汉光武帝子刘辅封中山王，食常山郡，如此等等。《后汉书》卷29《郅寿传》云："冀部属郡，多封诸王，宴客放纵，类不检节。"在自然环境不够好的前提下，诸王侯食邑制必不可能促使该地的生产形势迅速好转。

幽、冀二州低洼平原区排水不畅，滨海地域尤为严重，且多

---

① 《汉书》卷28上《地理志》。

盐渍土。司马迁说："今天子（汉武帝）元光之中（前132年），河决于瓠子（河南濮阳西南），东南注巨野，通于淮、泗……塞之，辄复坏……自河决瓠子二十余岁，岁因数不登。"① 河决水泛，影响了不少地方几十年的种植业。《盐铁论》卷10《申韩》记御史大夫言及河决之害，"菑梁、楚，破曹、卫，城郭坏沮，稸积漂流，百姓木栖，千里无庐，令孤寡无所依，老弱无所归"。类似情况，《汉书·沟洫志》记成帝、哀帝时，还曾数次发生，"灌县邑三十一，败官亭民舍四万余所"。《汉书》卷10记鸿嘉四年（前17年）正月诏："农民失业，怨恨者众……青、幽、冀部尤剧。"面对河水灾害，《沟洫志》记贾让在哀帝时提出了治河的上、中、下三策，主张将旱、涝、盐碱进行综合治理。他所提中策云："多穿漕渠于冀州地，使民得以溉田，分杀水怒，虽非圣人法，然亦救败术也……旱则开东方水门溉冀州，水则开西方高门分河流……若有渠溉，则盐卤下湿，填淤加肥，故种禾麦，更为粳稻，高田五倍，下田十倍。"② 所言虽系揣测，但有一定依据。以淡水冲洗卤土，很有利种植粮食作物。

《续汉书·五行志一》记永建四年（129年）和六年，"冀州淫雨伤稼"。《后汉书》卷6记阳嘉元年（132年）二月，"冀部比年水潦，民食不赡"。汉代海河平原地区淫雨频频成灾，与排水不畅密切相关。西汉末，汴河决败六十余年，有人认为河水入汴，"幽、冀蒙利"，而"兖、豫之人，多被水患"，从而出现了"议者不同，南北异论"。明帝时重修汴渠，"河、汴分流，复其旧迹"，且将"滨渠下田，赋与贫人"耕作③，农田水患暂得以缓解。

---

① 《史记》卷29《河渠书》；《汉书》卷29《沟洫志》；参《汉书》卷6《武帝纪》，元光三年（前133年）条。

② 《汉书》卷29《沟洫志》。

③ 《后汉书》卷2《明帝纪》永平十三年（70年）四月。

海河平原沿海地域地势更低，极易出现海水倒灌，以致严重妨碍农作。鸿嘉四年（前17年）"秋，渤海、清河河溢，被灾者振贷之"。永康元年（167年）八月，"渤海海溢……家皆被害者，悉为收敛"①。低洼地的排水相当困难。加以河水泛滥，海水倒灌，沿海诸地自难正常进行粮食生产。

那时，冀州等地生产条件较差，又有严重自然灾害，大批民众被迫流亡。武帝诏称，渤海等郡受灾，"民饿死于道路，二千石不预虑其难，使至于此"。说明地方当局对民困应负重大责任。安帝永初二年（108年）二月，派使往"冀、兖二州，禀贷流民"。延光二年（123年）六月，"遣侍御史分行青、冀二州，督录盗贼"。冀州巨鹿人张角等历经十余年努力，连结幽、冀、青、徐、兖、豫等八州苦难民众，掀起震惊全国的黄巾大起义。皇甫嵩蛮横镇压义军后，出任冀州牧，"奏请冀州一年田租，以赡饥民"②。他特别提及冀州租，很值得注意。随后，《朱儁传》记常山人张燕与中山、常山、赵郡、河内贫苦大众联合，众至百万，称为黑山军，"河北诸郡县并被其害"。河北大地先后涌现的黄巾与黑山军，充分反映所在大众的生活困厄与生产方面的落后。

常山郡置于汉初，位于太行山东侧较高地带，治今河北元氏县。汉同姓诸侯赵国据有其地。七国之乱时，镇守邯郸的赵王遂败亡，其地乃为汉朝廷所有。邯郸在汉代仍保有先秦以来的重要地位③，郡所辖蒲吾县、都乡县均置有铁官。章帝元和元年（84

---

① 《汉书》卷10《成帝纪》；《后汉书》卷7《桓帝纪》。

② 《汉书》卷6《武帝纪》，又卷74《魏相传》；《后汉书》卷5《安帝纪》，又卷71《皇甫嵩传》，又卷58《傅燮传》。

③ 《汉书》卷28下《地理志》："邯郸北通燕、涿，南有郑、卫、漳、河之间一都会也，其土广俗杂……"《史记》卷129《货殖传》："邯郸郭纵以铁冶成业，与王者埒富。""蜀卓氏之先，赵人也，用铁冶富，秦破赵，迁卓氏……"《汉书》卷30《艺文志》："蔡癸一篇，宣帝时，以言便宜至弘农太守。"注引刘向《别录》云：邯郸人。

年），鲁丕任赵相，任职六年，迁东郡（河南濮阳南）太守。
"丕在二郡，为人修通溉灌，百姓殷富。"发展农田水利，自是
促进生产发展。巨鹿郡（河北柏乡东北）民困增剧，纷纷逃荒。
安帝时，樊准任太守，"课督农桑，广施方略，期年间，谷粟丰
贱数十倍"①。这些事例揭示海河平原西侧较高地域的农作，远
比濒海低洼地域发达。

《地理志》记中山国为故国，地薄。纪、传等亦未见有中山
的农业状况。《满城汉墓发掘报告》上、下册收有铁镢、斧、凿
等生产工具，仍不见有铁犁。大概在西汉时，当地仍保持战国晚
期遗风。中山以东的河间国，是故赵国地，西汉时为"国"或
"郡"，东汉和帝永元二年（90 年），分乐成（信都）、涿郡、渤
海为河间国，以封河间王刘开，也未见当地有具体农作记载，在
当时生产技术状况下，低洼易涝地实难开拓种植，不可能出现良
好收成。

冀南、豫北及其相邻山西部分地是战国时魏国地，魏文侯任
用李悝、西门豹等推行改革，社会面貌一新。司马迁说："魏有
李悝尽地力之教。"②《汉书·食货志》录其农作规划，一家五口
治田百亩，亩收一石半为粟百五十石，乃是全家衣食和解决病困
以及赋敛等开支的根本。官府严重关切岁收丰歉，善于运用价格
杠杆实施平籴与出粜，取有余以补不足，使农户不至轻易贫困破
产。他的谋划付诸实施，魏国由是富强。

《史记》卷44《魏世家》云："西门豹守邺，而河内称治。"
卷29《河渠书》记"西门豹引漳水灌邺，以富魏之河内"。卷

---

① 《汉书》卷28 上《地理志》，又卷上《高帝纪》；《后汉书》卷25《鲁丕
传》，又卷32《樊准传》。
② 《史记》卷74《荀卿传》，又卷129《货殖传》："魏文侯时，李克尽地力。"
又卷30《平准书》："魏用李克，尽地力为强君。"显示李克、李悝为同一人。

126《滑稽列传》载邺令西门豹"发民凿十二渠，引河水灌良田，田皆溉……至今皆得水利，民人以给足食"，由此"名闻天下，泽流后世"①。

然而，上述记事却出现了非议。《汉书》卷29《沟洫志》记史起对魏文侯曾孙襄王说："魏氏之行田也以百亩，邺独二百亩，是田恶也。漳水在其旁，西门豹不知用，是不智也……于是，以史起为邺令，遂引漳水灌邺，以富魏之河内。民歌之曰：邺有贤令兮为史公，决漳水兮灌邺旁，终古舄卤兮生稻粱。"谨查《沟洫志》文字乃是简单节录《吕氏春秋》卷16《先识览·乐成篇》，司马迁必然看过它，但未予重视，或者说是不相信。另一位和《汉书》作者班固同时代人王充，撰《论衡》卷2《本性》云："魏之行田百亩，邺独二百，西门豹灌以漳水，成为膏腴，则亩收一钟。"可证西门豹引漳灌邺并不能轻率否定。看来，史起后为邺令，亦有业绩。西晋左思《魏都赋》云："西门溉其前，史起灌其后。"如此认识，似乎比较公允。《水经注》卷10《浊漳水》记："昔魏文侯以西门豹为邺令也，引漳以溉邺，民赖其用。其后至魏襄王，以史起为邺令，又堰漳水，以灌邺田，咸成沃壤，百姓歌之。"《元和郡县志》卷16也都是将西门豹、史起并提。《册府元龟》卷678《兴利》记五代时磁州水田，亦云："西门豹、史起所理漳滏十二澄之遗迹。"如此叙述，都很正确，实在不能忘其祖西门豹也。

水渠使用要常加检修，以利充分发挥效益。《后汉书》卷5记元初二年（115年）正月，"修理西门豹所分漳水为支渠，以

---

① 《太平御览》卷75《地部·渠》引《邺城故事》曰："西门豹为令，造十二渠，决漳水以溉民田，因是户口丰饶，今渠一名安泽陂是也。"《邺城故事》未知何时何人所作，《太平御览经史图书纲目》列有《邺城故事》，亦未署作者姓名。

溉民田"。二月，诏令河内（河南武陟南）、赵国（河北邯郸）等地，"各修理旧渠，通利水运，以溉公私田畴"。由此可见，邺城、魏郡等地的农田水利工程，自战国以至东汉，长期备受重视。因此，水田和旱地种植业得以兴旺发展。

生产好坏，牵涉着劳动者本身的生活，也与食邑收租者利益攸关。西汉著名酷史张汤孙张延寿历位九卿，《汉书》卷59云："别邑在魏郡（河北磁县），租入岁千余万。"其后徙封平原（山东平原），"户口如故，而租税减半"。清楚显示出同在海河平原的不同地域，生产水平存在大有差异。魏郡有不少内外园田，官府通常以之出租，"分种收谷，岁数千斛"，延平元年（106年），郡守黄香将园田分给百姓，"课令耕种，时被水年饥……荒民获全"。农民自有了耕地，克服了重重困难，在灾年仍获得了较好收成。永康元年（167年）八月，魏郡嘉禾生①，嘉禾自是农民精心培育的良好品种。

魏郡东南有东郡（河南濮阳南）是兖州属郡，西汉时，黄河数次在此决堤，成帝时，郡守王尊率众上堤抢险，大振士气，水不为患。宣帝时，郡守韩延寿"广谋议，纳谏争……治城郭，收赋租，先明布告其目……在东郡三年，令行禁止，断狱大减，为天下最"。他施政比较民主，收租赋相对合理，社会秩序趋于稳定。前已提到东郡守鲁丕兴修水利，很有利促进农作兴旺发展。东郡南有沛水（濮渠水），流经今河南原阳、封丘一带，东注入大野泽。《淮南子》卷4《坠形训》称："沛水通和而宜麦。"可证西汉时这一地域已是盛产小麦著称。

"三河"在汉代颇负盛名，《货殖传》云："三河在天下之中，若鼎足，王者所更居也……土地小狭，民人众。"人多地狭

① 《后汉书》卷80上《黄香传》，又卷7《桓帝纪》。

的三河，是指"唐人都河东，殷人都河内，周人都河南"，后人对三河虽有不同解说①，其差异在于河内与河北。殷都朝歌，今河南淇县，因位于黄河以北，乃有河内或河北的异称。《后汉书》卷67记魏朗为河内（河南武陟西南）郡守，刘祐为河东（山西夏县）郡守，都说是"政称三河长"，是知三河乃是经济发展、开拓很早的地区。

河内郡是汉代畿郡、名郡。位于太行山东南与黄河以北，是黄河、卫河的冲积平原，隆虑山一带地形险峻。邓禹说："河内带河为固，户口殷实，北通上党，南迫洛阳。"两汉之际混乱期间，"魏郡、河内独不逢兵，而城邑完，仓廪实"。河内太守寇恂"伐淇园之竹，为矢百余万，养马二千匹，收租四百万斛，转以给军"②。很可以概见河内所具有独特政治与经济地位。户口多，仓廪实。建初七年（82年）九月，章帝亲临河内视察秋收，显示当地农作很出色。

汉武帝时，河内郡守王温舒"令郡具私马五十疋为驿，自河内至长安"③。由此可知，河内是当时养殖大牲畜（马）的良好场地。东汉寇恂在河内养马二千匹，表明河内确是农牧兼宜地。

袁宏《后汉纪》卷20载，质帝本初元年（146年）九月，朱穆奏云："河内一郡尝调缣素、绮縠八万余匹，今乃十五万匹……皆出于民。"它揭示了河内大地桑蚕业发达，有大量丝织品可供外调。

---

① 《汉书》卷27中之下《五行志》，师古注，三河为河东安邑，河内朝歌，河南洛阳。《后汉书》卷1下《光武帝纪赞》李贤注，三河，河南、河北、河东也。又卷67《刘祐传》，李贤注"三河谓河东、河内、河南也"。

② 《后汉书》卷16《寇恂传》，又卷17《冯异传》。

③ 《史记》卷122《王温舒传》。

《汉书·地理志》记河内郡林虑县（林州市）有铁官。《后汉书》卷67载桓帝时，夏馥"自翦须变形入林虑山中，隐匿姓名，为冶家佣……积二三年，人无知者"，此冶家很可能是私冶。河内有官、私冶铸为种植业提供大量生产用具自是很正常的。

顺帝时，崔瑗为河内郡汲县令，《后汉书》卷52云："为人开稻田数百顷，视事七年，百姓歌之。"《崔氏家传》记其事更具体，"开沟造稻田，薄卤之地更为沃壤，民赖其利，长老歌之曰……穿渠广溉灌，决渠作甘雨"①。他用大量淡水冲洗卤土，改卤地为稻田。西汉贾让所提治河三策中所提出改良卤地的方案，东汉崔瑗在汲郡付之实施，使稻田获得新进展。

虽然如此，河内农作仍很不稳定。《汉书》卷50记西汉时，汲黯已提及河内贫人万余家为水旱所苦。《后汉书》卷8记灵帝时，"河内人妇食夫，河南人夫食妇"。京畿地区的人间悲剧自是农村苦难加深的恶果。

元和三年（86年）二月，章帝发表告常山、魏郡、清河、巨鹿、平原、东平郡守、相书，谈到他经过魏郡、平原等地，出访常山，沿途见闻不少，"今肥田尚多，未有垦辟。其悉以赋贫民，给与粮种，务尽地力，勿令游手。所过县邑，听半入今年田租，以劝农夫之劳"②。上列六郡除东平（山东汶上县）地处黄淮平原外，另外五郡都在海河平原，诸郡存在不少可耕垦殖的肥田，说明这里尚处于地广民稀状态。

上述章帝所制定的优惠政策实施以后，经过近百年劳动者的辛勤耕耘，《通典》卷1引桓帝时崔寔《政论》云："今青、徐、

---

① 《太平御览》卷268《职官部·良令》，又卷465《人事部·歌》引。
② 《后汉书》卷3《章帝纪》。

充、冀，人稠地狭，不足相供。而三辅左右及凉、幽州，内附近郡，皆土旷人稀，厥田宜稼，悉不垦发。"这里只就海河平原地区而言，冀州诸郡人多地狭，幽州是地广人稀。幽、冀地域的生产形势已与战国、秦汉之际大有差异。冀州的种植业在东汉时出现了前所未有的重大发展。汉末，董卓推举韩馥为冀州牧。那时，"冀州民人殷盛，兵粮优足，冀州于他州不为弱也"。其后，逢纪力主袁绍据有冀州，说是"今冀部强实"。颍川人荀谌对韩馥说："冀州，天下之重资也。"沮授等人明白说："冀州带甲百万，谷支十年。""撮冀州之众，威陵河朔，名重天下。"① 冀州地位变得如此重要，就经济地位而言，是和它所在垦辟，种植业获得很大发展密切相关的。

总之，秦汉时期的海河平原地区克服了先秦时存在的列国纷立、各自为政的状态，在中央集权体制下，开垦了不少荒地，农业经济获得了稳定发展，奠定了此后一千余年间河北平原经济繁荣的良好基础。

刊《中国社会科学院研究生院学报》2003 年第 2 期

---

① 《三国志》卷1《魏武帝纪》注引《英雄记》，又卷6《袁绍传》；《后汉书》卷74 上《袁绍传》。

秦汉时期黄淮平原的农业生产

　　黄淮平原位于海河平原以南，东临大海，西以伏牛山界豫西山地，南以桐柏山、大别山和淮水，以与荆湖及东南区相邻。它包括了今河南与山东二省大部以及江苏、安徽二省淮水以北地区。源出桐柏山的淮水，据《汉书·地理志》、《水经注》和《太平寰宇记》等书所记，它在汉、唐时期是单独流入大海，没有与黄河、长江相混。它自西向东，散存不少河湖，所在地势低洼。今将黄河以南、淮水以北的平原地域概称黄淮平原。平原大地主要分布在今河南、山东境内，又可别称鲁豫平原。严格说来，山东中南部与胶东半岛地域颇多山地丘陵，自然地貌与大平原区存在较多差异。不过，高山所占面积不大，众多低山与丘陵的起伏平缓，且分布有若干小盆地和山间平原，山地特性尚不十分突出，因此，本文将它合并为整体进行讨论。至于黄河以北的鲁、豫地区以及豫西山地和南阳盆地，宜分别纳入海河平原、黄土高原和荆湖丘陵分别进行研讨。

　　黄淮平原与海河平原同属黄淮海平原，两相比较，黄淮平原受季风影响及其年降雨量均比海河平原为多，气温也相对较高。它同样存在着春旱和夏季雨水集中等不很有利于农作的自然特性。低平坦荡的广大原野，存在数以百计的湖泊沼泽，经过劳动人民辛勤努力，上古以来，它已成为我国古代著名的农产区。

黄淮平原诸地的很大部分原是先秦时楚国的地域，各地经济发展很不平衡。秦汉时，除了秦汉之际的鏖兵以及西汉景帝时七国之乱，有过短暂破坏而外，长期处于相当安定的社会环境中，农业经济由是出现了较快较大的发展。

一　河南平原

河南大地在春秋战国时，大致存在宋、郑、陈、蔡、韩、魏、楚等国，各自在其占领区内作出努力，进行开发。《史记·货殖传》云：“夫自鸿沟以东，芒、砀以北，属巨野，此梁、宋也。其俗犹有先王遗风，好稼穑。虽无山川之饶，能恶衣食，致其蓄藏。”非常扼要地说明了梁、宋等国在先秦时盛行农作种植业。

秦汉时，河南是中央政权的直辖区。洛阳是河南府的核心，位于伊洛盆地中央和邙山以南，是历史上著名的九朝古都所在。

《史记》卷4《周本纪》记西周周公、召公积极经营洛邑，使其地位日趋重要。“平王立，东迁于洛邑，避戎寇”。洛阳由是成为东周首要政治、经济中心。《史记》卷69，记战国时，年青的洛阳人苏秦游说四方无所成，受到兄弟妻妾们嘲笑，内心很愧疚。其后，游说有成，身为纵约长、六国相。他很感概说：“且使我有洛阳负郭田二顷，吾岂能佩六国相印乎！”显示战国时人已广泛重视和珍惜田地和种植。

《史记》卷85，记秦王政尊吕不韦为相国，封文信侯，“就国河南……食十万户”。受封的十万户人一律依法向吕不韦交租。基于政治、经济等原因，秦汉时，地主官僚占地日益增多。东汉初，面对兼并田地的恶性发展，朝廷一度努力想加扼制。建武十六年（40 年）秋，河南尹张伋与诸郡守十余人，"皆度田不实，下狱而死"。可见包括京畿在内的田地兼并已很严重，官府想要核实私人占田数量，竟以失败告终。

《禹贡》记豫州以洛阳为中心，"伊、洛、瀍、涧，既入于河"。"田，中上，赋，错上中"。豫州土质在全国为第四等；交赋仅次雍州，位居第二等。《周礼·职方》记河南豫州，"畜宜六扰（马、牛、羊、豕、犬、鸡），谷宜五种（黍、稷、菽、麦、稻）"。二书都揭示了秦、汉以前，豫州种植业在全国拥有较重要的地位。

《汉书·食货志》称，"种谷必杂五种，以备灾害"。唐颜师古注，五谷是黍、稷、麻、麦、豆。古代，大麻与菽均为主食。西汉《氾胜之书》记"种麻、预调和田……浇不欲数。养麻如此，美田则亩五十石及百石，薄田尚三十石"。麻子即为食粮。《淮南鸿烈集解》卷四《坠形训》称："河水中浊（？调）而宜菽，洛水轻利而宜禾……平土之人，慧而宜五谷。"可知河洛地域在西汉前期盛产豆、粟、麻等。《后汉书》卷 47《冯异传》记赤眉军与汉军在豫西交战，出于诱敌需要，赤眉军"弃辎重走，车皆载土，以豆覆其上，兵士饥，争取之"，是知汉代尚以豆为主粮。

河南平原比麻、豆更主要的粮食作物是麦、黍、稷。建武五年（29 年）夏四月旱、蝗，"五月丙子诏，久旱伤麦，秋种未下"。陈留人董宣任洛阳县令五年，自奉廉洁，死后，家中仅有大麦数斛[①]。安帝元初二年（115 年）五月诏称，蝗灾已连续七年，

---

① 《后汉书》卷 1 上《光武帝纪》，又卷 77《董宣传》。

"而州郡隐匿，裁言顷亩"。阳嘉三年（134 年），"河南、三辅大旱，五谷灾伤……民食困乏"。河南中牟县之圃田泽，民众以牛耕作，种植粟、黍，争夺田产相当激烈①。《晋书》卷 26《食货志》记汉明帝"永平五年（62 年），作常满（平）仓，立粟于（洛阳）城东，粟斛直钱二十，草树殷阜，牛羊弥望，作贡尤轻，府廪还积"。这些资料表明，洛阳、河南地区是广泛种植麦、粟，蝗旱灾重，地方官却隐匿灾情，虚报成果，大增民困。由此还可看出，洛阳、河南地区的饲养业甚盛，亦很值得注意。

汉代河南郡设铁官、工官；冶铸大量农具，洛阳出土了不少汉制犁、铲、锹、锸、锄、镰等铁制农具②，那是极有助于当地种植业的开展。位于荥阳、成皋间的敖仓，收贮山东等地运来的大批租粮。《史记》卷 60《三王世家》载汉武帝言："洛阳有武库、敖仓，天下冲阸，汉国之大都也。"由此之故，敖仓成为汉代兵家必争地。

洛阳地区至迟在战国时已种植了水稻，《战国策》卷 1 记洛阳东、西周为种植稻、麦而争夺水源，"东周欲为稻，西周不下水，东周患之……东周……今其民皆种麦"。是知洛阳在旱作麦外，利用水田种稻。汉末，桓彦林《七设》云："新城之秔，雍丘之梁，重穋代熟，既滑且香。"③ 新城今名伊川，位于洛阳南伊水岸，可证汉代洛阳地区仍继续种稻，成就且比较突出。东汉冀州安平人崔寔撰《四民月令》，按月安排农事，包括耕地、播

---

① 《后汉书》卷 5《安帝纪》，又卷 61《周举传》，又卷 25《鲁恭传》。参《续汉书·郡国志一》。

② 《农业考古》1986 年第 1 期，《洛阳农业考古概述》，第 101—109 页。

③ 《北堂书钞》卷 142《酒食部·总编》引，第 634 页，又卷 144《饭篇》引第 642 页（天津古籍出版社 1988 年影印本）。参《后汉书》卷 37《桓彬（彦林）传》。

种、中耕、收获以及林果经营等等，但没有指明具体地点，作者曾在五原及洛阳等地做官，书中记事颇疑以洛阳地区为基准。它记录了"三月，可种粳稻。稻，美田欲稀，薄田欲稠。五月，可别稻，尽夏至后二十日止"。农历三月种稻，远非塞外五原气温所宜，按田地质量好坏，分别稀稠下种，这是长期种稻经验的总结。秧苗分栽，乃是前所未见的种稻措施。汉灵帝时，洛阳地区新出现翻车和渴乌（虹吸管），有可能已开始用于灌溉农田。

在发展农作同时，河南府所在畜牧、渔猎仍占有一定地位。突出事例，如《汉书》卷 58 记河南人卜式，自小牧羊，年长仍以田畜为事，兄弟分家，他主动让田产与弟，取百余只羊入山畜养，经历十余年，发展为千余头，购置田宅，且献家财一半与官，资助朝廷以打击匈奴入侵，他本人仍入山田牧。反映出帝都所在河南府，颇多牧草，以资畜牧。另外，洛阳等地还饶渔产，《后汉书》卷 4 和帝永元九年（97 年）六月，蝗虫伤稼，诏令"山林饶利，陂池渔采，以赡元元，勿收假税"，十一年二月，十二年二月，十五年六月，一再诏令灾民、流民或鳏寡人陂池渔采。由此可见，不少水陂富有水产，可资民众采捕为生。

《续汉书·郡国志一》记河南新城有广成聚、广成苑，乃是供皇帝游猎场所。安帝永初元年（107 年）二月，将广成游猎地"假与贫民"。三年三月，"诏以鸿池假与贫民"。注引《续汉书》曰："鸿池在洛阳东二十里。""假，借也。令得渔采其中"。四月，"诏上林、广成苑可垦辟者，赋与贫民"，说明广成苑内的可耕地已开垦为民田。然而，《后汉书》卷 66《陈蕃传》，记延熹六年（163 年），桓帝幸广成校猎，陈蕃疏称，当前面临三空（田野、朝廷、仓库）困厄，"又秋前多雨，民始种麦，今失其劝种之时，而令给驱禽除路之役，非贤圣恤民主意也"。农作很不景气，秋种大忙时，汉帝仍在征调夫役以供狩猎，是知广成苑内仍养育了不少野兽。那时，外戚窦宪执政，《后汉书》卷 34《梁冀传》记冀在河南府"多拓林苑，禁同王家，西至弘农，东界荥阳，南极鲁阳，北达河、淇，包含山薮，远带丘荒，周旋封域，殆将千里"。他圈占千里地为林苑，且在河南城西兴建长达数十里的兔苑以供取乐，自是必然要伤害不少民众利益，很不利于种植业的正常进行。

王充《论衡》卷 12《程材篇》云："襄邑（河南睢阳）俗织锦，钝妇无不巧，目见之，日为之，手胛也。"河南民间织锦业盛行是和田野广泛种桑、养蚕密不可分。《后汉书》卷 84《列女传》记河南乐羊子妻为激励丈夫上学，引刀断织机杼，正是民间普遍存在丝织的一个具体事例。

颍川（治禹州市）是汉代人口稠密、生产发展的大郡，《史记》卷 45《韩世家》记秦灭韩，以其地置颍川郡，它毗邻京师，所在大姓宗族横恣。颍阳（今许昌）人灌夫，"家累数千万，食客日数十百人，陂田、田园、宗族、宾客为权利"①。家有食客，并占有陂地、田园的宗族大家，专横一方，很不利于所在种植业的顺利发展。汉宣帝时，太守赵广汉诛灭首恶原、褚等家，豪右震惊，不法行为有所收敛。韩延寿继为郡守，提倡礼让，问民疾苦，消除怨仇，民俗发生了较大变化。黄霸任太守，力倡耕桑、种树、畜养鸡、猪，办事细致公道，在郡八年，种植业和养殖业都大有发展②。颍川属县阳城（登封东南），盛产铁，置铁官。生产铁工具有利促进当地的生产。汉成帝绥和二年（前 7 年）秋，河南、颍川大水，免当年租赋。《续汉书·五行志三》记和

---

① 《史记》卷 107；《汉书》卷 52《灌夫传》。
② 《汉书》卷 76《赵广汉传》，又卷 89《黄霸传》；《通鉴》卷 25，元康三年（前 63 年）。《汉书》卷 76《韩延寿传》；《通鉴》卷 26，神爵三年（前 59 年）。

帝"永元十二年（100年）六月颍川大水，伤稼"。可证颍、汝等水流与颍川郡农作收成具有密切联系。

王莽末年，刘秀起兵反对王莽，更始元年（23年）三月，攻下颍川所属昆阳（今叶县）、定陵（今郾城西）、郾县（今郾城），"多得牛、马财物、谷数十万斛"。随后且攻下颍川。反映颍川郡种植业（谷物）与养殖业（牛、马等）的兴旺。汉光武帝在位，密切关注各地垦田和户口的增减。陈留吏牍说，"颍川、弘农可问、河南、南阳不可问"。出现这种现象的原因，在于河南帝京，多贵显，南阳皇帝老家，多皇亲国戚，权贵们田宅逾制，官吏们是无可奈何。都城近郡颍川，朝廷加倍注意控制，招怀反叛者"遣归附农"，或从外地徙民于颍川、陈留，以使之农作①。从颍川许人陈寔主动将绢二疋交给小偷的故事，很可以察知郡内各地桑蚕业很兴旺。

颍川郡东南的汝南郡与颍川并称为两汉著名大郡，它立郡于汉初，治今驻马店市。汉武帝时，"汝南、九江引淮……皆穿渠溉田，各万余顷"②。说明汝南郡引淮水溉田，成就颇不小。汝南上蔡人翟方进十分了解本郡低洼地遭水涝的情况，《汉书》卷84《翟方进传》记"汝南旧有鸿隙大陂，郡以为饶。成帝时，关东数水，陂溢为害"。方进为丞相，"以为决去陂水，其地肥美，省堤防费，而无水忧"，他奏请毁陂去水，由是导致旱灾频仍。毁陂以前有陂蓄水，缺水年份可引水灌溉，且养育鱼鳖，予民有利；若是遇上多雨年岁，陂塘水溢，易成灾害。陂既决毁，旱年无水可溉，遂致颗粒无收。因此，人们纷纷要求恢复原陂。东汉光武帝时，汝南太守邓晨任命通晓水利的许扬为都水掾，

---

① 参《后汉书》卷31《郭伋传》，又卷26《赵熹传》，又卷24《马援传》。
② 《史记》卷29《河渠书》；《汉书》卷29《沟洫志》。

"扬因高下形势，起塘四百余里，数年乃立。百姓得其便，累岁大稔"。陂池修复了，新增耕田数千顷，"汝土以殷，鱼稻之饶，流衍他郡"①。我们不大明白，两汉鸿郄陂存在时，人们是否已利用陂水种稻，可以肯定的是，自东汉初年修理陂池后，汝南郡已置有若干水稻田。

《后汉书》卷29记汉明帝时，鲍昱在汝南，"郡多陂池，岁岁决坏，年费常三千余万，昱乃上作方梁石洫，水常饶足，溉田倍多，人以殷富"。同一件事，《北堂书钞》卷74《太守》引《续汉书·鲍昱传》云："昱为汝南太守，郡多陂池，水恒不足，作方梁石洫止之，水方足也。"二书所记不同，很可能是分别就水旱不同年岁情况而言。但同样说鲍昱在职，以石为梁，作水门，且有桥梁相通，便于排泄或截止水流，既然都说"作方梁石洫"，应是有利于农作。只是不清楚，水稻田仍否继续存在，有无新的发展，但"溉田倍多，人以殷富"，应是种植业大发展的结果。

汝南地势低洼，易遭水患，《汉书》卷27上《五行志》记高后四年（前184年）秋，汝水流八百余家。元帝永光五年（前39年）夏、秋大水，汝南、颍川等地大雨，"坏乡聚民舍，水流散人"。水灾害人，实是不浅。《后汉书》卷43记：和帝时，何敞在汝南，"修理鲖阳旧渠（河南新蔡北），百姓赖其利，垦田增三万余顷"。汝河上的鲖阳旧渠未知建于何时。东汉中叶，经过修浚，垦田大增。两汉地志均记汝南郡有富陂县，东汉光武建武二年（26年），封王霸为富陂侯。《水经注》卷30，淮水注引《十三州志》曰："汉和帝永元九年（87年），分汝阴

---

① 《后汉书》卷15《邓晨传》，又卷82上《许扬传》；《水经注》卷30《淮水》。

置，多陂塘以溉稻，故曰富陂县也"（今皖北阜阳南）。这充分揭示了水利对农田至关重要的作用。

《后汉书》卷53记汝南安城（今河南正阳东北）人周燮，"有先人草庐结于冈畔，下有陂田……非身所耕渔则不食"。山坡陂田应是水稻田，陂池养鱼，在淮北地区养鱼种稻，颇具有新创特色。《后汉书》卷82上记汝南平舆（今平舆县北）人廖扶，将家中积存数千斛谷物在荒年分与宗族姻亲。平舆位在正阳北，家中的积谷大概是粟，那些宗族姻亲自是困难户。汝南慎阳（今河南正阳北）人黄宪，"家世贫贱"，"父为牛医"，他为当地百姓的耕牛治病，极有利于耕畜饲养，并推动农作发展。同书卷79记精研尚书，八代皆为博士的汝南太守欧阳歙，竟坐赃千余万，自是文化人中的败类。

汝、颍以外，陈留郡治今开封东南，《汉书》卷43记秦汉之际，郦食其对刘邦说，"陈留，天下之冲，四通五达之郊，今其城中又多积粟"。说明秦汉之际其地旱作已相当好。东汉建武初，浚仪（今开封）令乐浚说，武帝元光时（前134—前127），"人庶炽甚，缘（河）堤垦殖"。是知武帝前期，众多百姓集居在黄河堤岸，努力垦种一切可耕之地。其后，河决瓠子（濮阳），二十余年不修，"今居家稀少，田地饶广"①，随着黄河决口，河水横流，破坏耕地，漂溺人民，人们畏惧黄泛，居民由此大为减少。河渚低洼地牧草丛生，《后汉书》卷64记长垣（河南长垣）人吴祐家贫，"常牧豕于长垣泽中"。与他相类似的公孙弘、梁鸿、孙期等也都在汉代牧豕为生。《后汉书》卷76记考城（今民权县东北）人仇览为蒲亭长，"劝人生业，为制科令，至于果、菜为限，鸡、豕有数……皆役以田桑，严设科

---

① 《汉书》卷43《郦食其传》；《后汉书》卷76《王景传》。

罚"。他重视种植粮食，又留意林果菜疏以及畜养，桑蚕兼及农家子弟的识字、就学等方面，从而有力地促进了局部地域的繁荣和发展。

梁国（今商丘市）位于陈留郡东南，汉文帝窦后所生刘武，由代王转封梁王，《汉书》卷47记，"梁孝王以爱亲故，王膏腴之地……百姓殷富"。汉景帝时，吴、楚、胶东、胶西、淄川、济南、赵等七国发动叛乱，聚兵击梁，"梁王城守睢阳（今商丘）……梁为大国，居天下膏腴地，北界泰山，西至高阳（杞县南），四十余城，多大县"。梁王坚决阻击，杀虏叛军甚多。孝王利用当地的财富，筑东苑，大治宫室，府库大为充实。

梁国以南的沛郡，即今皖北宿州地域，汉属豫州。北境亳州，是上古商汤都邑，《汉书》卷28下称，"其民犹有先王遗风，好稼穑，恶衣食，以致畜藏"。《续汉书·郡国志二》称"谯，刺史治"，曹腾、曹操、华佗等人都是沛国谯人。谯是汉代军事要地之一，两汉不少战役都在谯地进行。南阳集团出身的光武帝刘秀也曾亲临谯县视察，军事政治地位相当重要。若就农事而言，直至汉、魏之际，当地生产并不兴旺。

需要指出，豫东地势低洼，水涝易成灾，河决为害尤大。《汉书·食货志》记武帝时，"河决，灌梁（今商丘）、楚（今徐州）地，固已数困。而缘河之郡堤塞河，辄坏决，费不可胜计"。筑堤塞河防水，一俟坏决，危害更甚。后来，虽如《沟洫志》所言，"卒塞瓠子（濮阳西南）……导河北行二渠，复禹旧迹，而梁、楚地复宁，无水灾"。所称无水灾，只是相对洪水而言，平原大地其实仍是水害不少。《汉书》卷24记西汉成帝"元始二年（前15年），梁国、平原郡比年伤水害，人相食"。《后汉书》卷5记安帝延平元年（106年）"冬十月，四州大水，雨雹。诏以宿麦未下，赈赐贫人"。永初元年（107年），从南方扬州五郡调运租米赡给陈留、梁国等受困贫民。诸州郡地势低洼，常受水害困扰，生产很不稳定。

《史记》卷29《河渠书》云："荥阳下引河东南为鸿沟，以通宋、郑、陈、蔡、曹、卫，与济、汝、淮、泗会……至于所过，往往引其水，益用溉田畴之渠，以万亿计，然莫足数也。"在豫鲁平原诸地，穿渠引水，以利灌溉，史家说是"莫足数"。众多水渠引水溉田，很有利于农业生产使用。现今尚传世的《管子》，成书时间复杂，学界大多认定其中《治国篇》撰成于汉，它说："常山之南，河、汝之间，早生而晚杀，五谷之所蕃熟也，四种而五获，中年亩二石，一夫为粟二百石。"它清楚地指出河南存在粮食作物的复种，所谓四种五获，必将促进粮产增加。汉宣帝时，大司农丞奏设常平仓，从京畿近处籴粮充。过去，"岁漕关东谷四百万斛以给京师，用卒六万人"[1]关东谷，主要是来自河南、山东地区。

《货殖传》称，"淮北、常山已南，河、济之间千树萩，陈、夏千亩漆"[2]。还有《史记》卷47《外戚世家》记汉文帝窦后弟窦广国，幼年时家贫，"为人所略卖……至宜阳（今洛阳西南），为其主人山作炭"，与他同作的百余人晚睡在山岩下，晚上岩崩，广国以外，全部丧生。事例说明，鲁豫平原大地在汉代林木分布相当多。"千树萩"唐、宋时人或引作"千树梨"。但《史记》、《汉书》均作"萩"，或作"楸"，而且与"千亩漆"等相连称，楸木用以造船，种子以入药，显然是指经济作物。汉代黄淮平原存在不少林地与果木，是自然界赋

---

① 《通鉴》卷27，五凤四年（前54年），按《史记》卷30《平准书》"孝惠、高后时……漕转山东粟，以给中都官，岁不过数十万石"。

② 《史记》卷129《货殖传》；《汉书》卷91《货殖传》。

予人们的宝贵财富。

二　山东平原

　　山东平原开发，存在着时间先后和地区的差别。先秦时，山东有齐、鲁等国，齐大而鲁小。《货殖传》云："泰山之阳则鲁，其阴则齐。"说明齐、鲁分处泰山南北。胶东地区主要有莱夷，以畜牧为生。春秋时，齐相晏平仲，便是莱夷维人。

　　上古时，齐地荒闲未辟，经济落后。《史记·货殖传》云："太公望封于营丘（淄博），地泻卤，人民寡。"《盐铁论》卷3《轻重篇》记御史言："昔太公望封于营丘，辟草莱而居焉。地薄人少，于是通利末之道。"《汉书·地理志》记："太公以齐地负海泻卤，少五谷而人民寡，乃劝以女工之业，通鱼盐之利，而人物辐凑。"姜齐在山东，关注当地鱼、盐丰富的特点，本末兼营，"非独耕桑农也"，并不单纯只从事农业生产。

　　就农事而言，管仲相齐，《国语》卷6《齐语》称，已用铁农具耕地，有利开垦荒田，提高生产率。提倡"深耕而疾耰之"，深翻土地有助增产。"相地而衰征"，则是按土地质量及其产品分等收税，极大地刺激了劳动者的生产积极性。《史记》卷46记田齐代替姜齐。齐威王时，"齐最强于诸侯，自称为王，以令天下"，即墨（山东平度东）一带，"田野辟，民人给，官无留事，东方以宁……齐国大治，诸侯闻之，莫敢致兵于齐二十余年"。这说明从姜齐至田齐，齐地农作一直是向前发展。《战国策》卷8记苏秦对齐宣王说："齐地方二千里，带甲数十万，粟如丘山。"同书卷11记鲁仲连对封地在薛（山东微山）的孟尝君说："君之厩马百乘，无不被绣衣而食菽、粟者……后宫十妃，皆衣缟纻，食粱肉。"上述诸例表明，先秦时的山东大地生产菽、粟、绢、布，种植业已相当发达。

《汉书·地理志》转录《禹贡》及《周礼·职方》的记事，表明汉以前，兖、青等地已生产漆、丝，种植黍、稷和水稻。遗憾的是史文缺乏相应的具体说明。

秦统一全国后，山东大地设置了临淄、济北、胶东、琅邪、薛郡等。《汉书》卷64上记汉武帝时，临淄人主父偃言："秦皇……又使天下飞刍挽粟，起于黄（今龙口）、腄（今烟台）、琅邪（今临沂地区大部）负海之郡，转输北河。"反映胶东山地在秦代已拥有粮食外运。

《汉书》卷1下，记高帝六年（前201年）冬，田肯说："齐，东有琅邪、即墨之饶，南有泰山之固，西有浊（黄）河之限，北有勃海之利，地方二千里……非亲子弟，莫可使王齐者。"刘邦采纳其言，因以胶东（即墨）、胶西（高密）、临淄、济北、博阳、城阳郡（莒县）共73县，立长子刘肥为齐王，建都临淄。《汉书》卷38记主父偃言："齐临菑十万户，市租千金，人众殷富，钜于长安，非天子亲弟爱子不得王此。"汉景帝三年（前154年），胶东、胶西、菑川、济南等王国响应吴、楚，发兵对抗中央，攻围齐都临淄，但乱事被迅速扑灭，对社会生产的消极影响不很大。临菑在汉代设有铁官、服官，居民包括五民（士、农、工、商、游子），仍是全国重要都会之一。《史记》卷60《三王世家》载汉武帝说："关东之国无大于齐者……天下膏腴地莫盛于齐者矣。"极大地肯定了齐地的富庶。

山东大地在汉代分隶豫、青、兖、徐等州，大抵青州在北，豫、兖、徐诸州在南。汉在山东的千乘（乐安）郡、济南郡、齐郡、山阳郡、泰山郡、东莱郡、临淮郡、东海郡，皆设铁官，铸造铁工具，就近供应，有利发展生产。

汉武帝时，山东民众已很注意农田水利，"东海（山东郯城）引钜定（泽），泰山下引汶水，皆穿渠为溉田，各万余顷"①。今虽不明其水流走向，可以肯定水渠兴修对农业发展的积极作用。《后汉书》卷3记东汉永平十八年（75年），三州大旱，"诏勿收兖、豫、徐州田租、刍稿"。充分证实鲁南诸州郡已是广泛向朝廷交租。

兖州所属山阳郡（金乡西北），张敞在宣帝时为郡守，有9.3万户，50万人②。《汉书·地理志》记平帝元始二年（2），该郡是17.2万户，80.1万人。可见宣帝以后的六七十年间，山阳郡户口明显大增，推知当地生产必有较大发展。东汉建武二年（26年），光武帝封族兄刘顺为成武侯。成武乃是山阳郡属县，《后汉书》卷14《宗室四王二侯传》云："邑户最大，租入倍宗室诸家。"可以证明，那时山阳郡的生产形势确是相当好。

章帝建初元年（36年）三月，山阳、东平等地发生强烈地震，民生困苦不堪。正是这时，秦彭出任山阳郡守，《后汉书》卷76记他提倡礼治，不轻易用刑，在任六年，"百姓怀爱，莫有欺犯，兴起稻田数千顷。每于农月，亲度顷亩，分别肥瘠，差为三品，各立文簿，藏之乡县。于是奸吏跼蹐，无所容诈"，朝廷视其行事为楷模，让其他各地参照实施，分等收税。秦彭在鲁西南兴起稻田，是汉代初见于史册的山东水田，《禹贡》、《周礼》记兖、青等地，秦以前已种水稻，在史书中却尚未有明确

---

① 《史记》卷29《河渠书》；《汉书》卷29《沟洫志》。谨案，钜定泽在青州乐安境（今山东寿光北），离东海甚远，相对说来，兖州巨野泽距东海较近，似应从巨野泽引水，但《史记》、《汉书》均作钜定泽，今不改。但不明渠水的具体走向。

② 《汉书》卷76《张敞传》。按《通鉴》卷25元康元年（前64年），张敞已是山阳太守，同书卷26神爵元年（前61年），敞已任京兆尹，因知敞为山阳郡守是在宣帝时。

证据。秦彭以后，历任山阳郡守也不再提及种稻，估计有水灌溉处是会沿用种植，但可能没有创新发展。

山东平原诸郡，或直属朝廷，或是分封王国，民生均很艰苦。《后汉书》卷40上记章帝元和元年（84年），分东平郡为任城国（今济宁市），辖任城、亢父、樊三县，以赐任城王刘尚，他遂享有三县编户岁租。《后汉书》卷7记桓帝元嘉元年（151年）四月，"任城、梁国饥，民相食"。《后汉书》卷76《刘岱传》记汉献帝"初平三年（192年），青州黄巾入兖州，杀任城相郑遂，转入东平"，诛兖州刺史刘岱。可见苦难深重的民众武装反抗很是激烈。

直属朝廷诸郡的百姓生活也很困苦。《汉书》卷8载宣帝本始四年（前70年）四月诏："乃者地震北海（今潍坊）、琅邪……被地震坏败甚者，勿收租赋。"同书卷10记成帝鸿嘉四年（前17年）正月诏："农民失业，怨恨者众……水旱为灾，关东流冗者众，青、幽、冀部尤剧……被灾害十四以上，民赀不满三万，勿出租赋。"人们遭受如此严重自然灾害，官府才对极少赀产的人酌情免租，是知平日收租必是相当苛刻。

汉元帝初元二年（前47年）"六月，关东饥，齐地人相食"。平帝元始二年（2年）"夏，郡国大旱、蝗，青州尤甚，民流亡"。王莽末年，"青、徐民多弃乡里流亡，老弱者死道路，壮者入贼中"。《汉书·食货志》称，"北边及青、徐地，人相食"。这些事例表明水、旱、虫灾等对山东平原的农业生产影响极大，百姓贫困，纷纷流散逃亡。西汉末，声势赫赫的赤眉军便主要由青、徐饥民组成。

《沟洫志》记西汉贾让已指出"齐地卑下"。山东平原地势低洼，易生涝灾，甚至出现海水倒灌，都要严重影响农作。《汉书》卷9载元帝初元二年（前47年）七月诏："北海水溢，流杀人民。"《后汉书》卷55《章帝八王传》载："质帝立，梁太后下诏，以乐安国土卑湿，租委鲜薄，改封鸿渤海王。"《后汉书》卷6记质帝本初元年（146年）五月，"海水溢……收葬乐安、北海人为水所漂没死者，又禀给贫赢"。这些事例说明，低地积水或海水倒灌，极不利于生产发展，严重影响农业的收成。

齐地泰山郡地势较高，赢（今莱芜西北）产铁，汉置铁官，生产铁农具有助当地生产。《后汉书》卷62记东汉后期，泰山民公孙举反，有众三万人，"守令不能破散"，"废耕桑"。韩韶为赢县令，"流入县界求索衣、粮者甚众……开仓赈之，所禀赡万余户"。这些贫困户都来自田农。同书卷63记李固任泰山太守，"时泰山盗贼屯聚历年，郡兵常千人，追讨不能制。固到，悉罢遣为农，但选留任战者百余人，以恩信招诱之，未满岁，贼皆弭散"。郡兵千人不能压服的反抗大众，只用百余人就招引归农，将问题彻底解决了，足以说明重视耕桑的极端重要性。

汉代山东平原广泛种植粟、麦与豆。《汉书》卷9载元帝初元二年（前47年）七月诏："岁比灾害，民有菜色……今秋禾、麦颇伤。"《后汉书》卷39记章帝时，青州刺史王望目睹"饥者裸行草食五百余人"，因开仓赈粟，并为他们添制褐衣。同书卷66，记延熹元年（166年），陈蕃疏云："青、徐炎旱，五谷损伤，民物流迁，茹菽不足。"因旱减产，民户吃食豆类也是严重不足。

《汉书·地理志》称，"齐地……东有甾川、东莱、琅邪、高密、胶东"。东莱、胶东与琅邪部分地域皆在山东半岛。自秦始皇以来，多位帝皇巡察胶东，以宣扬威德。胶东所在，低山密布，华夏民已于其地耕作。《汉书》卷64下《终军传》记武帝元鼎中，徐偃出使，"偃矫制，使胶东、鲁国鼓铸盐铁……欲及春耕种，赡民器也"。他假托圣旨，让胶东、鲁国铸农器，以满足农民春耕时所需农器。《汉书》卷76记宣帝时，张敞言："胶东、勃海左右郡岁数不登，盗贼并起。"又卷89记王成为胶东相也是在宣帝时，"劳来不息，流民自占八万余口，治有异等之效"。盗贼或流民都是和农产失收密切攸关。《后汉书》卷17记东汉初，贾复"封胶东侯，食胶东国六县"。即是胶东六县民众都要向胶东侯交租。《后汉书》卷76《童恢传》记他任不其（山东即墨县）令，"耕织种收，皆有条章，一境清静……比县流人归化，徙居二万余户。民尝为虎所害，乃设槛捕之"。还是他，贾思勰《齐民要术序》云："僮种为不其令，率民养一猪、雌鸡四头，以供祭祀，死买棺木。"综上所述，说明胶东东莱郡一带已处于迅速发展中，山地丘陵有虎，不足为怪。令民养鸡豚，象征民间饲养业和耕织业同时在发展。大学者郑玄是北海高密人，年青时家贫，《后汉书》卷35记他"客耕东莱"，"假田播殖"，颇与一般农者近似。《太平御览》卷180引《郡国志》云："密州高密西有郑玄宅……墓侧有稻田万顷，断水造鱼梁，岁收亿万，世号万匹梁。"案今存《续汉书·郡国志》不见此条，如果宋人所记无误，则是汉代胶东地区已有很可观的稻田。

还有必要指出，山东沿海自古已有鱼、盐之利，朝廷征收过重海租，极大影响渔业生产。《汉书》卷24记东莱人徐宫说："往年加海租，鱼不出，长老皆言武帝时县官尝自渔，海鱼不出，后复予民，鱼乃出。"《汉书》卷27中之下《五行志》记成帝时，北海出大鱼。哀帝时，东莱平度出大鱼。所称鱼出与不出，当与官府税收政策及渔民们的生产积极性密切攸关。

鲁地小于齐，位于山东南部。《地理志》云："鲁地……东至东海，南有泗水，至淮，得临淮之下相、睢陵、僮、取虑，皆鲁分也。"《史记·货殖传》称："邹、鲁滨洙、泗，犹有周公遗风……颇有桑、麻之业，无林、泽之饶，地小人众。"说明鲁地有山水河湖，宜五谷、桑、麻和饲养六畜。《韩非子》卷9《内储说》记："鲁人烧积泽，天北风，火南倚，恐烧国，哀公惧，自将众趣救火者，左右无人，尽逐兽而火不救。"这是春秋末年鲁哀公时（前494—前476年）在山野烧泽而田的火耕制生产方式，说明春秋时，鲁地已处在日趋开发中。

周灭殷商，封周公旦于曲阜，《史记》卷33《鲁周公世家》记其地已生产粟禾。贾谊《新语》卷6《春秋》记鲁南小国邹穆公下令，喂鸟要用秕糠，不许用粟。他说："百姓煦牛而耕，曝背而耘，苦勤而不敢惰者，岂为鸟兽也哉？粟米，人之上食也，奈何其以养鸟也。"显见鲁南诸地，春秋时已有人使用牛耕，盛产粟谷。《史记》说鲁地无林泽之饶，可是，《国语》卷4《鲁语》记鲁国设置了掌山泽禁令的官员"水虞"。鲁宣公（前608—前591年）在泗水等地滥捕鱼，受到了里革的谏阻。《史记》卷47记鲁人孔丘"曾为司职吏，而畜蕃息，由是为司空"。是知鲁国境内已是养牲不少。鲁地经济发展，文化亦随之兴旺，成为古代著名儒学中心。

司马迁说，鲁地"颇有桑、麻之业"。《汉书》卷52，记御史大夫韩安国非常形象地说："强弩之末，力不能入鲁缟。"用当地蚕丝织成的鲁缟相当结实，竟可以抵挡住弩的射击。

《汉书》卷37称楚汉相争之际，楚人季布协助项羽攻打刘邦，及项羽败死，"布匿濮阳周氏"，在十分无奈状况下，乃将季布"之鲁朱家所卖之……买置田舍"。朱家素以义侠著称，以季布置田舍，自是用于农作。《汉书》卷29《沟洫志》记贾让在哀帝时上奏说："齐地卑下……河水东抵齐堤……时至而去，则填淤肥美，民耕田之。"河岸积淤泥地通常肥沃宜农。著名经学家贾逵在汉和帝时出任鲁相，《后汉书》卷36云："以德教化，百姓称之，流人归者八九千户。"回归本土之流民自是力农之辈。

　　鲁南山地大致自琅邪而南，包括了沂蒙等地。《越绝书》卷八《越绝外传·记地传》记越王勾践曾徙都琅邪（山东胶南县），起观台以望东海，且使楼船卒 2800 人砍伐松柏，琅邪诸地开始拓荒种植。《史记》卷 41《越王勾践世家》记范蠡辞职后，"浮海出齐……耕于海畔，苦身戮力，父子治产"。很可能是史传有姓名流传于世在琅邪地区从事农作的拓荒者。《货殖传》记"沂、泗四水以北，宜五谷、桑麻、六畜，地小人众，数被水旱之害，民好畜藏"。沂、泗水以北是包括了今临沂地区在内。临沂银雀山、金雀山汉墓群出土文物虽不很典型，亦可约略看出汉代生活在山区的人民已存在较高的物质文明。汉元帝时，琅邪人贡禹为谏议大夫，自称年老家贫，有田百三十亩，卖田百亩以供车马，自胶东以至长安，具体证实了胶东存在土地自由买卖的商品贸易行为。汉明帝时，琅邪姑幕（今诸城北）人承宫年少时为人牧猪，后与其妻去蒙阴山（山东蒙阴）"肆力耕种禾黍"[1]，牧猪与种植的地点不同，但都是在鲁南山区。《汉书》卷 71 记东海兰陵（山东苍山西南）人疏广父子同为师傅，他说自家身世，"家自有田庐，令子孙勤力其中，足以共衣食，与凡人齐。今复增益之以为赢余，但教子孙怠惰耳"。让子孙自食其力，耕种田地，说明大儒子孙亲自耕作与一般编户无异。《后汉书》卷 27 记另一位兰陵人王良，东汉初，为大司徒司直，有人目睹其"妻妾布裙曳柴从田中归"，同样是勤于农作。

　　山区自然环境高低错落，易于集结武装，造成武装割据。两汉之际，琅邪不其（即墨）人张步，曾短暂利用混乱局面割据

---

　　① 《后汉书》卷 27《承宫传》；《三国志》卷 60《钟离牧传》注引《续汉书》记承宫事，文同。

一方。王莽末年，"琅邪人樊崇起兵于莒"，自称三老，在青、徐大饥前提下，饥民相继加入，迅速发展为声势浩大的赤眉军。

泗水以南的枣庄一带也是山区，虽与司马迁所说鲁地位置有别，那里同样并非是世外桃源，存在压迫和兼并。《后汉书》卷82下《公孙穆传》记缯（今山东枣庄）侯刘敞，在当地非法侵占官民不少田地，证实当地土地兼并甚盛。在枣庄，已发现多处汉代冶铁遗址。枣庄西北滕州宏道院出土了汉代冶铁及牛耕画像石，它刻画二人一牛一犁，只用一牛挽犁，这是东汉时出现新的耕作形象。另一画像石是一人二畜（一牛一马）一犁耕作，在其右有人驱牛拉物摩田，左面有三人执锄中耕。遗址出土了不少铁农具（犁、铧、铲、锛、锸等），反映当地耕作方式的多样性。汉墓且出土陶井，应是汉人现实社会生活的缩影①。

汉代徐州，地跨今鲁东南和苏北不少地方，所属东海郡朐县、彭城国彭城县、广陵郡堂邑县（今六合北）、盐渎县（今盐城）、下邳国葛峰山均产铁。

《汉书》卷81记东海承（枣庄南）人匡衡家贫好学，"父世农夫"，汉元帝时，衡为丞相，初封僮县（泗洪县北）乐安乡；十多年后，改封临淮郡（泗洪南），他派人至僮，"收取所还田租谷千余石入衡家"，受到司隶校尉等人的控告，"衡位三公，辅国政，领计簿，知郡实，正国界，计簿已定而背法制，专地盗土以自益"，衡被免官。可见他在泗洪地区"专地盗土"，侵夺苏北民众的生产成果，终被揭发而免职。

汉代临淮地区的生产状况，颇见诸现存实物图像。1984 年 3

----

① 蒋英矩《略论山东汉画像石的农耕图像》，《农业考古》1984 年第 1 期，第42—49 页。山东枣庄市文物管理站：《从出土文物看汉代枣庄地区的农业》，《农业考古》1984 年第 1 期，第249—253 页。

月，南京博物院清理泗洪重岗西汉画像石刻墓，内有粮食加工图与耕种图。耕种图且区分上下层。上图为二人二牛（耦犁）犁田，一人牵牛在前，另一人在后，左手扶犁梢，右手扬鞭驱牛向前，使用直辕，犁头为二等边三角形。下图为播种，一人在前撒种，后有二人耢耙，平土盖种。二图充分体现了由犁耕、播种以至平土盖种的全过程①。泗洪西北睢宁（徐州东，宿迁西）双沟镇东汉画像石的农耕图也是二牛抬扛，只有一人扶犁，不见有人牵牛。以二牛拉犁，至是已成习俗，从犁形可看出犁壁，它可使泥土分列两边，既能深耕，又可耕成田垄，从犁架结构看来，似乎已有控制耕犁入土深浅的犁箭，实是犁耕技术的重大进步②。

西汉元帝时，贾捐之议论国事称："今天下独有关东，关东大者独有齐、楚，民众久困，连年流离……至嫁妻卖子，法不能禁。"所言齐、楚是指山东大地与西邻楚国（今徐州地区），说齐、楚困穷是和《汉书·地理志》所记"沛、楚之失……地薄民贫"，颇为一致。是知西汉后期，徐州地区生产形势并不很好。

当然，情况是在不断发生变化。汉武帝所置临淮郡，明帝时，改称下邳国。《后汉书》卷44记章帝元和三年（86年），下邳（今邳州南）相张禹以其附近有蒲阳坡（陂），"傍多良田，而堙废莫修，禹为开水门，通引灌溉，遂成熟田数百顷"。兴修水利外，还借贷种粮，劝导种植，"遂大收谷实，邻郡贫者归之千余户"，"后岁至垦千余顷，民用温给"。注引《东观记》云："得谷百余万斛。"由此可见，苏北陂田在汉代得到不少垦殖，

---

① 南京博物院：《泗洪重岗汉代农业画像石研究》，《农业考古》1984年第2期，第72—73页。参看《江苏泗洪重岗汉画像石墓》，《考古》1986年第7期，第614—622页。

② 徐州博物馆：《论徐州汉画像石》，《文物》1980年第2期，第44—55页。

其中可能存在部分稻田。《后汉书》卷31记安帝时，苏章出任武原（邳州西北）令，适逢饥荒，"辄开仓廪，活之千余户"。县存粮多，是和淮北平原地域已处于日趋开发形势密切相关。

东海郡位于下邳国北，汉高帝时置郡，亦属徐州。所属朐县产铁，置铁官。《汉书》卷76记宣帝时尹翁归为郡守，为政明察，"县县各有记籍，自听其政……县县收取黠吏豪民，案致其罪，高至于死……东海大豪郯（山东郯城县）许仲孙为奸猾，乱吏治，郡中苦之……翁归至，论弃仲孙市，一郡怖栗，莫敢犯禁，东海大治"。在此之前，济南郡守郅都诛杀豪猾瞷氏，此后，琅邪郡守李章诛杀凶劫郡守的北海安丘大姓夏长思等，都曾有过较大的震慑作用。郡内安定，颇有助于当地生产的发展。汉光武帝初封郭后所生儿子刘强为东海王，"优以大封，兼食鲁郡，合二十九县"。刘秀死后，刘强以自己无子，要求封其三女为小国侯，以食东海租税。东海郡位处东海之滨，地势低洼，《汉书》卷79，记冯立在成帝时为郡守，"下湿病痹"，溽暑蒸人，颇使不少人难以适应，它间接反映出当地生产尚处于较低水平。

徐州西北的丰、沛二县是刘邦在秦末首先起兵犯难之处。他初为沛县泗水亭长，《史记》卷8《汉高祖纪》云，"常告归之田，吕后与两子居中耨"，这是农家妇女家居的正常形象。沛郡沛县，汉属豫州，置有铁官，供应农家各种铁工具。《后汉书》卷26《牟融传》记东汉初，融为丰县令，"视事三年，县无狱讼，为州郡最"。显示丰、沛在汉代处于农作的正常发展之中。

《后汉书》卷7载永兴二年（154年）六月，彭城、泗水等地洪灾。桓帝诏云："五谷不登，人无宿储，其令所伤郡国，种芜菁以助人食。"明年六月，下令收葬水流掩死尸骸，房舍败坏，无食贫人，每人给谷二斛。这是官府在淮、泗等地严重水灾后采取劝民种菜，以菜代粮的应急措施。

汉末黄巾起义时，陶谦任徐州牧，"是时，徐州百姓殷盛，谷米封赡，流民多归之"①。由此看来，徐州地区在上述大水灾后三十余年间，生产得到了很好恢复与发展，陶谦使其同乡（丹阳）笮融"督广陵、下邳、彭城运粮"，恰当表明诸地户口增益，农业丰收。《三国志》卷49《刘繇传》，记笮融"放纵擅杀，坐断三郡委输以自入"，给生产事业蒙上巨大阴影。初平四年（193年），曹操征发大军进攻陶谦，彭城之战，陶谦大败，"凡杀男女数十万人，鸡犬无余，泗水为之不流"。笮融乘机将男女万口、马三千匹走广陵，杀死太守赵昱，得其资货，嗣后，曹操率大军来战，杀伤极大，徐州地区迅速陷于荒败境地。

总之，秦汉大统一的四百年间，黄淮平原大地以其优越的自然环境，农业经济发展比海河平原活跃。东汉时的发展尤为突出。它是东汉时的重点治水区，由是奠定了兖豫平原农作迅速发展的雄厚实力基础。

原载（合肥）《学术界》2002年第2期，第199—212页

---

① 《三国志》卷8《陶谦传》；《后汉书》卷73《陶谦传》。

汉代吴越平原农业生产

吴越平原位于长江以南，宁镇山脉以东，宁绍平原以北，东临大海（东海），包括今镇江以东的江苏省南部、上海市和浙江省宁绍平原以北在内的江南大地。它的核心是太湖区域的碟形洼地，沟渠纵横，地势低平。地形特点是西高于东、南高于北。平原地区主要是环绕太湖四周，故可别称为太湖平原区。又因它位于长江出海口附近，亦可将它与江北的冲积地域合称为长江三角洲。但本文只限于讨论江南地区的生产，不拟涉及江北的地域。

吴越平原是长江以南开发最早的重要地区之一，至今仍是全国经济发达和富饶的地区。早在南朝刘宋初年，范泰已对宋少帝说，"今之吴（郡）会（会稽），宁过二汉关河"①，三吴地位开始日趋突出。南宋光宗时，范成大《吴郡志》卷50引"谚曰：天上天堂，地下苏杭。又曰：苏湖熟，天下足"。20多年后，陆游于宋理宗时撰《常州奔牛闸记》，《渭南文集》卷20称："语曰：苏常熟，天下足。"还有其他几位南宋学者也说过类似的

---

① 《宋书》卷60《范泰传》（本文所引正史，均依中华书局点校本）。

话。他们所述吴越地区农业经济的繁荣，超越了史家对汉唐时关中繁荣富裕的描写。非常有意义的是，自六朝隋唐以至北宋时，吴越地区的经济发展线索脉络分明。而三国以前的秦汉时期吴越平原的生产状况，却是不很明朗。

通读《史记》、《汉书》，极难找到秦和西汉200余年内吴越平原农业生产的具体史料。西汉帝国是我国古代著名的盛世，低平肥沃的吴越平原竟然缺乏相关的农作记载，令人颇为诧异。

史书没有单独谈到汉代吴越平原的具体生产状况，却有数次说及江南火耕水耨。尽管汉代对"江南"一词没有严格地域界说，认真考察汉代史学家所述火耕水耨的"江南"内涵，吴越平原肯定要包括在内。近几十年来，国内外学者讨论火耕水耨的论著非常多，他们之间的认识颇有不少歧义。所依据的原始资料却只有这么几条，今逐一移录如下。

其一，《史记》卷30《平准书》：

是时（汉武帝元鼎年间）山东被河灾，及岁不登数年，人或相食，方一二千里。天子怜之。诏曰：江南火耕水耨，令饥民得流就食江淮间，欲留，留处。遣使冠盖相属于道，护之，下巴蜀粟以振之。

其二，《汉书》卷6《武帝纪》：

元鼎二年（前115）夏大水，关东饿死者以千数。秋九月诏曰……今水潦移于江南，迫隆冬至，朕惧其饥寒不活。江南之地，火耕水耨，方下巴蜀之粟致之江陵……谕告所抵，无令重困。

其三，《史记》卷129《货殖列传》：

总之，楚越之地，地广人稀，饭稻羹鱼，或火耕而水耨，果隋蠃蛤，不待贾而足。地势饶食，无饥馑之患，以故呰窳偷生，无积聚而多贫。是故江淮以南，无冻饿之人，亦无千金之家。

其四，《汉书》卷28下《地理志》：

> 楚有江汉川泽山林之饶。江南地广，或火耕而水耨，民食鱼稻，以渔猎山伐为业，果蓏蠃蛤，食物常足。故呰窳媮生，而无积聚，饮食还给，不忧冻饿，亦无千金之家。

其五，《盐铁论》卷1《通有》：

> 文学曰：荆、扬，南有桂林之饶，内有江湖之利，左陵阳之金，右蜀汉之材。伐木而树谷，燔莱而播粟，火耕而水耨，地广而饶材，然民鲰窳偷生，好衣甘食，虽白屋草庐，讴歌鼓琴，日给月单，朝歌暮戚。

其中关键性词组"火耕水耨"，汉、唐人士是有不同理解和诠释。《平准书》和《武帝纪》的注释，同样引用东汉应劭的解释：

> 烧草，下水种稻，草与稻并生，高七八寸，因悉芟去，下水灌之，草死，独稻长，所谓火耕水耨也。

《货殖列传》注，载唐人张守节的解说：

> 言风草下种，苗生大而草生小，以水灌之，则草死而苗无损也。耨，除草。

上引五条资料以及汉、唐学者对"火耕水耨"有不同解释，这些便成为近几十年来众多论文聚讼的焦点。就笔者所见，学者们几乎都是从技术史角度对它进行探讨，意见存在较大分歧，或主张将火耕与水耨分开，或认为二者密不可分，或以应劭注为实，或说张守节注正确。除草，且要不妨害稻苗成长，确实非常重要。总的说来，我认同火耕水耨是南方种稻的一种粗放耕作方式，但本文不是对这种耕作方式重新进行探讨，重点只是探索吴越平原地区在汉代前后的农业生产状况及其相关的其他问题。

吴越平原在秦汉以前的春秋战国时期，大致分属吴、越二国，吴国建都苏州，越国建都绍兴。其后越灭吴，派兵西攻秦、楚，北伐齐。但最终为楚击败，大江南北皆归于楚，原先吴、越的地域都为楚国所有。

战国末年，楚亡于秦，秦统一六国，广泛推行郡县制。《史记》卷6记秦始皇廿五年（前222年），"王翦遂定荆江南地，降越君，置会稽郡"。自秦以至西汉，吴越平原均由会稽郡统辖。秦末，经历三年楚汉战争，楚霸王项羽最终失败，汉将灌婴领兵从历阳渡江，"遂定吴、豫章、会稽郡"（《汉书》卷41）。自此吴越平原地区归汉所有。

史籍所记火耕水耨推行地域，汉武帝诏称"江南"。《史记》、《汉书》说是"楚、越"，《盐铁论》说是"荆、扬"。三者所指是否一致呢？讨论火耕水耨的论著多未作具体讨论，只笼统地说是南方或江淮以南地区。当然，也有论著具体说汉代火耕水耨地域是指今安徽南部、江西、湖北、湖南和广东、广西全部，明显将江苏南部和浙闽地区排除在外，我认为上述诸地在汉代以及汉朝以前确实存在火耕水耨，但决不应排除吴越平原地区，因特就此申述已见，敬请高明斧正。

《史记·货殖列传》云："越、楚则有三俗：夫自淮北沛、陈、汝南、南郡，此西楚也……彭城以东，东海、吴、广陵，此东楚也……衡山、九江、江南、豫章、长沙，是南楚也。"西楚、东楚、南楚便是著名的"三楚"。南楚中，江南指长沙、豫章等地，固然正确。东楚中，吴、广陵难道不是江南吗？张守节说："楚灭越，兼有吴、越之地，故言楚越也。"越灭吴，即已拥有吴越平原等地。秦汉之际，项羽自称西楚霸王，注引孟康曰："旧名江陵为南楚，吴为东楚，彭城为西楚。"[①] 显而易见，

---

① 《史记》卷129《货殖列传》，《正义》；《汉书》卷1上《高祖纪》。

《史记》所云"楚、越"与"江南"可以互通，即包括了三吴地区在内。《盐铁论》记文学言荆、扬火耕水耨应如何理解呢？《续汉书·郡国志》记长沙、武陵等七郡为荆州刺史部领，吴郡、会稽等六郡为扬州刺史部领。可见以荆、扬作为"火耕水耨"的地区代表也同样是适当的。

在此无妨进一步考察，汉朝建立以前，荆、扬等州名称业已存在。《汉书》卷28上《地理志》引《夏书·禹贡》云："淮海惟扬州……厥土涂泥，田下下。""荆及衡阳惟荆州……厥土涂泥，田下中。"又引《周官·职方氏》云："东南曰扬州……畜宜鸟兽，谷宜稻。""正南曰荆州……畜牧谷宜与扬州同。"[①]上引二书虽非西汉人著作，学界通常认为是反映战国以至西汉时的社会现实[②]。扬州土地质量比荆州差，怎么能说汉代扬州土地开发程度反而优于荆州呢！

生活在汉武帝时期的司马迁首先引用武帝诏书说"江南火耕水耨"，这一简练的官方语言如实概括了广大江南地区占主导地位的粗放耕作方式，后辈学者相沿使用，自亦相当合理。西汉时，吴越地区境内难以看到其他相关的农事记载自是不足为异的了。

这里，可具体结合吴越地区在汉政府中的地位再作粗线条考察。楚汉战争结束，汉高祖迅速消灭异姓王，大封同姓王，《史记》卷17《汉兴以来诸侯王年表》云："以镇抚四海，用承慰

①　班固所引二书原文，见《尚书正义》卷6《禹贡》，第148页；《周礼注疏》卷33《夏官职方氏》，第862页，中华书局《十三经注疏》影印本，1980年。

②　中国农业科学院《中国农学史》上册第七章，综合诸家言，认为《禹贡》、《周礼》均为战国时作品，《周礼》经西汉刘歆窜改，第186—188页，科学出版社，1959年。梁家勉主编《中国农业科学技术史稿》第三章《禹贡》"近代多数学者认为它是战国时代作品"，农业出版社，1989年，第158页。王成组《中国地理学史》上册第一编第五章《周礼》，从其流传与内容看，肯定是刘歆伪造（商务印书馆，1982年）。

天子也。"那时，刘贾封荆王，都吴（苏州）。六年后，淮南王英布反汉，杀刘贾。随后汉军诛英布。高祖下诏："吴，古之建国也。日者荆王兼有其地。今死无后，朕欲复立吴王，其议可者。"群臣议立沛侯刘濞为吴王①。

吴王刘濞自吴徙都广陵，吴地仍归其统治。《史记》卷106记刘濞"积金钱，修兵革，聚谷食，夜以继日，三十余年"，"招致天下亡者，盗铸钱，煮海水为盐。以故无赋而国用富饶"。他在其统治区内如何聚谷粮蓄谋叛乱详情，今已难明。叛乱不满三月便彻底失败了。在这几十年中，吴国具体生产状况早已湮没无闻。

汉景帝以来，吴越平原所在的会稽郡已直接由长安政府统辖。《越绝书》卷2《外传记吴地传》记："景帝五年（前152年）五月，会稽属汉。属汉者，始并事也。"吴越地在长安政府直接统领后，在农业生产上亦未见有新的起色。

西汉时，吴越平原的农作状况既如此不清楚，我们只好回头考察春秋战国时在此立国的吴、越两国生产面貌，以资借鉴。

《史记·吴太伯世家》记吴太伯兄弟在上古周代奔荆蛮，归之者千余家，"数年之间，人民殷富"。《吴越春秋·吴太伯传》且说："人民皆耕田其中"。是知吴地那时已正式存在农作。传至寿梦，始称王，控摄力量逐渐强大。其后，吴王阖闾仍对伍子胥说："吾国僻远，顾在东南之地，险阻润湿，又有江海之害，君无守御，民无所依；仓库不设，田畴不垦，为之奈何？"伍子胥告诉他："必先立城郭，设守备，实仓廪，治兵库，斯则其术也。"②

---

①　《汉书》卷1下《高祖纪》，六年（前201年），以故东阳郡（下邳）、鄣郡（丹阳）、吴郡（会稽）五十三县立刘贾为荆王，十二年，立吴王刘濞。

②　（汉）赵晔《吴越春秋》卷4《阖庐内传》，江苏古籍出版社，1992年。参《后汉书》卷79下《赵晔传》。《四库总目》卷66，评《吴越春秋》，"虽稍伤曼衍，而词颇丰蔚"，中华书局影印，1965年。

可见，公元前 6 世纪时的江东生产很落后。采纳伍子胥建议后，吴国政经形势迅速有了好转。《越绝书》卷 10《外传记吴王占梦》云："吴王夫差之时，其民殷众。禾稼登熟，兵革坚利。"表明公元前 5 世纪夫差在位时，吴国农业生产已大有好转。

那时候，"吴西野鹿陂者，吴王田也，今分为耦渎"。"地门外塘波洋中世子塘者，故曰王世子造以为田，塘去县二十五里"。很可以看出，吴王父子已在太湖以东地域利用陂塘灌溉农田。

又如，"吴北野禺柇东所舍大疁者，吴王田也，去县八十里……吴北野胥主疁者，吴王女胥主田也，去县八十里"①。是知吴王父女在苏州城北各有疁田。这大概是我国史文记录较早的疁田。《说文》云，疁，"烧穜也"。地居吴越平原的"疁田"，未必是烧种旱田。西晋陆云《答车茂安书》描述浙东宁绍平原"遏长川以为陂，火耕水种，不烦人力"（《全晋文》卷 103）。由此看来，先秦时在吴地的疁田，正是火耕水耨的水田耕作方式。

与之相适应的还有耦耕。吴王夫差伐齐凯旋，批评已是年迈的伍子胥，说子胥早年曾辅佐父王阖庐，"譬如农夫作耦，以刈杀四方之蓬蒿，以立名于荆，此则大夫之力也"。韦昭注："二耜为耦，言子胥佐先王，犹耕者之有偶，以成其事。"② 这种两人一组的劳动协作耦耕方式，在周、秦时的中原内地已是相当流行，那是和耒耜工具使用密切相关，对垦耕、除草、播种以至开挖沟洫等方面都很适用。《越绝书》卷 2 记"百尺渎，奏江，吴

---

①　（汉）袁康、吴平《越绝书》卷 2《越绝外传记吴地传》，上海古籍出版社，1985 年，点校本。《四库总目》卷 66，评论《越绝书》，"其文纵横曼衍，与《吴越春秋》相类，而博丽奥衍则过之"（中华书局影印，1965 年）。

②　《国语》卷 19《吴语》，上海古籍出版社，1978 年。

以达粮"。吴国用以运粮的水渠，大概即是耦作而成。

需要指出，1977 年，在今苏州城东北发现东周时青铜器 56 件，其中生产工具即有 30 件（铜犁形器 1 件，铜斤、铜镰各 6 件，铜钼 5 件，铜锛 12 件）①。我们知道，同样是吴越平原所属浙江余姚河姆渡遗址出土的稻谷遗存，据专家推算，当有稻谷 120 吨左右②，那是使用骨器、石器和木器从事农作的成果。春秋时期，吴人使用青铜工具从事生产，其效益必然要比骨、石工具生产成果更多。《吴越春秋》卷 9《勾践阴谋外传》记越国受灾时，"吴王乃与越粟万石"，如此慷慨一次出谷万石，应是有较多粮储作后盾的。

还是春秋时，伍子胥对吴王阖庐说："吴越为邻，同俗并土。两州大江，东绝大海，两邦同城，相亚门户。"③ 清楚说明了吴越二国"同俗并土"的关系。当时的政治形势是吴强越弱。可是，吴越槜李（嘉兴）一战，阖庐败死。其子夫差矢志报仇，夫椒（西洞庭山）之战，大胜越国，进围会稽，越被迫臣服。《国语》卷 20《越语》记"勾践之地，南至于句无（诸暨），北至于御儿（嘉兴），东至于鄞（宁波），西至于姑蔑（衢州东北），广运百里"。越国战败，勾践转为卧薪尝胆，"身自耕作，夫人自织……振贫吊死，与百姓同其劳"④。《吴越春秋》卷 8《勾践归国外传》称："越王内修其德，外布其道……越王内实府库，垦其田畴，民富国强，众安道泰。"它能取得如此明显的

① 苏州博物馆：《苏州城东北发现东周青铜器》，《文物》1980 年第 8 期，第 18—20 页。

② 严文明：《中国稻作农业的起源》，《农业考古》1982 年第 1 期，第 19—30 页。

③ 《越绝书》卷 6《越绝外传纪策考》。

④ 《史记》卷 41《越王勾践世家》。

成果乃是切切实实发展生产所致。

在生产技术水平低下的时代，如何改进低洼地的农作诚非易事。《吴越春秋》卷9《勾践阴谋外传》记越大夫文种出使吴国，对吴王说，"越国洿下，水旱不调，年谷不登，人民饥乏"，此虽文种所设计谋之言，但在当时确是很现实的难题。所以，相国范蠡出使吴国时，也说"越国洿下困迫"。谋士计倪对越王说："兴师举兵，必且内蓄五谷，实其金银，满其府库，励其甲兵，凡此四者……乃可量敌。"又说："春种八谷，夏长而养，秋成而聚，冬畜而藏。"所称五谷、八谷都是指多种粮食名称，具体指出为粢、黍、赤豆、稻粟、麦、大豆、矿、果①。《越绝书》卷4《计倪内经》记计倪对越王说："人之生无几，必先忧积蓄……省赋敛，劝农桑，饥馑在问，或水或塘。因熟，积以备四方……臣闻君自耕，夫人自织，此竭于庸力……王审用臣之议，大则可以王，小则可以霸。""乃著其法，治牧江南，七年而禽吴。"史书虽未明白记录越国发展农作的具体事例，但也有些细微线索可循。《越绝书》卷8《外传记地传》载绍兴"富中大塘者，勾践治以为义田，为肥饶，谓之富中。去县二十里二十二步"。以塘水灌溉肥田，是很值得深思的。它正是计倪所云"或水或塘，因熟以备四方"的具体贯彻。

那时，到处荒野未辟，开垦荒地成为发展生产的重要途径。《吴越春秋》卷7《勾践入臣外传》记勾践忍辱入吴前夕，臣僚纷纷表决心，努力改进今后工作。大夫文种说："夫内修封疆之役，外修耕战之备，荒无遗土，百姓亲附，臣之事也。"越大力

---

① 粢即稷粟，矿是裸大麦，稻粟连称即指稻。此处标点采农史专家游修龄说，见其所作《稻作史论集·稻作文字考》，中国农业科技出版社，1993年，第208—219页。

开荒种粮曾引致了邻国的注意。《史记》卷79《蔡泽传》记他对秦昭王说："大夫文种为越王深谋远计……垦草入邑，辟地殖谷。"积极招抚离散人口充实城邑，努力垦荒以发展生产。正是通过越国上下的通力合作，"勾践载稻与脂于舟以行……非其身之所种则不食，非其夫人之所织则不衣，十年不收于国，民俱有三年之食"①。越地稻作获得了良好发展。韦昭注称，"古者三年耕，必余一年之食"，并不因为生产技术落后，生产便没有起色也。越国田畴垦辟，府库充实，然后一举灭吴，统一吴越地区。声威所及，《国语》卷19《吴语》记中原宋、郑、鲁、卫、陈、蔡执玉之君，也都一度听越指挥。

先秦时，吴越二国生产都有发展，同样没有使用铁农具从事生产的记载。公元前六七世纪，吴国已知用铁，吴王僚身披铁甲，吴王阖庐使人铸铁剑，乃至夫差赐剑使伍子胥自杀，却绝无铁农器的痕迹。《越绝书》卷11《越绝外传记宝剑》载吴有干将、越有欧冶子，二人"凿茨山，泄其溪，取铁英，作为铁剑三枚（龙渊、太阿、工布）"。又记风胡子对楚王说："黄帝之时，以玉为兵……禹穴之时，以铜为兵……当此之时，作铁兵，威服三军。"它揭示以铁制作兵器也需经历一个发展的过程。晋人王嘉《拾遗记》卷3记"范蠡相越，日致千金……铜铁之类，积如山阜"。方士王嘉的志怪小说，虽是荒诞，亦不言及铁为农具。盖战国时吴越地区尚无铁制农具的迹象。

另外，《越绝书》卷10《越绝外传记吴王占梦》载吴王夫差一次将40疋杂缯赐给太宰嚭。同书卷4《计倪内经》，计倪要求勾践"劝农桑"，又卷8《越绝外传记地传》记会稽葛山，

---

① 《国语》卷20《越语》；《吴越春秋》卷10《勾践伐吴外传》作"七年不收，国民家有三年之畜"。

"种葛，使越女织治葛布，献于吴王夫差，去县七里"，按《吴越春秋》卷8《勾践归国外传》，越使文种送葛布10万给夫差。《越绝书》卷8记会稽有"麻林山，一名多山。勾践欲伐吴，种麻以为弓弦……去县十二里"。《淮南子》卷1《原道训》称，"匈奴出秽裘，于越出葛絺"。由此可见，先秦时，吴越地区已有桑蚕，并有葛麻，丝葛已用于纺织，麻则充当战略物资。

《史记》卷41记越灭吴（前473年），称霸百余年，最终亡于楚（前306年），吴、越地皆为楚有。再过80年，秦灭楚（前223年），又过70年，汉朝吴王刘濞发动七国之乱（前154年）。在此长时期内，吴越地区的生产面貌不甚清楚。《史记》卷78《春申君传》记楚考烈王元年（前262年），黄歇出任楚相，自请封于江东，由是，"春申君因城故吴墟（苏州），以自为都邑"。他任楚相25年，《越绝书》卷2《越绝外传记吴地传》载："无锡历山，春申君时盛祠以牛，立无锡塘，去吴百二十里。无锡湖者，春申君治以为陂，凿语昭渎以东到大田，田名胥卑、凿胥卑下以南注大湖，以写西野，去县三十五里。""吴两仓，春申君所造，西仓名曰均输，东仓周一里八步，后烧。更始五年（27年），太守李君治东仓为属县屋，不成。"这些事例说明，春申君黄歇在吴期间，修治水陂以溉大田，又修建两大粮仓，充分显示兴修水利，促进了粮食生产的发展。至于以牛祠历山，恐怕有如同卷记桑里"牛宫"，以畜养牛、羊、鸡、豕，尚难据以说明吴地在当时已使用牛耕田。

自秦以至西汉，吴越地区罕见相关农作种植资料。《越绝书》卷2《越绝外传记吴地传》云："摇城者，吴王子居焉。后越摇王居之。稻田三百顷，在邑东南。肥饶，水绝，去县五十里。""乌程、余杭、黝、歙、无湖、石城县以南，皆故大越徙民也。秦始皇帝刻石徙之。"同书卷 8《越绝外传》亦记秦始皇三十七年"徙大越民事"。越摇王应是汉初所封越东海王摇，《史记》卷 114 说，他是越王勾践后裔。吴地摇城原是春秋时吴王子的居地，至汉代乃为越摇王所居①，那里有着大片肥饶的水稻田。战国、秦汉之际，越人已聚居于今闽、粤和浙江等地，把皖、浙诸地的越民说成是秦始皇时刻石所徙，似不确切。秦始皇三十七年（前 210 年）南游，至钱塘、会稽，刻石颂德，还过吴，并北上。始皇帝还有过另外几次出游与刻石活动，均未记录徙越民事。汉武帝时，太尉田蚡说："越人相攻击固其常，又数反覆……自秦时弃弗属。"武帝令严助领兵出海，在东瓯的越人乃请求内徙，"悉举众来，处江淮之间"，"诏军吏皆将其民徙处江淮间，吴越地遂空"②。其时，越人的生产和生活方式"水行而山处"，"以渔猎山伐为业"，远比华夏人落后，他们进入江淮间居住，生产方面自难以短时期内创造突出的成果。

秦和西汉时的会稽郡，至东汉顺帝时，析置吴郡。往日，会稽郡治吴。此后，吴郡治吴，会稽郡治所南移山阴③，显示自秦至东汉，江南地区的开发是在逐步向南推移。

上古至秦，史书缺乏历代的户口记载，秦代会稽郡自然也不例外。《汉书·地理志》记汉平帝时，全国有郡国 103，有 1587 县，共有民户 1223 万，共有人口 5959 万，说是"汉极盛矣"。《汉书·食货志》说，汉哀帝时，"百姓訾富虽不及文景，然天下户口最盛矣"。西汉会稽郡共有 26 县，22.3 万户，103.2 万

----

① 《汉书》卷 28 上《地理志》云："汉武帝攘却胡越，开地斥境。"又卷 28 下《地理志》："闽君摇，佐诸侯平秦，汉兴，复立摇为越王……传国至武帝时，尽灭以为郡云。"

② 《史记》卷 114《东越列传》；《汉书》卷 95《两粤传》。

③ 《后汉书》卷 6《顺帝纪》；《续汉书·郡国志四》。

人。县均人口在全国排在第 40 位，应该说尚处于较前列的地位。

《续汉书·郡国志》记东汉顺帝时，会稽郡 14 县，12.3 万户，48.1 万人；吴郡为 13 城（县），16.4 万户，70 万人。吴郡虽比会稽少一县，户口却比会稽郡为多。揭示苏南浙东北的发展远比浙闽丘陵地区先进。很显然，吴郡的经济发展是居于会稽郡之前的。

由于历代史籍普遍不记诸县户口，也不载郡县面积。梁方仲撰《中国历代户口田地田赋统计》，对两汉户口按郡县作了均平计算，还估算了诸郡县的面积和人口密度。按该书甲表 3，西汉会稽郡 26 县，县平均 8578 户，户均 4.63 人（16 页）、甲表 4，西汉会稽郡（闽中除外）为 8.4 万平方公里，每平方公里平均 12.3 人（19 页）。东汉情况，按甲表 7，会稽郡 14 县，县均 8792 户，户均 3.9 人，吴郡 13 县，县均 12628 户，户均 4.27 人（24 页）。再据甲表 8，会稽郡面积 6.8 万平方公里，每平方公里平均 7 人，吴郡面积 3.9 万平方公里，每平方公里平均 18 人（26 页）。突出说明自西汉后期以至东汉顺帝时百余年间，吴越平原户口显著增多，太湖区域吴郡的发展尤为突出，汉代会稽郡包括今浙江乃至福建地区在内。除宁绍平原地域外，广大闽浙丘陵设置县邑很少，地广人稀，生产很落后，既不能与吴郡诸县地媲美，也难以与本郡东北宁绍平原诸县比肩。

说到江南地广人稀是汉代实施火耕水耨的重要前提与条件，其依据可能是《史记·货殖列传》所云："楚越之地，地广人稀。"但就西汉会稽郡县户口而言，如上所述，它是比同期司隶所属七郡以及黄淮海平原若干郡县的户口要少。但比梁国、巨鹿、常山、广平、信都、上谷、渔阳、山阳、泰山、琅邪、泗水、千乘、北海、东莱、高密等郡国平均户口数多。黄土高原所属凉州、并州乃至朔方所属诸郡县更是无一能与会稽郡县户口相比。若从东汉吴郡所属诸县户口平均数观察，它仅次于颍川、鲁国、清河、渤海、平原、南阳、零陵、长沙、巴郡、广汉、犍为等郡县，在全国是处于较前列的，更难以说吴郡是地广人稀。有的学者大概正是基于这一考虑，才把吴越平原排除在汉代火耕水耨的地域之外。如此处理，也未必一定合适。

再就楚越间而言，西汉会稽郡县户不仅比同期荆州江夏、南郡、长沙、桂阳、武陵、零陵诸郡县户口平均数高，也比同是扬州所属长江以南丹阳、豫章郡县户口平均数高。会稽郡人口密度，也比丹阳、豫章、武陵、长沙诸郡为高。可见，闽中地域以外的会稽郡县户口的人口密度仍是比较高的，这是不能等闲视之的重要因素。

如前所述，在汉代，由于历史的原因，越地固然可以称楚，但荆楚广阔地区并非都是越人的居地。因此，《汉书·地理志》记事已注意将楚地与江南分开并列，说"江南地广"，而不言"人稀"，小小的修正是符合社会实情的。

我们注意到，吴越平原地区早在战国时，越国以及楚国春申君黄歇在吴期间已注意兴修了少量水利工程①，使田地富饶，那就必然会吸引较多户口聚居，促进耕作方式发生某些变化。《史记》和《汉书》都使用"或火耕而水耨"，加"或"字表述，是对火耕水耨的实施范围予以适当制约，说明各地并非清一色都是火耕水耨。

---

① 种植业要注意水利，上古已然，《史记》卷2《夏本纪》，禹多年在外治水，"卑宫室、致费于沟减……通九道，陂九泽，度九山，令益予众庶稻，可种卑湿"。揭示了上古治水，已开置了原始灌溉工程有利种稻。春秋时，孔子对此便很赞赏，《论语集注》卷4《泰伯第八》记孔子曰："禹，吾无间然矣……卑宫室，而尽力乎沟洫。"朱熹注云："沟洫，田间水道，以正疆界，备旱潦者也。"（中华书局，1983年，《四书章句集注》本）

西汉会稽郡户口较多，除了反映当地生产发展这一重要因素外，也可能与历史传统因素密切攸关。《国语》卷20《越语》，《吴越春秋》卷10《勾践伐吴外传》均记录越王勾践在位时，推行人口增殖政策，"令壮者无取老妇，令老者毋取壮妻。女子十七不嫁，其父母有罪，丈夫二十不娶，其父母有罪。将娩者以告，公令医守之。生丈夫，二壶酒，一犬；生女子，二壶酒，一豚。生三人，公与之母，生子二人，公与之饩"。与此同时，还配备了不少优抚与吸引人的政策，从而导致人多国富，由弱变强，最终一举灭吴，以会稽为根据地的越国政策对后世产生了较大影响。西汉初，高帝下令，"民产子，复勿事二岁"。十多年后，惠帝又下令，"女子年十五以上至三十不嫁，五算"①。东汉应劭注特地引用上述勾践令，说是"欲人民繁息也"。会稽郡自先秦以来因人口繁殖，基数较高，西汉政府奖励人口生殖当然是面向全国。会稽郡虽在江南僻远地区，人口数量的起跑点高，人口增殖也就较为显著了。

从西汉立国以至武帝元鼎之前近百年间，很难看到汉朝政府对吴越地域的生产有何关注或干预。元鼎二年（前115年）诏，既关注全国北方与南方先后发生的水灾，江南火耕水耨，又逢水灾，百姓重困，因拟从巴蜀运粮救济。此前未久，山东地域河灾严重，农作连年失收，武帝诏"令饥民得流就食江淮间，欲留，留处"②。生长华北，富有种植经验的山东民众来到火耕水耨的江淮地区就食，朝廷允许他们就此定居，流民所至必是较为荒僻地区，要调整自己的生产与生活，只能是入乡随俗，至少在南下初期，亦应以火耕水耨为重，藉以适应南方湿

---

① 《汉书》卷1下《高帝纪》，又卷2《惠帝纪》。
② 《史记》卷30《平准书》；《汉书》卷24下《食货志》。

热的自然环境。

元鼎以后30余年，武帝征和元年（前82年），又有水旱大灾，诏令尤困乏者，"徙置荆、扬熟郡……令百姓各安其所"，"禁苛暴，止擅赋，力本农桑"①，也就是再一次在江南安插北方徙民。

北人一批批地南来，必然会与南方本地居民出现矛盾碰撞，先进终将战胜落后，南方存在久远的落后耕作方式，随着历史前进的步伐已在缓慢地发生变化，北来流民在适应新环境前提下，必将发挥其原有较为先进的耕作技巧，使江南大地的耕作方式酝酿产生新的变化。

西汉末年，王莽执政，即将赴任的荆州牧费兴宣布他拟订对付饥民的新政策："荆扬之民率依阻山泽，以渔采为业……百姓饥穷，故为盗贼。兴到郡，欲令明晓告盗贼归田里，假贷犁牛种食，阔其租赋。"②他非常明确揭示了长江中下游的广大民众一般已是从事牛耕，让荆、扬饥民也同样采用牛耕，那就很难说江南大地还是广泛盛行火耕水耨的了。

更始元年（23年），南阳人任延为会稽都尉，"时天下新定，道路未通，避乱江南者皆未还中土"。在会稽避乱的流民只能依赖自己艰辛劳动为生，具体生产状况今已难明。会稽都尉所统士兵是"耕公田，以周穷急"，并不采用火耕水耨方式耕作。东汉光武帝初年，扬州牧樊晔"教民耕田、种树、理家之术，视事十余年"。教民耕田自然不会是沿用古老的火耕水耨方式。建武二十九年（53年），会稽郡守第五伦"晓告百姓……有妄屠牛

---

① 《后汉书》卷32《樊准传》，按，征和元年事，《汉书》失记，此据安帝时樊准上疏引诏文，章怀注引诏文，未记出处。

② 《汉书》卷99下《王莽传》。

者，吏辄行罚……百姓以安"①。此虽为破除以牛祭神的旧俗出发，却深得百姓拥戴，说明吴越平原地区的生产形势悄然地出现了不同以往的新动态。

与耕作方式重大变化相适应的是吴越地区对农田水利工程的密切关注与兴修。《晋书》卷78《孔愉传》记晋成帝时（326—342年），愉任会稽内史，"勾章县（慈溪）有汉时旧陂，毁废数百年"。毁废已久的汉陂，估计是东汉时创修。东晋孔愉加以修复以溉田。《通典》卷182《会稽郡》，汉"顺帝永和五年（140年），马臻为太守，创立镜湖。在会稽、山阴两县界。筑塘蓄水，水高（田）丈余，田又高海丈余，若水少，则泄湖灌田；如水多，则开湖泄田中水入海；所以无凶年。其堤塘，周回三百一十里，都溉田千余顷"②。修筑镜湖是极大地长期有便于民。同书卷2《水利田》云，镜湖"至今（唐元和时）人获其利"。《水经注》卷40《浙江水》谈到它"溉田万顷"。唐德贞元二十年（804年），韦瓘撰文称，镜湖"披险夷，高束波，圜境巨浸，横合三百余里，决灌稻田，动盈亿计，自汉至今……纵阳骄雨淫，烧稼逸种，唯镜湖含泽，驱波流潦，注于大海。灾凶岁，谷穰熟……其长计大利及人如此"。正因为镜湖水既保证了灌溉所需，又解除了当地洪潦灾害，长期有利于民。600多年后，人们怀念创修人功德，为之立庙纪念。联系前述吴、越二国在先秦时兴修小水陂，便于农作，两汉在太湖沿岸建置无锡、阳羡等县以及在宁绍平原修建大型陂塘，表明水利工程由小而大，显示生产

---

① 《后汉书》卷76《任延传》，又卷77《樊晔传》，又卷41《第五伦传》。

② 《元和郡县志》卷26《越州·会稽县》记镜湖事，文字全同（中华书局，1983年）。《太平御览》卷66《地部·湖》引《会稽记》，文字全同，中华书局1985年影印本。

事业是由低级逐步向较高阶段前发展①。

《后汉书》卷51《李忠传》记李忠在东汉初，任丹阳太守，"垦田增多，流民占著者五万余口"。那时，丹阳郡治宣城，不在吴越平原境内。但该郡郡土包括了宁镇山脉以东今江苏南部不少地方，郡内垦田迅速增多，5万多流民归附，自非传统的古老火耕水耨方式所能达到。

汉代太湖区域农作有了较大发展，还可从其他侧面做些说明。东汉初，阳羡（宜兴）人许武家有肥田、奴婢和宽广住宅，自非等闲之辈。其孙许荆为郡吏，高举孝廉，当然不是穷乏之家。汉和帝时，他出为桂阳太守，又入为谏议大夫，实为世官之家。被称为"单寒"的吴郡无锡人高彪，出游太学，郡举孝廉，任外黄县令，还是东汉后期一位颇有名声的学者。太湖东面"世为族姓"的吴人陆氏一家，在东汉初已很有名②。这么一批家在太湖附近头面人物的出现，正好反映太湖四周垦殖已有较大成果，从而得以孕育滋生出有实力的地方权豪。

随着吴越平原耕地的垦殖，粮食产量日增。东汉时，开始有了余粮外调。安帝永初元年（107年）九月，调扬州吴郡、丹阳等郡米给黄淮一带水灾受害民众。七年九月，再调丹阳、会稽租粮赡养江淮、荆楚等地饥民。元初六年（119年）"夏四月，会稽大疫……除田租、口赋"。顺帝阳嘉二年（133年）"春二月，诏以吴郡、会稽饥荒，贷人种粮"③。当吴越地区出现灾荒困难时，汉朝政府特免当地租赋，或贷借种粮，此类有关税收和生产的事实，在西汉时期是很难见诸史册的。

---

① 《全唐文》卷695韦瓘《修汉太守马君庙记》，中华书局1983年影印本。

② 参看《后汉书》卷76《许荆传》，又卷80下《高彪传》，又卷81《陆续传》。

③ 《后汉书》卷5《安帝纪》，又卷6《顺帝纪》，又卷41《锺离意传》。

　　吴越平原地区经过汉代特别是东汉时的垦殖，至东汉末年，江东面貌已是初步改观。据《水经注》卷40《浙江水》注引南朝刘道真撰《钱唐记》称，杭州东面的防海大塘即由汉代华信建议修筑，"以防海水"。吴郡富阳人孙策认定，"以吴越之众，三江之固，足以观成败"。其时，"家富于财"的临淮人鲁肃说："江东沃野万里，民富兵强。"① 沃野民富，正是生产发展的生动体现。自孙吴以至梁、陈，六朝均建都建康，经过近400年的大力经营，江东的发展相当突出，本来并不亮丽的吴越平原至是显著地超越了原来与之地位相当的长江中游江汉洞庭平原，走在江南地区生产发展的最前列。

　　最后，应简略提及吴越平原农业生产的其他方面。《汉书》卷27《五行志》称："吴地以船为家，以鱼为食。"或如《史记》卷129《货殖传》所云："水居千石鱼陂，山居千章之材。"吴越水域广，盛产水稻和鱼类，因此，民以稻鱼为食。《汉书》卷64记垦殖未周的吴越境内，颇多山地木材，可资以造船等等用途。朱买臣为会稽郡守，"治楼船"，即是就地取材。司马迁说，养鱼收千石，山居收千方木材，生活便可与千户侯相埒，足以致富。

　　吴越地区在先秦时已有桑蚕和麻葛。东汉初，吴人陆闳"喜著越布单衣"，很吸引光武帝注意，"常敕令会稽郡献越布"。其后，明帝马皇后赐诸贵人"白越三千端"。和帝邓皇后赐诸贵人杂帛三千疋，白越四千端。白越布是细葛布，为越地特产。汉朝时吴越地域生产的丝绢帛，其质量比黄淮海平原及蜀中所产为次。

　　综上所述，汉代吴越平原的农业生产从历史传统与社会现

---

① 《三国志》卷46《孙策传》，又卷54《鲁肃传》注引《吴书》。

实，肯定是存在火耕水耨粗放耕作方式。《汉书》卷4《文帝纪》记前12年（前169年）诏："道民之路，在于务本。朕亲率天下农，十年于今。而野不加辟……其赐农民今年租税之半。"文帝时，长安政府尚无力直接顾及江淮以南地区，但吴越所在，野不加辟，自无例外。尽管缺乏具体史实作证，如前所述，可以确定，西汉中后期以来，它不再是广泛普遍实施火耕水耨了。当年，司马迁使用"或"字表述，很注意了叙事真实性的分寸。西汉末，会稽郡（主要是会稽北部）户口较多，是与当地农业收入较多密切攸关。西晋初，杜预疏称，"诸欲修水田者，皆以火耕水耨为便"，"此事施于新田草莱，与百姓居相绝离者耳。往者，东南草创人稀，故得火田之利"（《晋书》卷26）。清楚表明火耕水耨适宜于新田草莱以及百姓常年居处距离甚远之地。这种耕作方式在我国南方曾延续了很长一段时间，但其实施范围是在日趋缩小。就吴越地区而言，先秦时吴越的畹田以至西汉前期，火耕水耨方式是颇为盛行或者说是占主导地位的耕作方式，随着北人一批批南来，农田水利的兴修，牛耕的日趋广泛，与之俱来的是生产大发展，古老的火耕水耨方式遂日趋势微而被人们扬弃了。

刊《揖芬集》（张政烺先生九十华诞纪念文集）

社会科学文献出版社，2002年

汉唐间河套平原与鄂尔多斯高原的农牧生产

　　河套平原与鄂尔多斯高原位于蒙古高原的南缘，地处阴山山脉以南，是整个蒙古高原的重要组成部分之一。这里草原丰厚，原是匈奴人的良好牧地。

　　战国赵武灵王二十年（前306年），"西略胡地，至榆中，林胡王献马"。榆中在唐代胜州北，即今鄂尔多斯地，秦灭六国，蒙恬领兵三十万逐胡出塞，"收河南，筑长城"。贾谊《过秦论》云："使蒙恬北筑长城而守藩篱，却匈奴七百余里，胡人不敢南下而牧马。"[①] 河南即内蒙古伊克昭盟所在，今鄂尔多斯市所辖，此地先后为匈奴、赵国和秦国所占有。秦占河南后，在黄河边设置边塞，并派蒙恬攻占了五原以北的高阙山，驱逐匈奴，迁徙一批犯罪的人去充实那里，还将黄河北岸的大批田地出假给贫民耕种，河套平原和鄂尔多斯地区由此正式开始有了农田种植的记录。但为时不久，蒙恬病故，"诸侯畔秦，中国扰乱，

---

　　① 《史记》卷43《赵世家》，又卷88《蒙恬传》，又卷6《秦始皇纪》，又卷48《陈涉世家》。

诸秦所徙谪戍边者皆复去"①。在社会混乱期间，被谪徙的人乘机跑了，匈奴迅速夺回了河南地，继续在那里畜牧营生。

汉武帝元朔二年（前127年），卫青等出兵北伐匈奴，获牛羊百余万，再夺取河南地，"筑朔方，复缮故秦时蒙恬所为塞，因河而为固"。还把河南地区称为"新秦中"。武帝从陇西"北出萧关（宁夏固原东南），从数万骑，猎新秦中，以勒边兵而归。新秦中或千里无亭徼，于是诛北地（郡治今甘肃庆阳西北）太守以下，而令民得畜牧边县。官假马母，三岁而归，及息什一，以除告缗，用充仞新秦中"②，说明新秦中等地在汉朝控制下，同样繁殖牧畜，朝廷实施优惠政策，支持在新秦中发展畜牧业，假以母马，为设亭徼，边民无警，便于人们安心牧畜生产。

那时候，主父偃向汉武帝建议说："朔方地肥饶，外阻河，蒙恬城之以逐匈奴，内省转输戍漕，广中国，灭胡之本也。"由此可知，秦朝在朔方进行的垦殖曾取得了良好成绩。武帝采纳他的建议，收回河南后，于其地置朔方郡和五原郡，"募民徙朔方十万口"③。元狩三年（前120年），山东水灾，"徙贫民于关以西及充朔方以南新秦中七十余万口，衣食皆仰给于县官，数岁，贷与产业"。东汉应劭、晋人臣瓒都针对"新秦"作出自己的解说，一致肯定秦逐匈奴得河南地，筑城郭，徙民充实，称之为"新秦"。应劭且说："今俗名新富贵者为新秦，由是名也。"臣瓒云："今（指汉代）以地空，故复徙民以实之。"④ 正因为迁

---

① 《史记》卷110《匈奴传》；《汉书》卷94上《匈奴传》。

② 《史记》卷30，《平准书》；《汉书》卷94上《匈奴传》。

③ 《史记》卷112，《主父偃传》；《汉书》卷6，《武帝纪》，又卷64上《主父偃传》。

④ 《汉书》卷24下《食货志》；《史记》卷30《平准书》。关于臣瓒，颜师古撰《汉书叙例》云，"臣瓒不详姓氏及郡县"。郦道元《水经注》卷3《河水》条的引文，却一再称为薛瓒，未知何所根据。

徙了大批关东贫民到达新秦中，既从事耕作，又大大充实了边防力量，国家由是减少了北边的戍卒。元狩五年（前118年），"徙天下奸猾吏民于边"。天汉元年（前110年）秋，"发谪戍屯五原"①，先后迁徙去边地的民众安排在那里进行农作，使原来的牧地逐渐部分地向农耕区转化。

河南地区不仅徙民耕作，官府还组织了集中屯垦。武帝于"上郡（治今陕西榆林南），朔方（治内蒙古巴彦淖尔盟乌拉特前旗）、西河（治内蒙古鄂尔多斯市准格尔旗西南）、河西开田官，斥塞卒六十万人戍田之"。师古注云："开田，始开屯田也。斥塞，广塞令却……以开田之官广塞之卒戍而田也。"②《匈奴传》还说："汉度河自朔方以西至令居（甘肃永登西北），往往通渠置田官，吏卒五六万人，稍蚕食，地接匈奴以北。"上述置田官的地域，有些已超越了"河南"地区，显示出汉朝对边境屯田的高度重视。1973年，在内蒙古伊克昭盟杭锦旗的汉城址中，出土了汉朝官印"西河农令（治今鄂尔多斯市准格尔旗南）"③。《汉书》卷79《冯参传》和卷100《叙传》中一再记"上河农都尉"（治今银川市南），"农都尉者，典农事"。可见汉政府对西河地区的农垦非常重视。在内蒙古呼和浩特市属和林格尔还发现了东汉的牛耕壁画，绘有两牛挽犁、一人扶犁而耕的图像④。应是如实反映汉代内蒙古地区牛耕的景象。东汉顺帝时，尚书仆射虞诩疏称，《禹贡》雍州之域，"北阻山河，乘阨据险，因渠以溉，水舂河漕，用功省少，而军粮饶足，故孝武皇

①　《汉书》卷6《武帝纪》。
②　《汉书》卷24下《食货志》；《史记》卷30《平准书》。
③　陆思贤《内蒙古伊盟出土汉代官印》，《文物》1977年第5期。
④　《和林格尔发现一座重要的东汉壁画墓》，《文物》1974年第1期。吴荣曾《和林格尔汉墓壁画中所反映的东汉社会生活》，《文物》1974年第1期。

帝及光武筑朔方，开西河，置上郡，皆为此也"①。"河南"地区曾做到了军食饶足，乃是屯垦的重大成果。《匈奴传》记汉元帝时，匈奴呼韩邪单于上书言民众困乏，"汉诏云中（呼和浩特市南）、五原郡（包头市）转谷二万斛以给焉"。这也反映出河套地区农作的发达兴旺景象。

当然，社会现象极为错综复杂。昭帝元凤三年（前78年）正月诏："乃者民被水灾，颇匮于食……边郡受牛者勿收责。"注引应劭曰："武帝开三边，徙民屯田，皆与犁牛。"北边自是属于三边之列，屯田是由官府供给犁牛。《盐铁论》卷3《园池篇》记御史大夫言："北边置任田官，以赡诸用，而犹未足。"北边军防费用开支大，屯田收入往往不够官府开销。元帝初元五年（前44年）夏四月，罢北假（今巴彦淖尔盟五原县左右）田官②。大概是因屯田效果不够理想而采取的措施。王莽始建国三年（11年），派赵并出使北边，"还言五原、北假膏壤殖谷，异时常置田官，乃以并为田禾将军，发戍卒屯田北假以助军粮"③。准此而言，河套地区土地肥沃适宜种植，王莽政权因此派遣专人主持，在当地以戍卒屯田，藉以补助军粮。不过，当时已是社会大动乱伊始，河套屯田自然不会取得良好成果。

东汉初，匈奴内部分裂，北匈奴远徙，漠南地空。建武二十六年（50年），南匈奴立单于庭于五原郡，"始置使匈奴中郎将，将兵卫护之"。注引《汉官仪》曰："使匈奴中郎将屯西河美稷县（内蒙古鄂尔多斯市准格尔旗）。""于是，云中（内蒙呼和浩特市托克托县）、五原（内蒙五原县东）、朔方（内蒙鄂尔多斯

---

① 《后汉书》卷87《西羌传》。
② 《汉书》卷7《昭帝纪》；又卷9《元帝纪》。
③ 《汉书》卷99中《王莽传》。

西部）、北地（宁夏吴忠市西南）、定襄（内蒙呼和浩特东）、雁门（山西代县西北）、上谷（河北怀来西南）、代（山西阳高西北）八郡民归于本土，遣谒者分将施（弛）刑补理城郭。发遣边民在中国者，布还诸县，皆赐以装钱，转输给食。"注引《东观记》曰："时城郭丘墟，扫地更为，上悔前徙之。"① 所称悔徙，是指建武十五年（39 年）二月"徙雁门、代郡、上谷三郡民，置常山关、居庸关以东"，当时是为了逃避匈奴的侵扰而迁徙。十几年后，北匈奴远徙，南匈奴归附，东汉政府便将沿边八郡包括河北怀来至陇东的长城内外各地都交给南单于统治。同时，又将八郡居民迁回原居地。《后汉书》卷89《南匈奴传》范晔评论说："匈奴争立，日逐来奔……乃诏有司开北鄙，择肥美之地量水草以处之。"即让他们在水草丰美地区从事放牧。例如，"匈奴五千余落入居朔方诸郡，与汉人杂处……其部落随所居郡县，使宰牧之，与编户大同，而不输贡赋"②。汉、匈习俗不同，相互杂居。匈奴牧畜，汉人务农。牧民免税，农民要交贡赋。包括河套及鄂尔多斯地区在内的牧畜由是必有较大发展，出现农牧并举的局面。

东汉继续以谪戍屯田五原。明帝永平八年（65 年）冬，"诏三公募郡国中都官死罪系囚，减罪一等，勿笞，诣度辽将军营，屯朔方、五原之边县，妻子自随，便占著边县；父母同产欲相代者，恣听之……凡徙者，赐弓弩衣粮"。度辽将军初置于当年三月，"屯五原曼柏（内蒙古鄂尔多斯市东胜市东北）"。屯田劳动者即是去朔方、五原一带，也就是河套地区。永平九年（66 年）春三月，"诏郡国死罪囚减罪，与妻子诣五原、朔方占著"。后

---

① 《后汉书》卷1下《光武帝纪》；《资治通鉴》卷44，建武廿六年。
② 《晋书》卷97《匈奴传》；参看《后汉书》卷89《南匈奴传》。

来，和帝曾赐五原民下贫者谷。桓帝时，崔寔出为五原（治今内蒙古包头市西）太守，"民冬月无衣，积细草而卧其中"①。这些事例表明，去朔方、五原等地的劳动者为数大概不少，生产仍不够发达，耕者大多贫困。

总之，阴山以南的河套、鄂尔多斯地区，草原广阔，原是匈奴人的天然牧场。秦汉政府攻占以后，或徙民种植，或使戍卒屯垦，单纯游牧的状况已不复存在，开始出现了农牧兼营的局面。

东汉后期，北方鲜卑强大，檀石槐曾统一诸部，建牙帐于弹汗山（今内蒙古呼和浩特市东），尽据匈奴故地，游猎为生。檀石槐帝国虽然迅速瓦解，但鲜卑诸部仍是长期控制了河套及河南地区，经魏晋至十六国时期都无例外。代人燕凤出使前秦时，对符坚说："（鲜卑）控弦之士数十万，马百万匹。""云中川（内蒙古和林格尔西北）自东山至西河二百里，北山至南山百有余里，每岁孟秋，马常大集，略为满川。"② 由此略可概见他们拥有牲畜的盛况。

前已指明，河套鄂尔多斯地区是汉武帝击败匈奴后开垦的朔方、五原郡所在。西晋末大乱以后，它相继为后赵、前秦、后秦、夏和北魏所据。洪亮吉《十六国疆域志》卷16针对夏国疆域所写按语说："朔方、云中、上郡、五原等郡自汉末至东晋，久已荒废，赫连氏虽据有其地，然细校诸书，自（赫连）勃勃至昌、定世，类皆不置郡县，惟以城为主，战胜克敌，则徙其降虏，筑城以处之。"勃勃在夏州筑统万城以为国都，他称赞那里"临广泽而带清流，吾行地多矣，自马领以北，大河以南，未之有也"③。可是，他们在夏州

①《后汉书》卷52《崔寔传》，又卷2《明帝纪》，又卷4《和帝纪》。
②《魏书》卷24《燕凤传》。
③《元和郡县图志》卷4《关内道·夏州》引《十六国春秋》。

"地广人稀，逐水草畜牧，以兵马为务"①。这种情况正如《北周书》卷27《赫连达传》所说，直到北朝末期的周武帝时，赫连达为夏州（内蒙古鄂尔多斯市属乌审旗西南）总管，夏州胡人仍以牧畜为主，实是前后一致的。

前秦灭亡代国后，将其地分割治理，"自河以西属（刘）卫辰，自河以东属（刘）库仁"。卫辰在朔方，怨恨前秦祖护居于云中、雁门一带的库仁，乃出兵诛杀了前秦五原太守，但迅速被刘库仁击败。不久，库仁也死于内乱中，其弟刘眷摄政，"徙牧于牛川（呼和浩特东北）"，旋为库仁子刘显所杀。卫辰在朔方，送马三千匹结好后燕慕容垂，使其子出稒阳塞（内蒙古包头市东北），袭击已经复国的拓跋魏，为魏道武帝战败，缴获牛羊二十余万，并乘胜自五原金津（包头西南）渡河而南，进入卫辰境内，追杀了卫辰父子，河南诸郡皆降。"簿其珍贵畜产名马三十余万匹，牛、羊四百余万头"②。其后，魏太武帝太延二年（436年）十一月，"行幸稒阳（包头东），驱野马于云中（今和林格尔），置野马苑"③。野马成群，数量很不少，形成了狩猎局面。

还需要提到，河套所在的永丰镇地区（内蒙古巴盟临河市）在永嘉乱后，长期为匈奴刘卫辰父子所据，一直延续至赫连昌时，始为北魏攻占。在那里，"地居碛卤，田畴每岁三易，自汉、魏以后，多为羌胡所侵，人俗随水草以畜牧，迫近戎狄，唯以鞍马骑射为事，风声气习，自古而然"④。这些情况充分说明，

①　《大平寰宇记》卷36《关西道·夏州》，清金陵书局线装本。
②　《魏书》卷23《刘库仁传》，又卷95《刘卫辰传》，又卷2《太祖纪》，又卷110，《食货志》。
③　《魏书》卷4《世祖纪》。
④　《太平寰宇记》卷39《关西道·丰州》。

河套中枢及其附近，野生和饲养的牲畜确实很多。

北魏灭夏以后，在鄂尔多斯地区设置大兴郡，西魏改为五原郡，再改为盐州（陕西定边），它位于长城边界地区，所在砂碛，罕有农作。宇文贵十一岁时，随从父亲宇文宪"猎于盐州，一围之中，手射野马及鹿十有五头"①。可知当地野生畜类众多。《太平寰宇记》卷37记盐州风俗："以牧养牛、羊为业。""地居沙卤，无果木，不植桑、麻，唯有盐池。"此虽是宋初人记述，参照下文引用唐宣宗敕文所言，盐州沙荒，实非短暂时日所形成。

上述种种情况说明，河套、鄂尔多斯地区历经战乱以后，游牧经济确是有了很大回潮。

尽管如此，却不能说这一地区在魏晋南北朝时期，农田都变成了牧场，恢复到原来的草原状况了。早在北魏初期，派元仪"屯田于河北五原，至于稒阳塞（包头东北）外"，史称"分农稼，大得人心"。一年后，后燕军进犯五原，"降魏别部三万余家，收穄田百余万斛，置黑城（在五原河北）。进军临河，造船为济具"②。清晰地表明务农成果很显著。代人和跋临刑前，对前往向他告别的兄弟们说："灅（今桑干河）北地瘠，可居水南，就耕良田，广为产业，各相勉励，务自纂修。"③此例很可看出早在北魏前期，重农已是多么深入了人心。

北魏太武帝以来，河套平原等地的可耕田地得到了新的垦殖开发。

太平真君五年（444年）四月，刁雍出任薄骨律镇（宁夏灵

---

①　《周书》卷10《宇文贵传》。

②　《魏书》卷2《太祖记》，又卷15《元仪传》；《通鉴》卷108，太元二十年七月。

③　《魏书》卷28《和跋传》。

武南)将，总领诸军以保北境安全，兼"督课诸屯，以为储积"。鉴于当地的降雨量稀少，极需依赖渠水灌溉。"观旧渠堰乃是上古所制，非近代也"。艾山渠很可能是上古时的旧迹，沙石堵塞，渠高于河水二丈三尺，已经不能用于灌溉。刁雍为此建议在河西高渠北八里处开凿新渠，需要四千人，四十日功，才能修成，"小河之水，尽入新渠，水则充足，溉官私田四万余顷，一旬之间，则水一遍，水凡四溉，谷得成实，官课常充，民亦丰赡"，开渠引水溉田的方案得到朝廷的赞赏与支持。水渠修成后，直到唐、宋时期仍然灌溉获利①。在回乐县（今宁夏吴忠县）南六十里的薄骨律渠，至唐代中叶仍可溉田一千余顷。北魏又在汉富平县旧薄骨律镇仓城所在，创设弘静镇，"徙关东汉人以充屯田，俗谓之汉城"。隋于此改立弘静县②。由军镇向县级政权建制，自是农业人口增多的结果。周建德三年（574年）曾迁二万户于汉朝富平县地置郡及怀远县，隋开皇三年罢郡，仍保存怀远县名。北魏太和初，平定三齐后，徙历下人至汉富平县地，因称为历城，北周于此置历城郡，附近有薄骨律渠流过，还有长五十里、宽十里的千金陂③。由此可见，北朝政府在灵州地区努力发展农田水利，并取得了相当可观的成绩。

真君七年（446年），刁雍上表说，朝廷指令从高平（宁夏固原）、安定（甘肃泾川）、统万（陕西白城子）、薄骨律四镇出车五千乘，运屯谷五十万斛去沃野镇（内蒙古巴盟乌拉特前旗）"以供军粮"。他认为以车子陆运既费时间，又"大废生民耕垦之业"。提议充分利用黄河水运，"计用人功，轻于车运十倍有

---

① 《魏书》卷38《刁雍传》；参看《元和郡县图志》卷4《关内道·灵州》。
② 《元和郡县图志》卷4《关内道·灵州》。
③ 《太平寰宇记》卷36《关西道·灵州》。

余，不费牛力，又不废田"。建议得到朝廷批准，从水、陆运粮
一事看来，位于今陕、甘、宁、蒙边境诸地的粮食生产，当时曾
获得过良好的成绩。

文成帝太安五年（459年）十二月诏，"六镇、云中（内蒙
古呼和浩特市属和林格尔）、高平（宁夏固原）、二雍（甘肃泾
川）、秦州（陕西天水），遍遇灾旱，年谷不收。其遣开仓廪以
赈之。有流徙者，谕还桑梓"①。六镇何所指，史无明确记述。
清末沈垚以来，不少学者撰文各抒己见，意见颇有参差，在此无
须赘述。但沃野镇（内蒙古乌拉特前旗）、武川镇（内蒙古呼市
武川县）、怀朔镇（内蒙古包头固阳县）、抚冥镇（内蒙古乌盟
四王子旗）、柔玄镇（内蒙古乌盟集宁市东南）、怀荒镇（河北
张北县）以及薄骨律镇均在北方沿边，且多在距离河套不远的
地区，诏文所谈六镇及其他诸州灾旱连年，说明这些地区是经常
广泛有人进行种植。

综上所述，河套与鄂尔多斯地区在战乱纷繁的魏晋南北朝时
代生产种植业虽受到较大影响，但业已存在的农作并没有完全废
弃。特别是河套平原的前套和后套地区，农田水利和农耕成果还
大大超越了汉代。宜农则农，宜牧则牧，河套与鄂尔多斯地区的
不少草原地区牧畜业是继续繁荣，农牧并存的基本态势并没有出
现根本的逆转。没有理由说是恢复为单一的游牧为生了。

北朝后期在塞北崛起的突厥曾不断南下侵扰北方沿边，使
周、隋边境深受其害，在他们势力所及地区畜牧业也随之有了相
应发展。

隋代，突厥内讧，启民可汗受到别部袭击时，隋政府为了保
护他，先在朔州筑大利城（内蒙古呼市和林格尔县东南）让他

---

① 《魏书》卷5《高宗纪》。

居住，仍不得安宁。于是"徙五原，以河为固，于夏（陕西白城子）、胜（内蒙古托克托）两州之间，东西至河，南北四百里……令处其内，使得任情畜牧"①。说明隋代盛世，河套地区的牧畜饲养是相当盛行。

唐初打败东突厥后，突厥降众十余万人按照"全其部落，顺其土俗，以实空虚之地"的原则，在"东自幽州，西至灵州，分突利故地（朔方）置顺、祐、化、长四州都督府，又分颉利之地为六州，左置定襄都督府（内蒙古锡林郭勒盟二连浩特市附近），右置云中都督府（内蒙古巴盟乌拉特旗地）以统其众"②。即将大批突厥降部安置在蒙古高原南缘包括河套地区在内的地区，让他们继续从事放牧。

贞观十五年（641年），突厥颉利部李思摩率领十余万众、马九万匹在今内蒙河套以北的地区放牧，那里本来是宜于畜牧的好地方，经历了三年，他不孚众望，"残众稍稍南度（黄）河，分处胜（内蒙古鄂尔多斯市准格尔旗）、夏（陕西白城子）二州"③。就是说，突厥残部已自河套平原南下，到达鄂尔多斯高地放牧。

高宗麟德中（664—665年），灵州都督府司马崔知温建议将灵州居住的斛薛、浑部落万余帐迁往黄河以北，获得朝廷批准。被迁徙的部落，开始时很有怨气，当他们到达迁徙地后，发现那里"牧地膏腴，水草不乏"，部落以此日益富足④。可见河套平原地区是非常适宜放养牲畜的。

高宗武则天时，突厥一度复兴，"其地东西万余里，控弦四

---

① 《资治通鉴》卷178，开皇十九年十月；《隋书》卷51《长孙晟传》。
② 《资治通鉴》卷193，贞观四年八月。
③ 《新唐书》卷215上《突厥传》。
④ 《旧唐书》卷185上《崔知温传》。

十万"，实力很盛。中宗景龙三年（708 年）春，朔方大总管张仁愿利用默啜可汗主力出征西突厥的机会，在黄河北筑三受降城，将黄河北岸的拂云祠建为中城，使与东、西二受降城相距各有四百里，三城皆据要津，遥相应接，改变了过去唐朝朔方军与突厥以黄河为界的传统，向北拓地三百余里，并于牛头朝那山（内蒙古包头市固阳县）北置烽燧一千八百所。"自是突厥不得度山放牧，朔方无复寇掠"①。说明突厥在河套以北阴山以南地区广为放牧，张仁愿的措置限制并缩小了突厥的放牧地域。

我们充分肯定河套与鄂尔多斯地区适宜畜牧，但仍需着重指出，在汉人和边境诸族人的共同努力下，隋唐时期，这一地区的农作耕垦比前代是有新的进展。

鄂尔多斯地区有着毛乌素沙漠和库布齐沙漠，生产条件相当艰苦。前已谈到十六国混乱时，大夏国赫连勃勃当政时，这一地区山清水秀，农作并未彻底摧毁。夏州朔方人梁师都世代为本郡豪族，他仕隋为府兵将领，隋末大乱，便乘机据郡称帝，为了取得突厥支持，"引突厥居河南之地"，"自此频致突厥之寇，边州略无宁岁"。李世民设法进行离间，"频选轻骑践其禾稼，城中空虚，"师都为此迅速被杀②。这一事例清楚表明，夏州地区农作仍有相当发展的。

鄂尔多斯地区干旱少雨，风大沙多，农田灌溉比其他地区更为急迫。贞元七年（791 年）八月，"夏州奏开延化渠，引乌水入库狄泽，溉田二百顷"③。《唐六典》卷七记开元中，夏州设有屯田二屯，约有耕地一百顷。我们注意到《新唐书》卷35《五

---

① 《旧唐书》卷 93《张仁愿传》。
② 《旧唐书》卷 56《梁师都传》。
③ 《旧唐书》卷 13《德宗纪》；《新唐书》卷 37《地理志》。

行志》记长庆二年（822年）十月，夏州大风，飞沙为堆，高及城堞，便可明白当地耕作实是艰难。唐宣宗敕称："盐州（治今陕西定边）深居沙塞，土乏农桑，军士衣粮，须通商旅，沿路堡栅……差兵建筑防守。"①正是荒漠化的土地导致了农桑缺乏。不过，我们也不要把荒漠无限扩大，北宋元符二年（1099年），"定边城川原广远，土地衍沃，西夏昔日于此贮粮，今投来蕃部日众，可以就给土田，使之种植"②。唐宣宗诏敕颁布二百多年后的夏州定边地区，犹有不少沃地可耕，足以说明以偏概全是并不恰当的。

宥州宁朔郡，唐"调露元年（679年），于灵、夏南境，以降突厥置鲁州、丽州、含州、塞州、依州、契州，以唐人为刺史，谓之六胡州"③。以唐人为刺史的六胡州不是羁縻州。居住在六胡州的胡人依旧继续养马。唐玄宗时，曾派人去六胡州买马，便是著名的事例。众多被编附的胡人在那里已逐步进行农作，开元九年（721年）六月诏："河曲之地密迩京畿，诸蕃所居旧在于此，自服王化列为编氓，安其耕凿积有年序。"④这些"久从编附"的胡人，在开元九年曾发动武装反叛，被朔方节度使王晙击败，并宣布废除六胡州，将这批人迁徙去中原地区。经过若干年后，玄宗派专使加以安抚，说这些人为此失业，且有不少出逃各地。因此，"委侍中牛仙客于盐（陕西定边）、夏（白城子）等州界内，选土地良沃之处，都置一州，兼量户多少置县"⑤。《太平寰宇记》卷39记"以六州之残人置宥州于夏州西

---

① 《唐大诏令集》卷129《洗雪平夏党项德音》，商务印书馆，1959年。
② 《宋会要辑稿·方域》8之27，中华书局1957年影印本。
③ 《新唐书》卷37《地理志》；《旧唐书》卷38《地理志》。
④ 《册府元龟》卷992《备御》，中华书局1960年影印本。
⑤ 《唐大诏令集》卷128《遣牛仙客往关内诸州安辑六州胡敕》。

南长泽县之地，以宽宥为名，及延恩、怀德、归化三县，领诸降户"。也就是将曾被迁徙于江淮的诸胡以及逃散的胡人，安置在今内蒙鄂尔多斯市鄂托旗境内，从事农垦劳动。

唐代河套地区的农作比鄂尔多斯地区更为出色。唐高宗、武后时，突厥复兴，攻围丰镇（内蒙古呼和浩特东南），都督崔智辩被杀，军情紧急，有人建议废罢丰州，徙丰州民去灵、夏等地，州司马唐休璟坚决反对，《旧唐书》卷93《唐休璟传》记他上疏言：

> 丰州控河遏贼，实为襟带，自秦汉以来列为郡县，田畴良美，尤宜耕牧。隋季丧乱，不能坚守。乃迁徙百姓就宁（甘肃宁县）、庆（甘肃庆阳）二州，致使戎羯交侵，乃以灵、夏为边界。贞观之末，始募人以实之，西北一隅方得宁谧。今若废弃，则河傍之地复为贼有，灵、夏等州人不安业，非国家之利也。

建议得到了朝廷采纳。由此可见，丰州地区在汉、隋之间的长时期是田畴良美，隋末丧乱，才迁其民去黄土高原的陇东地区农作。唐太宗盛世，决定募民充实丰州等地，促使北方获得安定。国家如果主动放弃丰州，必将使整个河南地区得不到安宁。唐政府保全了丰州，河套地区的安全也就得到保障。

武则天当政，任命娄师德为丰州都督兼管营田。并明确指示："王师外镇，必藉边境营田。"身为高级将领的娄师德亲自"衣皮裤，率士屯田"。武则天嘉奖说："自卿受委北陲，总司军任，往还灵、夏，检校屯田，收率既多，京坻遽积，不烦和籴之费，无复转输之艰，两军及北镇兵数年咸得支给。"[1] 丰州地区的生产效果极佳，有助于振兴军威，增强国力。

---

① 《旧唐书》卷93《娄师德传》；《新唐书》卷108《娄师德传》。

《唐六典》卷七记：玄宗开元盛世，在今内蒙古河套地区广设屯田，计有东受降城四十五屯、中受降城四十一屯、西受降城二十五屯、胜州十四屯、丰安二十七屯、单于三十一屯。按每屯五十顷地计算，即有耕地九百一十五顷。如果再加上位于今宁夏银川北的定远四十屯，在今河套及其附近便有一千多顷农田。就蒙古高原地区而言，这是很可贵的大片农田。胜、丰等州是唐代边州所在，诸地粮产增多，对于增强边境国防力量，也是大有帮助的。

德宗建中时。宰相杨炎请在丰州设置屯田，征集关辅民开挖陵阳渠，用以灌溉农田，京兆尹严郢说："旧屯沃饶之地，今十不耕一，若力可垦辟，不复浚渠，其诸屯水利，可耕之田甚广，盖功力不及，因致荒废……与天宝以前屯田事殊。"说明自武周以后，丰州农作由于种种原因是在逐渐毁坏。那时，回纥崛兴于北方，"丰州北扼回纥，回纥使来中国，丰乃其通道"。前任刺史多懦弱，滋长了回纥人的骄横。贞元时，丰州刺史李景略兼天德军西受降城防御使，"迫塞苦寒，土地卤瘠，俗贫难处，景略节用约己，与士卒同甘苦，将卒安之。凿咸应、永清二渠，溉田数百顷，公私利焉。廪储备，器械具，政令肃，智略明，军声雄冠北边，回纥畏之"[1]。按《新唐书》卷37《地理志》记丰州土贡为白麦、印盐、野马胯革（皮）、驼毛褐毡。非常恰当地反映出丰州农、牧兼行的现实。宪宗元和十二年（818年），吐蕃进犯盐（陕西定边）、丰（五原）二州，振武节度使高霞寓出兵五千屯拂云堆，吐蕃被迫撤兵，然后"浚金河（在内蒙古黄河北岸）溉田地数千顷"，水浇瘠卤，发展农作[2]。

---

① 《旧唐书》卷152《李景略传》。
② 《新唐书》卷37《地理志》；《唐会要》卷89《疏凿利人》，丛书集成1936年本。

　　另外，玄宗开元二年（714 年），王晙出为朔方道行军总管兼安北大都护、丰安（内蒙古乌拉特前旗）、定远（内蒙古鄂尔多斯地区）、三城及侧近州军都受他节制，并移安北都护于中受降城安置，"兵须足食，理藉加屯，今正农时，务及耕种，"曾在河套河南地区"置兵屯田"①。

　　灵州毗邻"河南"，是民族杂居地。唐高宗时，地方官崔知温将从事游牧的浑与斛薛部落民迁去黄河以北后，"灵州百姓始就耕获"。可知当地农作早有发展基础，农田水利也比较好。《元和郡县图志》卷 4 记灵州回乐县，"薄骨律渠，在县南六十里，溉田一千余顷"，灵武县有"千金陂，在县北四十二里，长五十里，阔十里。""汉渠，在县南五十里，从汉渠北流四十余里始为千金大陂，其左右又有胡渠、御史、百家等八渠，溉田五百余顷"。保静县西有贺兰山，"山之东，河之西，有平田数千顷，或引水灌溉，如尽收地利，足以赡给军储"。宪宗元和末，李听为灵州大都督府长史、灵盐节度使，"境内有光禄渠，废塞岁久，欲起屯田，以代转输。听复开旧渠，溉田千余顷，至今赖之"②。也就是旧渠延续至晚唐五代仍有水利溉田。长庆四年（824 年）七月，"疏灵州特进渠，置营田六百顷"③。五代唐明宗长兴四年（933 年）四月，"灵武奏开渠白河，引黄河水入大城溉田"④。这些事例表明，灵州地区水渠很不少。显示着当地农田水利事业兴旺发达。

　　会昌六年（846 年）五月五日敕："灵武、振武（内蒙古呼

---

　　① 《唐大诏令集》卷 59《王晙朔方道行军总管制》；《通鉴》卷 211，开元二年闰二月。

　　② 《旧唐书》卷 133《李听传》。

　　③ 《旧唐书》卷 17 上《敬宗纪》；《新唐书》卷 37《地理志》。

　　④ 《册府元龟》卷 497《河渠》。

市托克托县）、天德（巴盟五原县东）三城，封部之内皆有良田，缘无居人，遂绝耕种，自今以后，天下囚徒各处死刑，情非巨蠹者特许全生，并家口配流"①。河套地区生产的不景气，原因固多，自然条件艰困自是重要因素之一，因此，强制罪犯及其家属去那里耕作。在此之前不久，不少党项族人自西南及陇右迁入灵（宁夏灵武）、庆（甘肃庆阳）、银（陕西米脂）、夏（陕西静边）等州境内②，党项人过去是"畜牛、马、驴、羊以食，不耕稼"，迁来新住地后，开始了定居。大中五年（851年）四月诏："令就银、夏界内指一空闲田地居住"③。当他们的定居生活稳定后，通过辛勤劳动实践，所在地经济面貌发生了很大变化，其后，在那里建立了拓跋大夏政权。"其地饶五谷，尤宜稻、麦……兴（银川）、灵（灵武）则有古渠曰唐来，曰汉源，皆支引黄河，故灌溉之利，岁无旱涝之虞"④。水渠名曰唐来、汉源，是知河套地区农田水利工程由来已久，所在农作自汉至唐，乃至党项羌所建西夏国时代，都在持续向前发展，那是并非偶然的了。

刊《庆祝杨向奎先生教研六十年论文集》

河北教育出版社 1998 年

① 《册府元龟》卷494《山泽》，大中元年闰三月。
② 《新唐书》卷43下《地理志》。
③ 《唐大诏令集》卷130《平党项德音》。
④ 《宋史》卷486《夏国传》。

汉唐间汉中地区的农业生产

横贯陕西省南部自西而东的秦岭是整个秦岭山脉的主体。秦岭淮河共同构筑了我国自然地理的南北分界线。陕西境内的秦岭别称终南山，西汉东方朔对武帝说："夫南山，天下之阻也，南有江淮，北有河渭，其地从汧陇以东，商洛以西，厥壤肥饶。"[①] 东汉班孟坚撰《两都赋》也分别提到了它[②]，可知其源久远。

秦岭山北是著名的关中平原与黄土高原，山南是多山的丘陵与盆地。秦岭作为天然屏障，对冬、夏季风都有阻滞作用。山南北的气温和雨量明显不同。岭北为暖温带半湿润气候，主要推行旱作农业；岭南是亚热带湿润气候，颇多水田种植。

秦岭以南，米仓山和大巴山以北是汉中盆地、安康盆地和秦巴山地。汉中地域较广，又长期是汉中郡所在，故以之概述其他诸地。晋人常璩说：汉中"其地东接南郡，南接于巴，西

---

① 《汉书》卷65《东方朔传》。
② 《昭明文选》卷1《两都赋》，上海古籍出版社1985年点校本。《后汉书》卷40《班固传》，中华书局点校本，以下引诸正史，不再另注版本。

接武都，北接秦川。厥壤沃美。赋贡所出，略侔三蜀"①。所称汉中境域即是上述地理范围。说汉中土壤肥沃，产品与贡赋大致与三蜀（蜀郡、广汉、犍为）相同，很可以看出汉中在经济方面的重要性。《战国策》卷3《秦策》载，"苏秦始将连横，说秦惠王曰：大王之国，西有巴蜀、汉中之利……"也是将汉中与巴、蜀联为一体。所谓"北接秦川"，是指岭北关中平原。诸葛亮对刘备说，"将军身率益州之众出于秦川"，即是指北取关中。《南齐书》卷15《州郡志》云："汉中为巴蜀扞蔽，故刘备得汉中，云曹公虽来，无能为也。是以蜀有难，汉中辄没。"它概述了汉中与巴、蜀关系十分密切。《汉书》卷28下《地理志》称，汉中"与巴、蜀同俗"。由此亦可见汉中生活习俗和四川地区颇为一致，而与秦岭以北的黄土高原大有差异。

一　秦汉时期

汉中与巴蜀关系密切已久，是众所周知。长安是西周、秦、西汉、隋、唐诸代首都。史称周平王东迁洛邑，以避犬戎，"平王之时，周室衰微，诸侯强并弱，齐、楚、秦、晋始强大，政由方伯"②。上述四国在周室衰弱的春秋时，于中原四周开始强盛。楚最先据有汉中，《史记》卷5记秦孝公元年（前361年），"楚自汉中，南有巴、黔中"。《华阳国志》卷2《汉中志》云："六国时，楚强盛，略有其地。"显示楚国实力甚强。但在汉中早已

---

① 《华阳国志》卷2《汉中志》第15页，商务印书馆，1958年；任乃强《华阳国志校补图注》卷2，第61页，上海古籍出版社，1987年。

② 《史记》卷4《周本纪》。

拥有基地的秦人对此很不甘心①。秦惠文君后十三年（前312年），"攻楚汉中，得地六百里，置汉中郡"。《华阳国志》卷3《蜀志》亦记周赧王三年（前312年），"分巴蜀置汉中郡"。汉中便长期为秦所有，昭襄王十三年（前294年）"任鄙为汉中（郡）守"②。境内大山终南山由是称为"秦岭"。贾谊《过秦论》说："秦南取汉中，西举巴蜀。"在汉中置郡，增强了秦对它的政治统治。

秦汉之际，西楚霸王项羽封刘邦为汉王，"王巴、蜀、汉中四十一县，都南郑"③。同时，又封秦降将三人为王，三分关中，藉以阻挡汉兵北出。在当时历史条件下，汉王要越秦岭，北向中原争霸也确是困难重重。因此，手下不少将士纷纷奔亡，乃至治粟都尉韩信也出走，赖丞相萧何将他追回。萧何诚恳地对汉王说："臣愿大王王汉中，养其民以致贤人，收用巴蜀，还定三秦，天下可图也。"④ 刘邦的谋士智力超群，得以倚恃汉中，急取巴蜀人力物力，并因此由弱变强。《华阳国志·汉中志》称："高帝东伐，萧何常居守汉中，足食足兵"，充分说明他是调动了汉中百姓的积极性，粮食生产在秦汉之际曾获得了较好发展。《史记·六国年表》称："汉之兴、自蜀汉。"⑤ 汉中的地位，由

---

① 《史记》卷15《六国年表》，周定王十八年（前451年）"左庶长城南郑"。廿八年（前441年），"南郑反"。秦惠公十三年（前387年），"蜀取我南郑"。秦惠文王九年（前316年），"击蜀，灭之"。庶长为秦官爵名称，秦孝公曾以商鞅为左庶长，见《史记》卷5《秦本纪》，又卷68《商君传》。

② 《史记》卷5《秦本纪》；卷15《六国年表》秦"庶长章击楚，斩首八万"；又卷73《白起传》。

③ 《汉书》卷1下《高帝纪》，参卷31《项籍传》。

④ 《汉书》卷39《萧何传》，参见卷34《韩信传》，又卷40《张良传》，又卷1上《高帝纪》。

⑤ 《汉书》卷1《高帝纪上》二年（前205年）二月"癸未，令民除秦社稷，立汉社稷……蜀汉民给军事劳苦，复勿租税二岁"。并参看十一年六月条。

是大为提高。

非常遗憾，汉代汉中地区的农业生产具体状况，现代所知极少。西汉初，田叔任汉中守十余年，时称长者①。对当地社会安定的生产发展可能作出过重要贡献。

《宋史》卷95《河渠志》记"兴元府（汉中）山河堰，灌溉甚广，世传为汉萧何作"。传说很难说必是信史。联系萧何在汉中足食足兵事，可能修堰事并非子虚。千余年后，至赵宋一再修复，"凡溉南郑、褒城田二十三万余畝"。《水经注》卷27《沔水》记它流经成固县，"有张良渠，盖良所开也"。这是又一传言汉初在汉中修水利事。详情今已难明。汉中地区位于汉水上游，气温适宜，雨量充沛，年降雨量为岭北地区的两倍。但夏雨有时偏少，需依赖人工灌溉。因此，在丘陵山地发展水田农作，更要注意多蓄水，以供稻苗需要。《水经注》卷27《沔水》注引《汉中记》称，南郑北面洋川，是汉高祖宠妃戚姬出生地，"夫人思慕本乡，追求洋川米，帝为驿致长安"，可证汉水地域早已盛产稻米是实。

《汉书》卷28上《地理志》载汉中郡沔阳县"有铁官"，沔阳今陕西勉县。铁官就近冶铸铁工具，供应当地使用。《续汉书·郡国志五》亦记"沔阳有铁"。铁工具的推广使用，对汉中地区农业发展有着极大地推动作用。

1978年，汉中西北勉县出土四座东汉墓，内有持锸俑三件和陶水田、塘库、陂池模型七件②。锸是起土铁农具，汉人广泛

① 《史记》卷104《田叔传》；《汉书》卷37。
② 郭清华《陕西勉县老道寺汉墓》，《考古》1985年第5期，第429—450页；又《浅谈陕西勉县出土的汉代塘陂水田模型》，《农业考古》1983年第1期，第127—131页；又《勉县出土稻田养鱼模型》，《农业考古》1986年第1期，第252—253页。

使用。《汉书·沟洫志》记汉代民歌，"举臿为云，决渠为雨"。以锸为代表的大量铁农具不仅用于耕作，且在山地修建大量储水陂塘，以利作物需要水时能及时灌溉。陂塘养鱼，殖荷，盛产鱼、虾、莲、藕。水田模型有田埂，有放水孔，有蛙、螺、鱼、鳖，完全是现实水乡生活的真实反映。

汉中地区位当南北交通要冲，山道险阻难越，随着生产的发展，很需要加以改变。汉武帝时，有人上书，"欲通褒斜道及漕事……今穿褒斜道，少阪，近四百里；而褒水通沔，斜水通渭，皆可以行船漕……如此，汉中之谷可致，山东从沔无限，便于砥柱之漕。且褒斜材木竹箭之饶，拟于巴蜀"①。武帝同意之后，任命御史大夫张汤儿张卬为汉中郡守，征发数万人，作褒斜道五百余里。道路真是既便利又近了，但水多湍石，不可通漕。这一事例，突出反映了随着汉中地区的逐步开发，人们已急于设法将汉中所产粮食外运而开通道路。

那时候，全国最富饶地区，有如司马迁说，关中人口居全国十之三，"然量其富，计居其六"。但关中平原窄小，生产量有限，汉政府开销的大量衣粮物资要依赖外地供应。自关东运进，三门底柱之险，长期无法克服；往南从巴蜀输送，又因终南山险难越，诸如褒谷、斜谷、子午谷等都是著名难通的山谷。为改善通道，自汉代以来，常在不断努力开拓改进。西汉想开凿褒斜谷道以通漕运的计划，因水道湍急，水多石埂，难以通航，暂时没有达到预期目的。因它具有较大实用价值，此后仍在致力改进，使汉中众多农林产品粮食和林木竹箭之类得以输送至关中。

汉中西接武都，武都地属黄土高原，长期来，是羌人重要聚居地。东汉初年以来，武都羌人多次反叛，甚且入扰益州。安帝永初

---

① 《史记》卷29《河渠书》；《汉书》卷29《沟洫志》。

二年（108年）十一月，先零羌人进犯三辅，杀汉中太守郑炳。四年春，"寇褒中，燔烧邮亭，大掠百姓。于是汉中太守郑勤移屯褒中，军营久出无功，有废农桑"①。褒中位于汉中市北，是汉中郡属县。《华阳国志》卷2记褒中县，"昭帝元凤六年（前75年）置，本都尉治也"。安帝时，因与羌人交战累年，"年荒民困"，显示战争对粮食和桑蚕生产事业破坏性很大。翌年，安帝嘉奖与羌人作战阵亡的"冠盖子弟"25名，分别赐其家谷自500斛以至1000斛不等，这批粮食自是从汉中郡本地所产支付。

位于秦岭以南的秦巴山地商洛地区，汉代行政建制中是划归司隶部领，不由汉中郡管辖。就其地形而言，商洛地区与豫西渑池、卢氏等地都应划为黄土高原的边缘区域。

商洛山区在汉代未见有农业生产记录，但并不能说那里是无人区，完全是荒野。史称"汉兴，有园公、绮里季、夏黄公、甪里先生，此四人者，当秦之世，避而入商洛深山，以待天下之定也。自高祖闻而召之，不至"。这些隐士世称为商山四皓，他们"年皆八十有余，须眉皓白，衣冠甚伟"②。他们不是政府官员，没有禄秩；又不是地方豪强，可依赖仆从驱使。他们多年生活在商洛山区，绝非餐风饮露，茹毛饮血所能维持。必是商洛地区已有一定农业产品为其生活源泉，才有可能做到衣冠甚伟。《太平寰宇记》卷141记金州、商州事，颇有异言。如记金州（安康）风俗云："汉高祖发巴蜀，伐三秦，迁巴中渠帅七姓居商洛，其俗至今（唐宋之际）犹多猎山伐木，深有楚风。"可知商洛地域的居民，至少有一些人的先祖是秦汉之际自巴地迁来。他们的生产生活方式本来很落后，来到山区，经历了千余年十分

---

① 《后汉书》卷5《安帝纪》，又卷87《西羌传》。
② 《汉书》卷72《（逸民）传序》，又卷40《张良传》。

闭塞的生活，山民们依旧保留了狩猎采伐为生的习俗。

二　六朝时期

汉末以后近四百年的长期社会大动乱，汉中地区的农作经历艰难曲折而有所发展。

汉朝末年，益州牧刘焉使张鲁领兵击汉中太守苏固，世为五斗米道徒的张鲁由是顺利据有汉中，他在那里作"义舍"，安顿信徒。"又置义米肉悬于义舍。行路者量腹取足……犯法者，三原，然后乃行刑……民夷便乐之，雄据巴、汉垂三十年"。从而形成了独立性的地方区域统治。社会环境相对稳定，汉中生产自必有新的发展。其时，有人劝张鲁称汉宁王，巴西人阎圃谏阻说："汉川之民，户出十万，财富土沃，四面险固……顾且不称，勿为祸先。"建议得到采纳①。由此看来，张鲁在汉中30年间，实施了较为民主又兼照顾老弱的统治。建安十六年（211年），韩遂、马超作乱于关西，关西民越子午谷归投张鲁的有数万家。汉中新增数万户居民，可以推想，土沃田良的汉中境内，其时是安定祥和的。

建安廿年（215年），曹操征汉中，张鲁封库藏不毁，为此很受曹操赞赏。《三国志·魏武帝纪》称，"公军入南郑，尽得（张）鲁府库珍宝，巴、汉皆降。"《张鲁传》注引《魏名臣奏》载杨暨表云："武皇帝始征张鲁以十万之众……因就民麦以为军粮。"陈群在魏太和中（227—232年）指出，"太祖昔到阳平（陕西勉县西）攻张鲁，多收豆、麦以益军粮"②。魏将张既"别从散关（陇山渭水

---

① 《三国志》卷8《张鲁传》。
② 《三国志》卷22《陈群传》。

南）入讨叛氐，收其麦以给军食"。可见其时汉中地域种麦已是非常广泛，包括少数族氐人也是无例外地种麦为生。汉代关中才开始种麦，汉中地区种麦，当自关中引进推广而来。

曹操大军征汉中，京兆尹郑浑"运转军粮为最，又遣民田汉中，无逃亡者"①。为此大受嘉奖。自关中运粮是为了支援前线以供军，派百姓屯田汉中，没有人逃亡，有利于发展汉中地区的农作。

曹魏大军初克汉中，侍中和洽建议及时撤军"徙民"，未被采纳。曹操回师后，杜袭"留督汉中军事，绥怀开导，百姓自乐出徙洛、邺者八万余口"②。另一记载云，张鲁归降，雍州刺史张既"说太祖拔汉中民数万户以实长安及三辅"。曹操由拒绝徙民转为徙汉中民外出，那是和其时刘备顺利进军汉中的军事形势密切相关的。

其时，法正劝刘备利用曹操北还时机，进取汉中，"广农积谷，观衅伺隙……广拓境土"。犍为人杨洪对诸葛亮说："汉中则益州之咽喉。存亡之机会，若无汉中则亡蜀矣。方今之事。男子当战，女子当运，发兵何疑。"这都突出说明汉中与蜀汉存在密切利害关系。男子出战，女子运输，一切为了支援前线。建安廿四年（219 年），蜀军自阳平（褒城）南渡沔水，在定军山杀夏侯渊及魏益州刺史赵颙，遂据有汉中。秋七月，刘备称汉中王，"以汉中、巴蜀、广汉、犍为为国"，自己还治成都。以魏延为镇远将军领汉中太守镇汉川，由于曹操已将不少汉中民外徙，人们因此称刘备"得地而不得民"③。在蜀汉据有汉中期间，

---

① 《三国志》卷 15《张既传》，又卷 16《郑浑传》。
② 《三国志》卷 23《和洽传》，又《杜袭传》；《通鉴》卷 67，建安廿年七月。
③ 《三国志》卷 37《法正传》，又卷 41《杨洪传》，又卷 32《刘备传》，又卷 42《周群传》。

汉中农作比汉代有了新的发展。

蜀汉建兴五年（227年），诸葛亮上表北伐，督师进驻汉中，使赵云屯田赤崖，《水经注》卷27《沔水》记其支流褒水，"顷大水暴出，赤崖以南桥阁悉坏，时赵子龙与邓伯苗一戍赤崖屯田，一戍赤崖口，但得缘崖与伯苗相闻而已"。当时，赵、邓二人所领是偏师，人员不多，时间也很短暂，屯田成果不可能很大。不过，《赵云别传》记子龙请将军资余绢"悉入赤崖府库"，说明赤崖确有不少物资积累。

当诸葛亮在南郑与群下商讨北伐事宜时，丞相司马魏延自请"领精兵五千，负粮五千，直从褒中出，循秦岭而东，当子午而北，不过十日，可到长安"。亮认为此举太险而未采纳①。《水经注》卷27《沔水》引《汉中记》称："峻嶂百重，绝壁万寻，既造其峰，谓已逾嵩岱；复瞻前岭，又倍过之。言陟羊肠，超烟云之际，顾看向途，杳然有不测之险。山丰野牛、野羊，腾岩越岭，驰走若飞，触突树木，十围皆倒，山殚艮阻，地穷坎势矣。"子午道所经是如此山峦重叠险阻，野物既大且多，可以概见其原始植被覆盖甚为丰茂，尚保存未被垦殖的山区原貌。

诸葛亮北伐出兵重点在陇东，马谡街亭大败，亮"拔西县（甘肃礼县东北）千余家，还于汉中"，以图再举。并在汉中地区加强生产建设。《水经注》卷27记沔水经成固县，"有兴势坂，诸葛亮出洛谷，戍兴势（洋县北），置烽火楼处，通照汉水……平川夹势，水丰壤沃，利方三蜀矣。度此溯回从汉，为山行之始"。可见蜀汉时，山谷间局部平地是在努力发展生产。建兴十年（232年），亮休士劝农于黄沙、作木牛流马。"十一年冬，亮使诸军运米。集于斜谷口，治斜谷邸阁"。青龙二年

---

① 《三国志》卷40《魏延传》注引《魏略》；《通鉴》卷71，太和二年正月。

（234 年），"亮又率众十余万出斜谷，垒于郿之渭水南原"。所称黄沙疑为汉水支流黄沙水，"水北出远山，山谷邃险，人迹罕交，溪曰五丈溪，水侧有黄沙屯，诸葛亮所开也，其水南注汉"[①]。黄沙在今陕西勉县东，很可能是诸葛亮的屯田据点。劝农黄沙，使诸军运米，可以推知，蜀汉推行军事屯田和发展民间生产，藉以积累军粮。

　　那时，汉中太守吕乂"兼领督农，供继军粮"，即由地方官兼领屯田事务。其后，扬威将军刘敏与镇北大将军王平俱镇汉中，所在"男女布野，农谷栖亩"[②]。可证蜀汉在汉中地区长期保持有较好的农业生产。

　　蜀汉灭亡，汉中全归曹魏。未几，西晋统一南北，于汉中分置汉中郡，隶梁州。统八县，1.5 万户。别置魏兴郡（治安康）隶荆州，统六县 1.2 万户。及西晋乱亡，巴氐成汉，氐人前秦与仇池，以及东晋谯纵，南朝宋、齐、梁和北朝魏、周诸政权都曾先后据有汉中地区。长期社会混乱，有关汉中情况难以一一细述。《晋书》卷 120《李特载记》云，晋元康中（291—299 年），关西大乱，又连年饥荒，"百姓流移就谷，相与入汉川者数万家。"晋派李苾前往慰劳，苾上表说，"流人十万余口，非汉中一郡所能振赡"，他建议使流民散居梁、益诸处，《晋书》卷 5 记永嘉五年（311 年）八月，前赵刘聪攻陷长安，"长安遗人四千余家奔汉中"。可见两晋混乱之际，汉中仍处于相对安定状态。《南齐书》卷 15《州郡志》综述汉中在社会大乱时的重要地位："梁州，镇南郑。魏景元四年（263

　　① 《三国志》卷 33《刘后主传》，《水经注》卷 27《沔水》，商务印书馆，1958 年。《通鉴》卷 72，青龙元年末，二年春二月；参林成西《论诸葛亮在北伐过程中的屯田》，《中国史研究》1985 年第 1 期。

　　② 《三国志》卷 39《吕乂传》，又卷 44《刘敏传》。

年）平蜀所置也……每失汉中，刺史辄镇魏兴（安康）。汉中为巴蜀扞蔽……是以蜀有难，汉中辄没，虽时还复，而户口残耗……后氐虏数相攻击，关陇流民，多避难归化，于是民户稍实。”汉中是南北交汇区，北方大乱以来，汉中先后侨置了秦、雍、凉、并等州不少郡县①，侨民增多，有利于汉中的生产恢复与发展。

南朝刘宋“元嘉九年（432 年），仇池大饥，梁、益州丰稔。梁州刺史甄法护在任失和，氐帅杨难当因此寇汉中……难当焚掠汉中，引众西还”②。烽火连天的南北纷争岁月，梁州汉中等地仍获丰收。引致饥饿的仇池氐人南来掠夺。

梁武帝时，西戎校尉、北梁（汉中）、秦（天水）二州刺史裴邃“开创屯田数千顷，仓廪盈实，省息边运，民吏获安”。按洪齮孙《补梁疆域志》卷 4 北梁州治南郑。是知梁在汉中地区建置屯田，收成颇好，因而可以减省自内地运粮去边防。此后，萧修任梁、秦二州刺史，“在汉中七年，移风改俗，人号慈父。长史范洪胄有田一顷，将秋遇蝗，修躬至田所，深自咎责……忽有飞鸟千群蔽日而至，食虫遂尽而去”③。这一传奇故事反映了地方官劝农力耕，有助汉中生产发展。顺便指出，上述一人任二郡太守事，清人钱大昕揭示为：“双头郡者，两郡同治，一人带两郡守也。”④ 南朝时，此类一人带两郡守的事例颇不少。

北魏宣武帝时，南朝萧梁的梁、南秦二州刺史夏侯道迁以汉

---

① 汉中境内，侨置了京兆郡、扶风郡、冯翊郡、安定郡、始平郡、金城郡、陇西郡、天水郡、南安郡、武都郡、略阳郡、阴平郡、仇池郡、宕渠郡、太原郡等等。

② 《宋书》卷 78《萧思话传》；《通鉴》卷 122，元嘉十年九月至十一年春。

③ 《梁书》卷 28《裴邃传》，《南史》卷 52《萧修传》（此人《梁书》无传）。

④ 钱大昕《廿二史考异》卷 29《魏书·地形志中》，商务印书馆 1936 年排印丛书集成初编本。

中等地归降北朝，政治形势至是发生了重大变化。西魏恭帝元年（554 年），宇文泰拟开拓梁、汉旧路，让崔猷"率众开通车路，凿山堙谷五百余里，至于梁州"，遂任命他为梁州刺史。及宇文泰亡故，山南不少州郡侯机反叛，"唯梁州境内，民无二心"。猷派兵六千支援利州（四川广元市），送米四千斛给信州（重庆市奉节县），"二镇获全，（崔）猷之力也"①。由此可见。汉中政治隶属虽已由南朝转归北朝，当地兵强粮多，生产发展，社会秩序也相当安定。

汉魏以至北朝，汉中、巴蜀等地有大批少数族人聚居，首先是獠人。《三国志》卷 43《张嶷传》记："建兴五年（227 年），丞相（诸葛）亮北住汉中。"注引《益部耆旧传》云："平南事讫，牂柯兴古獠种复反，（马）忠令嶷领诸营往讨，嶷内招降得二千人，悉传诣汉中。"这些是从南中迁往汉中的獠人。《水经注》卷 27 记沔水"东迳西乐城（勉县）北，城在山上……城侧有谷，谓之容裘谷，道通益州。山多群獠，诸葛亮筑以防遏。"这批为数不少的獠人似乎并非是新近从南中北迁的。《北史》卷 95《獠传》称，"獠者，盖南蛮之别种，自汉中达于邛笮，川洞之间，所在皆有，种类甚多。散居山谷，略无氏族之别"，居于汉中等地的獠民尚处于渔猎为生阶段。《周书》卷 15《李辉传》记周武帝建德元年（572 年），"出为总管梁、洋等十州诸军事梁州刺史，时渠、蓬二州生獠，积年侵暴。辉至州绥抚，并来归附，玺书劳之"。这批来自巴蜀的獠人被称为"生獠"，自是有别于早已居于汉中的獠人。上引《獠传》记北魏后期，汉中地区獠人，"近夏人者安堵乐业，在山谷者不敢为寇"。足以说明獠人生活状况已出现了不小变化。《隋书》卷 29《地理志》称：

---

① 《魏书》卷 71《夏侯道迁传》；《周书》卷 35《崔猷传》。

"傍南山杂有獠户，富室者颇参夏人为婚，衣服、居处、言语，殆与华不别。西城（陕西安康市）、房陵（湖北房县）、清化（四川巴中市）、通川（四川达州市）、宕渠（四川渠县），地皆连接，风俗颇同。"它没有说獠人有生、熟之别，但与夏人通婚，衣着、住宅、言语也与夏人极少差异的獠人，在生产方面亦必如是。生獠很难说都是不事农业生产，基本上没有和汉族政权或是其他执掌朝政的政府发生联系是可以肯定的。

汉中地区除獠民外，还有氐人。《北史》卷96《氐传》记仇池氐杨盛，"分诸氐、羌为二十部护军，各为镇戍，不置郡县，遂有汉中之地，仍称蕃于晋"。其后裔杨难当派人袭梁州，"遂有汉中之地"。"杨文德后自汉中入统沔、陇，遂有阴平（甘肃文县）、武兴（陕西略阳）之地"，与南朝关系密切。西魏废帝二年（552年），宇文贵任大都督兴州（陕西略阳）刺史，"先是，兴州氐反，自（宇文）贵至州，人情稍定。贵表请于梁州（汉中）置屯田，数州丰足"[①]。按《元和郡县志》卷22记兴州，战国时，为白马氐之东境，"晋永嘉末，氐人杨茂搜自号氐王，据武都，自后郡县荒废，而茂搜子孙承嗣为氐王"。兴州与武都毗邻，宇文贵面对氐人骚扰，乃在兴州地区开拓军事屯田，取得了良好成效，民心由是安定。明年，西魏出兵取蜀，"以达奚寔行南岐州（陕西凤县）事，兼都（督）军粮。先是，山氐生犷，不供赋役，历世羁縻，莫能制御，寔导之以政，氐人感悦，并从赋税（役），于是大军粮饩，咸取给焉"[②]。显而易见，居于陕陇间的氐人早已务农，而习性较为粗野，抗拒税役。经过

---

① 《周书》卷19《宇文贵传》。
② 《周书》卷29《达奚寔传》；《册府元龟》卷483《才略》，中华书局1960年影印本。

有效调理，氏人提供了大批粮食，并馈赠牲口，使魏、周军队粮饩充实。

《隋书》卷30《地理志》云："上洛、弘农，本与三辅同俗。自汉高发巴、蜀之人定三秦，迁巴之渠率七姓，居于商洛之地，由是风俗不改其壤。其人自巴来者，风俗犹同巴郡。"可见商洛地区的居民除土著外。还有西汉初自巴地迁来的渠率七姓，他们虽被强制迁入后，仍长期保持其原有风俗。它和《太平寰宇记》卷141记商州"至今尚存"巴中渠率七姓旧风俗的记述完全一致。这些人从事生产相当原始，长期来也很少进步。

在生产有一定发展的基础上，汉中各地涌现了不少地方豪族。例如，安康人李迁哲"世为山南豪族"。二十余岁仕梁，为安康郡守，并与西魏抗争，战败归国，宇文泰以其"信著山南"，使他协助贺若弼平定直（安康西北）、洋（洋县）等州人的叛乱。并领兵南下，攻取梁之巴州（巴中），"自此巴、濮之人，降款相继"，以功迁直州判史。他是"累世雄豪"，"妾媵至有百数"，"沿汉（水）千余里间第宅相次"[1]，分处妾媵及其子女，藉此可以推知他的豪富和地产之广了。

又如傥城兴势（洋县）人杨乾运是"方隅豪族"，父为南齐安康郡守。北魏末，乾运亦任安康郡守，西魏时任梁州刺史、安康郡公。

上甲黄土（陕西旬阳县）人扶猛，世为白虎蛮渠帅。仕梁为郡守、刺史。侯景之乱，"猛乃拥众自守"，西魏废帝时归降，宇文泰"以其世据本乡，乃厚加抚纳"，命为罗州（湖北房县西北）刺史。其时，魏、周大力攻梁、益州，使之随贺若敦进袭信州（重庆市奉节县）。"所由之路，人迹不通，猛乃梯山扪葛，

---

① 《周书》卷44《李迁哲传》。

备历艰阻。雪深七尺，粮运不继，猛奖励士卒，兼夜而行……遂入白帝城，抚慰民夷，莫不悦附"①。非常具体显示出秦巴山地荒闲未辟，情状异常艰苦。但当地已有不少蛮民生活其间，从事初步垦殖。

安康是秦巴山地的中心。《水经注》卷 27 称，其地"黄壤沃衍，而桑、麻列植，佳饶水田。故孟达与诸葛亮书，善其川土沃美也……汉末为西城郡，建安廿四年（219 年），刘备以申仪为西城太守，仪据郡降魏，魏文帝改为魏兴郡"。六朝时期，安康是汉中东部的政治、经济中心，它哺育了诸如李迁哲一类豪族和扶猛那样的蛮族渠帅。这么一批政治代表人物的登场是和所在逐步得到垦辟，生产有所发展密切相关联的。

商洛地区自然条件复杂，深山峡谷又多，自秦汉以来，已是南北重要通道之一。东晋永和八年（352 年），氐人苻健称帝，定都长安，"遣（苻）菁掠上洛郡（陕西商州市），于丰阳县（陕西山阳县）立荆州，以引南金奇货。弓竿漆蜡，通关市，来远商。于是国用充足，而异贿盈积矣"②。由此可知，前秦政权对山南商洛地区相当重视，并从那里获得山区多种特产，导致国家用度充足。两年后，东晋桓温率兵四万北伐，进攻上洛，俘执苻健荆州刺史郭敬。与此同时，晋军司马勋部被秦军击败于子午谷（秦岭以南，安康西），桓温北伐大军在关中也因缺粮退归。这一战例表明，商洛地域在军事政治上的地位十分重要，但当地生产尚处于很不发展的阶段。

当然，商洛地区生产比前代已是大有长进。"世雄商洛"的上洛丰阳（山阳县）人泉企一家，自其曾祖以来，"世袭本县

---

① 《周书》卷 44《杨乾运传》、《扶猛传》，又卷 28《贺若敦传》。
② 《晋书》卷 112《苻健载记》。

令"。"自晋东渡,常贡属江东。曾祖景言,魏太延五年(439年),率乡里归化,仍引王师平商洛",以此依旧世雄乡里。泉企十二岁任本县令。不久,迁上洛郡守,统率乡兵三千人,击败雍州刺史萧宝夤的叛军。宝夤派兵"诱动巴人,图取上洛,上洛豪族泉、杜二姓密应之",也被泉企领兵击溃。其后,他任东雍州(陕西华县)刺史,"每于乡里运米以自给"①,前已指出,自汉初迁商洛的巴渠七姓,至唐、宋之际,仍大体保持其原来习俗,生产后进。然而,魏周之际的泉企在外地任高官时,却从家乡运米自给,可以窥见他是拥有大地产,并进行良好的粮食生产。"上洛豪族泉、杜二姓"的情况亦相类似,他们在重山险阻中艰难地拓殖出良好的成果。

另一"世为豪族"和"商洛首望"的上洛人阳氏,阳斌为上庸郡(湖北竹山)守。子阳猛,北魏末,领兵抗击万俟丑奴等立功,先后任河北郡(山西平陆)守和华山郡(陕西华县)守。阳雄累以军功除洵州(安康北)刺史:"俗杂賨渝,民多轻滑。雄威惠相济,夷夏安之。"② 从阳雄家世看,他是商洛地区的华夏族人。洵州"俗杂賨、渝",或称"夷夏",居民是蛮(巴、獠)夏混杂,夏人早已务农,巴人亦有较高文化水平。彼此能安定相处。不难察知,商洛地区的农作比以往是很有进展。

三 隋唐时期

汉中地区在隋唐大一统岁月里,农业生产获得了新的发展。

---

① 《周书》卷44《泉企传》;参见周一良《魏晋南北朝史札记·瞎巴三千生唉蜀子》,中华书局,1985年。

② 《周书》卷44《阳雄传》。

晚唐社会大动乱以至五代十国时期，约略以大巴山为界，山北为五代诸政权所有，山南则属前蜀、后蜀，农业生产未见有新的具体变化。

《隋书》卷29《地理志》综述南北朝至隋代汉中地域状况，"汉中之人，质朴无文，不甚趋利。性嗜口腹，多事田渔，虽蓬室柴门，食必兼肉"。"其边野富人，多规固山泽，以财物雄役夷獠，故轻为奸藏，权倾州县，此亦其旧俗乎！"多事田渔是指居民多从事农作，夏人和已汉化的少数族人如此。另一些深林野处的少数族人仍是畋猎渔伐为生。生活在汉中周边诸地的富豪们通常是霸占山林湖泽，奴役少数民族，且拥有世袭特权，俨然与中央政府分庭抗礼。这是自南北朝以至隋代所共有的社会风向。

唐初，梁州总管庞坚执杀叛乱的巴山（四川南江县）獠头领，深入穷追余党，颁发命令，"谷熟，吾尽收以馈军，非尽贼，吾不反"①。巴山集州，毗邻汉中，揭示了山南獠民已广泛种植粮食作物。

唐代汉中地区依旧是水旱并作，岑参说，在梁州的春日，"芄芄麦苗长，蔼蔼桑叶肥"②，唐德宗诏，谈及当年春夏之际，他流亡汉中，"宿麦过时而不获，睹此妨夺，弥增感伤"③。至于水田农作，郑谷说，在洋州（洋县），"开怀江稻熟，寄信露橙香"④。明白揭示汉中洋县稻谷与甜橙同时丰收。《太平寰宇记》卷133记梁州南郑县西南五十里有黄牛山，"山下有黄牛川，

---

① 《新唐书》卷193《庞坚传》，又卷222下《獠传》；《资治通鉴》卷187，武德二年十月。

② 《全唐诗》卷198岑参《过梁州奉赠张尚书大夫》，中华书局，1960年。

③ 《陆宣公集》卷4《重优复兴元府及洋风州百姓等诏》，四部备要线装本。

④ 《全唐诗》卷674郑谷《送祠部曹郎中郧出守洋州》。

《十道记》云，黄牛川有再熟之稻，土人重之"。唐代称为十道图志的书至少有五种以上①，未知上引出自何人所撰。要之，位于山南的汉中地区种稻多，不足为怪。所称再熟稻可能是再生稻，秦岭以南的黄牛川出产再生稻也是正常的，当地稻、麦并作，但很难轻易地说，那里已是稻麦复种的了。

唐建中四年（783 年）十月，长安发生泾原兵变，朱泚称帝。德宗被迫出奔，自奉天（陕西乾县）至梁州（汉中），"依剑蜀为根本"，在梁州不满半年②，"山南地贫，粮食难给，宰臣议请幸成都府"。史称"梁、汉之间，刀耕火耨，民以采稆为事，虽节察十五郡，而赋额不敌中原三数县。自安史乱后，多为山贼剽掠，户口流散大半。洎六师驻跸，（梁州刺史严）震设法劝课，鸠聚财赋，以给行在，民不至烦，供亿无缺"③。所称十五州郡为"梁、洋、兴、凤、金、开、通、渠、集、蓬、利、壁、巴、阆、果州"。前面五州是汉中地区，开州以下十州，是四川东北地域。说"梁汉之间，刀耕火耨"，梁指梁州汉中郡，汉指金州安康郡，唐肃宗时，曾改名汉阴郡。梁汉之间，是汉中地区最发达的地区。德宗一行在汉中，自是就近取给。山间小盆地的生产成果自难充分供应新增庞大人群的巨大开销，说梁汉间大地仍是刀耕火种，那是言过其实了。

《汉书·地理志》将汉中郡列入楚地，那里是火耕水耨，以渔猎山伐为业，与荆楚乃至同时的吴越大体一致。荆楚、吴越自

---

① 《新唐书》卷58《艺文志》记《长安四年十道图》13 卷，《开元三年十道图》10 卷，李吉甫《十道图》10 卷，梁载言《十道志》66 卷，贾耽《贞元十道录》4 卷。

② 德宗一行于兴元元年（784 年）三月壬申（初一）至梁州，六月戊午（十九日），离开梁州返回长安，在梁州生活不满四月。

③ 《旧唐书》卷117《严震传》；《新唐书》卷127《张延赏传》；《资治通鉴》卷230，兴元元年三月。

东汉以后，面貌改观甚快。岂能说经历七八百年后的汉中仍然停留在原始农业耕作模式。《全唐文》卷794孙樵《兴元新路记》记自关中入汉中，沿途所经诸驿的很多具体情状。褒斜道上，"往往涧旁谷中有桑柘；民多丛居，鸡犬相闻……路旁人烟相望，涧旁地益平旷。往往垦田至一二百亩，桑柘愈多。至青松，即平田五六百亩，谷中号为夷地，居民尤多"。显示山地农作并非刀耕火种。上述黄牛川的再熟稻肯定不是刀耕火种产物。说梁汉间民以采稆为事，稆或称穞，是不种自生的野生粮食作物，江淮以南稻作区所见稆颇为不少①，民间采穞、采稆，岂能说是极为落后的吗？

当然，汉中地区的生产发展很不平衡。《文苑英华》卷813柳宗元《兴州江运记》云，西汉水畔的兴州（略阳），"西为戎居，岁备亭障，实以精卒，以道之险隘，兵困于食，守用不固"。德宗时，刺史严砺面对"崖谷峻隘，十里百折……盛秋水潦，穷冬雨雪"的严峻现实，"即山僦功，由是转巨石，仆大木，焚以炎火，沃以食醯，摧其坚刚，化为灰烬，畚锸之下，易甚朽壤，乃辟乃垦……决去壅土，疏导江涛……公命屯田，师有余粮……增石为防，膏我稻粱，岁无凶灾，家有积仓"。从中很可看出，略阳地区在中唐时的开发种植成果相当好。《太平寰宇记》卷135记兴州风俗，"语带蜀音。然山高水峻，人居山上，种植甚微，惟以负贩为业"，那里有接溪山、青泥岭、武兴山、大小景山。山多，耕地相对较少。宋乾德二

---

① 例如：《宋书》卷29《符瑞志》，"元嘉廿三年（446年），吴郡嘉兴盐官县野稻自生三十许种"。《梁书》卷3《武帝纪》，大同三年（537年）九月"北徐州（江苏盱眙）境内旅生稻稗二千许顷"。《唐会要》卷28《祥瑞》，开元"十九年（731年）四月一日，扬州奏，穞生稻二百一十顷，再熟稻一千八百余顷，其粒与常稻无异"。《新唐书》卷5《玄宗纪》，开元十九年，"扬州穞稻生"。

年（964年），大将王全斌领兵伐蜀，"遂取兴州，败蜀兵七千人，获军粮四十余万石"①。大批兴州军粮，应主要产于兴州地区。

路振《九国志》卷7《武漳传》记漳任后蜀山南节度使，"以褒中（汉中北）用武之地，营田为急务，乃凿大溵，以渠泉源，溉田数千顷，人受其利"。生动展示了在山区修建渠堰，发展水利，乃是增进生产极为重要的诀窍。北宋文同说："本府（兴元府）自三代以来，号为巨镇，疆理所属，正当秦、蜀出入之会，下褒斜，临汉沔，平陆延袤凡数百里，壤土演（衍）沃，堰埭棋布。桑、麻、粳稻之富，引望不及。"② 南宋邓昂说："汉中陆田少，湿田多，种禾、麻、菽、麦，则为浸湿所害，因其卑湿，修为水田种稻，则所收可无虚岁矣……闻之老农，耕不再则苗不盛，耘不再则穗不实，苟不能革日前之弊，而望多稼之田，其可得乎？"③ 唐代汉中种稻的技术及其水利设施较宋代为差，但自汉至唐、宋，汉中皆是水旱兼作，以水稻生产为主体则是客观存在不争的事实。

金州是山地中开发较好的地区，仍是地广民稀。《太平寰宇记》卷141记金州户口散落。大历六年（770年），将所属平利县并入西城县，洧阳县并入洵阳县，石泉县并入汉阴县。永贞元年（805年），金州刺史姜公辅"以山谷重阻一千余里，来往输纳，民为不便"，乃于旧址复置石泉县。由此可知，当地生产不

① 《续资治通鉴长编》卷2，乾德二年十二月，中华书局点校本第2册，1979年。

② 文同《丹渊传》卷34《奏为乞修兴元府城及添兵状》，四部丛刊本；参《宋史》卷443《文同传》。

③ 《宋会要辑稿》《食货》3之5《营田》，中华书局1957年影印本；《建炎以来系年要录》卷180，绍兴二十八年（1158年）九月，中华书局，1988年。

兴旺。《柳河东集》卷9《裴府君（瑾）墓碣》记裴瑾"刺金州，决高弛隒。去人水祸，渚茭原茅，辟成稻粱"。整修了汉江水利，有助稻作业发展。唐人姚合说："安康虽好郡，刺史是憨翁……野亭晴带雾，竹寺夏多风，溉稻长洲白，烧林远岫红。"①是知安康地区同样水旱兼作，烧林旱作的畬田自是较原始的耕作方式。穆宗长庆时，张仲方任金州刺史，"郡人有田产为中人所夺，仲方三疏奏闻，竟理其冤"②。金州去长安六七百里，宦官夺地竟越秦岭而至，估计是因其田地质量较好。总的说来，金州田作比汉中差。宋陈师道说：宋初，金州"名虽为州，实不如秦楚下县，山林四塞，行数百千里，水道阻险，转缘山间，悬流逆折，触石破舟……陆行凭陵，因山梯石，悬栈过险，修林丛竹，悍蛇鸷兽，卒出杀人"③。山区交通不便，荒野未辟，毒蛇猛兽众多，开发尚少，金州生产财富尚不及内地一县。宋神宗熙宁七年（1074年）六月，金州"西城县（安康市）民葛德出私财修长乐堰，引水灌溉乡户土田"④。努力发展农田水利，有助生产发展，因而受到朝廷奖赏。

商洛山区开发在汉中地区中最为滞后。《唐会要》卷86《道路》记"贞元七年（791年）八月，商州刺史李西华请广商山道，又别开偏道以避水潦，从商州西至兰田，东抵内乡（河南西峡）。七百余里皆山阻，行人苦之。西华役功十余万……行者为便"。交通不便，严重制约生产滞后。李商隐说："六百商於路，崎岖古共闻……路向泉间辨，人从树梢分。更谁开捷径，速

---

① 《全唐诗》卷497姚合《金州书事寄山中旧友》。

② 《旧唐书》卷99《张仲方传》。

③ 陈师道《后山居士文集》卷15《忘归亭记》，适园丛书线装本。

④ 《续资治通鉴长编》卷254，熙宁七年六月，中华书局点校本第18册，1986年。

拟上青云。"① 所在荒野如此，实难说那里生产有多好。《太平广记》卷432引《玉堂闲话》称："旧商山路多鸷兽，害其行旅。"又说："襄梁间多鸷兽，州有采捕将，散设槛井取之，以为职业。"唐穆宗时，房州永清县（湖北房县东南）令"为上帝所命，于金（安康）、商（商州）、均、房四郡之间，捕鸷兽，余数年之内，剿戮猛虎，不可胜数，生聚顿安"②。广大商洛地区要设专职人员捕虎，可以想象其他虎患多么严重。它标志着该地尚未得到必要的开发。唐末以后，这种状况有所改变。北宋王禹偁《小畜集》卷8《畬田词序》称，宋初，商州"民刀耕火种，大抵先斫山田，虽恶崖绝岭，树木尽仆，俟其干且燥，乃行火焉。火尚炽，即以种播之"。砍伐树木加以烧毁，草木成了灰肥，直接播种其中，此后不再耘锄中耕，这是非常粗放的耕垦山地的方式。

就总体而言，汉中诸州府的编户在唐前期百余年内是在广泛增加，增户最少的商州和兴州，也都新增近一倍，洋州增户逾十倍，梁州（兴元）增户近六倍，凤州增户三倍；金州唐初户口数字疑有误，颇难比较③。总的趋势表明，汉中地区已处于日趋开拓发展中。

位于秦岭以南的汉中地区，气温条件既与岭北迥异。其农产品便与岭北关中和黄土高原不同。《新唐书·地理志》记汉中、金州产茶，均以进贡。二郡且出产富有南方特色的柑橘、枇杷、橙等水果，金州且置橘官，负责相关事宜。就织物而

---

① 《全唐诗》卷540李商隐《商於新开路》。

② 《太平广记》卷307《永清县庙》，中华书局，1981年。

③ 《新唐书》卷40《地理志》记金州天宝户14091，与《旧唐书》卷39《地理志》记金州贞观中户完全一致，显然不近情理。《旧唐书》卷39记商州，始置于武德元年，贞观十年州废，旧领户4901，天宝户8926。

言，汉中盛产丝縠（皱纹纱），襃城绢质量在全国品评为第六等，兴州绢居第八等。汉中诸地盛产麻、麻布、赀布。襃、洋所产赀布在全国位居第六等。金州赀布位列第九等。山南诸地山谷，盛产多种多样中药材，例如杜仲、麝香、枳壳、枳实、黄蘗、丹砂等，商州所产麝香列为贡品。金州、兴州产漆，更是名闻全国。汉中有如巴蜀，产芋极多。

刊《庆祝何兹全先生九十岁论文集》
北京师范大学出版社 2001 年

汉唐间河西走廊地区农牧生产

现今甘肃省黄河以西，特别是乌鞘岭以西，有一条位于龙首山、合黎山、北山和阿尔金山、南山（祁连山）之间的狭长地带，世称河西走廊。它是汉唐间西域与内地进行往来的交通孔道，本文要讨论的是在汉唐间，它由游牧经济经历艰难曲折，转变为重要的农牧生产基地。

一

河西走廊地区在西汉政府力量进入以前，长期是西戎和月氏、乌孙、匈奴等族人生活栖息的场所。战国、秦汉时，雄踞漠北的匈奴，"随畜牧而转移……毋城郭常处耕田之业"①。力量强大，受其威胁的秦、赵、燕诸国，只好筑长城以资防守。随着匈奴势力的西渐，"随畜移徙，与匈奴同俗，控弦者可一二十万"，"居敦煌、祁连间"的大月氏被匈奴单于打败，大众远徙，"其

① 《史记》卷110《匈奴传》，《汉书》卷94上《匈奴传》，中华书局点校本，以下所引诸正史均同。

余小众不能去者保南山羌，号小月氏"①。乌孙也是"随畜逐水草，与匈奴同俗"。《后汉书·西羌传》云："汉兴。匈奴冒顿兵强，破东胡，走月氏，威震百蛮，臣服诸羌。"匈奴顺利进据河西，并迅速控制了西域。

后世地志综述了河西在汉朝前后的政治形势：肃州（酒泉），"古西戎地，六国时，月氏居焉。后为匈奴所逐，奔逃西徙，匈奴得其地，使休屠、昆邪王分守之。武帝元狩二年（前121年），昆邪王杀休屠王，并将其众来降，以其地为武威、酒泉郡，以隔绝胡与羌通之路"。《史记》卷123《大宛传》因云："浑邪王率其民降汉，而金城河西并南山至盐泽空无匈奴。"凉州（武威），"自六国至秦，戎狄及月氏居焉。后匈奴破月氏……月氏乃远过大宛，西击大夏而臣之。匈奴使休屠王及浑邪王居其地，汉武帝之讨北边……得其地，遂置张掖、酒泉、敦煌、武威四郡，昭帝又置金城郡，谓之河西五郡"。甘州（张掖），"自六国至秦，戎狄月氏居焉。汉初为匈奴右地。武帝元鼎六年（前111年）……乃分武威、酒泉地，置张掖、敦煌郡、断匈奴之右臂"②。沙州（敦煌），"西戎所居，古流沙之地……其后子孙为羌戎代有其地……按'十三州志'云：瓜州之戎为月氏所逐。秦并六国，筑长城，西不过临洮，则秦未有此地，汉武帝后元六年（？）分酒泉之地置敦煌郡，徙郡人以实之"③。这些简略记述表明，河西原为月氏、乌孙人居地，受匈奴逼迫而西迁。汉武帝时，几次发兵打击匈奴，霍去病领兵，"济居延

---

①　《史记》卷123《大宛传》；《汉书》卷96上《西域传》。

②　《元和郡县图志》卷40《陇右道》，中华书局1983年点校本。

③　《太平寰宇记》卷153《陇右道》，清光绪八年金陵书局刻本，第1页下。"后元六年"误，史无其年；《汉书》卷6作元鼎六年，又卷28下《地理志》作后元年。何者为是，待考。

（水），遂臻小月氏，攻祁连山，扬武乎觚得（张掖），得单于……及相国、都尉以众降下者二千五百人"①。打败了匈奴，汉朝在河西分设四郡，有如汉明帝时耿秉所言，"孝武既得河西四郡及居延、朔方，虏失其肥饶畜兵之地，羌胡分离"②。汉政府在政治上取得成功。有关四郡设置年限，《汉书·武帝纪》和《地理志》的系年互异，众多学者如张维华、劳干、严耕望、陈梦家、黄文弼、周振鹤、日比野大夫等人已分别做了不少考辨，意见虽互有异同，大都认为《地理志》系年误。大致说，张掖、敦煌、酒泉三郡是武帝时建制，武威郡很可能迟至宣帝时才设置。经过汉军对匈奴的一再打击，诚如《霍去病传》所云，"转战六日，过焉支山千有余里"，旋越居延，过小月氏，至祁连山，杀死及俘虏共三万余人。唐初《括地志》云："焉支山，一名删丹山，在甘州删丹县东南五十里。"《西河旧事》云："山东西二百余里，南北百里，有松柏五木，美水草，冬温夏凉，宜畜牧，匈奴失二山，乃歌云：亡我祁连山，使我六畜不蕃息，失我燕（焉）支山，使我嫁妇无颜色。"③ 由此可见，匈奴占领河西时，以祁连山为主体的高山草甸草原是良好天然特牧场，汉武帝时，新野人暴利长在敦煌渥洼水一带屯田，"数于此水旁见群野马中有奇者，与凡马异，来饮此水……后马玩习，久之，代土人持勒靽收得其马，献之"（《汉书》卷6《武帝纪》元鼎四年师古注引李斐语）。说明汉征服河西后，河西敦煌等地仍有大量野马存在。西戎、月氏、乌孙、匈奴，在河西长期盛行游牧，有否

---

① 《汉书》卷55《霍去病传》。

② 《资治通鉴》卷45，永平十五年；参《后汉书》卷19《耿秉传》。

③ 《史记》卷110《匈奴传》，司马贞《索隐》引《西河旧事》，而张守节《史记正义》引《括地志》记为《西河故事》；《太平御览》卷50《地部》引《西河旧事》，又引《凉州记》文字都相同，中华书局1985年影印本。

农作，则未见诸史籍。

汉朝与匈奴争夺河西伊始，汉中人张骞受命西行，联络月氏共攻匈奴。当他经历艰苦曲折到达时，月氏人生活已相当安定。又离汉远，不再抱怨匈奴，骞不得要领而归。他想到被赶走的乌孙人，"蛮夷恋故地，又贪汉物"。"厚赂乌孙，招以东居故地……则是断匈奴右臂"，武帝派他出使。"乌孙远汉，未知其大小，又近匈奴，服属日久，其大臣皆不欲徙"①。招引目的又没有达到。"乌孙王既不肯东还，汉乃于浑邪王故地置酒泉郡，稍发徙民以充实之"。也就是说，"北却匈奴，西逐诸羌"，"河西地空，稍徙人以实之"②。河西地空，既是月氏与乌孙人的西徙，又是匈奴与西羌人的离去，某些没有西去的月氏人"南入山阻，依诸羌居止，遂共与婚姻"。霍去病进军湟中时，"月氏来降，与汉人错居，虽依附县官，而首鼠两端，其从汉兵战斗，随势强弱"，他们并不忠实依附于汉。其时，众多羌人主要聚居于黄土高原所属的陇右，不在河西四郡境内。《汉书》卷28《地理志》云："自武威以西，本匈奴昆邪王、休屠王地，武帝时攘之。初置四郡以通西域，隔绝南羌、匈奴。其民或以关东下贫，或以报怨过当，或以訾逆亡道，家属徙焉。习俗颇殊，地广民稀，水草宜畜牧，故凉州之畜为天下饶。"建置河西四郡时，境内地广民稀，汉政府从外地迁入的人，包括了关东的贫苦大众和某些犯法臣僚的家属。河西走廊地势高，又深处内陆，雨水少，草地宜牧，有利畜群繁殖饲养。酒泉太守辛武贤说，匈奴人、"以畜产为命"③，凉州饶畜

---

① 《汉书》卷61《张骞传》，又卷96下《西域传》。

② 《资治通鉴》卷20，元鼎二年，中华书局点校本；《后汉书》卷87《西羌传》。

③ 《汉书》卷69《赵充国传》。

产，良有以也。

徙入河西的关东下贫自是一般务农的贫苦大众。《汉书·武帝纪》所说"徙民以实之"，正是指的这类人。通过他们勤奋力作，河西大地上，创造出"风雨时节，谷籴常贱，少盗贼"（《地理志》）的良好局面。

河西四郡建制也和内地一样，是以郡统县，但诸县建置年限，史书多失记。《地理志》称敦煌郡"冥安县，南籍端水（今流勒河）出南羌中，西北入其泽，溉民田"。效谷县，师古注引"桑饮说，孝武元封六年（前105年），济南崔不意为鱼泽尉，教力田，以勤效得谷，因立为县名"。"龙勒县，氐置水（今党河）出南羌中，东北入泽，溉民田"。从居延简牍所见，诸县级政权下设大量乡里机构，正与内地郡县相同。

上述敦煌郡县的"民田"自是百姓们的田地。居延简记：

24·1A：三燧隧长居延西道里公乘徐宗年五十宅一区……田五十亩……①

37·35：候长觟得广昌里公乘礼忠年卅……宅一区……田五顷……②

徐宗和礼忠乃是低爵位的戍守官员，居延、觟得都是属于张掖郡。两户的田宅自是其家的私有家产。据日本学者研究，二简均为汉宣帝时事③。汉置河西四郡未久，张掖、敦煌等地的私有田产已在迅速发展。东汉初年，任延为武威郡守，北有匈奴，南邻羌人。"民畏寇抄，多废田业"，他派兵征讨，使之有所畏惧，不敢进犯，同样是表明武威郡境内私田已是广泛存

---

① 谢桂华等《居延汉简释文合校》，文物出版社，1987年，第34页。

② 同上书，第61页。

③ ［日］永田英正《论礼忠简与徐宗简》，载《简牍研究译丛》第二辑，中国社会科学出版社，1987年，第35—57页。

在。我们从众多新、旧居延简中，不难看到有关更赋、兵役、徭役的种种记事，正是河西民众承担赋役的写照。官府对大批从外地移居河西的贫民必定要分别给予田地和住宅，贷借耕牛、农具、种子，才能启动他们从事农作。赵过推行代田法时，"又教边郡及居延城"①。在居延等边地推行代田法，即是以个体生产者为对象的。

汉武帝以来，"用事者争言水利，朔方、西河、河西、酒泉皆引河及川谷以溉田"（《史记》卷29《河渠书》），很概括地说明了河西酒泉等地引河水灌溉。《汉书·地理志》比较具体地介绍了诸郡河川的溉田此不赘引。居延简127·6云②：

> 第十三隧长贤□井水五十步深二丈五立泉二尺五上可治田度给吏卒☒

这是张掖郡居延地区开井修渠，下泉流涌出或是深达2.5丈的立泉，开渠自是用于灌溉。

汉宣帝时，"汉遣破羌将军辛武贤将兵一万五千人至敦煌，遣使者案行表，穿卑鞮侯井以西，欲通渠转谷，积居庐仓以讨之"。卑鞮侯井，孟康注云："大井六通渠也。下泉流涌出，在白龙堆东土山下。"③ 说明西汉政府想通过河渠运粮以讨乌孙。井渠在白龙堆以东，是归属于河西敦煌地区的。地下通流的井渠在内地罕见，因河西雨量少，难以满足农作物所需水分。所幸地势高峻，高山终年积雪，夏日融化，水聚以成井渠，或流行于地面，或通流于地下，成为山麓地区农田灌溉的主要水源。汉光武帝时，武威郡守任延，以"河西旧少雨泽，乃为置水官吏，修

---

① 《汉书》卷24上《食货志》。
② 谢桂华等《居延汉简释文合校》，文物出版社，1987年，第208页。
③ 《汉书》卷96下《西域传》。

理沟渠，皆蒙其利"①。正是依赖水源灌溉，严重缺水的河西绿洲才能生意盎然，建成丰收良田。

采用屯田方式是汉代在河西发展农业生产的重要途径。军屯初创于西汉，历代大多沿袭，它曾有效地维持了边军的粮食供应，开拓了边防的耕地。《史记》卷30《平准书》云："初置张掖、酒泉郡，而上郡、朔方、西河、河西开田官，斥塞卒六十万人戍田之。"可证河西是国内重要屯田据点。应劭说："武帝始开三边，徙民屯田，皆与犁牛。"② 居延简513·23，303·39云③：

延寿乃大初三年中父以负马田敦煌，延寿与父俱来田事已。

延寿父子在敦煌田作，可能即是徙民屯作的成员，官府供应耕作者使用牲口。

《武帝纪》载元鼎四年（前113年）"秋，马生渥洼水中"。注引李斐言："南阳新野有暴利长，当武帝时遭刑，屯田敦煌界，数于北水旁见群野马中有奇者与凡马异，来饮此水。"非常清楚，南阳新野人暴利长是以弛刑徒身份屯田敦煌。联想史书屡见因罪徙敦煌的官员如解万年、陈汤、薛况、李寻、解光等等，很可能是与田事有关。居延简常见"田卒"、"戍卒"④，农时耕耘，战事打仗，有闲负责戍守，例由官府支付衣食，是为军屯。武帝时，"初置张掖、酒泉郡，而上郡、朔方、西河、河西开田官，斥塞卒六十万人戍田之"，"益发戍甲卒十八万酒泉、张掖

① 《后汉书》卷76《任延传》。
② 《汉书》卷7《昭帝纪》元凤三年条注引。
③ 谢桂华等《居延汉简释文合校》，文物出版社，1987年，第623页。
④ ［日］尾形勇《汉代屯田制的几个问题》，《简牍研究译丛》第一辑，中国社会科学出版社，1983年，第262—296页；参看《中国屯垦史》上册，农业出版社，1990年，第221页。

北，置居延休屠以卫酒泉"①。塞卒即是既戍且耕。《昭帝纪》载始元二年（前85年）冬，"调故吏将屯田张掖郡"，征调故吏为屯田官，使领兵屯田张掖。《居延新简》E. P. T52·105 云②：

　　……□□酒泉、张掖农官田卒☒

居延简 303·15，513·17 云③：

　　……谨案居延始元二年（前85年）戍田卒千五百人为骍马田官穿泾渠……

还有敦煌郡疏勒河流域的屯田简文，限于篇幅，不再引用。

　　可见酒泉、张掖等地的农官是以田卒屯作。以戍田卒千多人在居延兴修水利，从事集体劳动。居延地区的甲渠、肩水、广渠等，都是人工开凿的水渠。田卒中之河渠卒，即是专门担负田地灌溉而使用的。《居延新简》云④：

　　第四长安亲，正月乙卯初作，尽八月戊戌，积三□□日，用积卒二万七千一百卌三人，率百廿一人，奇卌九人，垦田卌一顷卌四亩百廿四步，率人田卅四亩，得谷二千九百一十三石一斗一升，率人得廿四石，奇九石。

　　此简为卒作簿，它记录从正月乙卯日开始耕作，至八月戊戌日止，每人作了二百□□日（原件作三□□日，疑有误），共计27143 个人工，平均合 121 人，剩余 39 个人工，共垦田 41 顷 44

_____

　　① 《史记》卷30《平准书》，又卷123《大宛传》；《汉书》卷24下《食货志》及师古注，又卷61《李广利传》。

　　② 《居延新简》，文物出版社1990年版，第235页。

　　③ 谢桂华等《居延汉简释文合校》，第497页；参看［日］吉村昌之《汉代边郡的田官组织》，《简帛研究译丛》第一辑，湖南出版社，1996年，第184—205页。

　　④ 转引赵俪生《汉屯田劳动者所受剥削之性质与数额上之差异》，《西北师院学报》1982年第2期，又见同氏《中国土地制度史》，齐鲁书社，1984年，第76页。赵先生说是1972年出土新简，我通读《居延新简》而未见，心存疑惑，持此请教谢桂华先生，确知未收入。"卒作簿"名，采用谢先生意见。

亩 124 步，人均垦田 34 亩，共得谷 2913 石 1 斗 1 升，人均得谷 24 石，剩余 9 石。按简文所记，可知汉代以戍卒耕作的劳动生产率仍比较低。

那时，垦田已广泛使用铁工具。《居延新简》E. P. T52·15 及 E. P. T52·488 分别记[1]：

> 狠田以铁器为本，北边郡毋铁官，印（仰）器内郡，令郡以时博卖予细民，毋令豪富吏民得多取，贩卖细民。
>
> 甲渠候官建始四年（前 29 年）十月旦见铁器簿。

铁器例由官府统一专卖，禁止豪富贩卖以害民，屯田处所的官员将铁器一一登记入簿，以供人们使用。

农作广泛使用耕牛，牛在河西各地养育不少，李广利受命远征大宛，"岁余而出敦煌六万人，负私从者不与，牛十万，马三万匹，驴橐驼以万数赍粮"[2]。居延简中多处记录了牛，甚至牛的毛色、年齿、性别等等，都有清晰记录。内有一简 36·2 云[3]：

> ☐十五日，令史宫移牛籍太守府求乐不得，乐吏毋告劾亡满三日五日以上

为牛设籍，表明官府很重视对耕牛的登记。20 世纪 60 年代，已有人为居延简中的牛籍作过考释[4]，为牛设籍，显示河西屯田使用耕牛的极端重要性。

耕牛、铁农器与劳动者在河西地区的结合方式，我尚未看到具体资料，可能与陕西榆林东汉壁画一人扶犁二牛拉犁的牛耕方式相近，因为直至唐宋之际，敦煌壁画仍是一人二牛耕地。

---

① 《居延新简》，文物出版社，1990 年，第 228、260 页。
② 《汉书》卷 61《李广利传》，又卷 96 下《西域传》。
③ 谢桂华等《居延汉简释文合校》，文物出版社，1987 年，第 57 页。
④ 沈元《居延汉简牛籍校释》，《考古》1962 年第 8 期，第 426—428 页。

河西地区经过西汉时的大力垦殖，特别是军事屯田的开拓，初步改变了过去单一的游牧经济面貌。两汉之际，"天下扰乱，唯河西独安，而姑臧称为富邑，通货羌胡、市日四合"。"河西殷富"，颇为有名。光武帝赐授窦融凉州牧玺书云："五郡（四郡外，加金城郡）兵马精强，仓库有蓄，民庶殷富，外则折挫羌胡，内则百姓蒙福。"① 民富仓储，正是河西农作丰收景象。东汉初，武威北有匈奴，南邻羌人，"民畏寇抄，多废旧业"。任延为武威太守，选集武略，追讨叛逆，"河西旧少雨泽，乃为置水官吏，修理沟渠，皆蒙其利"（《后汉书》卷76《任延传》）。随着当地农牧经济的发展，培育出了一批豪族。前述敦煌令狐氏、索氏而外，陇右豪族梁统先后出任酒泉、武威太守，辛彤为敦煌太守，梁腾为酒泉农都尉。众所周知，农都尉乃是主管屯田殖谷的。

出土简牍所见河西田作以粟为主，麦、穈、黍、豆、穄穄也占一定比重。穄穄尤难见于史书，《居延简》303·50云："入谷六十三石三斗三升少，其卅三石三斗三升穄穄，卅石粟。"当代字书也明示穄穄为谷类②。《居延新简》第197页云"……马食穄穄六石☐"，显示以它为马饲料。

总之，自西汉在河西设郡以迄东汉末的百多年中，河西社会由戎夷诸族人长期从事游牧为生，在统一帝国的军屯启动下，官私农作迅速发展。从畜牧转向田作，开垦耕田，兴修水利，铸造农具，农业管理的变革，如此等等，使河西发生了翻天覆地的变化。受自然地貌的制约，在沙、砾、草原、绿洲相错其间的高原

① 《后汉书》卷31《孔奋传》，又卷23《窦融传》。

② 谢桂华等《居延汉简释文合校》，第499页；按许慎《说文》七上禾部，"穄穄，谷名"，中华书局，1963年；《宋本玉篇》卷15禾部，"穄穄，穄名"，中国书店，1983年，第288页。

山原地带，不可能尽变为农田。因地制宜，且照应河西长期是民族杂居的传统，农牧兼作便成为汉代以及后世在河西进行农业经营的重大特色。

二

伴随统一汉帝国的瓦解，河西地区或归属中原政权，或由占领当地的统治者独立建国，呈现出十分错综复杂的景况。

汉魏之际，华北大乱，河西地方豪强"驱略羌胡"追随张掖人张进作乱，酒泉人黄华自称太守，武威三种胡人并起抄掠，武威太守向中原告急。曹魏任命金城太守护羌校尉苏则出兵救援，胡人降服，进而围攻张掖，杀了张进，平定河西。社会秩序初步得到安定。毌丘俭父兴，黄初中，为武威太守，伐叛柔服，开通河右，名次金城太守苏则。"张掖番和骊靬二县吏民及郡杂胡，弃恶诣兴，兴皆安卹，使尽力田"①。

因为"河右少雨，常苦乏谷"。魏明帝时，徐邈为凉州刺史持节领护羌校尉，大力修整武威、酒泉的盐池，以换取羌人的粮食。由此看来，河西羌人当时也在从事农作。徐邈在凉州，"广开水田，募贫民佃之，家家丰足，仓库盈溢"②。少雨的河西居然开辟出了少量水田耕作，取得了良好成绩。保证百姓日食，供应当地驻军外，有盈余换取钱财，以供通商费用。他进而在境内兴办学校，禁断淫祀，羌胡人犯小过错一律不咎，犯了大罪的，先通报他们的部帅，然后才量刑处理，以此很受羌胡信任，彼此和平相处。

---

① 《三国志》卷28《毌丘俭传》。
② 《三国志》卷27《徐邈传》；《晋书》卷26《食货志》。

1993 年，在酒泉市西沟村发掘魏晋时二座画像陵墓，出土画像砖二十余块，内有农夫以牛犁地、拉耙碎土整地，乃至播种和收获，均有图像，砖画中还有羊群和马以及男人持弓射猎图像①，呈现出河西汉人以农耕为主，山区存在游牧为生的实况。

汉末大乱时，敦煌有二三十年没有郡级官，"大姓雄张，遂以为俗"。仓慈在曹魏时出任太守，面对贫富差异的现实，采取扶贫和抑挫权豪的政策，按人口占地多少分等交税，以使负担相对合理。又从宽处理属县的狱讼案件以纾民困。西域胡商常受豪族阻隔与欺负，积怨甚深，他大力推行改革，胡人如果愿去内地洛阳，主动协助办理过所，自内地回西域路经敦煌的，平价收购所带货物，并以当地物品与他们交易，然后派吏民护送他们上路。这些举措很受胡汉人们的拥戴。皇甫隆任敦煌太守，注意到当地人的田作技巧不娴熟，引水浸泡土块很烂，然后才进行田作，以致耗水过多。早在西汉时，中原内地已用耧犁播种，敦煌却迟至曹魏时尚不知晓，"不晓作耧犁，用水及种，人牛功力既费，而收谷更少"。皇甫隆上任，推荐以耧犁播种，且行且摇，种乃随下，省力又省粮种。他还教育人们节约用水，实行衍溉。如此办理，年终一结帐，"其年省庸力过半，得谷加五"②。

晋初，段灼表陈时政云："昔伐蜀，募取凉州兵马，羌胡健儿，许以重报，五千余人随（邓）艾讨贼，功皆第一。"曹魏出兵灭蜀，从凉州招募勇敢善战的羌胡，表明汉代关西出将的尚武风习至魏晋时仍在沿袭。

---

①　甘肃省文物考古研究所《甘肃酒泉西沟村魏晋墓发掘报告》，《文物》1996年第 7 期。

②　《三国志》卷 16《仓慈传》注引《魏略》；《晋书》卷 26《食货志》。

魏晋之际，河西混乱，地方豪族和羌戎的矛盾错综复杂。鲜卑树机能乘机起兵，泰始七年（271 年）和咸宁四年（278 年）先后杀死凉州刺史牵弘和杨欣。在朝廷鼎力支助下，武威太守马隆出兵，削平了叛乱，河西获得了初步安定。西晋中年，国内政局日趋不稳。汉人张轨目睹凉州地位重要，请求出任护羌校尉凉州刺史。他注意安定境内，发展实力。"中州避难来者日月相继，（轨）分武威置武兴郡以居之"。派参军杜勋向朝廷献马五百匹，氍布三万匹。及西晋大乱，派步骑与胡骑各二万声援朝廷。"永嘉元年（307 年），嘉麦一茎九穗生姑臧"①。《西河旧事》云："河西牛羊肥，酪过精好。"②张天锡谈到西土所出是，"桑葚甜甘，鸥鸣革响，乳酪养性，人无妬心"③。这一切显示凉州的畜牧与农作并存，畜牧优胜。前凉晚年谷贵，"出仓谷与百姓，秋收三倍征之"④。剥削很重，也正是凉州田作不旺的曲折反映。

前凉立国七十余年亡于前秦，苻坚盛世，"徙江汉之人万余户于敦煌，中州之人有田畴不辟者亦徙七千余户"，以利促进河西农作。不久，前秦丧败，河西地区为后凉、南凉、北凉、西凉所分割，大致形势是后凉据姑臧，南凉据乐都，北凉据张掖，西凉据敦煌、酒泉。

氐人吕光受苻坚命出征西域。回归东土时，得知苻坚已死，便自称凉州牧、酒泉公。其时"谷价涌贵，斗直五百。人相食，死者大半"。此后十余年内，南凉、北凉常来攻伐，"河西之民

---

① 《晋书》卷86《张轨传》；《太平御览》卷838《百谷部》引《前凉录》，第3744页。

② 余嘉锡《世说新语笺疏》上卷上《言语》注引《西河旧事》，中华书局1983年点校本，第146—147页。徐震堮《世说新语校笺》卷上《言语》（83页）注引文同，中华书局，1984年。

③ 《晋书》卷86《张天锡传》。

④ 《晋书》卷86《张骏传》。

不得农植，谷价涌贵。斗直钱五千文，人相食，饿死者千余口（？），姑臧城门昼闭，樵采路断，民请出城乞为夷虏奴婢者日有数百……于是积尸盈于衢路，户绝者十有九焉"①。自汉代以来，姑臧长期是河西的重要城市，十六国荒乱，使它破败若此。

后凉为了对抗北凉攻袭，主动向南凉求援。南凉秃发氏原是河西鲜卑，乌孤在位，"务农桑"，很想据守姑臧，迫于形势，只好迁于乐都，称河西王。为适应形势，强化统治，"置晋人于诸城，劝课农桑，以供军国之用，我则习战法以诛未宾"，即是让汉人务农，鲜卑人作战。和敌军交战时，"命诸郡县悉驱牛羊于野"。一次向后秦姚兴献马3000匹，羊30000口。凉州主簿胡威为此对姚兴说，"若军国须马，直烦尚书一符，臣州三千余户各输一马，朝下夕办，何难之有"，表明凉州依旧盛产马匹。南凉所部乙弗不听命，秃发傉檀率骑出征，"获牛、马、羊四十余万"②。北魏太武帝出征北凉"获牛马畜产二十余万"③。这都很足以说明河西鲜卑及其属部对牧事的依赖。另一方面，南凉大臣孟恺为劝阻出征谈到了国内形势是"连年不收，上下饥弊……百姓骚动，下不安业"。秃发傉檀承认"今不种多年，内外俱窘，事宜西行，以拯此弊"。面对同一困境，君臣谋求解脱的方式很不相同。联系到南凉指责北凉，"掠我边疆，残我禾稼"。沮渠氏确曾"遣其将运粮于湟河"④。这一切表明，南凉国内并未彻底废弃田作。

---

① 《魏书》卷95《吕光传》。所称"饿死千余口"，据《晋书》卷122《吕光载记》，《资治通鉴》卷112，第3536页，均作为"饿死十余万口"，疑近真实。

② 《晋书》卷126《秃发傉檀载记》，又《秃发利鹿孤载记》；《资治通鉴》卷114义熙二年四月，又卷116义熙四年五月。

③ 《魏书》卷4上《世祖纪》。

④ 《晋书》卷126《秃发傉檀载记》，又卷129《沮渠蒙逊载记》。

匈奴在东汉衰败后，某些称为"赀虏"的匈奴奴婢"亡匿在金城、武威、酒泉北，黑水西，河东西，畜牧逐水草，钞盗凉州，部落稍多，有数万"，这些人长期存在。十六国时，沮渠蒙逊的从兄男成"逃奔赀虏，扇动诸夷，众至数千，进攻福禄（酒泉）建安"①，他们的生活方式是否仍旧逐水草为生，史籍没有证明。我们知道建立北凉的卢水胡沮渠氏是以张掖为其主要根据地。早在东汉章帝时，居于武威、张掖间的卢水胡曾进行反叛②。张掖是汉代屯田重点区。魏晋以来，当地农作基本态势未变。久居其地的卢水胡估计已逐渐参与农作。后凉与沮渠氏交争。"烧氐池、张掖谷麦"。南、北凉相攻，秃发傉檀率兵"次于氐池，蒙逊婴城固守，芟其禾苗，至于赤泉而还"。氐池位于张掖东南，现今民乐县地，赤泉在氐池县北。由此看来，北凉所在张掖附近的田作仍较兴旺。沮渠蒙逊曾经下书说："戎车屡动，农失三时之业，百姓互不粒食，可蠲省百徭，专攻南亩；明设科条，务尽地利。"说明战争对农作的严重影响。尝因春旱，蒙逊下诏自责云："顷自春炎旱，害及时苗，碧原青野，倏为枯壤。将刑政失中，下有冤狱乎？役繁赋重，上天所遣乎！"此后，其子兴国为西秦所擒，他派人送谷30万斛求赎③。《吐鲁番出土文书》第一册第39页收北凉玄始十二年（423年）翟定辞为雇人耕床事，凡此种种，约略可见北凉境内的农作是比相邻诸国较盛。

汉人李暠原为敦煌郡守，进称凉公。"遂屯玉门、阳关，广田积谷，为东伐之资"。改元建初，迁都酒泉。他将前秦时徙自

① 《三国志》卷30《乌丸鲜卑东夷传》注引《魏略·西戎传》；《晋书》卷122《吕光载记》。

② 《后汉书》卷16《邓训传》，"元和三年，卢水胡反畔"。

③ 《晋书》卷126《秃发乌孤载记》，又《秃发傉檀载记》，又卷129《沮渠蒙逊载记》；《资治通鉴》卷121，元嘉六年夏。

内地的民众，"分南人五千户置会稽郡，中州人五千户置广夏郡，余万三千户分置武威、武兴、张掖三郡"①。他注意到敦煌郡大众殷，制御西域，使其子李让为郡守，"自余诸子，皆在戎间，率先士伍"。斯113号建初十二年（416年）正月籍，记敦煌郡敦煌县西宕乡高昌里11户56行残籍（《敦煌资料》第一集，中华书局，1961年），约略可以察知西凉兵户的役事实况。

西凉国留意"敦劝稼穑"，曾经"年谷频登"，但"国狭民稀"。力量甚弱，北凉侵袭，"大芟秋稼而还"。强敌当前，汜称建议"罢宫室之务，止游畋之娱，后宫嫔妃，诸夷子女，躬受分田，身劝蚕绩……百姓租税，专拟军国"。国主李歆没有采纳。沮渠蒙逊亲自率兵二万进攻敦煌，"三面起隄，以水灌城"②，西凉遂被灭亡。

鲜卑拓跋氏所建代国为前秦所灭，及苻坚败亡，拓跋氏复建魏国。北魏太武帝曾在短短八年内（431—439年），派李顺出使北凉八次，了解敌情，其后，采纳崔浩、伊馥等人计谋，进攻北凉。太武帝看到河西"姑臧城外，水草丰饶"③，认定为发展牧畜的好场所。

随着北凉覆灭，吏民三万余户被迁往平城，不少河西文士也受吸引而去。北魏留兵镇守河西。良好的畜牧环境适应了拓跋族人的游牧爱好，"世祖之平统万。定秦陇，以河西水草善，乃以为牧地，畜产滋息，马至二百余万匹。橐驼将半之，牛羊则无数"。至孝文帝时，"河西之牧弥滋"④。总的说来，北魏太武帝

---

① 《晋书》卷87《李嵩传》。
② 《资治通鉴》卷119，永初元年七月；《晋书》卷87《李歆传》。
③ 《资治通鉴》卷123，元嘉十六年八月；《魏书》卷35《崔浩传》。
④ 《魏书》卷110《食货志》，记"马二百余万匹"；《通典》卷25《太仆卿》作"马三百余万匹"，不知何所据，中华书局1988年点校本。

以后的七八十年间，官府在河西的地方行政，不论是设军镇戍，或是置郡县，长期都没有对农作给予应有的注意。

魏孝明帝时，凉州刺史袁翻议论边防军事涉及所在农事云：

> 河西捍御强敌，惟凉州、敦煌而已。凉州土广民稀，粮仗素缺。敦煌酒泉，空虚尤甚……西海郡本属凉州，今在酒泉直北，张掖西北千二百里……正是北虏往来之冲要，汉家行军之旧道，土地沃衍，大宜耕殖……即可永为重戍，镇防西北……凡诸州镇应徙之兵，随宜割配，且田且戍……一二年后，足食足兵。斯固安边保塞之长计也……入春，西海之间即令播种，至秋，收一年之食，使不复劳转输之功也。且西海北垂即是大碛，野兽所聚千百为群，正是蠕蠕射猎之处，殖田以自供，籍兽以自给，彼此相资，足以自固。①

显而易见，直至北魏后期，凉州、敦煌、酒泉等河西地，并无一片完土与乐园。河西自西汉中叶以来，田作原已日趋发展，西海即汉代居延地区，屯田成绩卓著，经历五百年后，虽然仍是土沃可耕，面前却是一片荒凉景色。努力且田且戍，方可免予转运，聊供边防军用。北魏统治者对田作的长期不重视，致使河西今不如昔，农作处于艰难低下的水准。

北魏末年，王室衰微，河西扰乱，魏孝武帝西迁，开始了西魏、北周的统治。大统十二年（546年），凉州刺史宇文仲和据州独立，西魏实权人物宇文泰派独孤信出兵，活捉宇文仲和，迁凉州民六千户去长安。回首南凉时，凉州仅有三千户，不难看出此时的凉州居民有了较大增多。平定凉州，史宁起了积极配合作用。他两任凉州刺史，战败"抄掠河右"的柔然，"前后获数万人"。他听任突厥可汗"假道凉州"袭击吐谷浑，突厥与吐谷浑

---

① 《魏书》卷69《袁翻传》；《北史》卷47文字全同。

都是随水草畜牧为生，凉州居民多杂戎夷。周明帝时，吐谷浑入侵凉州，杀刺史是云宝，贺兰祥出征檄文称，吐浑"入我姑臧，俘我河县，芟夷我菽麦，虔刘我苍生"①。这些事实说明，凉州地区的游牧经济相当突出，和东汉时的经济状况相比较，确已出现了明显的差异。

"大统十二年，分凉州以居张掖之地为西凉州"。韩褒任刺史六年，"羌胡之俗，轻贫弱，尚豪富……褒乃悉募贫人以充兵士，优复其家，蠲免徭赋，又调富人财物以振给之，每西域商货至，又先尽贫者市之，于是贫富渐均，户口殷实"。其时，原州刺史李贤曾随独孤信平凉州，"又抚慰张掖等五郡"②。张掖曾是汉魏间河西农作发达地区，经历五凉以来的社会大动乱，民族杂居，羌胡日趋汉化，贫富差异增大。

瓜州是敦煌镇的改置，它是西域通往内地的首站，在中西交通地位上享有盛名。北朝后期，涌现出了一批瓜州"首望"、"义首"、"豪右"。西魏末年，"三辅著姓"韦瑱出任瓜州刺史，"雅性清俭，兼有武略，蕃夷赠遗，一无所受，胡人畏威，不敢为寇，公私安静，夷夏怀之"③，任期届满，仍受吏民恋慕。

敦煌出土斯613号文书，经日本学者山本达郎考定为西魏大统十三年（547年）的计帐文书。他的意见迅速获得众多学者的广泛赞许和支持。文书残卷是迄今发现北朝均田税役制的唯一出土文献。值得注意的是，此件文书问世前一年，瓜州（敦煌）城民张保杀害刺史成庆，响应凉州刺史宇文仲和公开对抗西魏朝廷。晋昌人吕兴又杀郡守郭肆以声援张保。明显看出西魏政府当

---

① 《周书》卷19《宇文贵传》，又卷20《贺兰祥传》。
② 《太平寰宇记》卷152《陇右道》，第8页上；《周书》卷37《韩褒传》，又卷25《李贤传》。
③ 《周书》卷39《韦瑱传》。

时并未稳固地统治河西地区。号称"西土冠冕"的敦煌令孤整伪装依附，乘机集众诛杀吕兴，张保也被迫出奔吐浑。西魏使臣申徽参与平叛有功，因被任命为瓜州刺史。"徽在州五稔（546—551年），俭约率下，边人乐而安之"①。显而易见，瓜州敦煌地区大统十三年的均田税役计帐，正是在他的任期内制订，并获得了边民广泛支持的。

　　鉴于残文书所记有关受田、赋役、户等、台资等等内容，已有不少学者进行了多角度的研究。且与本题关涉不大。在此毋需赘述。这里，只简单提示尚少讨论的几项特色。

　　其一，残卷所记诸户主与妻室姓名以及各户四至的主人名字，可以看出，敦煌地区广泛存在汉、胡杂居，户主刘文成、候老生与少数族户主共天婆罗门等等便是明显的事例。

　　其二，少数族人家庭，如户主王皮乱，妻阿雷处姬，还有两个女儿分别出嫁给受（寿）昌郡民泣陵申安和劾谷县斛斯已奴党王叔子，其家成员和亲戚都是少数族人，他们和汉人同等受田，同样交纳税役，说明他们业已脱离游牧，从事田作。

　　其三，河西地区虽是地广人稀，但所在可耕荒田并不多，加以豪族们的霸占。因而很难按田令依法授足田亩。

　　其四，按各户受田状况，说明它不是按北魏大和均田令实施，同样也不符合北周的田令规定，而是在西魏新统治区内按当地实际情况所采取的权宜措施，以利促进社会安定和加强统治。

　　总之，在魏晋南北朝几百年乱世里，如果说，西晋灭亡以前，河西地区有魏晋政权控制，乱事影响较小，田作仍在持续进行。此后，五凉分裂统治一百多年间，河西经受了长期无休止的战乱与多民族的交叉统治，农业生产受到了极大破坏，畜牧经济

---

① 《周书》卷32《申徽传》，又卷39《韦瑱传》。

也蒙受了重大创伤。北魏占领河西后，有意让当地发展畜牧业，河西畜牧业由是获得了极大的发展，田作则是萎缩不振。其后，西魏北周的统治者比较关心农事，田作是稍有复苏，但处境维艰，很难说达到了汉魏时期的生产水平。

三

隋唐是统一中央集权的大国，河西作为与西方商贸的枢纽，发挥了重大作用。

隋代，河西常受吐谷浑与突厥的侵扰。先后任命贺娄子干与乞伏慧为凉州总管，便与"边塞未安"密切攸关。文帝让凉州总管"勒民为堡，营田积谷以备不虞"。贺娄子干上书云："陇西河右，土旷民稀，边境未宁，不可广为田种。比见屯田之所获少费多，虚役人功，卒逢践暴。屯田疏远者请皆废省，但陇右之民以畜牧为事，若更屯聚，弥不获安，只可严谨斥候，岂容集人聚畜，请要路之所，加其防守，但使镇戍相接，烽候相望，民虽散居，必谓无虑。"① 由此可知，隋初在河西营田，得不偿失，除了自然条件制约外，还有社会环境不宁的影响。宇文弼谈到突厥侵扰，"黠虏之势，来如激矢，去若绝弦，若欲追蹑，良为难及"。因此，优先安定社会环境乃是田作的重要前提。《旧唐书》卷62《杨恭仁传》记"隋仁寿中，恭仁累除甘州刺史，不为苛察，戎夏安之"。其后，炀帝在政局纷扰时，《隋书·炀帝纪》称，"盛兴屯田于玉门、柳城之外"，这种短暂行为，肯定不会有积极成果。

---

① 《隋书》卷53《贺娄子干传》，又卷40《王世积传》，亦言"凉州土旷人稀"。

隋唐之际，"家富于财"的武威姑臧人李轨乘乱起兵，很快占有五郡，与吐谷浑、突厥交结，嚣张一时，但被"凉州奕世豪望"安兴贵兄弟"引诸胡众"迅速击败了，由此可知，凉州境内社会矛盾极为错综复杂。唐太宗贞观初，东突厥灭亡，凉州都督李大亮疏称"河西氓庶，积御蕃夷，州县萧条，户口鲜少，加因隋乱，减耗尤多。突厥未平之前，尚不安业，匈奴微弱以来，始就农亩"①，充分展示了社会安定对农事发展具有重要作用。

贞观十四年（640 年），唐平定高昌后，每年要调发千余人去那里防守。褚遂良疏谏称："王师初发之岁，河西供役之年，飞刍辁粟十室九空。数郡萧然，五年不复……设令张掖尘飞，酒泉烽举，陛下岂能得高昌一人菽粟而及事乎？"自长安至西州五千多里，其中半数以上里程要跨越河西地区，运粮应役，困累无穷，如果在途中发生乱事，则将前功尽弃。玄宗开元时，韦凑反对四镇经略安抚使郭虔瓘募兵五万人出征安西，他严肃地说："一行万人诣六千余里，咸给递驮，并供熟食，道次州县，将何以供？秦陇之西，人户渐少，凉州已去，沙碛悠然……纵令必克，其获几何？"②举此二例，可知河西地区对长安与西域间的交往承担了很繁重的负荷。

玄奘西行求法，目睹"凉州为河西都会，襟带西蕃，葱右诸国商侣往来，无有停绝"③。所称凉州自然是就城区而言，并不涉及凉州所辖广大地区。其后，陈子昂在武则天执政时说："顷至凉州，问其仓储，惟有六万余石，以支兵防，才周今岁。

---

① 《旧唐书》卷 62《李大亮传》。
② 《旧唐书》卷 80《褚遂良传》，又卷 103《郭虔瓘传》。
③ 惠立、彦悰《大慈恩寺三藏法师传》卷 1，中华书局 1983 年点校本，第 11 页。

虽云屯田收者犹在此外，略问其数，得亦不多。"① 可见经历了六七十年发展，凉州农作仍不够发展。

　　唐代河西仍是多民族聚居地。吐谷浑、吐蕃、回纥、突厥等族不时在此交争，贞观六年（632年）契苾族酋长何力率部落六千余家降唐，被安置于甘、凉之间，经历了八九十年，至开元八年（720年）十一月，突厥战败了唐河西节度使杨敬述，才被迁往他处②。

　　唐高宗时，吐蕃与吐谷浑连年交战，吐谷浑失败，"走投凉州，请徙居内地"。不久，突厥势力复兴，攻占铁勒在漠北的故地，迫使回纥、契苾、思结、浑部，徙居甘、凉之间。玄宗"开元中，回鹘渐盛，杀凉州都督王君㚟"，切断了安西通往长安的通路③。《旧唐书·地理志》记吐浑、兴昔等"八州府，并无县，皆吐浑契苾、思结等部，寄在凉州界内"。说明众多少数族人确是聚居于凉州。开元时，河西节度使崔希逸镇守凉州，"时吐蕃与汉树栅为界，置守捉使"。他建议双方"各去守备"，撤除守备后，"吐蕃畜牧被野"④。可知彼此大设关防，是很不利于生产发展。

　　随着唐朝国力增强，包括河西在内的整个边疆局势迅速发生了重大变化。高宗时，王方翼在肃州（酒泉）修筑壕堑以固城，造水碾硙获利以济贫，收效良好。武则天有句名言："王师外镇，必藉边境营田。""恭勤不怠"的娄师德，在河陇等地检校

---

　　① 《陈子昂集》卷8《上西蕃边州安危事》，上海中华书局1960年版。

　　② 《资治通鉴》卷194，贞观六年，又卷212，开元八年。关于"六千余家"，《旧唐书》卷109《契苾何力传》作"千余家"。

　　③ 《资治通鉴》卷201，龙朔三年五月；《旧唐书》卷199《铁勒传》，又卷195《回纥传》；《新唐书》卷217上《回鹘传》。

　　④ 《旧唐书》卷196上《吐蕃传》。

营田长达四十多年，"民夷安之"①。由是，自武周以至玄宗盛世。唐代河西屯田获得了前所未有的巨大发展。

武周垂拱二年（686年），陈子昂纵论河西形势说："河西诸州，地居边远，""比者国家所以制其（指吐蕃）不得东侵，实由甘、凉素有蓄积，士马强盛，以扼其喉，故其力屈，势不能动。"而目前却是凉州地广，存粮甚少，"凉府虽曰雄藩，其实已甚虚竭"，"今国家欲制河西，定戎虏，此州不足，未可速图。又至甘州，责其粮数，称现在所贮积者四十余万石，今年屯收犹不入计……甘州地广粮多，左右受敌，其所管户不满三千，屯田广远，仓蓄狼藉……今瓜肃镇防御仰食甘州，一旬不给，便至饥馁，然则河西之命今并悬于甘州矣……得甘州状称。今年屯收用为善熟，为兵防数少，百姓不多，屯田广远，收获难遍，时节既过，遂有凋固，所以三分收不过二，人力又少，未入仓储，纵已收刈，尚多在野"②。他如此具体地揭示了凉甘地区发展农作的不平衡，甘州地区自西汉以来农作已有较大发展，随着唐代的屯田经营，生产是继续有了新的长进。

凉州地区的田作，此后也有了迅速发展。武则天晚年，郭元振任凉州都督，突厥、吐蕃不敢侵扰，"夷夏畏慕，牛羊散野"，又使"甘州刺史李汉通开置屯田，尽其水陆之利。旧凉州粟麦斛至数千，及汉通收率之后，数年丰稔，乃至一匹绢籴数十斛，积军粮支数十年"③。说明凉州都督区内屯作和畜牧业均有发展。《唐六典》卷7记开元盛世的河西屯田数，赤水（武威西）36屯，大斗（甘肃永昌西）16屯，建康（今高台县）15屯，甘州

---

① 《旧唐书》卷185上《王方翼传》，又卷93《娄师德传》。

② 《陈子昂集》卷8《上西蕃边州安危事》，上海中华书局，1960年。

③ 《旧唐书》卷97《郭元振传》；《新唐书》卷122本传，记稻收丰衍，似在甘州种稻。

（张掖）19 屯，肃州（酒泉）7 屯，玉门 5 屯。其中赤水、大斗、建康均在凉州境内，按《通典》卷 2 记开元廿五年（737年）令，"隶州镇诸军者，每五十顷为一屯"。显而易见，凉州屯田在唐代盛世是有了重大进展。陈子昂说武则天时，甘州有40 余屯，开元时仅存 19 屯，说明屯田规模是在不断发生变化。沙州仅玉门 5 屯，陈鸿《东城老父传》记"河州敦煌道，岁屯田，实边食，余粟转输灵州，漕下黄河，入太原仓，备关中凶年"。所言显有夸大，但敦煌有屯田大致不会虚假。唐代屯田收入，《通典》卷 2 记天宝八年（749 年）全国岁收一百九十一万多石，河西屯收二十六万多石，约占全国的 14%。

需要顺便说明，唐前期所置十道或十五道中，并无河西道。它是景云二年（711 年）五月，自陇右道分置。在此之前，元年十二月，"置河西节度、支度、营田等使，领凉、甘、肃、伊、瓜、沙、西七州，治凉州"[①]。天宝盛世，"河西节度断隔吐蕃、突厥，统赤水、大斗、建康、宁寇、玉门、墨离、豆卢、新泉八军，张掖、交城、白亭三守捉，屯凉、肃、瓜、沙、会五州之境，治凉州，兵七万三千人"[②]。

官府屯田而外，河西还有更多的民间田作。《中国古代籍帐研究》第 342—343 页引大谷 2835 号文书，记武周时，沙州逃户在甘、凉、瓜、肃等州，"例被招携安置，常遣守庄农作，抚恤类若家僮"。河西诸州招怀沙州的逃户参加田作。说明诸州民间都在努力发展农业生产。

沙州敦煌出土武周、唐玄宗与代宗时的众多户籍残卷，分别

---

① 《唐会要》卷 70《州县分望道》，丛书集成本，1936 年；《资治通鉴》卷210，景云二年五月；《新唐书》卷 67《方镇表》。

② 《资治通鉴》卷 215。

记录了当地各户受田的具体情况，诸如口分田、永业田的差异，已受田、未受田的不同。在田地各段的四至中，可以看到诸如买田、自田、官田、勋田、观田、墓田、退田等等田名。斯 2593 号《沙州志》云："沙州者，古瓜州地。其地平川，多沙洳，人以耕稼为业，草木略与东华夏同。"[①] 沙州民户广泛田作，那是一目了然的。

玄宗开元中，瓜州刺史张守珪打败了入侵的吐蕃，"瓜州地多沙碛，不宜稼穑，每年少雨，以雪水溉田。至是渠堰尽为贼所毁，既地少林木，难为修葺，守珪设祭祈祷，终宿而山水暴至。大漂材木，塞涧而流，直至城下，守珪使取充堰。于是水道复旧，州人刻石以纪其事"[②]。它很形象地说明了河西少雨，修渠的迫切性和使用雪水在内灌溉的重要性。岑参《敦煌太守后庭歌》云："敦煌太守才且贤……太守到来山出泉，黄砂碛里人种田。"[③]

敦煌出土户籍残卷记各户每一地段所在位置以及它的四至，广泛与水渠密切相关。如天宝六载（747 年）敦煌郡敦煌县龙勒乡都乡里程什住户，"一段伍亩永业，城西七里平渠。东渠，西渠，南河，北渠"。又如大历四年（769 年）沙州敦煌县悬泉乡宜禾里手实索思礼户，"一段玖亩口分，城西十五里瓜渠。东渠，西渠，南路，北渠"。如此等等，突出说明了当地田亩依赖水渠灌溉。

敦煌出土伯 2005 号《沙州都督府图经》记甘泉水（今党河）"分水以灌田园，荷锸成云，决渠降雨，其腴如泾，其浊如河，加以节气少雨，山谷多雪，立夏之后，山暖雪消，雪水入河，朝减夕

---

① 斯 2593 号，转引王仲荦《敦煌石室地志残卷考释》，上海古籍出版社 1993 年版，第 143 页。

② 《旧唐书》卷 103《张守珪传》；《新唐书》卷 133 本传作"耕者如旧"。

③ 《全唐诗》卷 199。

涨"。"（州城）西北又分一渠，北名都乡渠，又从马圈口分一渠，于州西北流，名宜秋渠……五谷皆饶，唯无稻黍，其水溉田即尽，更无流派"。"宜秋渠……在州西南廿五里……其渠下地宜晚禾，因号为宜秋渠"①。将沙州水渠对农事的积极作用言之凿凿。敦煌出土伯2507号《开元水部式》残卷云，"河西诸州用水溉田，其州县府镇官人公廨田及职田，计营顷亩，共百姓均出人功，同修渠堰。若田多水少，亦准百姓量减少营"。"沙州用水浇田，令县官检校，仍置前官四人，三月以后九月以前行水时，前官各借官马一匹"②，这是将河西用水溉田加以法制化了。早在武周时，陈子昂已指出，甘州诸屯，"皆因水利，浊河溉灌，良沃不待天时，四十余屯，并为奥壤"。水是农业的命脉，河西水流更有其特殊性。敦煌因地制宜，大修水渠，使点滴水流都能得到充分使用。李并成《唐代敦煌绿洲水系考》利用上引图经并结合本人实际调查具体详尽地列举出当地大小干、支渠近百条，很可以看出，水对当地农作特殊重要的作用③。

　　唐代盛世，河西官私田作都获得了重大发展，屯田收入以外，官府仓储也大为丰满。《通典》卷12记河西正仓粮70万石，和籴粮37万石，义仓粮38万石，都大大超过了陇右道的收入。可以推知，河西的粮食生产实是盛况空前。唐人元稹说："吾闻昔日西凉州，人烟扑地桑柘稠。"④《新五代史》卷74《吐蕃传》称："当唐之盛时，河西陇右三十三州，凉州最大，土沃物繁而人富乐。"这都说明河西地域在盛唐时期的经济繁荣景象。

　　与此同时，安定的社会环境对河西畜牧生产也很有利。《资

①　伯2005号，转引王仲荦《敦煌石室地志残卷考释》，第110—114页。

②　伯2507号，转引刘俊文《敦煌吐蕃唐代法制文书考释》，中华书局1989年版，第328—329页。

③　《中国史研究》1986年第1期。

④　《元稹集》卷24《西凉伎》。

治通鉴》卷 207 记凤阁舍人崔融言："江南食鱼，河西食肉，一日不可无"，"一朝禁止，百姓劳弊"①。一日不可缺的肉食习俗，正是以大量牲畜的繁殖为前提的。郭元振为凉州都督五年，"牛羊被野，路不拾遗"。开元时，突厥出兵"掠凉州羊马"，唐代凉州产马仍很负盛名②。

《元和郡县志》卷 40 甘州张掖县祁连山，"张掖酒泉二界上，美水茂草，山中冬温夏凉，宜放牧，牛羊充肥，乳酪浓好……作酥特好"。山丹县焉支山，"水草茂美，与祁连山同"。甘州张掖人赵武孟"以驰骋畋猎为事"③。瓜州普昌县，"冥水，自吐谷浑界流入大泽，东西二百六十里，南北六十里，丰水草，宜畜牧"。《唐六典》卷 3 记"甘、肃、瓜、凉等州（贡）野马皮"。宋人程大昌云，野马皮制靴，骑而越水，水不透甲，极为可贵。

玄宗天宝末，安史叛乱发生，边防兵内调，吐蕃乘机迅速攻没河西诸地。法人戴密微撰《吐蕃僧诤记》第二章历叙吐蕃在占领区推行蕃化统治以及所在居民进行反抗诸事实。唐文宗时，遣使至西域，"见甘、凉、瓜、沙等州城邑如故，陷吐蕃之人见唐使者旌节，夹道欢呼，涕泣曰：皇帝犹念陷蕃生灵否？其人皆天宝中陷吐蕃者子孙，其言语小讹，而衣服未改"④。很可概见陷蕃百姓强烈反抗暴政的意识。宣宗时，"张掖人张义潮募兵击走吐蕃"，"奉瓜、沙、伊、肃、甘等十一州地图"进献，"缮甲兵，耕且战，悉复余州"。唐授予张义潮归义军节度使，由是开

---

① 《文苑英华》卷 768《断屠议》。

② 《资治通鉴》卷 210 开元八年十月；《旧唐书》卷 194 上《突厥传》作开元九年秋，《新五代史》卷 74《吐蕃》。

③ 《旧唐书》卷 92《赵彦昭传》。

④ 《旧五代史》卷 138《吐蕃》；《新五代史》卷 74；《五代会要》卷 30《吐蕃》。

启了前后相继的张氏和曹氏的归义军时代。

吐蕃占领河西后，气势一度很盛，但其内部社会矛盾也在迅速增涨，鄯州都督尚婢婢与其宰相论恐热的交争尤为激烈，下层奴婢啒末的反抗也是方兴未艾。吐蕃贵族统治正在迅速走向没落。原先被吐蕃安置在甘州一带的回鹘也是日趋衰弱。吐蕃人与回鹘人的畜牧生活固然仍在进行，敦煌文书中所见"牧羊人"例为胡姓，正是他们从事畜牧的良好例证。另一方面，吐蕃人与回鹘人也确有一些在从事农作。王建所述凉州吐蕃人，"多来中国收妇女，一半生男为汉语，蕃人旧日不耕犁，相学如今种禾黍"。回鹘人在甘州，"其地宜白麦、青麨麦、黄麻、葱韭、胡荽，以橐驼耕而种"①。以驼耕地，种植春麦等粮食作物。

《敦煌资料第一集》比较集中收录了吐蕃占领时期的多件贷麦（粟）契，借者或"无种子"，或"缺粮用"，借贷利息极高，若不按时交纳，"仍任掣夺家资牛畜，用充麦直"。契约通常注明使用汉斗。借贷人既有汉人、少数族人，还有出家的和尚。"敦煌大蕃，久陷戎垒"。但他们仍在继续广泛种麦。

五代后唐时，"凉州郭外数十里尚有汉民陷没者耕作"。后晋时，高居诲出使西域，"自凉州西行五百里至甘州。甘州，回鹘牙也……自甘州西始沙碛，碛无水，载水以行……四至瓜州、沙州，二州多中国人，闻晋使者来，其刺史曹元深等郊迎，问使者天子起居"。由于雨少，"地无水而尝寒多雪，每天暖雪消乃得水"。北宋太宗时，"殿直丁惟清往凉州市马，惟清至，而境大丰稔"②。这些都说明归义军时代的河西仍有相当发达的农业。

---

① 《全唐诗》卷298王建《凉州行》，中华书局，1979年；《新五代史》卷74《回鹘》。

② 《宋史》卷492《吐蕃传》；《新五代史》卷74《于田》；《宋会要辑稿·方域》21之14～15《西凉府》，中华书局1957年影印本。

元朝人马端临曾经综合评论说，河西"自东汉以来，民物富庶与中州不殊"①，所言大致属实。自汉至唐的统一安定时期，全国范围内一派生产兴旺景象，唐前期的天宝盛世，自长安西尽唐境，"闾阎相望，桑麻翳野，天下称富庶者无如陇右"，所言虽有夸张，但有一定事实为基础。包括屯田在内的官私农作促进了河西的欣欣向荣。如果以一百多年盛世的唐前期和同样是一百多年的五凉混乱时期相比较，更可以清晰看出社会安定与否对河西社会的严重影响。有了良好生产基础，吐蕃占领时期的暴力也未能彻底摧毁农事，田作畜牧均在低调进行。《新五代史》卷74《吐蕃录》云："当唐之盛时，河西、陇右三十三州，凉州最大，土沃物繁而人富乐，其地宜马，唐置八监，牧马三十万匹。"至北宋真宗以后，河西地区相继为西夏所占。宋仁宗皇祐二年（1050年）三月，契丹分兵三路攻打西夏，"北路兵至西凉府，获羊百万，橐驼二十万，牛五百"②。反映西夏占领时期，河西畜牧有所复苏。然而，《西夏书事》卷27记宋神宗元丰八年（1085年）西夏银夏等地大旱，"运甘、凉诸州粟济之"。《契丹国志》卷21记西夏贡马、驼、狐、兔等物。表明党项羌统治河西期间，它既是畜牧区，更有相当发达的农业，已不复是过去那种单纯畜牧经济，且比晚唐五代进步，成为比较发展的农牧兼作区了。

刊《中国史研究》1998年第1期

---

① 《文献通考》卷322《舆地考》，中华书局1986年影印十通本。
② 《续资治通鉴长编》卷168，中华书局，1985年，第12册第4035页。

六朝隋唐间福建地区的海运与开发

考古资料表明,早在史前时期,中华民族的先民即栖息于祖国东南沿海的福建大地上。秦统一六国后所置闽中郡,福建便正式列入了中原政权的版图。自兹以后,福建政区建置日繁。50多年前,劳幹先生撰《汉晋间闽中建置考》,认真剖析了汉晋时闽中的郡县建制,纠正了旧史记事的某些讹误,弥足珍贵。论文说:"盖汉代闽地之发达皆由沿海而内地。"虽未就此具体论证,其持论是正确的,我认为并可同样适用于六朝隋唐时期。

一

秦置闽中郡,并未在闽中置官治理。汉高帝五年(前202年)诏:"诸侯伐秦亡诸身帅闽中兵以佐灭秦,今以为闽粤王,王闽中地。"武帝以后,闽越国废,闽地设冶县,为会稽郡所属。孙吴永安三年(260年),析其南部立建安郡,分领七县。晋太康三年(282年),析建安立晋安郡,领五县。南朝宋、齐大致沿袭。梁天监中,再增置南安郡,分领三县。陈代建安郡,领七县,晋安郡,领三县,南安郡,领五县。隋统一南北后,减省郡县，废除闽中三郡，只置建安郡，统领闽、建安、南安、龙溪四县。

福建濒临大海，海域宽阔，海岸线曲折，岛屿众多，当地居民早已习于航海。《昭明文选》卷5，左思《吴都赋》云："艚工楫师，选自闽禺，习御长风，狎玩灵胥。"孙吴立国江东，大力发展河、海水运，水手来自闽、粤，驾船远航，北至辽东、高丽，南至南海等地。

海船制造需要木料，福建山林密布，盛产松、杉、樟、楠等优质木材，宜于造船。孙吴在闽中设典船都尉，职司修造。其时，大船上下五层，可容战士三千人，福建成为孙吴重要造船基地。孙皓执政时，会稽太守郭诞，侍中、中书令张尚先后受谴"送建安作船"①。其时，建安郡治今建瓯，出海远航，船只当顺闽江东下，至侯官出海起航。例如建衡元年（269年），孙吴出兵击交趾，其中一支吴军即"从建安海道"出发②。在此之前，汉末会稽太守王朗被孙策击败，"浮海至东冶"；再战，又失败③。同一件事，《虞翻传》记作"东部侯官"，裴注引《吴书》及《虞翻别传》均作"侯官"。侯官、东冶均是现今福州。《元和郡县志》卷29记福州，"郡又有冶县……后汉改为东侯官，吴于此立典船都尉，主谪徙之人作船于此"。由此推知，孙吴建安造船很可能是由建安浮江运木至侯官作船，便于出航。《宋书》卷36《州郡志》云：晋安郡"原丰令，晋武帝太康三年（282年），省建安典船校尉立"。"温麻令，晋武帝太康四年，以温麻船屯立"。它也表明建安典船设在福州。温麻即今福建东

---

① 《三国志》卷48《孙皓传》，又卷53《张尚传》。
② 《三国志》卷48《孙皓传》。
③ 《三国志》卷13《王朗传》。

北霞浦县所在，是吴、晋时造船基地。这些事例表明，福建东北沿海地域的造船业在六朝时是相当发展。随着造船和航海业的发展，所在社会经济也随之兴旺起来。

当然，福建沿海造船航运业并非孙吴时突然出现。《后汉书》卷33《郑弘传》记章帝"建初八年（83年），代郑众为大司农。旧交趾七郡贡献转运，皆从东冶，汎海而至，风波艰阻，沈溺相系。弘奏开零陵、桂阳峤道，于是夷通，至今（指南朝刘宋时）遂为常路"。章怀注："东，冶县，属会稽郡。《太康地理志》云：汉武帝名为东冶，后改为东候宫，今泉州闽县是。"唐初所称泉州，为现代的福州。由此说明，福州在东汉前期已是南海北航的主要通道，因当时航海危险性大，郑弘建议在五岭另开通路，运送交州贡物。自东汉再向前追溯，汉武帝建元初（前140年），闽越发兵围东瓯，东瓯告急。武帝派庄助以节发兵会稽，"浮海救东瓯"①。《汉书》卷64上《严助传》记刘安就这次发兵，上书谏称："臣闻越非有城郭邑里也。处溪谷之间，篁竹之中，习于水斗，便于用舟……"西汉时期，现今浙江、福建地区同属会稽郡治。举此事例推知，闽、浙沿海久已海上通航，汉代越人习知以舟航海，不待吴、晋而始创造船航海者也。

孙吴以后，有关福建航海重大资料较为罕见，当然也并非完全没有。东晋末年，孙恩起兵失败后，《宋书》卷1《武帝纪》称，元兴二年（402年），刘裕破卢循于永嘉，"追讨至于晋安（福州），循浮海南走"。卢循兵败于温州，浮海至福州，再失败，义熙元年（405年），"浮海破广州"，可见东南沿海海航畅通。

卢循所率败兵到达晋安，东晋晋安郡守张茂度与建安太守孙蚪之"并受其符书，供其调役"，俟卢循南逃广州后，这二位地

①《史记》卷114《东越传》。

方官均被免官①。事例表明，其时福建郡守的军政实力很不强。

南朝梁武帝时，羊侃、臧厥相继为晋安太守，"闽越俗好反乱，前后太守莫能止息，侃至讨击，斩其渠帅"，郡内开始安定。这是以暴力控压土豪势力。臧厥在晋安，"郡居山海，常结聚逋逃，前二千石虽募讨捕，而寇盗不止。厥下车，宣风化，凡诸凶党，皆缲负而出，居民复业，商旅流通"②。他采取软硬兼施，百姓畏之如虎。可知官府对地方的控制是有显著增强。

梁、陈之际，陈宝应一家为晋安郡豪。"梁代晋安数反，累杀郡将"。侯景之乱时，陈宝应父子乘机获得晋安郡军政大权，"是时，东境饥馑，会稽尤甚，死者十七八。平民男女，并皆自卖，而晋安独丰沃。宝应自海道寇临海、永嘉及会稽、余姚、诸暨，又载米、粟与之贸易，多致玉帛子女，其有能致舟乘者，亦并奔归之。由是大致资产，士众强盛"③。说明梁、陈之际，不仅海运畅通，且可看出福建东部沿海地域农产丰收，郡豪通过海运粮食去浙江各地进行货卖。晋安丰沃，基于福州所在是福建地形中少有的福州平原，因而成为福建经济发达最早的地区。

孙吴所置建安郡基本上包括现今福建全部地区。西晋分置晋安郡，将闽江下游及其他地区分割了去。由是晋朝的建安郡便只保存武夷山、杉岭与仙霞岭及鹫峰山之间的山地了，它毗连开发较早的临海郡与东阳郡（原来会稽郡的西南部分），成为福建内地较早开发的地区。东晋末年，孙蚪之镇守建安，已是建安与晋安并存。梁、陈之际，陈宝应称雄晋安（福州）、

① 《宋书》卷53《张茂度传》。
② 《梁书》卷39《羊侃传》，又卷42《臧厥传》。
③ 《陈书》卷35《陈宝应传》。

建安（建瓯），"水陆为栅，以拒官军"①，并资助周迪、留异，对抗陈朝。陈文帝派章昭达领兵止于建安，又使余孝顷自临海沿海南下，攻袭晋安。章昭达据闽江上游，命军士伐木为簰筏，利用闽江水力顺流而下，击败了陈宝应。从陈羽、陈宝应父子在建安、晋安的活动，可以看出，福建的开发是从东部沿海以及东北山地逐步向南推进的。

章昭达战败陈宝应，有功于陈，其子章大宝为丰州（即闽州）刺史，"在州贪纵，百姓怨酷"。陈后主时，他居然袭杀前来继任的刺史李晕，并率兵进攻建安，"建安内史吴慧觉据郡城拒之"②。台军至，大宝溃逃入山。这一事例反映建安与闽州处于政治经济上相互依存的重要地位。

隋统一南北后，江南土豪一度掀起反隋活动，越州（今浙江绍兴）高智慧等自称天子，被隋军击败，"遁走闽越"③。"泉州（今福州）人王国庆，南安（今泉州）豪族也。杀刺史刘弘，据州作乱，诸亡贼皆归之。自以海路艰阻，非北人所习，不设备伍"。隋军汛海速至，国庆匆忙逃散。杨素派人劝说王国庆，许他将功折罪，国庆于是"执送智慧，斩于泉州"④。其支党纷纷投降，江南平定。可见隋朝闽、浙间的海上往来相当频繁。直至陈、隋之际，福建地区仍以东北地域开发较快。萧梁时，南安郡的分设以及南安豪族王国庆的出现，反映福建开发已在逐渐向东南发展。宋梁克家《淳熙三山志》卷33称："始州户籍衰少，耘锄所至，遍迄城邑，穷林巨涧，茂木深翳，小离人迹，皆虎豹猿猱之墟。"这种落后局面的重大

①　《陈书》卷11《章昭达传》。
②　同上。
③　《隋书》卷64《来护儿传》。
④　《隋书》卷48《杨素传》。

改变是在孙吴、西晋之后。

二

唐代，福建开发进入了重要转折时期。其行政建制已分设福、建、泉、汀、漳五州二十五县。到了宋代，更在五州外，增设南剑州和邵武、兴化两军，达到八州军四十二县，合称"八闽"，大致已与近代福建省的建制相差无几了。《新唐书》卷68《方镇表》云，"开元二十一年（733年），置福建经略使，领福、泉、建、漳、潮五州，治福州"，是为福建正式命名之始。次年，"福建经略使增领汀州，漳、潮二州隶岭南道经略使"。此后，漳、潮二州或隶福建，或属岭南，常有变动。上元二年（760年），升福建都防御使为节度使。进入宋代，雍熙三年（986年），正式建置了福建路。

唐代福建开发仍是沿着自北而南，先沿海后内地的进程。

唐人说，隋炀帝修通大运河后，"自杨、益、湘南至交、广、闽中等州，公家运漕，私行商旅，舳舻相继"①。表明汴渠通航，闽中也被纳入了全国的水运网络。武周时，崔融疏称，"且如天下诸津，舟航所聚，旁通巴、汉，前指闽、越……弘舸巨舰，千轴万艘，交贸往还。昧旦永日"②。同样体现出福建和全国水运的密切关系。

天宝初，鉴真在鄮（宁波），筹划东渡扶桑，派人"将轻货往福州买船，具办粮用"③。是知福建所造海船已成为市场的商

---

① 《元和郡县志》卷5《河南道·河阴县》，中华点校本。
② 《旧唐书》卷94《崔融传》。
③ 《唐大和上东征传》，汪向荣校注本，中华书局，1979年，第58页。

品。《太平寰宇记》卷102记唐、宋之际，泉州和漳州的海舶乃是国内著名的重要土特产。可见福建东南沿海的海船制造是很有名气的。宋代，"漳、泉、福、兴化（莆田），凡滨海之民所造舟船，乃自备财力兴贩牟利"①。自中唐以来，闽人北航高丽，南至交趾等地营商，有人多年外出，乃至终生不归，福建的海外侨民，实是肇始于唐、宋。

随着航海事业发展，不少外人海航到福建。唐人薛能说，"船到城添外国人"②。包何谈到泉州，"云山百越路，市井十洲人，执玉来朝远，还珠入贡频"③。表明海外来福建的人已是不少。文宗太和八年（834年）诏，岭南、福建及扬州蕃客交纳关税后，"听其来往通流，不得重加率税"④，可见福建已成为外商来华的重要贸易据点。唐末，王氏所建闽国，"招来海中蛮夷商贾"⑤。福建海运是在继续向前发展。

福建在唐代诸政区中的地位，中唐人颜真卿说，"福建大藩也。其地东带沧溟，南接交广，居民若是其众也"⑥。独孤及甚至说，福、建、泉、潭、汀五州，"资货产利，与巴蜀埒富，犹有无诸、余善之遗俗，号曰难治"⑦。说唐代福建与巴蜀埒富，似乎言之过甚，但福建生产确已有了较大发展。

---

① 《宋会要辑稿·刑法》2之137《禁约》。

② 《全唐诗》卷559《送福建李大夫》。

③ 《全唐诗》卷208包何《送泉州李使君之任》。按，同书卷99张循之《送泉州李使君之任》文字相同，张为武周时人，唐初，泉州乃今之福州。今之泉州，始置于景云二年（711年）。我取中唐包何说，可信度大，参见《文苑英华》卷271，亦作包何。

④ 《唐大诏令集》卷10《太和三年疾愈德音》。按，此书系年误，应从《文苑英华》卷441，《全唐文》卷75，《册府元龟》卷91，作太和八年。

⑤ 《新五代史》卷68《闽世家》。

⑥ 《全唐文》卷337颜真卿《送福建观察使高宽仁序》。

⑦ 《文苑英华》卷847独孤及《福州都督府新学碑》。

宪宗时，李吉甫撰《元和国计簿》，指出福建道是朝廷依靠的东南八道之一。懿宗时，南诏攻陷安南，唐廷自湖南经兴安运河运粮不济，润州陈磻建议，自福建海路运粮，"大船一只可致千石，自福建装船不一月至广州，得船数十艘，便可致三五万石至广州"①。唐军由是遂不缺粮。足以说明福建已有余粮外运。

漳州龙溪人林昌业家有"良田数顷"，春谷出米至城出售②，亦可显示所在粮产的发展。因而福建有余粮北运关中，南运岭南。《唐会要》卷71《州县改置》记元和时，福建并合一些县治，所在旧县设置场官，"征其租税"。穆宗诏令江南包括福建在内，在水旱灾处，"取常平义仓斛斗，据时估半价出粜以惠贫民"，不让豪家收粜③，可见福建境内和全国其他各地同样设仓贮粮，以赈灾歉。

粮食而外，其他产业也出现了前所未有的成就。茶叶始盛于唐，陆羽《茶经》记福州、建州产茶。李肇《国史补》卷下记福州方山之露芽为名茶。毛文锡《茶谱》记建州方山之露芽及紫笋，"治头痛，江东老人多味之"。《新唐书》卷54记穆宗时新增茶税，包括福建在内的各地产茶，由盐铁使王播亲自掌管征税。唐末，福建产蜡面茶且用以进贡。南唐时，福建京挺茶，质量超过江东阳羡茶，朝廷指定为贡品④。

关于绢布生产，唐高祖武德六年（623年），建州刺史叶颙已向朝廷进献练布⑤。但在唐前期，泉、建、闽三州所产丝绵、麻布在全国只能列入第八等。此后，质量不断改进提高。中唐

---

①　《旧唐书》卷19上《懿宗纪》。

②　《太平广记》卷355《林昌业》，中华书局，1961年。

③　《唐会要》卷88《仓及常平仓》。

④　马令《南唐书》卷2《嗣主书》，四部丛刊本。

⑤　《册府元龟》卷168《却贡献》，中华影印本。

后，泉州产蕉布、丝绵、葛布著称，福州蕉布已列入土贡，质量大为提高。章碣、皎然等诗人对福建产绵，歌咏不已。王氏所建闽国且以白氎棉布输向中原后唐境内。

福建矿业生产在唐以前毫无所闻，唐代，福、建、泉、汀四州有八县产铁、五县产铜、四县产银、一县产金。另外还有六县产盐，候官且是全国十大盐监之一。宪宗诞辰，福州刺史裴次元遵任土之贡，进献银器、衣箱乃至女口①。其后，王氏闽国设"百工院"，集中大批工匠制作，福、泉二州铁器颇为有名。到了宋代，官府只许福建民间打制铁器自用，禁止私贩下海外销。

自然，有必要指出，福建地域开发很不平衡。武则天时，陈元光表称："七闽境连百粤，左衽居椎髻之半，可耕乃火田之余。原始要终，流移本出于二州……其本则在创州县，其要则在兴庠序。"② 垂拱二年（686年），分福州西南沿海地置漳州，含漳浦、怀恩二县。开元二十九年（741年），怀恩"以户口逃亡，废县"③。首任漳州刺史陈元光说："臣州背山面海，旧有蛇豕之区，椎髻卉裳，尽是妖氛之党，治理诚难，抚绥未容。"④ 这种情况不仅漳州如此。宪宗元和时，薛謇为福建都团练观察使，"闽有负海之饶，其民悍而俗鬼，居洞砦家桴筏者与华言不通"⑤。晚唐昭宗诏称："闽越之间，岛夷斯杂。"⑥ 福建境内各地居住有众多少数民族同胞，他们大多刀耕火种，生产相当落后。

唐代福建五州，内地建、汀二州的开发进程大致和沿海三州

① 《文苑英华》卷641裴次元《降诞日进物状》。
② 《全唐文》卷164陈元光《请建州县表》。
③ 《全唐文》卷513吴与《漳州图经序》。
④ 《全唐文》卷164陈元光《漳州刺史谢表》。
⑤ 《文苑英华》卷917刘禹锡《薛公（謇）神道碑》。
⑥ 《文苑英华》卷457张玄晏《授王潮威武军节度使制》。

同样是自北而南逐步开发。如前所述，建州毗邻两浙，自汉末孙吴以来，其地已在逐步开发。唐人权德舆称建州为"东闽剧地"①，当地多山，产茶而外，垦殖远不及滨海平原地区。位于建州以南的汀州，迟至玄宗开元中，"检责诸州避役百姓共三千余户"而置州，所在"多山鬼淫祠"②。张籍因称汀州"地僻寻常来客少"③，所在是福建后进开发的地域。

安史乱后，吐蕃常内侵关陇，唐廷指令全国州郡每年派人赴关中防秋，福建岁派一千五百人，因路远往来增费，由当地按人征收二十贯钱，"市轻货送纳上都以备和籴"④。唐末黄巢起义以后，朝廷敕令"福建、江西、湖南诸道"加强士卒训练以为警备⑤。唐政府将福建与内地州郡同等对待，而对岭南两广就没有上述诸要求。由此可知，唐代福建地位有别于岭南，那是和闽中发展密切相关的。

唐、宋时，福建的开发比较迅速，内地建、汀二州面积大于沿海福、泉、漳三州。而编户却反而较少。这是和生产发展紧密相关的。史载福建农田水利几乎全部集中于福州和泉州。福建五州，泉、漳、汀三州都创始于唐朝武周以后，州县的纷纷设置正是当地开发的重要标志之一。福、泉、漳三州分别建置于福建少有的福州、泉州、漳厦三个小平原地区。平原的开发本来比较容易，加以海运发展，有利于促进经济进步，福州早在汉代已是自南海北航的中转站，泉州在唐、宋、元之世，海航贸易盛极一时，处于福建沿海最南端的漳州、厦门，晚至明、清之世才陆续

---

① 《全唐文》卷490《送建州赵使君序》。
② 《新唐书》卷200《林蕴传》。
③ 《全唐诗》卷385张籍《送汀州源使君》。
④ 《旧唐书》卷11《代宗纪》。
⑤ 《通鉴》卷252，乾符三年二月。

兴起。这是和不少南宋人士对漳州、汀州内地在南宋时才日趋开发的描述是颇为一致的。由此可见，地区的开发是和社会条件以及所处地理环境有着密切的关系。

唐宋间，福建地区户口情况对照表

时间	地　　域	总户数	比例（％）	资料出处
开元户	沿海三州（福、泉、漳） 内地二州（建、汀）	8.3511 万户 2.3800 万户	77.6 22.4	《元和郡县志》卷29
天宝初户	沿海三州 内地二州	6.6745 万户 1.5955 万户	71＋ 28.5	《通典》卷182
天宝中户	沿海三州 内地二州	6.3736 万户 3.2450 万户	66＋ 33	《新唐书》卷41《地理志》
元和户	沿海三州 内地二州	5.6369 万户 1.8098 万户	75.7 24.1	《元和郡县志》卷29
宋初	沿海（福、泉、漳、兴化） 内地（建、宁、南剑、汀、邵武军）	24.8765 万户 21.9096 万户	53＋ 46＋	《太平寰宇记》卷100～101
北宋末	沿海 内地	57.6584 万户 48.5156 万户	54.3 45.7	《宋史》卷89《地理志》

上表所列唐代福建户口比照表，沿海三州与内地二州的面积大致是 2:3，编户数是 4:1，中唐以后，特别是晚唐以来，随着隐户的纷纷入籍，尤其是内地山丘的迅速垦殖，比例情况便出现了明显的变化。宋初，闽人黄懋说，"本乡风土，惟种水田，缘山导泉，倍费功力"①。其后，宋真宗以江淮两浙路旱，水田不

---

① 《续资治通鉴长编》卷34，淳化四年三月，中华点校本第4册，1979年。

登，乃遣使就福建取占城稻三万斛分给三路，令择民田之高仰者莳之，"盖旱稻也"①。福建山地和丘陵占总面积约90％，因地所宜，选种旱稻，促使稻作业发展。北宋人秦少游说："今天下之田称沃衍者，莫如吴、越、闽、蜀……何哉? 吴、越、闽、蜀，地狭人众，培粪灌溉之功力至也"②。可见北宋中叶，福建已是相当程度地进行精耕细作。浙东人叶适曾经意味深长地说："闽、浙之盛，自唐而始，且独为东南之望，然则亦古所未有也"③。我认为叶适关于福建在唐代，（主要在中唐后）大发展的意见是非常正确的。

顺便提及，随着经济发展，福建文化教育事业在唐代开始日趋发展，陈元光所说，"建州县"，"兴庠序"，在中唐后是获得了长足的进步。限于篇幅，不拟在此赘述。

附记 1992年4月14日从图书馆借到朱维干《福建史稿》（上册），翻检一过，得知朱书全面论述了福建的发展过程，且大量引用明清方志，皆我所未读，拙文只就某一角度立论，幸而不与朱说雷同，因特附记，以免掠美之嫌。（1992年4月16日）

刊《中国唐史学会论文集》

三秦出版社1993年

---

① 《续资治通鉴长编》卷77，大中祥符五年五月，中华书局点校本第6册，1980年；参《宋史》卷3《真宗纪》。

② 《淮海集》15《财用》，四部丛刊本。

③ 《水心别集》2《军事中》，永嘉丛书本；《叶适集》第3册，中华书局1961年排印本，第655页。

六朝隋唐间川东地区的经济发展

长江上游的四川省，地域辽阔，先秦时代，大多分属巴、蜀两国，所在山川险阻，各地发展水平参差很大。人们通常以西蜀成都平原代表整个四川，那是以偏概全。关于西蜀地区的现有研究成果比较多，无须在此赘述。这里拟将古代巴国所属地域，说得更确切些，把北纬 28°～33° 和东经 105°～110° 之间包括嘉陵江流域和沱江下游地区在六朝、隋唐间的经济状况略加探讨，粗疏错舛，敬请批评。

一

春秋时，巴地所属，"东至鱼复（奉节），西至僰道（宜宾），北接汉中，南极黔涪"①。战国后期，秦出兵灭巴、蜀，在今四川地区分置巴、蜀二郡，汉代沿袭。史称"巴蜀之民"与运"巴蜀粟"②，即是指的四川地区的民众与粮食。实际上，川

① 《华阳国志》卷1《巴志》。
② 《史记》卷30《平准书》；《汉书》卷24《食货志》。

东巴地的经济状况长期内远比西蜀逊色。

以巴郡为核心的川东地区在上述经纬度所说的范围内，汉以后七八百年间的发展变化比较显著，兹就旧史所记汉、唐间当地县城设置和编户数略作简表如下：

时间	东汉	西晋	刘宋	隋	唐初	天宝中	唐宋之际
县城数	14	43	55	109	127	143	155
编户数	31 万	5 万 9 千	3 万 3 千	27 万	34 万	53 万	43 万

六朝时，川东地区编户数大大减少的原因何在呢？

首先，汉末以后，蜀汉最先建国于其地。此后，经晋、宋、齐、梁以至魏、周，还包括西晋末年巴氏李氏所建成汉国（301—347 年）都曾据有其地。现存旧史只有晋、宋二代保留有户口数。就全国而言，东汉盛世有 960 万户，晋代为 247 万户，刘宋时为 90 万户，上表所列刘宋川东地区的编户数比东汉时大减，是和同时期全国各地在籍人户普遍锐减的总趋势相一致的，但汉、晋间川东地区编户下降率（81%）大于全国（74.2%）的平均水平。

其次，川东地区六朝时编户减少是有其特殊原因。少数族人在西南的大量聚居是这时期的重要特色，蛮、僚两族在其中尤占重要地位。汉末，巴郡蛮民和黄巾军一道反抗过汉朝的统治。蜀汉后主时，涪陵民夷又共同武装反叛。成汉后期，僚民大量涌出，《魏书》卷 101《獠传》："李势在蜀，诸獠始出巴西、渠川、广汉、阳安、资中，攻破郡县，为益州大患。势内外受敌，所以亡也。""自巴至犍为、梓潼，布满山谷"[1]，人数几十万，

---

[1]　《华阳国志》卷 9《李势志》。

"历代羁縻，不置郡县"①。例如普州（四川安岳），"李雄乱后，为僚所没"②。渠州"东晋末，为蛮僚所侵，因而荒废"。"李寿乱后，地为诸僚所侵，郡县悉废"③。遂州"其地多僚，官长力弱，不相威摄"④。古代巴国所在巴州，"晋、宋之间为夷僚所据，不置郡县"⑤，《太平寰宇记》卷139《山南西道·巴州》据《四夷县道记》云："至李特孙李寿时，有群僚十余万从南越入蜀汉间，散居山谷，因流布在此地，后遂为僚所据，历代羁縻，不置郡县。至宋，乃于巴岭南置归化、北水二郡以领僚户。"蛮、僚人既是大量不入编户，而大批汉民为赋役所困，"不复堪命，多逃亡入蛮，蛮无徭役，强者又不供官税"⑥。那时，江淮间的南豫州等地，以蛮民所居，已分别设立郡县，而在西南川东地区却无类似措施。所有这些因素的综合，自然导致了朝廷所控制民户大为减少。

尽管如此，川东地区自汉末以至唐宋之际，其实是存在着较大的发展。

第一，有如上表所列，汉、宋间川东地区的设县数字是在直线上升，县数增加，表明朝廷对政区控制的强化。县的建制充分反映出当地经济发展、人口增多和政治地位的重要。

第二，在正常状况下，编户人数增加颇能很好地反映出所在地经济的发展水平。但在特殊状况下，编户数难以准确反映现实情况。刘宋沈庆之说："蛮田大稔，积谷重岩，未有饥弊，卒难

---

① 《通典》卷175《州郡》；《太平寰宇记》卷139《山南西道·巴州》。

② 《太平寰宇记》卷87《剑南东道·普州》；《通典》卷125作"李雄之乱，为羌夷所据"。

③ 《太平寰宇记》卷138《山南西道·渠州》。

④ 《太平寰宇记》卷87《剑南东道·遂州》。

⑤ 《通典》卷175《州郡》。

⑥ 《宋书》卷97《夷蛮传》。

擒剪。"① 此虽是就雍州蛮而言，与之同属廪君蛮的川东蛮民当亦从事农作，"廪君子孙布列于巴中，秦薄其赋税，人出钱四十，邑人谓赋为賨，遂因名"②。賨人赋钱始于秦、汉，成汉建国者巴氐李氏是"巴西宕渠人，其先廪君之苗裔也"③，"李特之党类皆巴西人，率多勇壮"。可见，巴西的地域很广，李特党羽是蛮汉杂居，同事劳作之众。所以，西魏时"巴西人谯淹煽动群蛮，以附于梁。蛮帅向镇侯、向白彪等应之"④。宋明帝初，孙谦为巴东、建平二郡太守三年，认识到"蛮夷不宾，盖待之失节耳"。他实施宽大政策，"蛮僚怀之，竞饷金宝"⑤，他谢而不取，并放还所掠蛮僚，郡内由是非常安定。但在那时候，客观的现实通常是政治压迫与经济剥削均很严重，因而导致纷繁复杂的民族斗争。刘宋时，"巴东（奉节）、建平（巫山）、宜都、天门（石门）四郡蛮为寇，诸郡民户流散，百不存一，太宗、顺帝时尤甚"⑥。蛮民"屯据三峡，断遏水路，荆、蜀行人，至有假道者"⑦。南齐初年，朝廷为此特立巴州，统辖巴、巴东、建平、涪陵四郡二十县⑧。大量错综复杂的民族斗争导致了不少民户流散，例如西魏在东巴州所置集州境内，"流离人"多，"人户寡少"，只好寄治于梁州⑨。

① 《宋书》卷 77《沈庆之传》。

② 《华阳国志》卷 1《巴志》；《太平寰宇记》卷 138《山南西道》；《晋书》卷 120《李特载记》；《后汉书》卷 86《南蛮传》。

③ 《晋书》卷 120《李特载记》。

④ 《周书》卷 49《蛮传》。

⑤ 《南史》卷 70，《梁书》卷 53《孙谦传》。

⑥ 《宋书》卷 97《夷蛮传》。

⑦ 《周书》卷 49，《魏书》卷 101《蛮獠传》。

⑧ 《南齐书》卷 15《州郡志》，又卷 58《蛮传》。

⑨ 《太平寰宇记》卷 140《山南西道》。

僚人"与夏人参居者颇输租赋，在深山者仍不为编户"，"巴州生僚并皆不顺"①。渠州邻山县"自晋至齐，地并为夷僚所据，梁大同三年（537年），于此置邻州及邻山县"②，实为羁縻，户口与赋税罕有记录。梁武帝时，巴西郡守张齐"上夷僚义租，得米二十万斛"③。此前不久，巴西郡人姚景和聚合蛮僚起兵，"抄断江路"，被张齐击败，这批"夷僚义租"，自是来自被战败的夷僚民。还是梁武帝时，益州刺史招抚僚民在普州设置普慈郡，刺史临汝侯对僚民说，"可率属子弟奉官租，以时输送"④。这些官租显然不是僚民主动乐输的。

上述事例说明，川东地区蛮僚人数甚多，而正式列为编户者很少。那些交纳"义租"的人绝大多数也并未入官籍，因而很难武断地说六朝时，川东地区的人口很少。当然，若就经济发展水平而言，它比同一时期的成都平原地区自是明显落后的。

第三，隋唐五代时，川东地区大多数蛮僚已与汉民同化，列入编户，因而蛮僚的记载显著减少，编户总数是在大量增加。

《隋书》卷29《地理志》记梁州"傍南山杂有僚户，富室者颇参夏人为婚，衣服居处言语，殆与华不别……其边野富人，多规固山泽，以财物雄役夷僚，故轻为奸藏，权倾州县。又有獽狿蛮賨，其居处风俗，衣服饮食，颇同于僚，而亦与蜀人相类"。它正好说明汉末以来大量涌现的蛮、僚已是迅速汉化。《太平寰宇记》136渝州条云："大凡蜀人风俗一同，然边界乡村有僚户，即异也。"和隋志所言基本意旨相符合。

隋唐时，川东仍有一定数量的蛮、僚民。唐初，开州（重

① 《魏书》卷101《獠传》。
② 《太平寰宇记》卷138《山南西道》。
③ 《梁书》卷17《张齐传》。
④ 《太平寰宇记》卷87《剑南东道·普州》。

庆市开县）蛮酋冉肇则率众攻陷通州（四川达州市），进逼夔州
（重庆奉节），击败唐将李孝恭，终为李靖所战败，俘获五千余
人①。太宗时，巴（巴中）、洋（西乡）、集（南江）、壁（通
江）诸州山獠反叛，被唐军击俘近两万人②，类似事例在唐初还
有若干。壁州（通江）和蓬州（仪陇），"杂以僚户"③。从总的
趋势看来，唐政府的实力是向川东境内纵深推进。武德三年，开
南蛮置南州（綦江），分设南川、三溪二县④。太宗至武则天时，
泸州除直辖四县而外，招怀生蛮、僚，或开山洞，新置羁縻 16
州 56 县，"每岁畲田，刀耕火种"。生夷僚则"巢居岩谷，著斑
布，击铜鼓"⑤。中唐时，以山川洞远，从渝、普、泸、资（资
中）、荣等州边界地设置昌州，包括现今四川大足、永川等县，
风俗是"无夏风，有僚风，悉住丛菁，悬虚构屋"⑥，显然还存
在着相当浓厚的本民族特色，尚处在汉化初级阶段。上述唐初蛮
人反叛激烈的开州，中唐以来，那里"皆重田神，春则刻木虔
祈，冬即用牲解赛"⑦，地方官上报朝廷，"开州（开县）独称
殷实"⑧。可以概见川东地区社会经济已是有了新的显著发展。

二

川东地区的经济状况和成都平原乃至中原大地是大致相同，

---

① 《旧唐书》卷 63《李靖传》；《资治通鉴》卷 188。
② 《新唐书》卷 222 下《南蛮传》；《资治通鉴》卷 195。
③ 《太平寰宇记》卷 139、卷 140《山南西道》。
④ 《通典》卷 175《州郡》。
⑤ 《太平寰宇记》卷 88《剑南东道·泸州、昌州》。
⑥ 同上。
⑦ 《太平寰宇记》卷 137《山南西道·开州》。
⑧ 《唐会要》卷 71《州县改置·山南道·开州》。

但其发展速度比较缓慢而已。

秦汉以来，川东地区先后涌现出一批地主阶级头面人物和著名姓氏。《华阳国志》记巴郡江州县冠族有波、鈜、母、谢、杨、白、上官、程、然、盖、常；枳县有章、常、连、黎、牟、阳。临江县有严、甘、文、杨、杜；平都县有殷、吕、蔡；垫江县有黎、夏、杜；巴东郡朐忍县有扶、先、徐；巴西郡阆中县有三狐、五马、蒲、赵、任、黄、严；南充县有侯、谯；安汉县有陈、范、阎、赵；宕昌郡汉昌县有勾氏；梓潼郡梓潼县四姓文、景、雍、邓；涪县有杨、杜、李；江阳郡江阳县（今泸州）四姓王、孙、程、郑，八族赵、魏、先、周也；汉安县（今内江）有四姓程、姚、郭、石，八族张、季、李、赵。众多姓氏，既有少数族人，更有中原存在的大姓，如此等等，反映出这批姓氏在各地拥有重要的经济政治社会地位，同时也是所在土地经济有了很大发展的写照。同书记载川东不少地方广开稻田，发展盐业和林副业以及大姓世掌部曲之类，都是经济有较大发展的很好说明。

蜀汉延熙十三年（250 年），涪陵郡"大姓徐巨反，车骑将军邓芝讨平之……乃移其豪徐、蔺、谢、范五千家于蜀，为猎射官。分赢弱，配督将韩、蒋，名为助郡军，遂世掌部曲为大姓"[1]。《三国志》称这次战乱为"民夷反"，"杀都尉"，邓芝"枭其渠帅"[2]。明显是汉族大姓裹胁少数族人进行的武装叛乱。

晋以后，川东的地主大姓没有专书系统介绍。一般说来，过去诸大姓原则上会历代长期留存下来。以南充县谯、侯二姓为

---

[1]　《华阳国志》卷1《巴志》。

[2]　《三国志》卷33《后主传》，卷45《邓艾传》均作十一年。与《华阳国志》系年不同。

例，东晋末，企图割据一方的谯纵就是巴西南充人。祖献之，"有重名于西土"。纵称成都王，以其弟谯洪为益州刺史，弟谯明子为镇东将军巴州刺史，领兵五千人屯白帝，又派族人谯通福以重兵守涪①。涪和巴州都是地处巴东，反映出川东的重要战略地位和谯氏一家的权势。侯瑱是巴西充国人，"父弘远，世为西蜀酋豪"。梁武帝时，受命出征农民军，为义军张文萼所杀。侯瑱为父报仇，统率将士反击取胜，进而征服"山谷夷僚不宾附者"②。由此可见，谯、侯二姓自汉末以至东晋和南朝末年，长期在南充占据重要地位。

梓州射洪县陈子昂一家的世系颇能很好说明川东豪族的权势。他的八世祖陈祗，仕蜀汉为尚书令③。陈祗的子孙在蜀汉灭亡后不仕，与唐、胡、白、赵合共五姓在所居地新城郡，"四姓宗之，世为郡长"。南朝齐、梁之际，陈太平兄弟三人并有名。陈太平为新城郡（四川三台县）守，弟太乐为郡司马，弟太蒙为黎州长史、南梁二郡太守。自此子孙繁衍，或仕本郡，或隐居乡里，为新城著名人士。陈子昂叔祖陈嗣"辟良田、习山书、务农政……常乘乎肩舆，省农夫，馈田畯，刑以肃惰，悦以劳勤……居十余年，家累千金矣……非公事未尝至于州县也"。85岁死（607—692年），"乡里会葬者千余人"④。子昂父元敬，"年二十，以豪侠闻，属乡人阻饥，一朝散万钟之粟而不求报。于是远近归之"。22岁，乡贡明经擢第，拜文林郎，回归家乡后，"时有决讼，不取州郡之命，而信公之言，四方豪杰，望风

①　《晋书》卷100《谯纵传》。

②　《陈书》卷9《侯瑱传》；参《梁书》卷22《萧范传》、《南史》卷66。

③　参《三国志》卷39《董允传附陈祗传》。

④　《文苑英华》卷873《居士陈嗣碑》。

景附"，乃是"西南大豪"①。陈子昂本人仕武周为右拾遗，其后"带官取给而归"，乡居时，县令段简"闻其家有财，乃附会文法，将欲害之，子昂使家人纳钱二十万，而简意未已"②，因致被害。子昂堂弟陈孜为时所重，"乡里长幼，望风而靡；邦国豪杰，闻名而悦服"③。由此可见，陈氏一家至迟自南朝齐、梁以至唐代始终是富族强宗。陈子昂死后，他有二子五孙，大多进士及第，分别仕至刺史、县尉与御史等官④，直至中晚唐时，家世尚未衰颓。

梓州除陈氏一家外，盐亭严家也很有名。严震"世为田家"，以财雄于乡里。至德、乾元以后，震屡出家财以助边军，授州长史，后为山南西道节度观察等使⑤。震之从祖弟严砺任山南西道节度、支度、营田、观察等使，在东川"擅没吏民田宅百余所，税外加敛钱及刍粟数十万"⑥。杜甫说："全蜀多名士，严家聚德星。"⑦严氏家族自是梓州著名豪富。

与梓州毗邻的阆州（阆中），鲜于仲通为剑南节度使。弟叔明为东川节度、遂州刺史，又移镇梓州，他在东川20年，"招抚氓庶，夷落获安"。德宗出奔兴元，"出家资助军"。他"总戎年深，积聚财货，子孙骄淫"⑧。叔明裔孙鲜于侁，北宋时，举

---

① 《文苑英华》卷961《陈公墓志文》。

② 《文苑英华》卷793卢藏用《陈氏别传》；参《全唐诗》卷220杜甫《陈拾遗故宅》。

③ 《全唐文》卷216《堂弟孜墓志铭》。

④ 《全唐文》卷732赵儋《陈公建旌德之碑》。

⑤ 《旧唐书》卷117《严震传》；《新唐书》卷158《严震传》。

⑥ 《新唐书》卷144《严砺传》。

⑦ 《全唐诗》卷228杜甫《行次盐亭县聊题四韵》。

⑧ 《旧唐书》卷122《李叔明传》；《新唐书》卷147《李叔明传》云"世为右族"。

进士，宋神宗时，任利州路转运判官，治所接近阆中，他家仍是"姻戚旁午"①，依然存在强大宗族力量。鲜于本是高车丁零族姓，唐代阆中尚有"夷落"，可知汉化了的不少族人已有若干贵族豪族化了。

类似上述川东诸豪富情况不再一一缕述。随着地主经济的发展和官府赋役的繁重，必然要加强对农夫们的政治压迫与剥削，下层群众于是被迫纷纷逃亡。武周圣历元年（698年），陈子昂说："今诸州逃户有三万余在蓬（仪陇）、渠（渠县）、果（南充）、合（合川）、遂（遂宁）等州山林之中，不属州县，土豪大族，阿隐相容，征敛驱役，皆（不）入国用，其中游手惰业亡命之徒，结为光火大贼，依凭林险，巢穴其中。若以甲兵捕之，则鸟散山谷，如州县怠慢，则劫杀公行。"② 所称蓬、渠、果、合、遂诸州皆在川东。此后几年，合州刺史陈靖以境内"大足川侨户辐辏，置铜梁县，以铜梁山为名"。玄宗开元二十二年（735年），刺史孙希庄又以人多，奏割以石镜和铜梁县部分地设置巴川县，以地在巴川为名③。说明户口增多正是新置县的前提。

同样的情况，玄宗天宝中，在渝州西部，"四面高山，中央平田，周回二百余里，诸州逃户多投此营种，官府为此设壁山县"④。壁州东与通州接壤地界，"浮游所集，州县不便理"，开元中，敕设太平县，天宝时，改名东巴县⑤。梓州"四境遥远，人多草寇"，唐析置永泰县。其后，盐亭县出现了雍江草市，后

---

① 《宋史》卷进344《鲜于侁传》；参《北朝胡姓考》高车诸姓。
② 《全唐文》卷211《上蜀川安危事》。
③ 《太平寰宇记》卷136《山南西道》。
④ 同上。
⑤ 《太平寰宇记》卷140《山南西道》。

蜀"以地去县远，征输稍难，寇盗盘泊之所"，就其地设招葺
院。宋灭后蜀，升格为东关县①。

　　另外，开州之万岁县，通州（达州）之三冈县，都曾废罢，
后"以人户多，废县不便"，中唐后再次复置②。果州南充县地
广人多，唐前期先后分置西关、流溪二县③。凡此种种，较难一
一细述。

　　州县的增设、户口的增多、可耕荒地的不断开发，促进了川
东地区社会经济的新进步。到了宋代，全国分置十五路（细分
为二十三路）中，四川地区即占有四路，除益州路（成都府路）
外，梓、利、夔三路几乎都在川东地区。翻检《元丰九域志》、
《新定九域志》、《宋史·地理志》和《舆地纪胜》诸书，参以
《宋史》纪传所载，可以充分看出，到了北宋中叶，川东地区的
社会经济是比隋唐时期有了长足的新进展。

　　附记　1988 年秋，六朝隋唐二个学会联合在重庆召开长江上游经济开
发学术会议，我考虑川西成都平原的经济发展，已有不少学者研究，会议
既在重庆召开，我一生又未去过重庆，因此选择川东地域史事写一简单提
纲，作为与会入场券。令我始料不及的是，与会的川籍同行纷纷发言，对
汉代以后的四川经济状况广泛持悲观论，自称为"盆地思想"，我听了深
不以为然，即席几次作了长篇发言，力排众议，分别对汉、六朝、唐、宋
时期的川东经济状态作了几次讲话，受到一些与会学者的赞许，会下有数
位与我交谈，情绪甚佳。会议其间，并未说会后要出书，一年多过后，
1989 年冬，突然收到《古代长江上游的经济开放》一书，内收拙撰的提
纲，作者未看校样，错别字不少，提纲未注明所引资料出处，读者难于查

① 《太平寰宇记》卷 82《剑南东道》。
② 《太平寰宇记》卷 137《山南西道》。
③ 《太平寰宇记》卷 86《剑南东道》。

找，今事过近二十年往日即席多次讲话，内容已不复记忆，无法作有针对性的补入。仅将原书稿请人重新打印，改正错别字，并补注所引资料出处，其余一切均保持原貌，深为抱歉。

刊《古代长江上游的经济开发》

西南师范大学出版社，1989 年

唐代江南实施均田小议

——兼及南朝以来江南户口的消长问题

国内有位研究隋唐史的学者在一本专著中写道："唐朝……江南地区以租庸调名义收税，不过是折征租布，与中原地区略有不同……唐朝在这里所征收的租调比南朝时要轻得多。因而江南虽未均田，而按田制订出的租庸调制，在这里却可以实行。"又说："隋朝……江淮地区，虽未推行均田，但同样要负担赋役……唐朝江南地区人民同样要负担租庸调，不过征收办法稍不同于他处……可见未行均田地区的农民，同样要负担租调。"由此可见，这位学者公开认为：

（一）隋唐时，江淮以南地区没有推行均田令；

（二）唐代江南地区征收租调和均田令的实施与否无关，征税情况也和中原地区不同。

唐代江南地区果真没有实施均田制吗？我是不能苟同这种意见的。

唐代租调是计丁征课，为了便于收税，国家规定了严密的户籍制度，但要顺利地收到粮绢，纳税者需要有一定的田产，才能具备支付租调的能力。唐初实施的均田制，乃是地主阶级的土地政策，它不会损害地主阶级的根本利益，即使在华北设置军府多的地区，也没有按照法令授予人民足额的土地。其次，也应该看到，中央集权国家在当初确是默认了隋唐之际土地占有关系的现实状况，并主动将部分官地和荒地根据田令授予了少地无地的农民。因此，唐前期特别是唐初数十年的社会中，存在数量众多的自耕小农（均田民）。租调的征收顺利是和均田制的推行密切相关连的。否认江南实施了均田制，脱离社会生产关系的实际现状，仅从表面现象上比附南朝的赋役征收，不去考虑同一地区在不同时期内社会关系的具体变化，势必无法解释唐政府统一颁布的租调制度为什么在北方是与均田制的实施密切相关，而在江淮以南却成了独特的制度？说它的税收量小于南朝是由于田租折布征收，于是便能够在"没有实施"均田制的江南得以顺利推行，这是不符合实际情况的。

固然，江南的折租布已在西北地区的考古中得到证实。这里，我们更应该注意的是江南征收了大量田租运送北方。《全唐文》卷200沈成福《议移睦州治所疏》："建德等三县在州东者，官人百姓并请移州就建德，道里稍平，输纳租庸，沿江甚易。"这是说，唐高宗时，在今浙江省境内的租是征收粮食的。武则天执政时，睦州治所便确实移往建德了。当时，江淮以南每年要往北方运送大批粮食，官府也承认是"江左困转输"。《全唐文》卷211陈子昂《上军国机要事》："江南、淮南诸州租船数千艘已至巩洛，计有百余万斛，所司便勒往幽州，纳充军粮。"《旧唐书》卷5《高宗纪》，咸亨元年（670年），全国四十余州虫、旱灾，"百姓饥乏，关中尤甚，诏令任往诸州逐食，仍转江南租米以赈给之"。同书卷8《玄宗纪》，开元十五年（727年），"河北饥，转江淮之南租米百万石以赈给之"。同书卷49《食货志》，开元十八年（730年），裴耀卿上言，"江南户口稍广，仓库所资，唯出租庸……每州所送租及庸调等，本州正、二月上道，至扬州……"史书记载唐前期租米北运的事不下二十处，说明江南租并不是一开始便折布交纳的。

开元中年以后，关中粮储充足，加以关中、河南地区连年丰收，西北沿边军镇屯田卓有成效，军粮有备。官府为了解决边防军对绢布的大量需要，也为了减少漕运粮食的麻烦，开元廿五年（737 年），才规定江南诸州租折纳布。同年，还规定河北、河南不通水利诸州的田租也折绢交纳。官府需要的粮食，除了动用仓储而外，在丰收的关中地区，将庸调、赀课一律折收粟米。《通典》卷 6 和《新唐书》卷 51《食货志》所说的就是这一事实。若是夸大了这一权宜规定，说唐前期在江南普遍推行了田租折布，那是不符合历史实际的。即使在天宝计帐中，江南田租已折布征收，当时仍有不少江南租粮北运。天宝时，韦坚在一年内转运"山东"租谷四百万石，其中很大部分来自江淮。那时河北沿边的军粮供应也有不少来自江、浙一带的稻米。可见，唐前期江淮地区的租调征收，原则上与华北一致，税收的内容也相同。在江南征收稻谷与布，正如华北征纳粟与绢，乃是因地制宜，只有品种的不同，没有税收性质的差异。南方和北方所征收的租庸调都是和均田制的实施相适应的。

《唐会要》、《册府元龟》、《资治通鉴》和《新唐书·高祖纪》都记载了武德二年和七年两次颁布了租调令。《通典》卷 6 把应属于武德七年岭南诸州及夷僚户的税收方案，统统系于武德二年令，那是弄错了。因为李渊在大业十三年（617 年）五月，起兵太原，十一月，进占长安，明年五月称帝，改元武德。二年二月，颁发租调令时，唐政府所控制的地区局限于今陕西及甘肃的一部分，它不可能对尚未控制的岭南诸州拟定税收方案。当时所面临的军事形势：洛阳有王世充，河北、山东有窦建德、宇文化及徐圆朗，山西、陕西北部有刘武周、梁师都，江苏有李子通、杜伏威、沈法兴，安徽有汪华，江西有林士宏，两湖有萧铣，岭南有夷、僚的起兵。这些武装都是未从唐命的。武德四年战败窦建德、王世充后，唐政府势力才达今河南、北、山东地区。而且，由于刘黑闼的再次起兵，河北、山东地区仍非唐有。此后一二年内，唐政府先后打败了萧铣和林士宏，岭南冯盎也降唐，杜伏威则是被骗入京软禁。至此（武德五年末），唐政府的主要对手除北方沿边的高开道、梁师都外，只有山东的刘黑闼、徐圆朗了。六年正月，刘黑闼起义被镇压下去，二月，又战败了徐圆朗，除边缘地区外，唐政府已统一了全国。这时，并没有颁布均田、赋役令和大赦令。当年八月，辅公祐再次起兵于苏南。九月，唐政府发布《讨辅公祐诏》①。翌年三月戊戌（廿八日，即公元624年4月23日）镇压了义军的讯息传到长安②，第二天己亥（农历廿九日，即公元4月24日），唐政府立即任命以赵郡王李孝恭和李靖为首的大批官吏，四月庚子朔（即4月25日）颁布了《平辅公祐赦》③，说什么"扬越之民，新沾大化，见在民户，给复一年"。唐政府不早不迟，正是在同一天，又颁发新律令，公布了唐朝第一个均田赋役令④。由此可见，捷书，任命，赦文法令的纷纷颁发，正好说明唐政府为了稳定新占领区的民心，公开承认农民战争期间土地占有关系所发生的新变化。在大江南北、黄河流域获得大一统的时候，默认了全国土地占有关系的现状，并适当分配无地少地农民以土地，用轻税（正常的租

① 《唐大诏令集》卷119；《全唐文》卷2；《册府元龟》卷122《征讨》。

② 《资治通鉴》卷190。

③ 《唐大诏令集》卷123；《全唐文》卷3；《册府元龟》卷83《赦宥》。

④ 《资治通鉴》卷190。

调）替代隋炀帝大业以来的诸多苛敛。这正是唐政府在江南地区维护稳定统治的重要政策。所以，唐政府选择武德七年四月发布均田令，自然是包括江南地区在内同样是实施了均田的。

说在江南推行了均田，高昌的情况可资佐证。麴氏高昌自5世纪末年立国（499年），直至唐太宗贞观十四年（640年）覆亡以前，乃是割据一方不隶属于中原政府的地方政权。唐平定高昌后，随即下令，"置立州县，同之诸夏"，由是设置西州及其所属五县，"彼州所有官田，并分给旧官人首望及百姓等"①。这就是在西州地区推行均田。近几十年来，相继在吐鲁番出土了大批文书，其中有给田、退田、欠田文书，确切地说明唐代西州实行了均田令②。在边陲的西州地区以及众所周知的河西走廊敦煌一带都有实物证明贯彻执行了中央的田令，不能设想，隋唐时期日益富饶的江淮以南广大内地反而会不实施均田令的。

其次，从江南地区户口数字在唐前期大幅度地增长及其负担租庸调的情形来看，也可以肯定当地是推行了均田制的。

为了便于比较，先把六朝以来江南地区的编户数字列表如次，并将隋、唐时期江南地区编户数和南北朝晚年齐、周、陈的户口数列表对照如下③。

---

① 《文馆词林》卷664《贞观年中巡抚高昌诏》。

② 参看西嶋定生《从吐鲁番文书所见均田制的施行状况（以给田、退田文书为中心）》。见中文译本西嶋定生《中国经济史研究》第二部第四章，农业出版社，1984年，第313—519页。

③ 本文及下列二表所称"江南地区"是以陈和孙吴时的疆域为标准，由于这两国位居六朝时期的首尾，而且亡国时的疆域基本相同，以同样地域不同时间的户口数进行对比，很便于说明问题。

<h2 style="text-align:center">六朝、隋唐时江南地区编户统计表①</h2>

时间	户　数 （万户）	资料来源
吴	53	《通典》卷7
晋	50	据《晋书》卷15《地理志》推算
宋	53	据《宋书》卷35～38《州郡志》推算
陈	50	《北史》卷11；《通典》卷7
隋	69	江镱先生据《隋书·地理志》推算，《光明日报》1962年6月6日
唐	213	据《旧唐书·地理志》推算

<h2 style="text-align:center">隋唐时期南北编户数增长表</h2>

疆　域	南北朝末年		隋大业初		唐天宝初	
	户数 （万户）	出处	户数 （万户）	出处	户数 （万户）	出处
原北齐境	303	《隋》卷29	583	汪镱先生统计	422	《唐书·地理志》
原北周境	140	汪镱先生统计	254	同上	271	同上
原陈境	50	《北史》卷11	69	同上	213	同上

　　从上表可以看出，江南地区孙吴和陈国灭亡时的故土，在隋末以至唐中叶的一百三四十年内，户口有了大幅度地增长。而同一地区，自孙吴灭亡以至隋灭陈，经历了三百余年（280—589年），国家直接控制的编户竟无增长，原因何在呢？隋统一全国后，华北齐、周旧境户口大增，而江南增长很少，其故安在？可是，同一江南地区在唐前期却是户口激增，这又是什么原因呢？

---

　　① 《南齐书》的《州郡志》不记户口，《梁书》不立志。齐、梁时的户口数字，在纪传和其他史籍中均不见记载，因此，本表没有列入。

没有疑问，中古时代的户口统计不可能精确，但用以考察户口增减的总趋势还是可以的。东晋南朝时期，江南太湖区域和浙江东北的社会经济乃至湘、赣二水下流都有了不同程度地发展。虽然经历了一些重大的兵乱，死了一些人。那时，更多的是北方流人大批南下①，还有南方的一些少数族人民也逐渐被同化转为国家的编户了。因此，江南户口理应增多。国家载籍编户没有增加，是由于许多人设法摆脱了国家控制，有的称为"浮浪人"，"隐户"等，有的是"只注家籍"身份的依附者，那些称为"白徒"、"养女"的人也属于这一类。有关这类人户的资料，这里不能备录。今以会稽郡情况为例，可以看看户口隐没的惊人程度。

会稽郡所属自东晋以至隋唐都是相当繁荣的地区。它的行政管辖范围，《晋书》卷15《地理志》、《宋书》卷35《州郡志》、《南齐书》卷14《州郡志》都记为统辖十县，县名也都相同，即山阴、永兴、上虞、徐姚、剡、诸暨、始宁、勾章、鄮、鄞。《隋书》卷31《地理志》记会稽郡领四县，即会稽、勾章、剡、诸暨。但注文已指明隋代会稽县是合并山阴、永兴、上虞、始宁四县为一县的，勾章县是合并余姚，鄞、鄮三县为一县。因此，隋代会稽郡的辖地与晋、宋以来完全相同。唐代将原会稽郡地域分置越州、明州，《旧唐书》卷40《地理志》记越州领六县，即会稽、山阴、诸暨、余姚、萧山、（由永兴改名）上虞，明州领四县，即鄞县、奉化、慈溪、翁山，后三县是开元中由鄞县分置，唐代的鄮县则在武德时已并入了鄞县。因此，唐代越州、明

①　谭其骧先生估计有90万人，见《燕京学报》第15期，1934年。但是，这个数字包括了苏皖北部、湖北、四川乃至山东、河南各一部分，其属于本文所指江南地区者当然要少于90万人。

州所辖地域也和南朝以来的会稽郡相若。

会稽郡所领户口，《晋书·地理志》说三万户，《宋书·州郡志》说五万户，《隋书·地理志》说二万多户，《唐书·地理志》合明、越二州为十三万多户。编户数字的升降有什么意义呢？试读下列南朝时会稽郡的一部分资料。

《宋书》卷54《孔季恭等传》末，沈约说："江南之为国盛矣……会土带海傍湖，良畴亦数十万顷，膏腴上地，亩直一金，鄠杜之间，不能比也。"

《宋书》卷2《武帝纪》：晋义熙七年（411年）二月，"晋自中兴以来，权门并兼，强弱相凌，百姓流离，不得保其产业……公既作辅，大示轨则，豪强肃然，远近知禁，至是会稽虞亮复藏匿亡命千余人，公诛亮，免会稽内史司马休之"。九年（413年）二月，"时民居未一，公表曰……自永嘉播越，爰托淮海……至大司马桓温以民无定本，伤治为深，庚戌（364年）土断，以一其业。于时财阜国丰，实由于此。自兹迄今，弥历年载……今所居累世，坟垄成行……请准庚戌土断之科……于是依界土断……诸流寓郡县多被并省"。

《宋书》卷81《顾觊之传》：元嘉中，"山阴民户三万，海内剧邑"。（按，山阴乃会稽郡十县之一。）

《南齐书》卷46《顾宪之传》：永明六年（488年），为随王东中郎长史行会稽郡事……宪之议曰"……山阴一县，课户二万，其民赀不满三千者殆将居半，刻又刻之，犹且三分余一，凡有赀者多是士人复除，其贫极者，悉皆露户役民"。

《宋书》卷54《孔灵符传》：大明时，"山阴县土境褊狭、民多田少。灵符表徙无赀之家于余姚、鄞、鄮三县界，垦起湖田。上使公卿博议，太宰江夏王义恭议曰……山阴豪族富室，顷亩不少，贫者肆力，非为无处，耕起空荒，无救灾歉……上违议，从其徙民，并成良业"。灵符为会稽太守，"家本丰，产业甚广，又于永兴立墅，周回三十三里，水陆地二百六十五顷，含带二山，又有果园九处"。（按，永兴乃会稽郡十县之一。）

《宋书》卷58《谢弘微传》："元嘉九年（432年），（弘微之继母）东乡君薨，资财巨万，园宅十余所，又会稽、吴兴、琅琊诸处，太傅司空琰时事业，奴僮犹有数百人。"

《南史》卷29《蔡兴宗传》：泰始中，为会稽太守，"会稽多诸豪右，不遵王宪……封略山湖，妨害民治……王妃公主，多立邸舍，挠乱在所，大为民患，子息滋长，督责无穷"。

《南史》卷19《谢灵运传》："灵运父祖并葬始宁县，并有故宅及墅，遂移籍会稽，修营旧业，傍山带江，尽幽居之美……灵运因父祖之赀，生业甚厚，奴僮既众，义故门生数百，凿山浚湖，功役无已，寻山陟岭，莫不备尽……尝自始宁南山，伐木开径，直至临海，从者数百人……在会稽亦多从众，惊动县邑……会稽东郭有回踵湖，灵运求决以为田……又求始宁岯崲湖为田……"（按，始宁为会稽郡十县之一。）

《南史》卷41《萧钧传》：南齐时，"会稽孔珪家起园，列植桐柳，多构山泉，殆穷真趣"。

《梁书》卷53《沈瑀传》：梁初为余姚令，"县南有豪族数百家，子弟纵横"。（按，余姚乃会稽郡十县之一。）

《陈书》卷34《褚玠传》："太建中，山阴县多豪猾……高宗患之，谓中书舍人蔡景历曰：（会）稽（山）阴大邑，久无良宰……乃除（玠）戎昭将军、山阴令，县民张次的、王传达等与诸猾吏贿赂通奸，全丁大户，类多隐没。玠乃锁次的等……搜括所出军民八百余户。"

《梁书》卷38《贺琛传》："琛启陈封事，其一事曰……天下户口减落，诚当今之急务……百姓不能堪命，各事流移，或依于大姓，或聚于屯封……东境户口空虚，皆由使命繁数。"（按，东境是包括会稽在内的三吴地区）

《南史》卷14《刘子尚传》，大明六年（462年）为会稽太守，"鄞县多嵺田"。

上述这一组资料，可以概括地说明几点：

第一，晋、宋之际，会稽郡编户由三万户增至五万户，是和刘裕当政，严厉检查户籍和进行"土断"相关联的。

第二，南朝刘宋元嘉盛世，会稽郡隐户仍然很多，全郡十县编户五万，山阴一县即有三万。其他九县断不至仅有二万户。宋、齐之际，山阴编户由三万减至二万户，露户破产者多，反映人民逃亡的严重。

第三，南北士族地主（到南朝末年，则是土豪）在会稽一带求田问舍，封略山湖，他们掠夺民户，并兼土地，不少劳动者被他们"隐没"，从而大大减少了国家的编户。

第四，官府赋役严重，促使农户破产和脱籍逃亡。很多逃户和破产农户在浙东荒地垦殖了不少"嵺田"和"湖田"。"烧田云色暗"，"野燎村田黑"①，正是劳动人民垦荒耕种的写照。大批不入籍的劳动者对江南荒地的开发作出了重大的贡献。

---

① 参看《晋书》卷77《殷浩传》；《宋书》卷80《豫章王子尚传》；《陈诗》卷5徐陵《新亭送别应令诗》，《陈诗》卷3张正见《征虏亭送新安王应令诗》。

　　隋政府统一华北后，在齐、周旧境，进行了检籍和"大索貌阅"的工作，制定输籍法，清查出不少隐户。在"轻税"政策下，也吸引另一些民户摆脱了豪强地主的控制重新编入了国家户籍。均田制便是在这种形势下在一定程度上付诸实施。隋代均田民户比过去增多，周、齐旧境户口增长率也比较大。在灭陈统一全国以后，隋政府曾准备在江南推行检籍法。《北史》卷 63《苏威传》说：

> 江表自晋以来，刑法疏缓，代族贵贱，不相陵越，平陈之后，牧人者尽改变之……百姓嗟怨，（苏威）使还奏言，江表依内州责户籍……时江南州县又讹言欲徙之入关。远近惊骇……于是旧陈率土皆叛，执长吏，抽其肠而杀之……寻诏内史令杨素讨平之。

　　这次社会动乱因为检籍而引起，由地主阶级发动，开始时声势浩大，但却缺乏深厚群众基础的大叛乱，是很快地被平定了。但是，隋政府对待这些反叛者正如东汉光武帝刘秀对待那些因反对度田而掀起叛乱的地主分子一样，采取了和他们妥协的办法。此后，隋政府不再在江南严厉检查户籍。由是江南的大批隐户，特别是被地主阶级隐没的那一部分农民仍然没有编入国家户籍。因此，隋代江南地区编户增长率很小，它和同时期华北地区编户数字的巨大增长情况形成了鲜明的对比。这也说明，隋政府在江南推行的均田制自然是很不彻底的了。但是，均田制实施的不彻底和完全没有实施均田制是有着原则区别的。

　　隋末农民反抗的烈火，燃遍了江、淮、河、济，江苏南部和太湖区域以及鄱阳湖沿岸有好些年为农民军的重要据点。那些长期受压迫奴役的劳动者，自然和全国其他地区的革命农民一样，杀戮和驱逐了本地的地主，夺得了耕地。唐建国以前，梁、陈之际兴起的那些"郡邑岩穴之长，村屯坞壁之家"，如豫章熊氏，临川周氏等等，在陈、隋之际，仍然声势赫赫。到了唐初，已不再有任何动态。他们必然是遭受了江南各地农民军的大扫荡。江南农民的革命功勋，足以与华北地区的义军扫荡山东士族的功绩相媲美。唐军占领江南时，当地土地占有关系已经和南朝末年乃至隋代的情况有所不同。唐政府用均田形式承认了这一新的土地占有关系的调整。南朝以来长期在艰苦条件下从事生产劳动的许多流民、浮浪人、隐户、露户等等，在唐政府"轻税"（正常的租庸调征收）的引诱和强大中央政权力量的胁迫下，相继编入了国家的户籍。他们长期以来从荒山野泽中垦殖的田地，也被编入均田范畴。广大劳动者也就成了均田农民，向国家交纳租调，负担徭役。

唐前期百余年内，社会比较安定，生齿日繁，加以政府奖励生育，招徕民户以及严令地方官吏编贯民户等措施，使全国民户总数不断在增长。至天宝时，江南地区编户达213万，占全国民户总数23%，即接近四分之一，这充分反映唐代江南地区经过南朝以来几百年的垦殖开发，社会经济比之以往一切历史时代有了长足的发展。

唐人杜佑在计算天宝中的国库收入时，指出全国课丁是820万，其中江南地区的课丁是190万，江南的课丁数是全国课丁总数的23%，与同时期江南编户居全国民户总数的比率一致。这时，江南地区的课税已为全国总收入的近四分之一，它比之东汉时期江南税收在全国总收入中的微不足道，那是不可同日而语的了。

刊《中国古代史论丛》1982年第2辑

福建人民出版社

中国魏晋隋唐时期粮食作物的复种及其他

复种是农作物的生产方式之一，它和轮作、间作、套种等方式同样，是充分利用自然资源，力求在有限耕地上最大限度地提高单位面积产量，以利于改善人们的生活。本文先选用魏晋隋唐间的相关资料十条，逐一开列于下。

一、萧统《昭明文选》卷 5 左思《吴都赋》："国税再熟之稻，乡贡八蚕之緜。"

二、沈莹《临海水土异物志》："丹邱谷，夏冬再熟。"

三、葛洪《抱朴子》："五岭无冬殒之木，南海晋安有九熟之稻。"[1]

四、盛弘之《荆州记》："桂阳郡西北接耒阳县，有温泉，其下流百里，恒资以溉灌。常十二月一日种，至明年三月，新谷便登，重种，一年三熟。"[2]

---

[1] 上述二句，不见于今传世本《抱朴子》内篇二十卷、外篇五十卷中，仅见于唐人马总《意林》卷 5 节引（中华书局四部备要本）。《初学记》卷 27《五谷》（中华书局 1962 年点校本），《太平御览》卷 839《百谷部》（中华书局 1960 年缩印本），均只引了最末一句。

[2] 《太平御览》卷 837《百谷部·谷》引。

五、《周书》卷50《高昌传》："地多沙碛，气候温暖，谷麦再熟，宜蚕。"

六、元开《唐大和上东征传》：天宝七载十一月，鉴真到达海南崖州，"彼处……十月作田，正月收粟，养蚕八度，收稻再度"。

七、白居易《答刘禹锡白太守行》："去年到郡时，麦穗黄离离，今年去郡日，稻花白霏霏，为郡已周岁，半岁罹旱饥。"

八、元稹《竞舟》："楚俗不爱身，费力为竞舟……年年四五月，茧实麦小秋，积水堰堤坏，拔秧蒲稗稠。"

九、《旧唐书》卷197《南蛮传》："牂柯……土气郁热，多霖雨，稻粟再熟。"①

十、樊绰《蛮书》卷7《云南管内物产》："水田每年一熟……八月获稻，至十一月、十二月之交，便于稻田中种大麦，三月四月即熟，收大麦后，还种稻……小麦与大麦同时刈。"

对于上述诸资料，我认为至少可提出几点以供讨论。

第一，再熟稻是不是复种稻？

第二，位于西北地区的高昌，"谷麦再熟"，至今似乎尚无人议论，它是否存在一年再熟的可能性呢？

第三，白居易、元稹的诗篇所反映苏州、岳州地区的种植是否能确定为麦稻复种的有力证据？

第四，盛弘之、元开所记湘南、海南的复种状况是否真实可靠？为什么？

第五，西州以外的北方大地有无可能存在复种或其他方式的增产途径？

下面逐项谈笔者的浅见，热诚欢迎批评教正。

其一，孙吴国都所在建业地区，不仅3—6世纪未见有水稻复

---

① 《唐会要》卷99《牂柯蛮》；《新唐书》卷222下《南蛮传》文字相同。

种，就是在唐、宋时期我也没有见到明确的记载。二十年前，笔者草写《汉唐间的水稻生产》论文时，曾援引南宋范成大《吴郡志》卷30《土物》条，赞成范氏解释《吴都赋》再熟稻乃是再生稻的见解。其后，又读了些书，更加坚定了我的信念。《齐民要术》卷2《水稻篇》引郭义恭《广志》云："南方有蝉鸣稻，七月熟，有盖下白稻，正月种，五月获，获讫，其茎根复生，九月熟。"孙吴建业地区的水稻品种虽不明确，但六朝时人已清晰地讲了盖下白稻是在收获后，其茎根复生以至成熟的再熟稻。《太平寰宇记》卷102《江南东道·泉州》土产记有再熟稻。乐史自注云："春夏收讫，其株有苗生，至秋薄熟，即《吴都赋》所云再熟稻。"另外，陶宗仪《说郛》卷18引九华人叶寘《坦斋笔衡》的"稻孙"条称："米元章为无为守，秋日与寮佐登楼燕集，遥望田间青色如剪。元章曰：秋已晚矣，刘获告功，而田中复青，何也？亟呼老农问之。农曰：稻孙也。稻已刘，得雨复抽余穗，故稚色如此。元章曰：是可喜也。"米元章即米芾，是北宋著名书画家，《宋史》卷444有传，记他确曾出知无为军。王安石、苏轼等人非常欣赏他的书画。此例说明皖北巢湖地区颇滋生再熟稻。《太平御览》卷839引"《唐书》曰：开元十九年（731年）扬州奏，稆生稻二百一十五顷，再熟稻一千八百顷，其粒与常稻无异"。这条记事不见于今本《旧唐书》，当是出于已佚唐人撰《唐书》，《册府元龟》卷24《符瑞》记事完全相同，且记为是年四月己卯扬州奏云云，说明苏北扬州地区稻孙很不少。往后看，宋太宗至道二年（996年）"大有年，处州（浙江丽水）稻再熟"；仁宗景祐元年（1034年）"十月，孝感、应城二县稻再熟"；神宗元丰六年（1083年）"洪州七县稻已获。再生，皆实"①。上述诸例说明，

①　《宋史》卷5《太宗纪》，又卷64《五行志》。

今江苏、安徽、浙江、福建、江西、湖北等地的稻田长期内滋生稻孙。还应当指出，前引孙吴时，临海"夏冬再熟"的丹邱谷也是一种再生稻。南宋陈耆卿《嘉定赤城志》卷30记台州物产援引《临海水土志》，很可以说明它只是孙吴时的一种再生稻，而不是复种制下的双季稻。

其二，《周书》所记高昌"谷麦再熟"，是否为复种呢？我的回答很肯定。《隋书》卷83、《北史》卷97、《元和郡县图志》卷40、《旧唐书》卷198、《太平寰宇记》卷180所记内容都完全一致，只有《新唐书》所记有差异，后面再作讨论。说"谷麦再熟"，麦是夏熟作物，谷指五谷，通常为秋熟。岁再熟，是指同一块田地里，夏秋粮食作物可以各收一次，也就是推行复种制。众所周知，北朝高昌王国所在地原是两汉时的车师王国。西汉时，匈奴单于大臣认定"车师地肥美，近匈奴，使汉得之，多田积谷，必害人国，不可不争也"①。汉宣帝"元康中（前65—前61年），匈奴遣兵击汉屯田车师者，不能下"②。揆诸实际，汉朝屯田车师，人员不多，规模不大，但断断续续，一直维持到东汉后期。就汉朝情况而言，从军事屯田以至民间生产均未见有复种。其后，曹魏、西晋对高昌地区均加强控制，史传对汉晋间其地的生产，均无谷麦再熟的记录。

北朝后期以至隋唐时期文献所记高昌"谷麦再熟"，实在是过于简单了，令人真伪难辨。堪幸当地出土了不少这一时期的租佃契约，通过文书所记佃农交租等情况，很可以将那里的一年两熟制生产形态表述得十分清楚。今摘录几件文书片段如下。

（甲）高昌延昌三十六年（596年）宋某夏田券云："亩与

---

① 《汉书》卷96下《西域传》。
② 《汉书》卷74《魏相传》。

大麦陆斛、亩床陆斛，若种粟，亩与粟柒斛，五月内□□使毕，十月内，上床使毕。"①

（乙）高昌田婆泰夏田券云："到五月内，与夏□□□斛伍斗，粟陆斛伍斗，到五月□□□□到十月内，上床，粟使毕。"②

（丙）高昌张永究夏田券云："到六月□，与夏价大麦柒斛伍斗，到十□□□伍斗。"③

（丁）唐贞观十五年（641年）西州高昌县赵相□夏田契云："亩与夏价麦高昌斛中叁斛伍□□□□内上麦使毕，到十月内上秋□□□。"④

（戊）唐贞观二十二年（648年）索善奴佃田契云："亩与夏价大麦五斛，与□□□□到五月内，偿麦使毕，到十月内，偿□□毕。"⑤

（己）唐永徽二年（651年）孙客仁夏田契云："亩与夏价□□□斛，到五月内，上麦使毕，十月内，上秋□□□。"⑥

通读上述诸契券，五（六）月交纳麦租。《齐民要术》卷2《大小麦》引郭义恭《广志》云："旋麦（春麦）三月种，八月熟，出西方。"又引南朝《陶隐居本草》云："大麦为五谷长，即今倮麦也。"东汉崔寔《四民月令》记内地的矿麦、大麦，四月收刈，小麦五月收割。大麦成熟比小麦早，内地与西域相同，但具体播种和收割时间并不一样。在西州，收麦结束交纳麦租，是在五六月间。

---

① 《吐鲁番出土文书》第二册，文物出版社，1981年，第326页。
② 《吐鲁番出土文书》第三册，文物出版社，1981年，第245页。
③ 同上书，第337页。
④ 《吐鲁番出土文书》第四册，文物出版社，1983年，第47页。
⑤ 《吐鲁番出土文书》第五册，文物出版社，1983年，第18页。
⑥ 同上书，第20页。

西州交纳的粟、床是秋粮。关于粟，《齐民要术》卷1《种谷》称，华北各地，"二月、三月种者为稙禾（早谷），四月、五月种者为稚禾（晚谷）"。床呢，《齐民要术》没有明白记录，就我所见，居延新旧汉简、敦煌汉简、流沙坠简，常见到"床"，不仅此也，《隋书》卷81《东夷流求传》记"土宜稻、粱、床、粟"。《辽史》卷115记《西夏国》"土产大麦、青稞、床子。"可证床的产地，并不限于西方边疆地域，它是旱种粮食作物。钱大昕《十驾斋养新录》卷4《床》云：

> 《九域志》、《宋史·地理志》俱云秦州有床穰堡，遍检字书，皆无床字，莫详其音。顷读《一切经音义》，知《大般涅槃经》有粟、床字，云字体作穈麿二形，同忙皮反。禾稷也。关西谓之床，冀州谓之穄，乃知隋唐以前已有此字。秦州本关西地，方俗相承，由来旧矣。

谨案许慎《说文》，"穈，穄也，从黍，麻声"。"穄，穈也，从禾，祭声"。"黍，禾属而黏者也……凡黍之属皆从黍"。《齐民要术》卷2《黍穄篇》称："刘穄欲早，刘黍欲晚。"表明黍、穄并非一物。同卷引东汉崔寔言："穈，黍之秋熟者，一名穄也。"唐人元应《一切经音义》卷11引《仓颉篇》云："穄，大黍也。又云似黍不黏，关西谓之穈是也。"综上所述，可知床是黍类中之不黏者，具有抗热、抗旱性能，俗称为穈子。前引高昌三十六年宋某夏田券所记交租，"亩床陆斛，若种粟，亩与粟柒斛"，是知床的产量比粟低。通读上述诸契券，可知自高昌以至西州时期，在麦收以后，通常可以种床或种粟，交租时，可视所种床、粟，交纳不同数量的田租。由此可见，在高昌的不少地方，每块田地能在一年内做到复种双收。

北朝高昌和唐代西州的租佃契，规定交纳麦租和谷租的时间如此整齐划一，充分说明这一地区的不少田地确是实施了双种双收制，在我国农作发展史上是很值得称许的。《梁书》卷54《高昌传》说："寒暑与益州相似，备植九谷"，并没有提及高昌存在复种。《太平寰宇记》卷180记高昌"气候温暖与益州相似，谷、麦再熟"。然而，自南北朝以至唐代，益州却很难看到一岁再熟的事例。《新唐书》卷221记高昌"土沃，麦、禾皆再熟"。其后，叶隆礼《契丹国志》卷26记高昌"厥土良沃，麦一岁再熟"。这两部书，分别由北宋和南宋人所撰。他们的记事似乎表明宋人对高昌地区的种植制实情缺乏了解，居然说出"麦禾皆再熟"或"麦一岁再熟"之类的不实之词。

这里，顺便谈谈对前引第九条牂柯"稻粟再熟"的认识。唐人撰《梁书》，宋初人撰《太平寰宇记》所说高昌气候与益州相似，很可能是以牂柯为模特而言。但牂柯是唐朝的羁縻州。按《通典》卷187，《旧唐书》卷197，《新唐书》卷43下所列，其境域大致在辰州以西，昆明以东，交州以北，充州以南，主要是在今贵州省境。自三国、两晋以来，益州主要是指以成都为核心的地区。郭义恭《广志》云："青芋稻，六月熟，累子稻、白汉稻，七月熟，此三稻，大而且长，米半寸，出益州。"自汉魏以至隋唐，益州未见有"稻，粟再熟"的记事。稻与粟通常都是秋熟粮食作物，同一块田地不可能稻、粟复种双收，不知是不是某些宋人已意识到了这一点，《太平寰宇记》卷178记牂柯物产，只说"土气郁热，稻再熟"。纵使如此，在今四川省内的唐代直属州，尚且看不到稻作复种存在的实证①。而羁縻州所在，

----

① 假定上引《广志》所言益州种植的三个早稻品种，至唐代仍在种植，而在川北另有晚稻品种，《资治通鉴》卷187武德二年十月，"集州（四川南江县）僚反，（梁州总管庞）玉讨之……熟僚与反者皆邻里亲党，争言贼不可击，请玉还。玉扬言，秋谷将熟，百姓毋得收刈，一切供军，非平贼吾不返……玉追讨，悉平之"。十月稻将熟，应是晚稻。但恐怕很难说，唐初，川北地区业已种植了双季稻。

竟然年收稻谷两次，不能不令人滋生疑惑。

总括上述，高昌和西州在北朝至隋唐时确是存在"谷麦再熟"的现实。宋人书为"麦禾皆再熟"、"麦一岁再熟"，那是不妥当的。至于牂柯的"稻粟再熟"，揆诸情理，实很少有可能，即使说是"稻再熟"，也有待挖掘新资料才能证实。

其三，前引元、白二人诗篇，我说是"疑为异地轮作，不是复种"。几位朋友都说是江南苏州、岳州存在复种制的确证。归纳他们的论点主要有：（1）诗中麦、稻并举；（2）江南人口稠密，人们力求增产，保证供给；（3）夏税麦，秋税谷，两税法的实施正是复种制的反映；（4）大中制书提到"二稔职田"，充分说明二稔制已是现实。如何看待这些论述，我们先从诗作的内容开始讨论。

唐敬宗宝历元年（825 年）五月初五，白居易到达苏州，就任刺史。是日，公历为 5 月 26 日，江南气温早热，麦子成熟期早，小满节前通常已要收刈，当年夏历间七月，节候差晚。白居易到苏州所见，麦子黄熟待收。与他在关中《观刈麦》诗所云，"田家少闲月，五月人倍忙，夜来南风起，小麦覆陇黄"，只是偶尔巧合，不能说地无分南北，各地一律五月收麦。即使同在北方，黄河以南，芒种节前收麦，黄河以北，芒种节后收麦。白居易《苏州刺史谢上表》说，三月初四，制授刺史，三月廿九日，离开洛阳，五月五日到苏州。按《白居易集》卷 68《华严经社石记》文末云："宝历二年九月二十五日（公历 10 月 30 日），前苏州刺史白居易记。"诗称"今年去郡日，稻花白霏霏"。可见农历九月末，他尚未离开苏州。就公历而言，已是 10 月末 11 月初了，其时稻花盛开。凡是具有种稻经验的人一定会知道，稻谷自浸种发芽、生根、出叶以至栽插、返青、分蘖、拔节、出穗、开花、灌浆以至最后成熟，要经历许多阶段。白居易离开苏州时，尚是水稻开花，自此直至稻谷成熟，至少尚需三十天左右，稻谷才能成熟，显而易见是晚稻。与其说苏州是麦、稻连作，毋宁说当地有可能存在水稻连作。因为从节候判断，麦后种稻，无须如此迟晚。宋代江苏高邮人陈造《田家谣》云："麦上场，蚕出筐，此时只有田家忙，半月天晴一夜雨，前日麦地皆青秧。"① 麦收后插秧，并不像收稻后种麦，须经晒地使干，要经历较长时日，古今情况都是如此，唐代应该不会例外。比白居易撰此诗晚260年的朱长文《吴郡图经续记》卷上记："吴中地沃而物果多……其稼则刈麦种禾，一岁再熟，稻有早、晚，其名品甚繁，农夫随其力之所及，择其土之所宜，以此种焉。"麦收后数月才插秧，既无此必要，也不大可能。因此，我认为白氏所述，不是同一块田地上的麦、稻复种，而是苏州异地上种粮食作物景象。

元稹不同于白居易，他在湖北江陵做官，元和九年（814年）夏，途经岳阳去长沙看望朋友，从见闻得知岳阳每年举行竞渡，以此为题咏怀，大发感慨。年年四五月的麦收季节，雨水降临，江湖水涨，冲坏堤堰，青年们于此时聚会，杀牛祭船，饮社酒以赛舟，"连延数十日"，"大競长江流"，秧田蒲草生，水稗密集也不管。全诗40句，只有两句提及"麦秋"与"拔秧"，诗篇赞美贤刺史对那些不事生产争相竞渡的人加以节制，这怎么能证明是描写麦、稻连作的呢？就我看来，岳州不同于苏州，唐、宋人的论著包括范致明《岳阳风土记》等在内，并不见有麦、稻复种的记事；甚至在20世纪四五十年代以前，除洞庭湖岸垸田外，岳阳一般田地也未见有复种，说一千多年前的唐代岳阳麦稻复种，恐怕是望文生义的事，立论难以苟同。

---

① （宋）陈造《江湖长翁文集》卷九《田家谣》。

关于人口密集问题，《新唐书·地理志》记唐代 320 余直属州中，苏州人口数，位居全国第 32 位，岳州是第 183 位，说苏州、岳州地区因人口密集而发展复种，说服力恐怕不够强。

说两税法征收麦税和秋粮，又说唐后期存在"两稔职田"，用以证明唐代江南存在复种。可是，两税法和职田都是面向全国各地，并不限于江南地区。开成元年（836 年），太仓存粮不多，唐文宗深以为忧，宰相李石说："京畿频旱，无以添置，待臣来年征两税，麦时纳麦，谷时纳谷，自然国储渐实。"① 难道我们能据此证明关中地区在唐代已实施麦、粟复种吗？如果我们把视线向前移动，南朝陈文帝天嘉元年（560 年）八月诏："麦之为用，要切斯甚……班宣远近，并令播种，务使及时，其有尤贫，量给种子。"此乃东晋南朝以来一再提倡在南方种麦的继续。陈宣帝太建九年（577 年）五月丙子诏：　"太建以来迄八年（569—576 年）流移叛户所带租调……六年七年逋租田米粟、夏调绵绢丝布麦等，五年迄七年逋赀绢，皆悉原之。"② 众所周知，自孙吴以来，历代租调都征收稻谷，陈朝时除稻谷外，新出现了征收夏麦，如果照搬朋友们的理论，岂不是陈朝江南境内已存在稻、麦复种了吗？当然，我是并不如此认为。六朝时，一再下令种麦，成效不是那么显著。自六朝经隋唐以至北宋，江南地区发展种麦并不快，直至南宋时，才有较显著发展，那是和宋王朝采取优惠措施密切相关的，兹以其事远离本题，无须在此多说。

其四，关于盛弘之和元开所记湘南、海南复种的事，我认为真实可信。南朝刘宋盛弘之撰《荆州记》3 卷，《隋书》卷 33《经籍志》记载很明白，原书已佚，除了上述引文外，《太平御

① 《册府元龟》卷 58《勤政》。
② 《陈书》卷 3《世祖纪》；又卷 5《宣帝纪》。

览》卷821《资产部·田》另有引文，文字有出入，意义完全相同，其下且云："温液所周，正可数亩，过此水气辄冷，不复生苗。"具体说明了只在温水所及地方才能做到一年三收，可证多产是需要有特殊条件的。郴州耒阳位居湘南山地，是亚热带过渡区，那里降雨量多，气温高，适宜复种。但没有温水作催化剂，尚难以做到一年三收。与之形成鲜明对照的海南岛是位于热带季风气候区，高温多雨，长夏无冬，因而较易做到一年三熟。还有云南滇池左右，地处亚热带高原型季风区，低热河谷长夏无冬，干湿季分明，因而，当地劳动者能实施稻、麦复种制。

　　这里，有个问题需作必要解说。高昌、海南崖州以及南诏滇池等处的政治归属问题。高昌在唐太宗贞观中以前，是西域地区的独立国家，不隶属于北朝或南朝任何一个内地政权，自那时开始的复种制一直延续至高昌灭亡后所建立了西州的唐玄宗盛世。海南岛地区在汉武帝时虽已直属西汉王朝，但自汉元帝以后，长期与内地政权脱钩。就唐朝而言，唐高祖时，于崖州置都督府统领其地，后又改隶广州经略使，其后，有如德宗贞元五年（789年）十月岭南节度使李复上奏所说："琼州本隶广府管内，乾封年（666—668年），山洞草贼反叛，遂兹沦陷，至今一百余年。臣令判官姜孟京、崖州刺史张少逸并力讨除，今已收复旧城，且令降人权立城相保，以琼州控压贼洞，请升为下都督府，加琼、崖、振、儋、万安等五州招讨游奕使，其崖州都督请停。从之。"① 这就是说，唐玄宗天宝中，鉴真和尚到达海南时，那里是由夷僚直接统治，《太平广记》一书收录了数篇记录其酋豪统治海南状况的实录，其时，唐政权的力量早已退出了海南。还有南诏，更是当时名实相符的独立国家。唐代的海南是西汉珠崖、

---

① 《旧唐书》卷41《地理志》。

儋耳二郡所在地；唐代的西州是汉代车师王国所在，汉和匈奴都曾在那里推行屯田；而唐代南诏乃是汉朝滇王国所在，文献的记载或是云南晋宁石寨山的发掘报告，也都和车师、海南一样，在汉代都没有复种的记录。有鉴于诸地在那时并不直接归中原政权管辖，而诸族人民又都是中华民族的祖先，因此，本文标题特意使用"中国魏晋隋唐时期"以名之，良有以也。

西州、海南、南诏以及牂柯等地都曾不同程度实施复种制，自然是需要拥有一定数量的劳动力。但过分强调了江南人口的密集程度，便难以解释许多人口众多的州郡并未见有复种。一个不容忽视的现象，凡是实施复种诸地，西州以外，其余诸地都位于亚热带地区，高温多雨，适宜作物栽培。西州虽深处高原内地，由于特殊地理条件形成的火州，且有丰富的雪水浇灌，因而能出现谷、麦再熟的奇观。至于东晋葛洪所云"南海晋安有九熟之稻"，唐朝诗人刘商说"门前种稻三回熟"，都因言之过于简略，难以究明其真义，不便在此多论。

其五，西州以外的北方大地有无可能存在复种或其他形式的增产途径，我认为这是客观存在的，但通常不是经由复种。

中古时期的科学技术发展水平较低，人们的社会活动受自然界的制约较大。汉晋间，班孟坚赋两京，张平子赋三都，左太冲赋魏都，他们分别歌颂北方的大都，虽然都谈到了农事，或赞水利，或述丰收，均未涉及复种。张平子《南都赋》称述南阳，"为溉为陆，冬稌夏穱，随时代熟"，颇与长安、洛阳、邺都有异。南阳虽在河南，却是位于豫西山地与豫南山地之间，由汉水支流唐白河流经构成的南阳冲积平原中心，自然环境与气象条件均接近南方，因而在农事种植方面较早而成功地进行轮作，并取得良好成果。

20 世纪 50 年代，农史学家李长年先生已指出，《齐民要术》

一书曾介绍二十多种轮作的方式，包括了谷、黍、穄、大小豆、麦、麻等的前作，表明在华北立国的北魏在农业生产中存在着相当丰富的轮作①，可惜没有列举史例。《魏书》卷8记正始元年（504年）九月诏："缘淮南北所在镇戍，皆令及秋播麦，春种粟、稻，随其土宜，水陆兼用，必使地无遗利，兵无余力，比及来稔，令公私俱济也。"非常清楚地显示了夏麦秋禾（粟、稻）在淮水南北地区获得了相当广泛的推行，即是因地制宜地进行轮作。

轮作制生产在唐代更有新的推广。贞观十四年（640年）十月，农收尚未结束，唐太宗想去同州打猎，刘仁轨谏阻说："今年甘雨应时，秋稼极盛，玄黄亘野，十分才收一二，尽力刈获，月半犹未讫功，贫家无力，禾下始拟种麦，直据寻常科唤。田家已有所妨。"②禾下种麦乃是关中推行粟、麦轮作。代宗大历五年（770年）三月，"优诏定京兆府百姓税，夏税上田亩税六升，下田亩税四升。秋税上田亩税五升，下田亩税三升，荒田开佃者，亩率二升"。夏税是指麦税。在此两年以前。大历三年（768年）六月，《文苑英华》卷434《减征京畿夏麦制》云："今邦畿之内，宿麦非稔，去秋垦田，又减常岁……其京兆府今年所率夏麦，宜于七万硕内五万石放不征，二万石容至晚田熟后，以杂色斛斗续纳。"晚田即指粟类作物的秋收田。大和二年（828年）八月，白居易说："清晨承诏命，丰岁阅田间，膏雨抽苗足，凉风吐穗初，早禾黄错落，晚稻绿扶疏，好入诗家咏，宜令史馆书。"③长安城郊既有粟谷垂黄，又有晚稻苗壮生长，说

---

① 李长年：《齐民要术研究》，农业出版社，1959年，第46—47页。
② 《旧唐书》卷84《刘仁轨传》。"十月"二字，据《资治通鉴》卷195校补。
③ 《白居易集》卷26《大和戊申岁大有年，诏赐百寮出城观稼，谨书盛事以俟采诗》，中华书局，1979年，第580页。

明关中农田种植业的兴旺，史例表明，两税法出笼以前，关中早已存在税麦和税谷（粟、稻）的夏税和秋税。其后，两税法面向全国统一征税，而不是专就江南某些地区实施的地方性税制。职田是中国中古时期按官员品级授予一定数量土地作为俸禄的制度，它没有也不可能游离于整个社会之外，而有着时代的烙印。唐代的"二稔职田"，地无分南北，"二稔"也不限于复种，举凡一年能收两次的如轮作、套作、间作、复种诸方式都包括在内，因此，只以两税与二稔职田以证明唐代江南推行稻、麦复种，恐怕不是很妥帖的吧！

附记：1997 年夏，师兄高敏古稀寿诞，春日，写专函候问，杳无音讯，遂不复考虑。寿诞既过，岁末（1997 年 12 月 28 日）突接敏兄电话约稿，越岁（1998 年 1 月 9 日）又收其高足信督催，深为惊诧。年来，余目疾加重，读书写字，困难倍增。授命匆促，搜索枯肠，缀此短文，聊为敏兄庆寿云耳。

1998 年 1 月 16 日

刊《高敏先生七十华诞纪念文集》
中州古籍出版社 2001 年

魏晋南北朝时期的蔬菜种植

蔬菜是自古以来广大民众日常生活中的重要生活资料。古籍常见的"菜食"乃是遇到缺粮时以菜代粮权且充饥的写照。西汉史游撰《急就篇》云："园菜果蓏助米粮。"南宋王应麟注解说："园圃种菜及殖果蓏，贫者食之以免饥馑，故云助米粮也。"应劭《汉官仪》记太官令有果丞，"掌瓜果菜茹"，可见汉朝廷对菜蔬已是相当重视。明代李时珍《本草纲目》卷26《菜部序》云："凡草木之可茹者谓之菜……《素问》云'五谷为养，五菜为充'，所以辅佐谷气，疏通壅滞也……菜之于人，补非小也。"大概是基于这一道理，人们习惯于称粮为主食，菜为副食。蔬菜乃是副食中极为重要的组成部分。

当然有必要指出，今人通常食用的蔬菜是经历了千百年来劳动人民对荒野自生自灭的各种野生植物进行反复选育培植的成果，还不断吸收外来的优良菜蔬品种进行培植，使菜蔬品种日趋多样化，因此，我们不能说，现今餐桌上的各种蔬菜，历代早已有之，它是凝聚了历代劳动者的智慧结晶。

毋庸置疑，种菜者通常是为了生活自给。可是，人们特别是城市人们吃的蔬菜并非他们亲自参加生产的成果，随着社会分工的发展，城镇郊区存在着相当数量的专业菜农，所生产的菜蔬主要是用以出售。

笔者往日读史，约略粗知，秦汉时期业已出现大规模经营菜蔬的人。司马迁《史记》卷129《货殖传》说："佗果菜千锺……此亦比千乘之家。""千畦姜、韭，此其人皆与千户侯等。"说明在汉代，广种蔬菜水果和姜、韭之类的人，能够获得很大经济效益，乃至可以和当时一千户人口交纳给侯爵的租税二十万钱相等。当然，经营菜蔬如此获利的人肯定为数不多，但可以说明，汉代蔬菜生产参与商品流通已是社会生活中一个必要的组成部分。

一

人所共知，汉末以后的魏晋南北朝时期是社会大混乱的时代，人们为了生存，粮食和蔬菜生产并没有因战乱而停罢。这一时期的不少隐士和僧、道信徒，经常是"蔬食布衣"，或是"殡蔬幽遁"。《荆楚岁时记》称："仲冬之月，采撷霜芜菁、葵等杂菜乾之，并为咸菹"，荆楚民众在寒冬来临前采收芜菁、葵等菜蔬为咸菜以过冬。这类情况实是民众生产菜蔬自给的事例。不仅如此，这一时期的蔬菜生产仍直接参与商品流通，并有相当好的经济效益。

北魏末年，贾思勰撰《齐民要术》全面系统地总结了华北地区（主要是黄河中下游地区）农业、手工业生产的经验。该书序称："舍本逐末，贤哲所非……故商贾之事，缺而不录。"然而，在它具体谈到诸蔬菜生产时，仍不免尊重社会现实。"近市良田一顷"，栽种芜菁，收根出售；再用菁子压油，两项收入所得，"亦胜谷田十顷"。又如，"近州郡都邑有市之处，负郭良田三十亩"，用以种葵。卖葵收入，"胜作十顷谷田"（卷3）。这就充分说明，种葵、菁的经济效益十分可观。同书还记载种胡荽、蓱、菘、芦菔、瓜出卖，也都能获得相当好的收益。

晋初，江统上疏说："秦汉以来，风俗转薄，公侯之尊，莫不殖园圃之田而收市井之利"并不以为耻，当朝（西晋）皇太子也在"西园卖葵菜、蓝子、鸡面之属"（《晋书》卷56《江统传》）。可见汉、晋间的公侯皇太子们有不少在从事菜果买卖。与此相类似，北魏太武帝的儿子拓跋晃（恭宗）役使奴婢千余人进行多种经营，包括了"种菜逐利"在内（《南齐书》卷57《魏虏传》）。大臣高允谏阻说，"贩酤市廛，与民争利，议声流布"，他建议将田园分给贫下，但未被采纳（《魏书》卷48《高允传》）。"种菜逐利"活动仍是继续进行。

这一时期，朝臣拥有不少菜园，也多用以参与贸易活动。潘岳仕宦不遂，归养中州，"灌园鬻蔬，供朝夕之膳"。所撰《闲居赋》列举了十几种菜蔬名称（《晋书》卷55《潘岳传》）。南朝现任高官柳元景有菜园数十亩，"守园人卖得钱二万送还宅"，他以为"买菜以取钱，夺百姓之利"，不好。但数十亩地所产菜蔬肯定自食有余，必然要进入市场贸易（《宋书》卷77《柳元景传》）。北齐文宣帝将邺地清风菜园赐给穆提婆，致使百官们食菜要"赊买于人"，宠臣穆提婆缘此获取巨利（《北史》卷54《斛律光传》）。有必要指出，那些在官僚家从事生产和出卖菜蔬的经手人，只能是诸色依附民户。

那时候，社会上存在一些专业菜农。汉末，吴郡富春孙锺（孙权祖父）"以种瓜为业"①。临淮淮阴人步骘"单身穷困"，与广陵人卫旌"俱以种瓜自给，昼勤四体"（《三国志》卷52

---

① 《宋书》卷27《符瑞志》；《艺文类聚》卷87《果部》。

《步骘传》)。南朝会稽永兴人郭原平"以种瓜为业"(《宋书》卷91《郭原平传》)。吴郡钱唐人范元琰"以园蔬为业"(《梁书》卷51《范元琰传》)。北朝定州地区的王姓老妪,也"种菜三亩"(《北齐书》卷10《高浟传》)。这些专门从事种植瓜菜的人自然要出售他们的生产品。

晋初,济阴单父人却诜身为议郎,母亡,"朝夕拜哭,养鸡种蒜,竭其方术,丧过三年,得马八匹,舆枢至家"(《晋书》卷82),出卖鸡、蒜所得能买马八匹,那是很可观的。冀州刺史邵续为石勒所俘,"身自灌园鬻菜,以供衣食"(《晋书》卷63),刺史变成了战俘,地位变了,便要依赖自己种菜以维持日常生活。上述定州王姓孤姥所种菜蔬一再被偷,刺史高浟派人"密往书菜叶为字,明日市中看菜叶有字,获贼"。说明姥人三亩菜地的产品,也是为了出卖。郭原平在会稽永兴所种诸瓜是经由水路船运至钱唐出售。会稽剡人韩灵敏、灵止兄弟将卖瓜所得收入为亡母办理丧事(《南齐书》卷55)。出身寒贱的广陵人吕僧珍官至南兖州刺史,他的从父兄子仍以"贩葱为业"(《梁书》卷12)。菜贩并不直接参加菜蔬生产,只在流通领域从事菜蔬的运输与销售。北朝末,青州总管张威"遣家奴于民间鬻芦菔根,其奴缘此侵扰百姓"(《隋书》卷55)。家奴凭借主子权势,强制平民买菜,所得收入仍归主子。贝州刺史库狄士文"所买盐菜,必于外境"(《北史》卷54),这位贤明地方官为防止手下人员在自己直辖区内假借权势而采取了新的防患措施。凡此诸例,皆可证明在混乱的几百年中商品菜蔬仍广泛存在于南北各地。

《齐民要术》卷首《杂说》云:"如去城郭近,务须多种瓜、菜、茄子等,且得供家,有余出卖。"农史学界公认《杂说》不是贾思勰所作,但上引诸语所谈情况是适应于业已存在商品生产的社会，市郊农家种瓜菜出售以满足大众社会生活的需要，在魏晋南北朝之世也毫无例外，上面所举事例即可作为证明。

二

本文所说"蔬菜"，是以《说文》、《玉篇》所云："草之可食者"为菜，蔬为菜蔬，以作界标。因而不是要讨论所有的素菜。至于菜蔬的名称，早在先秦时，烈山氏之子柱，"能殖百谷百蔬"。吴韦昭注："草实曰蔬"（《国语》卷4《鲁语》），百蔬以示品种之多。上古时，人们茹草饮水，有如汉朝人所言："古者民茹草饮水，采树木之实……时多疾病毒伤之害，于是神农……尝百草之滋味……令民知所辟就，当此之时，一日而遇七十毒。"（《淮南子》卷17《修务训》）人们通过反复实践，力求趋利避害，从中挑选适当蔬菜品种，进行人工栽培。自此以来，野生菜与人工栽培的菜长期并存。经过长时期考验，有些古代受宠的菜蔬在后代受到了冷落，另一些以往不为人们所注意的野菜经过人工培育，备受人们青睐，这种变化，在今后长时期内仍将继续下去。

我国古代的蔬菜品种有多少，罕有专书记录。汉代的《氾胜之书》、《四民月令》乃至史书所记人工培育的蔬菜品种并不很多。北朝《齐民要术》卷2、卷3、卷10诸篇集中记录了近百种菜蔬，乃是以往所未见的。当然，不是说这些菜只存在于魏晋南北朝时期，何况其中有些菜蔬的情况仍不很清楚，有的菜名还存在多种不同的称号，或是包括了不同的品种。例如郭义恭《广志》所记瓜名多达十几种。《齐民要术》记种瓜便包括了瓜（甜瓜）、越瓜（菜瓜）、胡瓜（黄瓜）、冬瓜，众多菜蔬名目和种植情况可谓千差万别。笔者实是无力逐一辨明。为了便于探明魏晋南北朝时期人们常吃的菜蔬品种，姑且按《齐民要术》所列菜蔬的名目和顺序，结合我所知历史事实，依次讨论如下。

瓜　　《齐民要术》在种粮之后，最先谈种瓜，重点谈甜瓜，然后简略提及其他诸瓜。甜瓜因形状和色彩不同而有多种称号。《汉书·食货志》记先秦时，"菜茹有畦，瓜瓠果蓏"，已很重视畦种瓜菜。郭义恭《广志》记"瓜之所出，以辽东、庐江、敦煌之种为美……瓜州大瓜大如斛，出凉州……蜀地温良，瓜至冬熟"。自秦汉以来，屡见以种瓜为业者。如秦汉之际的召平，汉末孙锺、步骘，卫旌、姚俊、刘宋时郭原平等都享有盛名。其时，各地园圃也大量种瓜，东汉南阳、蜀汉成都、晋都洛阳，乃至王濬、桑虞等私人园圃都栽种了大量瓜果。三国刘桢，晋人嵇含、张载、傅玄、陆机，梁代张缵等分别撰有《瓜赋》，一致大力赞美甜瓜。《荆楚岁时记》载七夕时，"陈酒脯瓜果于庭中以乞巧"，说明荆、湘人在盛节时也很重视以瓜果为礼仪。平日客人到来，照例以瓜待客。南齐萧子良在夏日，"为设瓜饮及甘果"（《南齐书》卷40）。平日俭省有名的王罴看到"客削瓜侵肤稍厚"时，竟至取食落地的瓜皮（《周书》卷18）。在此要顺便说明，那时招待客食的是甜瓜，现今广泛食用消暑的西瓜，是在唐末五代时才从境外引种至内地的。

越瓜是菜瓜，为甜瓜的变种，它是就地引蔓，青叶黄花，夏秋间结瓜，以供菜食。

胡瓜，相传由张骞出使西域取其种以传入内地，因称胡瓜。可是，《史记》和两《汉书》等汉代史籍罕见胡瓜。《四民月令》所记种瓜、藏瓜，很可能是指菜瓜。《齐民要术》记种胡瓜，"宜竖柴木，令引蔓缘之"，这是非常清晰地表明内地已大量种胡瓜。《说郛》卷57引《大业杂记》云，隋炀帝"大业四年（608年），改胡瓜为白露黄瓜"，自此，黄瓜种植风行于内地。

冬瓜，《广志》称为蔬䕨，还有地芝、白瓜、水芝等称号。下种后，以柴木倚墙引蔓令其缘木而上，结实长而且大，皮厚有毛，经霜而生白粉，瓜实富含水分，供蔬食。

瓠 或称壶卢、瓠瓜、匏瓜。先秦时业已栽种，汉朝《氾胜之书》记载了种瓠方法，直至北朝时仍在沿用。瓠的嫩叶可食，瓜在夏日成熟，是最通常的夏蔬。晋人崔豹云："瓠，瓠也。壶芦，瓠之无柄者也。瓠有柄者曰悬瓠，可为笙，曲沃者尤善，秋乃可用，则漆其里。瓢亦瓠也，瓠其总，瓢其别也。"（《古今注》卷下《草木》）这是就瓠瓜老后而言，瓠嫩时可用为菜肴。东晋祖逖北伐，光复河南故土，遗民免遭俘虏，父老们高度称赞，"玄酒忘劳甘瓠脯"，饮酒食瓠歌且舞（《晋书》卷62《祖逖传》）。以匏为原料制作的匏酱，刘宋大将王玄谟便很喜爱。以瓠为下酒菜，是南朝时广为流行的习俗。县令卞彬饮酒时，"以瓠壶瓢勺杬皮为肴"①，即是一例。

茄 它别称落苏。《齐民要术》记种茄附于种瓜之后，主要是育苗移栽。《大业杂记》载大业四年，"改茄子为昆仑紫瓜"，它有紫、白、黄等色，生熟均可食，还可糟腌。由于茄的保鲜期比其他叶菜较能耐久，很受世人喜爱。

芋 又称土芝、蹲鸱、莒。生芋有毒，须煮熟方可食。《氾胜之书》记种芋法相当详细，芋性畏旱，以近水为善，叶大如荷，茎微紫，供菜食。《广志》云："蜀汉既繁芋，民以为资，凡十四等。"项羽在秦末起兵后，不满意卿子冠军宋义持兵在安阳，四十六日不进军，他大声斥责说，"今岁饥民贫，士卒食芋、菽，军无见粮"（《史记》卷7《项羽本纪》）。三国蜀汉亡国后，"巴土饥荒，所在无谷"，有人"取道侧民芋"充食

① 《宋书》卷76《王玄谟传》;《南齐书》卷52《卞彬传》。

（《华阳国志》卷11《后贤志》），这二例表明，贾思勰说芋可救饥度荒，确是非常中肯的。

葵　葵是古代最为常见的蔬菜，早在先秦时已负盛名。汉代《氾胜之书》、《四民月令》均记种葵，《急就篇》列葵为诸菜之首。魏晋南北朝时，葵菜仍是最常用菜，《北史》卷94记居住于东北的勿吉人，"土多粟、麦、穄，菜则有葵"。《齐民要术》所记种葵法最为详尽，说是一年四季皆可种植。前述晋皇太子种葵出卖，潘岳在河南的园圃，"绿葵含露"（《晋书》卷55），谢灵运在浙东的山居，"绿葵眷节以怀露"（《宋书》卷67），侯景叛乱，废梁简文帝萧纲，派使迎立梁武帝曾孙萧栋，使者至，"栋方与妃张氏锄葵"（《南史》卷53《萧栋传》）。皇孙锄葵，显示种葵是受到社会的广泛重视。唐人苏恭说，"常食之葵有数种，皆不入药用"。宋人苏颂说，"葵，处处有之，苗叶作菜茹，更甘美"。直至元代，王祯《农书》卷8仍说，"葵为百菜之王，备四时之馔，本丰而耐旱，味甘而无毒，供食之余，可为菹腊……诚为蔬茹之上品，民生之资助也。春宜畦种，冬宜撒种，然夏秋皆可种也……家种百畦，其利自倍。"前述荆楚地区在南朝时，冬十一月，取葵为咸菹，即可作为王祯所说的注释。可见自先秦上古以至元代，葵菜在社会上最为流行。明代后期，李时珍却严正指出，"葵菜，古人种为常食。今之种者颇鲜"。他又说，"今人不复食之。亦无种者"，鉴于人们已很少食葵，《本草纲目》因将它自菜部移入草部（卷16《草部·葵》）。葵或称露葵，古人采葵，必待露解，又称葵为滑菜，"言其性也"。

古人长期重视的葵到底是何种菜类，今已不甚明白。缪启愉先生撰《齐民要术校释》引湖南《湘阴县志》所述，葵即是冬寒（苋）菜。笔者是湘籍宁乡县人，年青时在家乡栽种过冬苋菜，其叶上生绒毛，菜身不高，菜叶稍滑，味有微苦。它和南朝鲍明远说"腰镰刈葵藿，倚仗牧鸡豚"（《昭明文选》卷 28《东武吟》）所述山东地区长得高大而又并非向日葵的葵菜形象很不一致。《艺文类聚》卷 82 引古诗称："采葵莫伤根，伤根葵不生。"王祯《农书》卷 8 引杜诗也说"刈葵莫放手，放手伤葵根"，现今的冬苋菜习性也与此有别。葵菜是滑菜，冬苋菜恐怕很难说即是古代的葵菜，它现在也不是一年四季反复种植，古人说葵的品种甚多，冬苋菜顶多只不过是葵菜中的某一变种吧！

值得注意的是，《齐民要术》卷 10 记荆葵，引陆玑《诗义疏》云："一名芘芣，华紫绿色，可食。似芜菁，微苦。"郭璞说："似葵，紫色。"然而，崔豹《古今注》卷下云："荆葵，一名茙葵，一名芘芣，似木槿而光色夺目，有红、有紫、有青、有白、有黄，茎叶不殊，但花色有异耳。一曰蜀葵。"可是，《本草纲目》卷 16 认为蜀葵即茙葵、吴葵、胡葵，并引苏颂云："蜀葵似葵，花为木槿花，有五色小花者名锦葵。"李时珍说："蜀葵，处处人家植之……嫩时亦可茹食，叶似葵菜而大……锦葵即荆葵也。"由是看来，荆葵、蜀葵仅仅似葵，而非真正的葵。《齐民要术》卷 10 记菟葵引郭璞注："颇似葵而叶小，状如藜，有毛，汋啖之，滑。"同卷又记菫，郭璞注："今菫葵也。叶似柳，子如米，汋食之，滑。"说明这几种都是葵类的可食草本植物。

蔓菁　别称芜菁，俗名大头菜。叶与根都可食，其子可以榨油。汉桓帝永兴二年（154 年）六月，国内发生严重天灾，诏令"所伤郡国种芜菁以助人食"（《后汉书》卷 7），即是以菜代粮。汉末，刘备与董承等受密诏诛曹操，为了麻痹政敌，刘备在下邳，故作镇静，"将人种芜菁"（《三国志》卷 32《刘备传》，裴注引胡冲《吴历》）。相传"诸葛（亮）所止，令兵士独种蔓菁"。直至唐代，人们常称蔓菁为"诸葛菜"，说它比其他蔬菜，具有另外六大优点（《刘宾客嘉话录》）。北朝有位郡太守孟信为政清廉，款待乡亲时，"自出酒以铁铛温之，素木盘盛芜菁菹，唯此而已"（《北史》卷70《孟信传》），可知盐醃芜菁是平民所常食。汉人《急就篇》称，"老菁蘘荷冬日藏"，前引荆楚人们往往冬十一月采撷芜菁为咸菹，都是醃菁过冬。贾思勰记北朝时，用三车菁叶可换一奴，二十车蔓菁可换一婢，一石菁子换粟米三石（《齐民要术》卷3），表明蔓菁是深受大众喜爱的食用植物，而且相当宝贵。

菘　今称白菜，是南北人民的大路菜。可是，《齐民要术》仅用"菘菜似芜菁，无毛而大"，以九个字介绍它，未免简略。《本草纲目》卷26引唐人苏恭言："菘菜不生北土。"宋人苏颂云："菘，南北皆有之，与蔓菁相类。"南朝陶弘景说："菘有数种，犹是一类……菜中最为常食。"从史书记事看来，六朝时南方确是盛产白菜。有人问南齐中书郎周颙："菜食何味最胜？"颙回答说："春初早韭，秋末晚菘。"（《南史》卷34）齐高帝的儿子萧晔招待尚书令王俭吃饭，"盘中菘菜、鲍鱼而已"（《南齐书》卷35），可证白菜确是常食菜蔬。

唐人说菘菜不生北土，言之过分。《齐民要术》卷9记素食和作菹藏生菜时，曾多次提到菘菜，如作菘咸菹法，菘根萝卜菹法等等。如果华北不种菘，贾思勰就不可能提出种菘法与芜菁相同，他也不可能谈到以菘为原料作出各种菜肴。现在北朝史书不见有菘，不能由此得出北朝不产菘的结论。李时珍说："言北土无菘者，自唐以前或然。"他使用词语比较谨慎。大概可以说，在魏晋南北朝近四百年间，北方栽培白菜是不如南方盛行。

芦菔　《齐民要术》在蔓菁之后，顺便介绍说，"芦菔根实粗大，其角及根叶并可生食，非芜菁也"。他区分了二者的差异，由此可知，在北方，萝卜地位是远不如蔓菁。郭义恭撰

《广志》和郭璞注《尔雅》卷8都说，芦菔又名"雹突"。郭璞注《方言》卷3、陶弘景《名医别录》都说它别称"温菘"。宋人邢昺《尔雅疏》称它为"紫花菘"。"似芜菁，大根……今谓之萝卜也。"元朝王祯《农书》卷8说："蔬茹之中，惟蔓菁与萝卜可广种，成功速而为利倍，然蔓菁北方多获其利，而南方罕有之。芦菔南北所通美者，生皆可食，腌藏腊豉以助时馔，凶年亦可济饥，功用甚广。"他的论述是概括了南北朝以来几百年间蔓菁与萝卜栽培发展的消长趋势。

蒜　蒜和葱、韭等同属刺激性强的蔬菜，它有小蒜、大蒜、泽蒜等等区分。西晋崔豹《古今注》卷下云："蒜，卵蒜也，俗人谓之小蒜。胡国子有蒜，十许子共一株，二箬幕裹之，为名胡蒜，尤辛于小蒜，俗人亦呼之为大蒜。"张华《博物志》曰："张骞使西域，得大蒜。"就是说，小蒜、卵蒜是中原地区早已存在的蒜种，大蒜是从西域传入种子栽培而成。梁人陶弘景说："今人称葫为大蒜，蒜为小蒜，以其气类相似也。"泽蒜或称山蒜，生山泽间，和大蒜没有根本差异。《齐民要术》卷8《八和齑》云："朝歌大蒜，辛辣异常。"贾思勰进行实地考察，并州没有大蒜，从朝歌取蒜种之，一年后，变成了百子蒜，瓣变细变多，是"土地之异者也"。诸蒜的嫩叶、蒜茎与蒜根均供菜馔，全国各地都有栽培。晋初，身为议郎的郤诜认真种蒜，"竭其方术"（《晋书》卷52）。南朝大臣张融举行宴会时，备有盐蒜（《南齐书》卷41），可见种蒜和食蒜都很受人们的关切。

薤　或称藠子。叶似韭而阔，根略似蒜。《四民月令》记正月种薤，七月分栽。汉宣帝时，龚遂在渤海，令郡民种菜，其中包括了"百本薤"（《汉书》卷89）。薤的分蘖力强，繁殖很快。庞参为汉阳（甘肃天水西北）太守，隐士任荣"以薤一大本，水一盂置户屏前"，参很快意识到，"水者欲吾清也，拔大本薤者欲吾击强宗也"（《后汉书》卷51）。汉末饥困、钜鹿人李孚为诸生种薤维持生计（《三国志》卷15《贾逵传》注引《魏略·李孚传》）。东晋庾亮在苏峻反叛时，逃奔至陶侃所在，用餐时，"亮噉薤，因留白"。侃问其故，答曰：白可作种。他是寓意薤不结子，只以鳞茎（"白"）进行繁殖。陶侃因此很赞赏庾亮"兼有为政之实"（《晋书》卷70《庾亮传》）。薤易于繁殖，是民间的常菜。

　　葱　葱有大葱、山葱（茖葱）、胡葱（蒜葱）等区分。夏葱小，冬葱大，自古至今大体如此。汉朝龚遂在渤海，令民种葱。晋代潘岳在河南的园圃，南朝谢灵运在浙东的山居，众多民间田舍也都种了不少葱。

　　北方十六国前期，石勒自称赵帝。史称："石聪将叛，（高僧佛图）澄诫勒曰：'今年葱中有虫，食必害人，可令百姓无食葱也。'勒班告境内，慎无食葱，俄而石聪果走。"[1] 此条借谐音，曲折反映北方大地种葱相当广泛。其时，南方有人以"贩葱为业"，存在"葱肆"（《梁书》卷11《吕僧珍传》），亦可窥知食葱的人很多。

　　韭　韭是一种多年生的菜蔬，一年能收割多次，其根不伤，因有"懒人菜"称号。另有野韭，形性与家韭相类，也可供蔬馔。汉末民谣为反抗者鸣不平，形象地说："小民发如韭，剪复生，头如鸡，割复鸣。"寓意写实都很好。龚遂教渤海民家种韭一畦。张衡记南阳秋韭众多。晋人潘岳的河南园宅多种葱、韭。汉元帝时，"太官园种冬生葱韭菜茹，覆以屋庑，昼夜燃蕴火，待温气乃生"（《汉书》卷59《召信臣传》）。在此以前的汉昭帝时，已有人说："今富者……春鹅秋鸰，冬葵温韭。"（《盐铁论》

――――――――

　　[1]　《高僧传》卷9《晋邺中竺佛圆澄传》；《晋书》卷95《佛图澄传》。

卷六《散不足》）由是看来，西汉已有温室培育葱韭等菜。北朝后期北齐时，后宫"寒月尽食韭牙（芽）"①，这些大概也都是温室生产的蔬菜。

芥　《说文》、《玉篇》都说，"芥，菜名"。扬雄《方言》卷3记芜菁在"赵、魏之郊谓之大芥，其小者谓之辛芥，或谓之幽芥"。是知汉代，芥和芜菁颇为混同。南朝陶弘景说："芥似菘而有毛，味辣，可生食及作菹。"可见芥和白菜颇相类似。芥有大芥、小芥、白芥、青芥、紫芥等等区分。《齐民要术》卷3所录蜀芥，缪启愉先生认为可能即是大芥，现今华北地区秋季盛产的雪里蕻乃是小芥品种。李时珍认为白芥就是蜀芥，叶如芥而白。唐人陈藏器《本草拾遗》说，太原、河东所产白芥是美味菜蔬。另有菁芥，味极辣。紫芥的茎叶皆紫。芥叶以及芥菜开花所长嫩茎（芥苔），均供蔬馔。

芸台　汉代服虔《通俗文》称芸台为胡菜。其形似白菜，经冬不死，冬春采其苔心为菜。陶弘景《名医别录》云："芸台乃人间所噉菜也。"它在汉魏南北朝时仅供蔬馔。宋元以来，人们注意采其子榨油供食。《本草纲目》卷26认为芸台即是油菜。缪启瑜先生说，油菜品种很多，芸台仅是其中一种，不宜将二者混同看待。

胡荽　胡荽别称芫荽、香荽、胡菜，通常称为香菜。张骞出使西域得其种子，开始在内地栽培，因称胡荽。贾思勰说："葱中亦种胡荽，寻手供食。"《邺中记》云："石勒讳胡，胡物皆改名……改胡荽曰香荽。"②其叶可生吃或熟食，也可盐渍。

---

①　《太平御览》卷976引"《三国世（？典）略》曰：北齐太上后宫无限，衣皆珠玉，一女习费万金，寒月尽食韭牙"，寒冬食韭芽，应是温室生产，"牙"，应为"芽"或"菜"之讹误。这条资料是刘驰先生提示的。

②　《艺文类聚》卷85《豆》引；《说郛》卷73引《邺中记》。

　　罗勒　它别称兰香，是另一种香菜。《齐民要术》卷3云："兰香者，罗勒也。中国为石勒讳，故改。今人因以名焉。且兰香之目，美于罗勒之名，故即而用之。"它是一种形似紫苏叶的香菜，叶可供菜食。《本草纲目》卷26引陶弘景曰：罗勒"俗呼为西王母菜，食之益人"。

　　荏蓼　荏，南朝《玉篇》称"苏属"，即是白苏。桂荏味辛如桂，即是紫苏。嫩时采其叶和蔬菜煮食或者菹食，甚香。贾思勰说，"收荏子压取油，可以煮饼"。《齐民要术》卷9《素食》，多次提到了"苏油"，即是荏油。蓼是开淡红或白色花的水草。《说文》云："蓼，辛菜。"陶弘景区分它为青蓼、紫蓼、香蓼等。自两汉经魏晋、唐宋以至元代，都以叶味芳香而供食。王祯《农书》卷8云：荏蓼"二菜，实菜中之用广而多益者"。贾思勰说，"蓼可为虀，以食苋"。但自明清以来，人们不复栽种荏苏，二者都转为野生，《本草纲目》卷14和卷16，分别将它们自菜部移入草部。

　　姜　前引司马迁说，种姜千亩，获利巨大。可知姜是产销两旺。姜性畏旱，且不耐寒，因而在南方产姜更多一些。初生嫩姜为紫姜（子姜），宿根称老姜。晒干则为干姜。张衡很赞美南阳地区所产紫姜；左思记孙吴国内"姜汇非一"。姜是调味品，蜀地阳朴所产，在先秦时，已称为"和之美者"（《吕氏春秋》卷14《本味》）。南朝裴子野自称一生不吃姜，周舍规劝，引《论语·乡党》记"不彻姜食"，表明儒家圣人也重视食姜。会稽山阴人孔琇之自临海郡卸任回朝，按当时惯例，以干姜二十斤敬献齐武帝①。可以推想，当时食用姜确是非常广泛。

　　襄荷　它有蒚蒩、覆葅、阳藿等别称。大致有赤、白二种，

---

　　① 《南齐书》卷53《孔琇之传》；《南史》卷27本传，作"二千斤"。

白者入药，赤者以其地下茎供食用。司马相如《上林赋》称
"茈薑蘘荷。"《急就篇》云："老菁蘘荷冬日藏。"颜师古注：
"蘘荷茎叶似姜，其根香而脆，可以为菹……收蘘荷蓄藏之以御
冬。"《后汉书·马融传》李贤注亦云："蘘荷苗似姜根，色红
紫，似芙蓉，可食。"晋人崔豹《古今注》卷下："蘘荷似蘠苴
而白……叶似姜，宜阴翳地种之。"贾思勰也说："宜在树阴下，
一种永生，亦不须锄，微须加粪。"史称潘岳的园圃内，正是
"蘘荷依阴"。唐宋时，它依然供食。元明以后，已很少有人栽
种，《本草纲目》卷15因将它移植于草部。

　　芹　芹，《尔雅》、《说文》均释为"楚葵"。晋人郭璞云：
"今水中芹菜。"楚地云梦产芹，先秦时已负盛名。《吕氏春秋》
卷14《本味》云，芹有荻芹、赤芹之分。荻芹，根色白，赤芹
取其茎叶，以供食馔。《尔雅》另记"藄，牛芹"，别称马芹。
郭璞注："今马芹菜，叶细锐，似芹，亦可食。"它和水芹同类
而异出，乃是另外的品种。

　　蘆　《说文》："蘆，菜也。"《玉篇》："今之苦蘆，江东呼
为苦荬"，"荬，苦荬菜"。《齐民要术》卷9蘆菹法引陆玑《诗
义疏》云："蘆似苦菜，茎青，摘去叶，白汁出，甘脆可食，亦
可为茹，青州谓之芑。西门、雁门蘆尤美。"这是特别称道山东、
山西地区所产蘆，可分为白苣、苦苣（野苣）、莴苣等品种，剥
皮盐醋拌食或是熟食。孙吴末年，工人吴平家荬菜自生。东晋末
年，扬州士兵陈盖家也有苦荬菜自生[①]。人工栽培或是野生的苦
苣，嫩茎叶均可蔬食。颜之推说："江南别有苦菜，叶似酸浆，
其花或紫或白……此菜可以释劳……今河北谓之龙葵，梁世讲礼
者以此当苦菜。"（《颜氏家训》卷6《书证》）邢昺《尔雅注

---

①　《宋书》卷32《五行志》；《晋书》卷28《五行志》。

疏》卷 8 引陶注云,酸浆"处处多有,叶亦可食"。《本草纲目》卷 16 引陶弘景言,龙葵是苦菜,酸浆苦蘵一种二物,大者为酸浆,小者为苦蘵。苏恭说,"苦蘵即龙葵也……但堪煮食,不任生噉"。自元、明以来,这些苣类植物已很少入菜。莴苣是苣的别种,俗称莴笋。陶谷《清异录》卷上《蔬菜门》云:"呙国使者来汉,隋人求得菜种,酬之甚厚,故因名千金菜,今莴苣也。"甚茎叶均可供食用。唐、宋以后,莴苣栽种有了很大发展。

首蓿 或称怀风、光风。原产西域大宛等地,张骞出使,带归内地。东汉时,洛阳等地已多种植。晋人郭璞记为牧宿。以其宿根自生,用以饲养牛马。陶弘景记长安有苜蓿园,北人对它相当重视。嫩时"为羹甚香","长宜饲马"。它基本上是牧草,《齐民要术》列之于菜编之末,我亦循例略予介绍。

综上所述,诸菜蔬是在魏晋北朝时广泛存在的,但它们各自的盛衰演变状况显然是有着重大的不同,上面只是就我所知史实加以若干描述而已。

三

下面所介绍菜蔬品名,主要来源于三个方面。

其一,《齐民要术》末卷记"五谷果蓏菜茹非中国物产者"。它集中记录了江淮以南的诸种物产,共列一百四十九目,其中包括了不少菜茹名称。约略可区分为三类:第一类是华北地区也同样存在的韭、葱、蒜、姜、葵等菜,上面已结合南北情况作了介绍,无须复述。第二类是南方特有菜茹,在南北朝政治分裂状况下,作为北朝一名地方官的贾思勰,其见闻与认识受到局限,因而有必要另外作些介绍。第三类菜名,如菥菜、蓍菜、蓶菜、蘵菜、蔺菜、蕨菜、蕌菜等等，贾思勰说，"种苟之法，盖无闻焉"，"存其名目"，"记其怪异"而已，加以记载简略，我很难弄明白是何种菜蔬，因此只好不作介绍。

其二，《齐民要术》在讨论食品加工时，常提到紫菜、蕺菜、苋、菌、木耳、荇菜等菜蔬名称，而在菜蔬诸篇中并未对它们分别介绍。今就我所知诸菜蔬的某些史实，拟分别略加介绍。

其三，《齐民要术》没有提到，但在魏晋南北朝确实存在，并见之于其他古籍的某些菜茹名称，就力所能及加以勾稽，亦作适当介绍。

苋　《说文》、《玉篇》都说，"苋，菜名"。陶弘景曰：有白苋、细苋（糠苋）、赤苋、马苋。《尔雅》卷8："蒉，赤苋。"晋人郭璞注："今之苋，赤茎者。"糠苋是野苋，亦可供食。颜之推说："马苋堪食，亦名豚耳，俗名马齿。"（《颜氏家训》卷六《书证》）诸苋作羹作蔬，是常用菜蔬。

蒿　蒿的种类众多，茼蒿叶绿而细，茎肥，味甘脆。石声汉先生《中国农业遗产要略》一文，认为茼蒿是宋、金时增加的，但未列举史证，我颇疑不实。唐孙思邈《千金方·菜类》已予列入。《本草纲目》卷26，李时珍说，"此菜自古已有"。就我所知，赵煚在隋初为冀州刺史，"尝有人盗煚田中蒿者，为吏所执……慰谕而遣之，令人载蒿一车以赐盗者"（《隋书》卷46《赵煚传》）。蒿即是蒿菜，推知民间早已食茼蒿。我们还可列举旁证，叶纹皆邪的邪蒿是茼蒿别种，根叶都可食。北齐天保初，邢峙为国子助教，以经书教授皇太子，某日，"厨宰进太子食，有菜曰邪蒿，峙命去之。曰：'此菜有不正之名，非殿下所宜食。'显祖闻而嘉之"（《北齐书》卷44《邢峙传》）。邪蒿进入了皇太子的餐桌，正可以反映人们食蒿的广泛性。

《齐民要术》卷10分别记有青蒿、白蒿、莪蒿、萎蒿。青蒿色青翠，根赤叶香。陶弘景说，"人亦取杂香菜食之"。白蒿，宋人苏颂说是蓬蒿。《齐民要术》卷5养蚕法，记"以大科蓬蒿为薪"。未言可食。萎蒿，郭璞曰："生下田，初出可啖，江东用羹鱼。"菜蒿，陆玑《诗义疏》云："生泽田渐淤处，叶似斜蒿……茎叶可食，又可蒸，香美，味颇似萎蒿。"由此看来，魏晋南北朝时期民间食用蒿菜是相当广泛。

蕹菜　别称蕻菜、空心菜。菜茎中空，嫩茎、叶供蔬食。《齐民要术》卷10引《广州记》云："蕹菜生水中，可以为菹也。"嵇含（？）撰《南方草木状》卷上称，蕹菜是"南方之奇蔬"。

蕺菜　或称菹菜、鱼腥草。其茎叶有腥气，茎紫赤色，多产于长江流域，有人食它。《齐民要术》卷9作菹藏生菜法中有蕺菹法，是知北朝时，华北地区也有人食用蕺菜。

莼菜　别称淳（莼）菜，生于陂湖水池中。叶似荇菜而呈椭圆形。"水深则茎肥而叶少，水浅则叶多而茎瘦。莼性易生，一种永得"（《齐民要术》卷6《种莼法》）。每年春夏间，莼嫩茎菜最好，称为雉莼；五六月，叶长大，称为丝莼，品质较差；秋季已衰老，称为猪莼，仅用作饲料。《齐民要术》卷8记作汤菜，"莼为第一"。《食经》记有"莼羹"，可见在北方也用莼作羹。西晋时，吴郡张翰在洛阳做官，当秋风起，便想念家乡"莼羹鲈鱼脍"，由是迅速动身返家（《晋书》卷92《张翰传》）。江南的这一风俗至南宋时依然存在。范成大《吴郡志》卷29记"今人作鲈鱼羹，乃芼以莼，尤有风味"。可是，自元、明以后，人们已较少食莼，《本草纲目》卷19因将莼自菜部移入草部。

荇菜　《齐民要术》卷九记荇菹制作，充分说明荇菜供食馔。《玉篇》："荶，同荇。"《尔雅·释草》云，荇即接余。郭璞注："丛生水中，叶圆，在茎端，长短随水深浅，江东食之。"颜之推也说，荇菜"黄花似莼，江南俗亦呼为猪莼……而河北俗人多不识之"(《颜氏家训》卷6《书证》)。李时珍认为"荇与蓴，一类二种"，容易致误。可知在江南生长的荇菜在六朝时的民间是食用水菜。但从赵宋以后，人们不甚吃它，《本草纲目》卷19因移之于草部。

莲藕　《尔雅》卷8云："荷，芙渠也，其实莲，其根藕。"解释了芙渠是荷花，莲子为果实，荷根为藕。《齐民要术》卷6《养鱼》篇，附录记种莲藕法，藕与莲子，生熟均可食用。

菱芡　《说文》："芰，蔆也。"西汉时，龚遂为渤海郡守，教民"益蓄果实菱芡"(《汉书》卷89)。扬雄《方言》卷3，"茢、芡，鸡头也。北燕谓之茢，青、徐、淮、泗之间谓之芡，南楚江湘之间谓之鸡头，或谓之雁头，或谓之乌头"。晋人崔豹《古今注》卷下云："芡，鸡头也，一名雁头，一名茢，叶似荷而大，叶上蹙皱如沸，实有芒刺，其中如米，可以度饥。"《齐民要术》卷6种芡法云："其子形上花似鸡冠，故名鸡头。"南朝时，会稽有三女，饥年"相率于西湖采菱蓴，更日至市货卖"(《南齐书》卷55《孝义传》)。所采大概是野生菱蓴，其茎柔嫩时，取以为菜。鱼弘为梁湘东王镇西司马，"述职西上，道中乏食，缘路采菱，作菱米饭给所部"(《南史》卷55《鱼弘传》)。在荒乱年月，采菱米做饭给军食，反映出长江沿线种菱为数众多。《本草》说，多种莲菱芡，"俭岁资此，足度荒年"(《齐民要术》卷6引)。

菰　或称苽、蒋、茭白。多生于河边池泽间。《齐民要术》卷10引魏张揖"《广雅》云：蒋，菰也，其米谓之雕胡"。又引郭义恭"《广志》曰：菰可食……生南方"。就我所知，至迟自西汉以来，茭茢已深受人们的喜爱。《居延汉简释文合校》内，多处记录屯田戍卒食茭。西晋时，吴人张翰出仕华北，怀念乡里，"思吴中菰菜"(《晋书》卷92)。东晋孝武帝时，广陵郡所属"海陵县界地名青蒲，四面湖泽，皆是菰封，逃亡所聚"

（《晋书》卷81《毛璩传》）。逃避官府徭役，躲藏在菰丛中的将近万户人家，说明所在地种菰数量为数非常多。

紫菜 《齐民要术》卷9记述当代食物加工时，多次提到以紫菜为作料。晋左思《吴都赋》云："纶组紫绛。"刘逵注云："紫，紫菜也，生海水中，正青，附石生，取干之，则紫色。临临（？海）常献之。"（《昭明文选》卷5）《太平御览》卷980引《吴郡缘海记》曰："郡海边诸山悉生紫菜。"都足以说明，紫菜是海中草。在那时尚属野生，并非人工有意繁殖培育的。

蕨菜 《尔雅》卷8《释草》，蕨，邢昺疏引陆玑曰："蕨，山菜也。初生似蒜茎，紫黑色，可食，如葵。"蕨生山野间，嫩叶甘滑可食，至今仍是很好的野菜。茎多淀粉，可用以制粉。伯夷、叔齐在商、周之际采蕨为生，世传为佳话。

薇 《说文》："薇，菜也。似藿，从草，微声。"《齐民要术》卷10引陆玑《诗义疏》云："薇，山菜也。茎叶皆如小豆、藿，可羹，亦可生食之。今官园种之，以供宗庙祭祀。"是知魏晋时已有人工培育，官园种植供祭祀祖先，更足以显示其重视。薇的嫩叶可食，作蔬入羹皆宜。

荅菜 《玉篇》："荅，菜名。"别称菩达菜。叶青白色，似白菜而短，叶甜可食。《本草纲目》卷27引陶弘景说："荅菜，即今以作鲊蒸者。"苏恭说："南人蒸鱼食之，大香美。"元人王祯《农书》卷8云：栽种菩达，"或作蔬，或作羹，或做菜干，无不可也"。它主要是南方人民食用的重要菜蔬之一。

东风 或作冬风。《齐民要术》卷10有两处引《广州记》，分别作冬风、东风。盛产于岭南，先春而生，茎紫，适宜配肉作羹。叶上有细毛，煮食味美。当地人很嗜好。

荠 《玉篇》："荠，甘菜也。"陶弘景曰："荠类甚多，此是今人所食者，叶作菹，羹亦佳。"是知南朝人广泛食用荠。荠蕆、葶苈都是荠类。大致是，小者称荠，大荠为菥蓂，味甘而不辛。葶苈似荠，供药用。

繁缕　《尔雅》卷8，"菝，葨蒌"。郭璞注："今繁缕也，或曰鸡肠草。"邢昺疏引陶注："此菜人以作羹……多生下湿坑渠之侧，人家园庭亦有此草是也。"其茎细长，叶卵圆形，供蔬食。可证东晋南朝时，人以为汤菜。

木耳　或称蕈。北朝时只是利用野生木耳作菜。《齐民要术》卷9记木耳菹，取枣、桑、榆、柳树边生犹软湿者为之，煮沸，和以姜、葱等，味道鲜美柔滑。

菌　俗称蘑菇，品种很多。《齐民要术》卷9云："菌，一名地鸡，口未开，内外全白者佳，其口开里黑者，臭不堪食。"同书卷10引郭璞说："蓂蔬，似土菌，生菰草中。今江东噉之，甜滑。"可知蓂蔬也是菌类植物。《尔雅》卷8《释草》："中馗菌，小者菌。"郭璞注："地蕈也。似盖，今江东名为土菌，亦曰馗厨，可啖之"，"大小异名"。是知郭璞所言蓂蔬、地蕈乃是江南不同品种的菌类。陶弘景《名医别录》云："蘧菌生东海池泽及渤海章武，八月采，阴干。"这是一种有别于鲜菌的干菌。贾思勰《齐民要术》卷8记制作食品时，有菰菌鱼羹，即是将菌与菰鱼混合作汤菜，味道鲜美。

百合　别称强仇。其根如大蒜，味如山薯。陶弘景说，百合生荆州山谷，二月八月采根，"人亦蒸煮食之"。

蘘香　或称茴香，还有八角茴香之名。陶弘景曰："煮臭肉，下少许，即无臭气。臭酱入末亦香，故曰回香。"（《本草纲目》卷26《菜部》引）南北不少园圃多种植，人们往往煮食其茎叶。

鹿藿　别称鹿豆。《齐民要术》卷10引"《尔雅》曰：菌，鹿藿。其实，菈。郭璞云：今鹿豆也。叶似大豆，根黄而香，蔓延生。"邢昺《疏》引《唐本（草）注》曰："此草所在有之，苗似豌豆，有蔓而长大，人取以为菜，亦微有豆气，名为鹿豆也。"《玉篇》："菌，鹿豆茎；蒧，鹿藿实。"表述比《尔雅》更清晰，其茎叶皆可吃。梁简文帝《劝医文》云："胡麻鹿藿，才救头痛之疴。"（《初学记》卷20《医》引）表明鹿藿还有止痛治病的作用。

藷菜　《齐民要术》卷10有两处谈到藷。说"藷根似芋，可食"。且引《异物志》云："剥去皮，肌肉正白如脂肪，南人专食，以当米谷。蒸炙皆香美，宾客酒食亦施设，有如果实也。"就其记述来看，藷是凉薯，并非山芋、山药。贾思勰说："藷，薯蓣别名。"他不明此是南方藷菜，所言不实。

薯蓣　《本草纲目》卷27引三国吴普《本草》云："薯蓣一名薯薯，一名儿草，一名修脆，齐鲁名山芋，郑越名土薯，秦楚名玉延。"可见它是一种栽培已久、分布于各地的食用植物。宋寇宗奭《衍义》曰："薯蓣因唐代宗名预，避讳改为薯药；又因宋英宗讳署，改为山药。"南朝陶弘景指出，"山东、江南皆多，掘取食之以充粮，南康间最大而美，服食亦用之"。至今江西、湖南一带所栽培的脚板薯，茎块肥大，用以为菜。

蒟蒻　俗称磨芋。《史记》卷116《西南夷传》记蜀中所产枸（蒟）酱，行销于南越。左思《蜀都赋》云："其园则有蒟蒻、茱萸，瓜畴芋区"，"药酱流味于番禺之乡"。刘逵注："蒻，草也，其根名蒻，头大者如斗，其肌正白，可以灰汁，煮则凝成……蜀人珍焉。"（《昭明文选》卷4）磨芋做豆腐味道鲜美。王祯《农书》卷10《备荒论》云："其备旱荒之法……楼于山者有葛粉、蕨其、蒟翡、橡栗之利……皆可以济饥救俭。"这是说，药蒻可以切块晒干，储藏用以备荒。

笋　《尔雅·释草》："笋，竹萌。"邢昺《疏》引曹魏孙炎曰："竹初萌生谓之笋……可以为菜殽。"《太平御览》卷963

引《东观汉纪》曰："马援至荔浦（今属广西），见冬笋名苞笋……其味美于春夏笋。"左思笔下的孙吴，"苞笋抽节"苞笋既是冬笋，南方竹林，冬日出生甚众。《楚国先贤传》记江夏人孟宗母嗜笋（《三国志》卷48《孙皓传》注引）。蜀郡郫人何随"家养竹园，人盗其笋"（《华阳国志》卷11）。吴兴武康人沈道虔屋后的竹笋不时有人偷拔（《宋书》卷93）。吴郡钱唐范元琰家，有人"涉沟盗其笋者"（《梁书》卷51）。所记产笋地都在江淮以南。晋代武昌人戴凯之撰《竹谱》（《说郛》卷66引），记竹及笋事甚多。竹笋为蔬食鲜品，为历代广大民众所喜爱。《齐民要术》卷8记制作鸭臛时，用咸笋干与蒜、葱、豉汁合做。其时，华北不产鲜笋，代以南方运来的笋干，味道亦美。

通过二、三两部分对菜名的介绍，可以得出如下几点认识。

第一，历代现实生活中所用菜蔬品必然大大多于文献的记载。但就现存文献资料看来，魏晋南北朝时期人工栽培的蔬菜品种是比以往朝代明显地增多了。

第二，经过人们精心地培育，某些菜蔬品种已变异出多种不同的菜名。突出事例，如扬雄《方言》卷3记："蘴荛，芜菁也。……关之东西谓之芜菁；赵魏之郊谓之大芥，其小者谓之辛芥，或谓之幽芥；其紫华者谓之芦菔，东鲁谓之菈蘧。"就是说，西汉时，芜菁、芥、芦菔、蘴是同一菜蔬名称，但在不同地域出现了各种异名。晋郭璞注称："蘴，今江东音蒿宇，作菘也。""芦菔，今江东名为温菘，实如小豆，罗菔二音。"郭璞又作《尔雅注》云："葑，江东呼为芜菁，或作菘。"[①] 比较两注文

――――――――――

[①]　《齐民要术》，卷3《蔓菁》引《尔雅注》。按今本《尔雅注疏》卷8《释草》"葑菨"条，注："未详。"（中华书局版《十三经注疏》本）。然而，《太平御览》卷979《芜菁》条引《尔雅》亦有小字注，个别字有异，文义相同，足以证明"注"是出自郭璞撰。

义，实存在某些差异。按《方言》注，至少在江东，芜菁已异化出不同的菜蔬，白菜、萝卜、芥菜、蔓菁，名称与实际都区分得相当清楚。但芦菔又称温菘，与菘存在一定联系。就他注《尔雅》而言，葑在江东，可以称菘或是芜菁。菘与芜菁的界限并不分明。郭璞（276—324 年）是河东闻喜人，《晋书》卷 72有传，西晋末年，他从河东来到江东，死于东晋前期，他注释《尔雅》与《方言》，写作肯定有先后，二注文义存在的差异，大概是他的认识前后有所变化。

关于江东对菘、葑的称谓，还可在此作些补充考查。《太平御览》卷 979 引《吴录》，记孙吴派陆逊等进攻襄阳，在军情紧迫时，他仍故作镇静，"陆逊方催人种豆菘"。是否表明孙吴时已正式培育出菘（白菜）新品种了呢？恐怕很难说。《三国志》卷 58《陆逊传》记同一事作"种豆葑"。《吴录》作者张勃和《三国志》作者陈寿，都是西晋时人，张勃河西敦煌人，陈寿巴西安汉人，两人都在今四川境内做过地方官，也都没有去过江东①。两人记同一事出现的差异，没有材料证明张勃另有依据，恐怕是晋代对"菘"、"葑"含义的传闻有别，二人各取所需而写成。

值得注意的是，北宋司马光撰《资治通鉴》，卷 97 记陆逊攻襄阳，也记为"葑豆"。宋元之际胡三省注云："葑，菜也。谓之芜菁。"我们还注意到，宋初编撰《太平御览》时，编者将六朝时有限的几条菘菜资料，全都纳入"芜菁"一目之下。北宋中叶，著名大科学家沈括也说："菜品中芜菁、菘、芥之类，遇旱其标多结成花，如莲花，或作龙蛇之形，此常性，无足怪者。"（《梦溪笔

---

① 《晋书》卷 82《陈寿传》，其生平为 233—297 年。张勃，《三国志》、《晋书》无传，其生平事，略见《三国志》卷 18《阎温传》及裴注引《世语》，《晋书》卷 60《索靖传》；《隋书》卷 33《经籍志》，"晋有张勃《吴录》三十卷，亡"。勃生卒年代不明，可以肯定是在西晋，与陈寿为同时人。

谈》卷20《神奇》）这一系列事实该如何解说呢？

唐宋时期，白菜与蔓菁、萝卜、芥菜的分划已很清楚①。这些菜蔬都是十字形花科，原是同类，有其共性，故为人们所认同。魏晋南北朝时期，有如前面所述，贾思勰对蔓菁与萝卜的分辨已很清楚，但也存在另一种现象。郭义恭《广志》云："芜菁有紫花者、白花者。"今人皆知芜菁是开黄花的，他显然是把萝卜花当成蔓菁了。同样，晋人吕忱《字林》曰："薹，芜菁苗也。"他还是沿袭了汉人的解说。由此可见，晋人对诸菜的认识还相当混乱，三国时期更不会区分很清楚。两晋之际的郭璞所提诸菜的解说，联系南北朝时朝的史实，似乎可以作为白菜与萝卜分野的重要标志，这一假说存在的差错，是否要相对小一些呢！当然，随着人工栽培菜蔬的日益精细，即使在同一菜名内部也会陆续分出不同的品种，白菜与萝卜也毫不例外，这正是标志着植物的不断进化。

第三，随着时间的推移，诸种蔬菜的前后升降变化颇大。《尔雅》记葵菜的名品不少，汉魏南北朝时期的人们很重视葵菜，对它评价很高，但自明、清以来，却为人们所不顾，地位一落千丈。又如以荏苏压油，很受魏晋南北朝时期人们的重视，大力赞美苏油优于麻油（大麻子油）。那时，芸台仅供蔬食，未见有人利用其籽榨油，但自唐、宋以后，特别是元、明以来，人们培养芸台，很少食用其菜叶，主要是取芸台籽榨油，原先用以压油的荏苏则早已退化，不再有人栽种了。如此等等，很可以看出菜蔬历史变迁的重要痕迹。

---

① 宋袁文《甕牖闲评》卷6："《缃素杂记》云：'芦菔，江东人谓之菘菜。'芦菔乃是今之萝卜，与菘菜全不相类，江东人无缘以为一物，岂缃素不详审而强名之也。"袁为南宋初浙东四明人，他所批评《缃素杂记》作者黄朝英是北宋后期建州人，今传世之《缃素杂记》未记有此条，殆佚。

　　第四，我国人民日常所食菜蔬品种，几千年来是在逐步变化，菜的品质不断优化和日趋丰富。魏晋南北朝四百年间所食菜蔬中，有不少由于质次而被淘汰。当今人们常食的菠菜、南瓜、丝瓜、苦瓜、胡萝卜以及辣椒、西红柿、土豆、圆白菜、菜花、苤蓝、洋葱等等，在那时的中国大地上还根本不存在。古今对比，差异很明朗。但至今仍为大众化菜蔬的黄瓜、白菜、萝卜，在魏晋南北朝这几百年间是比前代获得了空前的发展。

四

　　蔬菜名品众多，理应说明它们是如何进行生产的。鉴于每种菜蔬的选种、培育等方式并不完全雷同。笔者对相关的科技知识知之甚少，自难就此一一作出具体解说。堪幸农史研究专家对《齐民要术》作了深入研究，对菜蔬生产有过很好的探讨。例如万国鼎先生对选瓜种法，"取本母子瓜，截去两头，止取中央子"，有过很精彩的科学性说明①。石声汉先生就蔬菜栽培、套作以及菜蔬的加工与保存，进行了相当全面的论述②。李长年先生总结了蔬菜生产的两条重要经验，一是高度利用土地；二是生产中做到粪大水勤，促进高产③。缪启愉先生撰《齐民要术校释》校对版本歧异，勘正脱伪，艰深难解处作了必要解说。如此等等，很富有启发性。下面拟结合某些史事，有重点地加以复述。

　　人们高度颂扬我国古代农业生产的成功经验是进行园艺式的集约经营。它的特点就是精耕细作，高度利用土地。很清楚，它

　　① 万国鼎《论〈齐民要术〉——我国现存最早的完整农书》，《历史研究》1956年第1期。
　　② 石声汉《从齐民要术看中国古代的农业科学知识》，科学出版社，1957年。
　　③ 李长年《齐民要术研究》，农业出版社，1959年。

是不允许放任土地休闲进行粗放经营的。在我国，不论是私家园圃或是官营大菜园，通常都是精心安排生产，不让土地休闲。《齐民要术》卷端《杂说》最末一段，提到了诸菜生产的先后顺序，很能看出精心安排生产的紧凑，在同一块地里频繁进行复种，劳动强度大，技术要求高，因而在争取时间与充分利用土地等方面，做到了"但能依此方法，即万不失一"，既能做到供家，有余且出卖，呈现出产销两旺的盛况。

魏晋南北朝时期的江淮以南地区，多为地广人稀，存在相当数量的处女地。三吴等地而外，所在大多粗放经营。贾思勰说，"山泽草木任食，非人力所种者"，乃至"种蒔之法，盖无闻焉"，所言是很有几分真实性的。

《齐民要术》所云"起自耕农，终于醯醢"诸事，是针对黄河中下游诸地集约式耕作所进行的经验总结。粮食是农业生产的主体，蔬菜、果品等是农副菜，在保证粮食生产首要任务完成的同时，为了充分利用土地，人们已充分注意将芜菁、瓜、胡荽等菜蔬与粮食进行轮作，如粟谷田的前作可以是菉豆、小豆，或芜菁、大豆（卷1）。种瓜的前作最好是小豆或黍（卷2）。种葱之前，该地可种菉豆（卷3）。种蔓菁时，可用"大小麦底"（卷3）。此外，"葱中亦种胡荽"（卷3），那是在蔬菜种植中进行间作的具体事例。

从《齐民要术》记事的详略，充分看出有关种瓜、种葵、种蔓菁，乃是贾思勰精心编撰种菜的重点篇章，同时也反映出这些瓜菜，最受时人的欢迎。在距今一千四五百年前的华北大地上，葵在"一岁之中，凡得三辈"（卷3）。蔓菁"从春至秋得三辈，常供好菹"（卷3）。在瓜地，"须开十字大巷，通两乘车，来去运輂"（卷2）。瓜虽然只是一年一茬，但从瓜地预先留出运瓜的车道，是很能反映出瓜产量的丰硕。还有被称为"懒人菜"的韭菜，"一岁之中，不过五剪"（卷3）。这些菜蔬是在常温条件下（不包括温室栽培）一年能收获三次至五次，复种指数已相当高，这还不包括间作、套种的成果，而只计算连作的收获。韭菜虽非连作，却是采取"每剪，杷耧，下水，加粪，悉如初（种）"，可知高收获是和支付巨大劳动量密切相关。为了菜蔬增产多收，要抢时间随收随种，进行整地、施肥、下种、定值等工作。北方大地春旱多风，菜地必须适时灌水。种葵篇介绍了"于（地）中逐长穿井十口，井别作桔槔、辘轳、柳罐"，以利及时浇灌。由此可见，为种菜而实施的整个配套措施乃是不可缺少的重要环节。

北魏均田令规定，"口课种菜五分亩之一"（《魏书》卷110）。其他朝代属下的民户也自有多少不等的园地，用以种菜供日食。城郊和农村专业菜农所种蔬菜，大部分投向市场，很自然地成为社会商品市场的有机组成部分。

末了，有必要指出，在中古时期生产不够发展的历史条件下，种菜可以辅佐粮食，缓和饥荒。《齐民要术》卷3种蔓菁篇引东汉桓帝诏，灾年下种，以助民食，"可以度凶年，救饥馑"，且为此加上按语，"若值凶年，一顷（芜菁）乃活百人耳"。同书卷2种芋篇，也写了按语："按芋可以救馑，度凶年。今中国（指华北地区）多不以此为意，后至有耳目所不闻见者，及水、旱、风、虫、霜、雹之灾，便能饿死满道，白骨交横。知而不种，坐致泯灭。悲夫！人君者安可不督课之哉！"贾思勰将人们积极种菜视为官府督课的成果，固然不符合社会的现实。但由此也不难看出，在严重自然灾害面前，在古代粮食生产不够丰裕时，菜蔬生产的自救，确是社会现实情状的真实情景。

刊《文史》第44辑　1998年

浅谈魏晋南北朝时期的果品生产

现代我国人民常吃的果品（水果、干果），除苹果等为晚清时自海外传入栽培的而外，大多在我国古代已相继培育成功。上古时期，到处野果林丛生，人们茹毛饮血，采集使用，不需要也不可能有人工培植的果树。随着人口增加，消耗量增大，野果日趋减少，才诱发人们自觉加以栽培果树，并在生产实践中逐步改良和提高产品的数量与质量。

笔者往日读史，粗知我国先秦时期已有了众多的果品名称，至迟在汉代，已出现了大面积人工栽培的果树。《汉书》卷91《货殖传》云："秦汉之制，列侯封君食租税，岁率户二百。千户之君则二十万……陆地牧马二百蹄……水居千石鱼波，山居千章之萩，安邑千树枣，燕秦千树栗，蜀汉江陵千树橘，淮北荥南河济之间千树萩……此其人皆与千户侯等。"由此表明，全国大一统的汉朝，南北不少地方存在着人工栽培的果树，它的经济效益竟可以和当时一千户人口交纳给侯爵的租税二十万钱相等。与之相匹敌的还有陆地养马，水居养鱼，山居植树等等。值得注意的是，《初学记》卷28、《太平御览》卷969所引《汉书》有关种植的这段文字，"萩"作"梨"，其余文字并无不同。《白氏六帖事类聚》卷 30 云："汉河济之间千树之梨，其人与千户侯等。"可知唐宋时几部重要类书均作"梨"，而不是"萩"。然而，今本《汉书》记载曹魏时孟康和唐初颜师古对"萩"字所作解说；《齐民要术》卷 7《货殖》引《汉书》也是作"楸"。如此看来，唐初以前确是作"萩"，改"萩"为"梨"乃是后人所为。不仅如此，《汉书》这一段话是沿用《史记》卷 129《货殖列传》，原文是"淮北常山以南河济之间千树萩"。《汉书》仅改易"常山以南"为"荥南"，这也同样表明，今本《汉书》作"萩"无误。可是，《史记》、《汉书》都在枣、栗、橘之前，明白说了"山居千章之萩"，在随后的并列句中又谈"千树萩"，如此重复叙述同一事实是很令人费解的。明人李时珍《本草纲目》卷 30 梨条引"司马迁《史记》云：'淮北荥南河济之间千树梨，其人千户侯等'"，将这段引文归入《史记》固然有误，但他是为"梨"而引用史籍的。上引唐宋几部重要类书引《汉书》均作"梨"，这么做至少是文从字顺，可备一说。它对我在本文想要讨论的问题有重要参考价值。

在我看来，日常生活中的果品名目固然很多，汉代业已广泛栽种的枣、栗、橘、梨首先具有重大经济效益，除此而外，桃、李、梅、杏以及分布南北的其他果品也很值得注意。

众所周知，魏晋南北朝四百年间的分裂混乱，给社会经济带来了严重的消极影响，其时，果品生产状况若何，笔者拟就此稍作粗浅考察。

西晋初年，左思经过"十年构思"，撰写《蜀都赋》、《吴都赋》、《魏都赋》，对蜀汉、孙吴和曹魏的首都所在分别作了多角度的考察。就果品而言，蜀都"户有橘柚之园，其园则有林檎、枇杷、橙、柿（柿）、樽（羊枣）、樿（山梨）、榹桃（毛桃）函列，梅李罗生，百果甲宅，异色同荣。朱樱（樱桃）春熟，素柰（沙果）夏成，紫梨津润，榛栗罅发，蒲陶乱溃，若榴（石榴）竞裂"。吴都是"丹橘余甘，荔枝之林，槟榔无柯，柳叶无阴，龙眼、橄榄，㮕（实似梨，冬熟味酸）、榴御霜"。魏都有"真定之梨，故安之栗，信都之枣……若此之属，繁富夥够。"三都赋文字简练，却是非常鲜明地将南北各地的主要果品呈现在读者面前。南阳盆地位处南北之冲，自然环境和气温有较多的南方气息，东汉南阳人张平子《南都赋》云："若其园圃，则有……樱、梅、山柿、侯桃（山桃）、梨、栗。椁枣、若榴，穰橙、邓橘"（《昭明文选》卷4），可知当地果品生产是兼有南北的特色。

枣主要产于北方，汉代所称安邑千树枣便是代表。汉末，曹操的宠臣刘勋私下给河东太守杜畿写信，索取当地优质好枣（《三国志》卷16《杜畿传》）。魏文帝曹丕对臣僚们说，"凡枣味莫言安邑御枣也"。河东安邑枣质地最佳，因而被选充御用。安邑以外的其他不少华北地区也以产枣著称。早在战国时期，苏秦便对燕文侯说，燕地"北有枣、栗之利，民虽不佃作而足于枣、栗矣。此所谓天府者也"（《史记》卷69《苏秦传》）。三国魏明帝时，杜恕也说，冀州地广人多，"又有桑、枣之饶，国家征求之府"（《三国志》卷16）。卢毓批驳何晏等人所说"冀州土产无珍"时，特别指明，"安平（河北安平）好枣，地产不为无珍"。左思《魏都赋》称，"信都之枣"。信都即是安平郡的治所，该郡所治枣强县，长期以产枣驰名。毗邻冀州的兖州也出产好枣，曹操为兖州牧上书，以所产椁（柿）、枣两箱进献朝廷（《曹操集》卷1）。南朝陶弘景说，"今青州（枣）出者形大而核细，多膏甚甜"（《本草纲目》卷29引）。《英雄记》云：孔融为北海（山东潍坊东南）相，被乱兵攻围，"其治中左承祖以官枣赋与战士"，以枣充军粮，可知青州产枣量多，官枣的储存量就很不少。魏、齐实施均田制，规定每户的桑田，课种桑、枣、榆树，并允许杂莳余果，于是广大华北地区的枣果生产更是纳入了法定的生产范围。

栗产于南北各地，以北方所产质地较优。上引苏秦说冀州产栗，三国时何晏、卢毓等人一再说，"中山（河北定县）好栗"。左思说，"故安（河北涞水）之栗"，用以充御。陆玑《诗义疏》称"栗五方皆有之，周、秦、吴、扬特饶，惟濮阳（河南濮阳）及范阳（今北京市）栗甜美味长，他方者不及也"（《本草纲目》卷29引）。郭义恭《广志》说，关中产栗，"大如鸡子"（《齐民要术》卷4引）。《华山记》云：西山有"栗林，萧森繁茂"。郦道元说，汝南上蔡县（河南汝南）城北有栗园，"栗小"，质量不及故安所产，但"树木高茂，望若屯云积气矣"。栗产"岁贡三百石，以充天府"（《水经注》卷21汝水）。

栗、枣都是干果，经常是二者并提，且用以充饥，上述苏秦对燕文侯所言即是事例。三国时，袁淮《正论》云："岁比不登，唯得卖枣、栗、瓜、梨。"饥年出售它们，表明其时山林果树生长较少受政局混乱的影响。有些地方官如京兆太守颜斐"令属县整阡陌，树桑果"（《三国志》卷16注引《魏略》），因而收入了较多果品，有可能将它投向市场。孔融以枣充军粮，在于它耐饥且味甜。在当时历史条件下，有的贵族家甚且贮干枣于漆箱，置放厕所，以便上厕时用以塞鼻，屏除臭味。相传王敦与公主结婚后，在其家上厕，看到红枣，取而食之，从而闹出了笑话（《世说新语》卷下《纰漏》）。《邺中记》载石虎园中有西王母枣，又有羊角枣。都是三子一尺。梁武帝时，国力一度强盛，军威深入中原，在一次盛大宴会上，武帝以枣戏投旧好萧琛，琛立即取栗还击，击中武帝面颊，处此难堪的场面，萧琛自宽自解说："陛下投臣以赤心，臣敢不报以战栗"（《南史》卷18《萧琛传》)。藉枣栗立言，语意双关，因而获得武帝谅解，一笑了之。

前面辨解汉代"河济之间千树梨"的提法，有助于我们对魏晋南北朝时梨产地的探讨。《广志》云："洛阳北邙张公夏梨……常山真定（河北正定）、山阳钜野（山东巨野）、梁国睢阳（河南商丘）、齐国临淄（山东益都）、钜鹿（河北平乡）并出梨。上党（山西长治）樗梨，小而甘。广都（四川华阳）梨……新丰（陕西临潼）箭谷梨、弘农（河南灵宝）、京兆（陕西长安）、右扶风（陕西泾阳）郡界诸谷中梨，多供御。阳城（河南登封）秋梨、夏梨。"众多产梨地点除广都一地而外，都位于淮河以北、常山以南的广大华北地区。直至明代的李时珍仍认为，梨品甚多，"盖好梨多产于北土"（《本草纲目》卷30）。

曹魏时卢毓说，"常山好梨"。何晏和左思先后赞誉"真定好梨"，即是《广志》所云常山真定之梨。魏文帝诏称，"真定御梨，大若拳，甘若蜜，脆若凌，可以解烦释渴"。正定梨个大味甜肉脆，利于消食止渴。西晋潘岳《闲居赋》所称"张公大谷之梨"，东晋王廙《洛都赋》说，"梨则大谷冬紫，张公秋黄"，都是《广志》所云"洛阳北邙张公夏梨"。葛洪《西京杂记》卷1记上林苑植梨十种，"紫梨、青梨实大，芳梨实小，大谷梨、细叶梨、缥叶梨、金叶梨、瀚海梨、东王梨、紫条梨"。有些便是魏晋时的著名梨品种。兖州牧曹操说，"山阳郡（山东菏泽地区）有美梨"，他曾将甘梨二箱进呈汉献帝（《曹操集》卷1）。《三晋山险记》载"山阳县（河南焦作）北有谷，通得驴马，石勒十八骑昔在此啖梨生树，今有梨园"。段龟龙《凉州记》载后凉"吕光时，敦煌太守宋歆献同心梨"。《洛阳伽蓝记》卷3城南报德寺，"周围有园，珍果出焉，有大谷含消梨，重十斤，从树着地，尽化为水"。大谷含消梨，就是上述张公梨，它的个大水分多，大不相同枣、栗之类的干果，由是形象地说，它着地后要化为水。

南朝刘宋时，朝廷以河上梨一千个赐与王弘，弘上表感谢，"远方味甘，每垂降及，仰佩恩逮，俯增祗愧"。可证南方上等好梨是来自河域。王玄谟在宋元嘉中，领军北攻滑台（河南滑县），未克。他不善于治军，"又营货利，一匹布责民八百梨，以此倍失人心"（《宋书》卷76《王玄谟传》）。布、梨的不等价交换，曲折反映出河上梨是进入了市场贸易。前引袁淮《正书》称，梨在饥年与枣、栗等同样出售，也是梨进入市场交易的例证。史传记孔融四岁时让梨的故事，可以察知民间食梨是很广泛普遍。南朝张邵、张敷父子的小名分别为梨与查，宋文帝戏问张敷："查何如梨？"敷迅速回答："梨为百果之宗，查何可比。"（《宋书》卷42《张敷传》）此虽以果品名辨明父子强弱，也是如实反映梨比查（山楂）更受人们看重。鉴于梨在水果中所处的重要地位，晋朝法令，"诸宫有梨守护者置吏一人"。通过上述诸事例说明，魏晋南北朝时期梨的产地是在汉朝的基点上继续有所增益。

橘产于南方，汉代"蜀汉江陵千树橘"已可证明。早在战国时，苏秦游说赵肃侯，"君诚能听臣……楚必致橘柚之园……"（《史记》卷69）。表明立国于江域的楚国是橘柚生长地。左思记吴都，"其果则丹橘、余甘、荔支之林"。蜀都"户有橘柚之园"。这正是江域盛产柑橘的例证。

孙权送大橘给曹魏，魏文帝诏示群臣曰："南方有橘，酢止裂人牙，时有甜耳。"晋人王廙《洛都赋》云："若夫黄甘、荔支，殊远之珍，虽非方土之所产，重九泽而来臻。"生活在华北的曹子建撰《橘赋》云："有朱橘之珍树……播万里而遥植……背江洲之暖气，处玄朔之肃清"（《曹植集》卷1）。由于气温等自然条件的制约，在北方很难推广种橘，自先秦以至汉代，人们已常说橘逾淮而为枳，乃是真实的经验之谈。

柚、柑常与橘并称，是和橘颇有异同的南方水果。通常可以这么说，橘小，皮薄而红。柑大于橘，皮厚而黄。柚皮更厚，其实有甜有酸。橙实似柚而有香味。大致说，柚是柑属之大者，橙是橘属之大者。总之，柑、柚、橙都可归入橘类。三国孙吴时，地方官李衡指派他的奴客十人，"于武陵龙阳（湖南汉寿）氾洲上作宅，种柑橘千株。临死，敕儿曰'……吾州里有千头木奴，不责汝衣食，岁上一匹绢，亦可足用耳。'……吴末，衡柑橘成，岁得绢数千匹，家道殷足。晋咸康中（335—342年），其宅址枯树犹在"（《三国志》卷48《孙休传》注引《襄阳记》）。《水经注》卷37云："沅水又东，历龙阳县之氾洲，洲长二十里，吴丹阳太守李衡植柑于其上……太史公曰：江陵千树橘，可当封君。此之谓矣。吴末，衡柑成，岁绢千匹，今洲上犹有陈根余枿，盖其遗也。"《齐民要术》卷4引谚曰："'木奴千，无凶年'。盖言果实可以市易五谷也。"这些论述，对种柑橘的经济效益表述得十分清楚明确。

橘柚产于淮水以南。汉末，袁术在九江（安徽淮南市东）见到六龄童陆绩，"术出橘，绩怀三枚"，归以遗母（《三国志》卷57《陆绩传》）。南朝宋刘桢《京口记》云："京城东门射堂前柑树十余株。"会稽虞氏家，"中庭橘树冬熟，子孙竞来取之"（《南齐书》卷53《虞愿传》）。南朝末年，陈后主下令将建康"绕城橘树，尽伐去之"（《隋书》卷23《五行志》）。可证长江下游的江东各地，存在大量橘树。北魏与刘宋在彭城一带对峙交战之余，派人向宋朝求送甘蔗及柑橘等南方果品（《宋书》卷46《张畅传》）。藉以调剂北人的饮食生活。

前已说明，战国时楚地产橘。庾仲雍《湘州记》称，州故城内相传有汉代贾谊所种柑橘树。晋人张华说："橘生湘水侧，菲陋人莫传，逢君金华宴，得在玉阶前"（《晋诗》卷3）。湘水侧产红橘，自战国、汉、晋以来历代驰名。另外，沅江所有李衡所种柑橘，盛弘之《荆州记》云："枝江有名柑，宜都郡旧江北有柑园，名宜都甘。"张华《博物志》曰："橘柚类多，豫章郡出真者。"刘敬叔《异苑》云："南康（江西南康）𫠮美山石城内有甘、橘、橙、柚。"由此可见，长江中游所在种柑橘很不少。《博物志》又曰："成都、广都、郫、繁、江原、临邛六县生金橙，似橘"。结合《蜀都赋》所述，可知长江上游四川境内同样是柑橘众多。《太平御览》卷966引"晋令曰：阆中县置守黄甘吏一人"。表明川橘的生产备受朝廷重视。

汉人已说，"橘柚生于江南，而民皆甘之于口，味同也"（《盐铁论》卷5《相刺》）。"孝武皇帝平百越以为园囿……而民间厌橘柚。由此观之，边郡之利亦饶矣"（同上卷3《未通》）。准此而言，《齐民要术》卷10引《异物志》云："橘树白花而赤实，皮馨香，又有善味，江南有之，不生他所。"谨案历代以《异物志》为其著作名称的很不少，但以东汉杨孚所撰为最早。纵令上引该书确是杨孚所作，东汉时柚橘产地应包括江南与岭南。六朝时，裴渊《广州记》曰："别有柚号为雷柚，实如升大。"岭南产柚、柑是无可置疑的。晋人周处《风土记》曰："柑，橘之属，滋味甜美特异者也。有黄者，有赪者谓之胡（壶）柑"。对橘类品质作了高度的评价。

栽植柑橘当然要有特定的地点。说汉武帝平南越以为园囿，自是言之太泛。李衡在武陵沙洲上派人作宅种柑，所在可称为李氏柑橘园。任昉《述异记》云："越中有王氏橘园。"如此之类为数不少。大概编户齐民和一般官吏所设果园需要向国家交税。例如李衡的橘园要"岁上一匹绢"。任昉说，"越多橘柚园，越人岁多橘税"。就是具体事例。大贵族官僚家的果园就不然，西晋石崇在洛阳金谷的园苑，"众果竹柏、药草之属，莫不毕备"，"杂果几乎万株"（《世说新语》卷中《品藻》）。南朝谢灵运在会稽的山居，"百果备列"（《宋书》卷67）。北朝元欣在长安"好营产业，多所树艺，京师名果，皆出其园"（《北史》卷19）。这些人的果园并不见征税。《邺中记》称，暴君石虎在邺，"引漳水于华林园，虎于园中种众果，民间有名果，虎作虾蟆车……搏掘根面去一丈，合土栽之，植之无不生"。这种劫夺民间果树移栽的御用果园自是拥有特权的。那时候，官置果园照例要设吏进行管理与守护。除前引阆中县置守黄柑吏而外，《太平御览》卷971引"晋令，诸官有秩者守护橙者置吏一人"，都是良好事例。

综上所述，枣、栗、梨、橘自汉代以至魏晋南北朝时期长期是社会上的常见果品，没有看到因社会动乱而产生重大消极影响。除此而外，桃、李、梅、杏、林檎、奈、石榴、枇杷、柿、榛、楂、葡萄、荔枝、龙眼、橄榄、杨梅、胡桃、甘蔗等多种果品也有不少生产。

桃、李同是常见水果。汉人司马迁在《李将军列传》中称颂李广将军说："谚云：'桃李不言，下自成蹊'，此言虽小，可以喻大也。"（《史记》卷109）桃、李的果实好，不需要它自我夸耀，人们自然会默默前往，在桃、李果林下踏出一条路来，实实在在的表明人们对它的向往。左思记蜀都、吴都所产均有桃，《邺中记》载石虎苑圃有勾鼻桃，重二斤，《广志》记桃有冬桃、夏白桃、秋白桃、襄桃、秋赤桃等品种。桃树易于成活，且结实早。因此，南北产桃地域很广。陶潜《桃花源记》所述夹岸数百步，别无杂木，尽是桃花的寓言，在现实生活中实属常见。《西京杂记》备述了十种桃，十五种李。《广志》也记李的品种十五个，但彼此所记名称互不相同。它的成熟有早晚，颜色有不同，口味有差异。谢灵运的山居，"桃李多品"。周处《风土记》云："南郡细李，四月先熟。"傅玄《李赋》赞誉北方河沂所产黄建李，南方房陵产缥青李，甜酸得宜。李的品种虽多，良种较少。王戎年少时与同伴玩于道旁，李树结实甚多，群儿竞去取李，戎认为路旁李子无人摘取，必是苦李，验之果然无误（《晋书》卷42），他后来做了大官，家有好李，恐别人得其佳种，便钻其核而后出卖（《世说新语》卷下《俭啬》）。还有西晋人和峤，也是家有好李，人们很难得到它。王济利用他入朝上直时，率人闯入其家吃李伐树，弄得和峤哭笑不得（《世说新语》卷下《俭啬》）。那时，受到人们广泛称道的好李是客观存在的，例如房陵（湖北房县）产李很好，《荆州记》、《闲居赋》、《洛都赋》都一致对它大力赞扬。

梅主要产于南方。汉朝人已注意到每年夏历五月梅成熟时，要刮落梅风，应劭《风俗通》称它为信风。其时，江南霪雨不休，称为黄梅雨。这都表明江南地区植梅甚多。《世说新语》卷下《假谲》所记望梅止渴掌故，说曹操行军时，三军皆渴，曹操诡称前有大梅林，梅实多，又甜又酸，很利解渴。士兵听了，口内流涎，忘了干渴，从而顺利行军直达水源地。如果士兵们没有吃过梅，便很难产生流涎的止渴体验。

杏与梅同类，但二者非一物，它主要产于华北，夏历五月中收摘。卢毓、何晏都说魏郡（河北磁县）杏极好。《广志》记荥阳有白杏，邺中有赤杏、黄杏、柰杏。潘岳在洛阳的居处梅杏并繁。《齐民要术》卷4引《嵩高山记》云："东北有牛山，其山多杏，至五月，烂然黄茂。自中国丧乱，百姓饥饿，皆资此为命，人人充饱。"贾思勰说："杏尚可赈贫穷，救饥馑，而况五果蓏菜之饶，岂直助粮而已矣。杏子人（仁）可以为粥。"他是比较全面评估了杏的使用价值。

　　柰，或称频婆，是香果、槟子一类果物。《广志》记柰有白（素）、赤（丹）、青（绿）三种。张掖有白柰，酒泉有赤柰，"西方例多柰，家以为脯，数十百斛以为蓄积，如收藏枣栗"。直至唐代，甘州（甘肃张掖）仍是上贡冬柰（《新唐书》卷40）。左思记蜀都"素柰夏成"。曹植《谢赐柰表》称："柰以夏熟，今则冬生，物以非时为珍，恩以绝口为厚。"（《曹植集》卷3）北朝洛阳城内景林寺，"西有园，多饶奇果"。"景阳观山南百果园，果列林木……（有）柰林"（《洛阳伽蓝记》卷1），城南"承光寺多果木，柰味甚美，冠于京师"（同上卷3），城西白马寺前亦有柰林（同上卷4），可知洛阳种柰很广泛。弘农华阴（陕西华阴）人杨氏一门四世同居，宅前"有柰树，实落地，群儿咸争之"（《北齐书》卷34《杨愔传》）。据陶弘景说，"柰，江南虽有，而北国最丰，作脯食之"（《本草纲目》卷30引）。

　　林檎，今称沙果、果子或花红。《广志》认为黑琴似赤柰。晋华林园有林檎十二株，温栟六株。郭毅生《述征记》曰："林檎果实可佳，其温栟实微大，其壮丑，其味香，关辅有之，江淮南少。"是知林檎、温栟为二物。石声汉、辛树帜二位先生认为《广志》之楑查即是温栟，它的气味芳香，主要栽培于关辅。左思赋蜀都有"林檎、枇杷"。谢灵运赋会稽的山居，"枇杷、林檎、带谷映渚"，是林檎产于南方的良好例证。

　　柿，主要产于北方，晋华林园有柿六十七株。《广志》记小柿形似小杏，柿味有似软枣（君迁子）。晋阳（山西太原）所产肉细而厚，用以供御。张衡记南阳有樱、梅、山柿等果品，朱柿有盛名。《太平御览》卷971记刘宋江夏王义恭赞扬华林园柿，"滋味殊绝"。

石榴，或称若榴，晋人张华、陆机等人都认为是张骞出使西域带回内地的。它有甜、酸二个品种，汉末以来，在南北各地广泛滋生。潘岳在洛阳《闲居赋》云："若榴蒲陶之珍，磊落蔓延于其侧。"《艺文类聚》卷86引潘尼说，石榴是"九州之名果"，"华实并丽，滋味亦殊。可以乐志，可以充虚"。《邺中记》载石虎苑中有安石榴，果实大而不酸。左思记蜀都"若榴竞裂"；吴都"楂榴御霜"。晋安帝时，湖南武陵临沅县所产石榴，个大如碗，其味不酸。宋文帝元嘉末，与北魏对峙于彭城，北朝派使要南方增送甘蔗、石榴。宋沛郡太守张畅说："石榴出自邺下，亦当非彼所乏。"（《宋书》卷59《张畅传》）魏、齐之际，洛阳白马寺前的石榴大者重六七斤，味道很好。当时人说："白马甜榴，一实直牛。"（《洛阳伽蓝记》卷4）北齐安德王高延宗娶赵郡李祖牧女为妃，众人不明白妃母何以赠送两枚石榴，魏收解释说："石榴房中多子，王新婚，妃母欲子孙众多。"（《北史》卷56《魏收传》）藉石榴寓意，创新富有特色。

胡桃，别称核桃。《博物志》云："张骞使西域还，乃得胡桃种。"《西京杂记》云："上林苑有胡桃。"晋洛阳华林园有胡桃八十四株。《广志》曰："陈仓（陕西宝鸡）胡桃皮薄多肌，阴平（甘肃文县）胡桃，大而皮脆，急促则破。"潘岳在洛阳的居处，"三桃表樱胡之别"，其中就有胡桃、樱桃。大致来说，胡桃著名产地集中于陕洛间，其壳大多较厚，一般要椎之方破。

榛，自先秦以来，长期在华北大地生长培育，常与栗并称。关中所产颇为有名。蜀中兼具南北气候特点，因而蜀都是"紫梨津润，榛、栗罅发"。榛、栗、梨原是北方果品，在气温适宜的四川盆地中也多生产。榛、栗都是干果，梨是水果，彼此颇有不同。

葡萄，自汉代由西域传入内地。《广志》记葡萄有黄、白、黑三种。晋洛阳华林园有葡萄一百七十八株。《博物志》曰："西域有蒲萄酒，积年不败，彼俗传云，可至十年。饮之醉，弥日不解。"魏晋时，不少官僚住宅前（如钟会、潘岳等）也都纷纷栽植。魏文帝称赞它"脆而不酸，冷而不寒，味长汁多，除烦解䏑（热）"。葡萄酒"善醉而易醒"，"他方之果，宁有匹者"。在整个魏晋南北朝时期，河西走廊以至洛阳广大地域都栽有不少葡萄，《洛阳伽蓝记》卷 4 记城西白马寺前的葡萄，果实比枣还大，"异于余处，味并殊美，冠于中京（原）"。东魏侍中李元忠在邺京家园内，"罗种果药"，他从中挑选一盘葡萄奉送实权人物高澄，高澄以绢百疋酬答（《北齐》卷 22《李元忠传》），表明他对葡萄及其主人的崇重。

荔枝、龙眼已见于汉代载籍。司马相如《上林赋》作离支。《后汉书》卷 89 记建武二十六年（50 年），汉将綵缯锦及橙、橘、龙眼、荔枝送给南匈奴单于。《西京杂记》卷 4 云：南粤王赵佗献荔枝于汉高帝。所言有可能并不真实，但自西汉后期以来，从南方向中原贡送荔枝已是不少。左思记吴都、蜀都，均有荔枝。魏文帝对臣僚们说："南方有龙眼、荔枝，宁比西国蒲陶、石蜜乎，今以荔枝赐将吏啖之，则知其味薄矣。"充分说明北人对南方荔枝等水果具有某些轻蔑心理。晋朝河南人晋灼说："离支大如鸡子，皮粗，剥去其皮，肌如鸡子中黄，味甘多酢少。"（《汉书》卷 57 上《司马相如传》注引）他对荔枝的介绍比较公正。《广志》称"荔枝壶橘，南珍之上"，"实大如鸡子，核黄黑似熟莲子，实白如肪，甘而多汁，似安石榴，有甜酢者"（《齐民要术》卷 10 引）。从现有记载来看，六期时的荔枝，主要产于两广和蜀中，闽中产荔枝尚不见著录。龙眼或称益智、桂圆，成熟比荔枝稍晚，主要产于广州及庐山等处。东晋末年，卢循在广州曾以龙眼分送刘裕和惠远法师，很受时人重视。

橄榄，或称青果，生长于岭南，左思记吴都有"龙眼、橄榄"，说明它已是吴国名产。吴沈莹撰《临海异物志》认为橄榄和余甘，"同一果也"，出产于晋安侯官（福建福州）界中。郭义恭《广志》、梁萧绎《金楼子》都记述了橄榄。《本草纲目》说，余甘为梭形，核两头锐，初入口舌涩酸，饮水乃甘。它和橄榄形味相似，实是两种不同果品，所说颇有道理。

杨梅在汉代已有名，司马相如《上林赋》称"樗枣杨梅"。曹魏张辑注："杨梅，其实似穀子而有核，其味酢，出江南也。"（《汉书》卷57上）《临海异物志》云："其子大如弹子，正赤，五月熟，似梅味酸。"《金楼子》卷5《捷对》记扬子州家以杨梅款待客人。沈氏《南越志》记熙安县（广州西北）白蜀里多杨梅。裴渊《广州记》称庐山盛产杨梅，人登山采拾，止能饱食，不能持归，所述可能是野生杨梅。新安郡（浙江淳安）有"蜜岭及杨梅"，长期为太守独占采用。梁天监中，任昉为太守，下令止绝，很受百姓拥戴（《南史》卷59《任昉传》）。山谦之《吴兴记》云，故章县（浙江安吉）之北有石橭山，出杨梅，常以贡御。张华《博物志》所称地名章必生杨梅就是指这一地区。由此可见，江南和岭南山谷乃是杨梅的重要产地。

枇杷是南方佳果，汉晋时期的首都御园也曾分别栽种，并不很成功。由于它不是北方的产品，《齐民要术》作者便将枇杷等南方果品列在"非中国（指华北）物产者"之列。大致说，从四川、湖北以至江苏以南包括闽广在内的南方地域都产枇杷，常以四月成熟上市。

魏晋南北朝时期的果品，号称"众果"、"百果"，当然不限于上述诸种，已介绍的乃是最为常见的果品，其余果品，限于篇幅，不再一一分述。由此说明，诸种水果在汉代虽已多见于记载，魏晋南北朝之世，政局大多时混乱，由于果树生长环境与粮食作物很不相同，果林相对受破坏较少，加以贵族官僚拥有大量的私家果园，从而使果品生产更有较好的保障。南方所特有的水果更是随着江南日趋开发而迅速得到发展。

明人李时珍说："木实曰果，草实曰蓏，熟则可食，干则可脯，丰俭可以济时，疫苦可以备药，辅助粒食，以养民生。"（《本草纲目》卷29《果部序》）他充分说明了果品的使用价值。但果品的季节性强，果品如何保鲜或加工，果树如何选种？还有果树的栽培技术怎样？如此等等，都对果品生产有十分重要的意义。我国果品生产确是历史悠久，但在魏晋南北朝以前，未见有关上述方面的成文总结。北朝贾思勰撰《齐民要术》10卷92篇，其中第四卷分别介绍了枣、桃、李、梅、杏、梨、栗、林檎、柿、石榴等果品的鲜藏与加工以及这些果木的栽培嫁接等技术，农史学家万国鼎、王毓瑚、石声汉、李长年、辛树帜、缪启愉诸位先生都对它有过很好的研究，集中到一点，乃是对以往和北朝时黄河流域地区农业生产进行科学总结，就果品而言，那是我国古代劳动人民长期从事果品生产宝贵经验的结晶，它对推动果品生产的继续发展产生了积极的指导作用，限于篇幅，拙文不作复述。由于贾思勰毕生生活在北方，对于南方诸种水果只在书末作了介绍，限于见闻，均未能记其种植技术，直至几百年之后的宋代，诸如韩彦直《橘录》（《说郛》卷105），蔡襄《荔枝谱》等，才有了一些介绍，那已是远离本题所要讨论的范围了。

刊《湖北大学学报》1995年第3期

唐代的五金生产

　　我国先民在上古时期的社会生活中已经知道使用金属器具，地下出土大量优美的殷周青铜器就是良好的实证。文献记载表明，随着时代的推移，人们发现并认识了日益增多的金属矿石，经过冶炼加工制成各种金属器具，标志着古代的冶铸业是在迅速向前发展。十年前，地质出版社刊印夏湘蓉等编著的《中国古代矿业开发史》，作者着眼于现实，在简要阐述历代矿业的开发同时，重点注意地质矿产普查勘探情况，有助于当代矿业生产的借鉴，也有助于帮助读者了解我国古代矿业开发的概貌。

　　唐代的金属矿产资料记载零星分散，缺乏冶铸的具体记录，迄今仍没有典型的矿冶发掘报告，因而很难洞悉诸金属的冶炼情况。我的工业生产知识极端贫乏，只能使用往日阅读时摘抄的若干文献资料，结合有关专家的撰述以成此篇，所言难免谬误，敬请读者严加评正。

一

　　人们日常所说的金银铜铁锡铅等金属，唐以前早已冶铸使用，唐代已有五金之称①，并具有某些新的特色：

（一）遗存至今的资料比前代显著增多；

（二）江淮以南的矿冶业呈现蓬勃发展趋势；

（三）史籍中第一次明确记载了诸矿的产量。

诸金地域	金	银	铜	铁	锡	铅	备注
关内道	1	1	3	6	0	0	(1) 1920 年，邓嗣禹撰《唐代矿物产地表》刊《禹贡》第 1 卷第 11 期，所记与本表不同，可供参考
河南道	0	39	69	20	1	0	
河东道	0	1	10	16	1	0	
河北道	0	0	1	10	0	0	
陇右道	4	3	1	1	0	0	
山南道	6	0	1	9	1	0	(2) 自陇右至关内道所记为北方地区；山南至岭南道所记为江淮以南南方地区
淮南道	1	1	9	4	0	0	
江南道	13	22	42	27	6	7	
剑南道	18	2	6	15	0	0	
岭南道	30	49	4	6	4	3	
共计	73	118	146	114	13	10	

《新唐书·地理志》简略而比较全面地记录了诸金属的分布概貌，按其产地统计，金十八县、银三十六县、铜六十三县、铁一百三县、锡十三县，也就是全国共二百三十三县出产五金，约居当时全国总县数的百分之十五。现将诸矿冶具体分布状况，按十道列简表如上表：

---

① 《汉书》卷 24 上《食货志》，唐颜师古注曰："金谓五色之金也，黄者曰金，白者曰银，赤者曰铜，青者曰铅，黑者曰铁。"泽咸按，师古所云，基本上是沿袭许慎《说文》之言。

需要指出的是，《新唐书》卷54《食货志》云："凡银、铜、铁、锡之冶一百六十八。陕、宣、润、饶、衢、信五（六）州银冶五十八，铜冶九十六，铁山五，锡山二，铅山四"，一字不提金矿。而且，银、铜、铁、锡诸冶数相加也与其总数一百六十八冶不合。信州是肃宗时从饶州分设，志文实言六州而不是五州。而《地理志》所载诸金产地与《食货志》所云复有差异。例如银冶五十八，《地志》不记润州，而记陕州平陆县银穴三十四，宣州南陵、宁国，饶州乐平，衢州西安，信州弋阳、玉山产银，数字也与五十八冶不符。铜冶九十六，《地志》不云衢州产铜，只记陕州平陆铜穴四十八，饶州铜坑三，宣州当涂以及信州产铜，综合产铜数不足九十六冶。按《食货志》所记"麟德二年（665年），废陕州铜冶四十八"，六州铜冶为数更少了。铁山五，《地志》不记陕、润、卫产铁，只记宣、饶、信三州有铁，五冶之说不知何所据。铅山四，《地志》只记宣、信二州有铅，锡则六州均无记载。众所周知，《新唐书》诸志都由欧阳修主撰，所记矿产出入却如此巨大，这可能是实际执笔人所掌握的数据互不一致使然。如果再考虑到既已将建置较晚的信州列入，却又将早在高宗时即已废弃的陕州铜冶数列入，那是编者们在取材上又过于粗疏，断限不明了。

《新唐书》的记录而外，若再参读其他史籍，就会发现有更多的歧异。例如银冶，《唐六典》卷3记江南鄂、江二州产银，岭南桂、邕等五十余州产银。《通典》卷6记鄂、邵、桂、贺等三十二州产银，诸如此类，纷繁琐细，难以一一罗列。由于《新唐书·地理志》所记比较全面，故本文以之为基础，参校他书，藉以勾画出唐代诸矿的分布及其生产概况。

早在先秦时的《山海经》、《管子》和汉代的《地理志》、《郡国志》等古籍已有不少产金记载。南朝人陶弘景说："金之所出，处处皆有。梁、益、宁三州多有，出水沙中，作屑谓之生金；建平、晋安亦有金出沙石中。"①《昭明文选》卷4左思《蜀都赋》"金沙银砾"句，六臣注云："永昌有水出金，如糠在沙中，兴古盘町山出银。"《新唐书·地理志》亦记剑南道不少地区产金，说明中国西南地区有着悠久的产金史。

《盐铁论》卷1《力耕》记御史大夫言："汝汉之金……所以诱外国而约胡羌之宝也。"汝汉产金，早在《管子》的《地数篇》和《轻重篇》已有记载，从东周经两汉、六朝以至唐、宋一直是持续产金，两唐书地志和《元丰九域志》均记所在出金或贡金，即是明证。

唐代江南是重要产金地，饶州乐平县、信州上饶县、潭州长沙县、永州湘源县、抚州临川县、虔州雩都县都以产金有名。《全唐诗》卷362刘禹锡《武陵述怀》云："披沙金粟见。"《通鉴》卷283称："楚地多产金银。"便是其中一二事例。

岭南产金在唐代尤为突出，《新唐书·地理志》已有较详记述。唐人陈藏器《本草拾遗》云："生金生岭南夷僚峒穴中。"《旧唐书·德宗纪》记德宗初即位，诏称"邕州所奏金坑，诚为润国"，为示关怀民众，"其坑任人开采，官不得禁"。《新唐书》卷163《孔戣传》载宪宗元和初，戣为岭南节度使，免所在黄金税八百两。一次免去属州金税五十斤，推知其产量必然很可观。《新唐书》卷182《卢钧传》记文宗初，钧出任岭南，"又除采金税"。可见岭南长期持续产金，通常每年要向朝廷交税，新志记岭南产金地多是正确的。

另外，在那时并不归长安政府直接管辖的云南地区和西域龟兹等地，也是以产金著名。

① 转引自李时珍《本草纲目》卷8《金石部·金》，商务印书馆，1930年。

唐朝产金地点下少，产金量却是缺乏记载。纵观往史，《汉书》记西汉社会黄金数量，动辄万斤乃至数十万斤，赫赫惊人。清朝顾炎武、赵翼等已就此讨论，毋庸赘述。自东汉经六朝至隋，社会上黄金数量已明显减少，但皇帝赏赐臣僚有时仍以百斤计。到了唐代，赐金次数与数量更比以往逊色。《宋史》卷296《杜镐传》记宋太宗坐朝，公开询访群臣："西汉赐与悉黄金，而近代为难得之货，何也？"苏轼《仇池笔记》云："近世金不以斤计，虽人主未有以百金与人者，何古多而今少也？凿山披沙无虚日，金为何往哉？"方勺《泊宅编》卷3记："汉法，聘后用黄金二万斤，为钱二万。而宝货法，凡黄金一斤直钱万，朱提银八两为一流，直钱一千五百八十……当是时，黄金一两才六百，银一两才二百，（苏）东坡常怪今之黄金不若昔时之多，盖今糜之者众，宜其少而价贵也。"我未见唐朝有如北宋人这样的典型论述，故为备录，藉以测知唐代黄金产量稀少，实已近似于赵宋。《汉书·食货志》称黄金为上币。秦代金以镒计（一镒为二十两或二十四两），汉代金以斤计，晋、宋以来，金以斤或两计，交叉具存于史籍中。唐、宋时，黄金通行以两计量。北宋黄金课，《文献通考》卷18《征榷》记真宗、仁宗、神宗时税收，每岁维持在一万两左右，多不过一万五千两，也就是岁收黄金课六百至九百斤。国库所收不过如此，足见其时产金量已是锐减。

银是白色金属，《汉书·地理志》所记产地多在西南与西北地区。唐代产银以河南、江南、岭南诸道为多。吴兢《贞观政要》卷6《贪鄙》记唐太宗时，有人提出："宣、饶二州诸山大有银坑，采之极是利益"，建议未被朝廷采纳。然而，饶州产银在唐前期已负盛名。《太平寰宇记》卷107记饶州乐平县，"总章二年（664年），邑人邓远上列取银之利；上元二年（675年），因置场监，令百姓任便采取，官司什二税之，其场即以邓公为名"。由私人开采，官司十二税之的饶州银矿，"采户逾万，并是草屋，延和中（712年）火发，万室皆尽"（《太平广记》卷104《银山老人》）。万户以上民众群聚采银，可以察知是很吸引人的。地方政府要向朝廷贡银并交纳银税，《元和郡县图志》卷28云：饶州乐平县银山，"每岁出银十余万两，收税山银七千两"。可知元和时税银已不是什二税了。徐铉《稽种录》记："饶州邓公场，采银之所，天祐中（904—907年），募银夫千余人凿地道入数步，空辟明朗，有穴如天窗，柱下皆白银也。采者持斧入，将斫之，俄而山颓，尽压死。"邓公场至唐末已历二百余年，人们深入采掘，遇上坑井塌陷而致身亡。长期采掘，一定是产银不少了。宋代在饶、信所在仍然继续开采。《太平寰宇记》卷110载抚州金溪场，"山冈出银矿，唐朝尝为银监，基址（至宋）犹存"。五代后周显德五年（958年），"置炉以烹银矿"。《元和郡县图志》卷29记湖南郴州平阳县"银坑，所出银，至精好，俗谓之偏子银，别处莫及"。后晋天福四年（939年）割平阳、临武二县人户置桂阳监，《太平寰宇记》卷117说是"管烹银冶处"，这些是岭北湘、赣地区的产银事例。

岭南荒凉未辟，但在唐以前即有产银记载。裴氏《广州记》曰："广州市司用银（易）米，遂城县任山有银穴，有银砂。"[①]《宋书》卷92《徐豁传》记始兴郡（今广东韶关市）"领银民三百余户，凿坑采砂皆二三丈……老少相随，永绝农业，千有余口皆资他食"。这是两广地区在南朝时的采银，在始兴郡已出现采银专业户了。《南史》卷57《范云传》记他"为始兴内史，旧郡界得亡奴婢，悉付作；部曲即货去，买银输官"。说明南齐时

---

① 《初学记》卷27《银》引："易"字，据《太平御览》卷812校补。遂城县为今广西苍梧。

在今韶关地区采银仍使用奴婢劳动。《隋书·食货志》载梁、陈时，"交广之域，全以金、银为货"。近年在西安发现唐代岭南怀集、洊安县开元十九年（731年）的庸调银饼以及天宝时南海郡所贡银铤，充分证实岭南直至唐代仍盛产银。唐宪宗元和三年（808年）六月和十月，先后下令在岭北地区禁止采银，违犯者要受重罚。翌年六月，勅令"五岭以北所有银坑，依前任百姓开采"（《唐会要》卷89《泉货》）。文宗开成元年（836年）五月，"诏以盐铁诸道应管银山二十五所悉归州县，其盐铁使所补人吏并停罢"（《册府元龟》卷494《山泽》）。可见，唐朝的银坑长期允许私人开采。

在北方，特别是河南地区在唐代也有不少产银地点。苏恭（敬）《唐本草》："银与金生不同处，所在皆有，而以虢州者为佳，此外多铅秽为劣"，他是从药用角度立论。事实上，银、铅矿石往往是同时并存。毗邻虢州（河南灵宝县南）的伊阳至陕州一带是唐代重要产银区。陕州平陆县有银穴三十四，河南府伊阳县盛产银锡。《新唐书》卷54《食货志》记"开元十五年（727年），初税伊阳五重山银、锡"，但没有说明银的产量、税率和税额。《元和郡县图志》卷5载元和时，伊阳（河南嵩县西南）"每岁税银一千两"，表明当地产银颇有一定数量。

《新唐书》卷54《食货志》云："元和初，天下银冶废者四十，岁采银万二千两……宣宗……增银冶二……天下岁率银二万五千两。"岑仲勉先生《隋唐史》四十二节指出，"新唐志所谓采银实银税之误"，所言甚是。"采银"是指产量，"率银"乃是银税，二者万万不能相混。上述饶州平乐县一地每年出银十多万两，全国采银总量自然不会只有一万多两。饶州银山年税七千两，伊阳岁税银一千两，尽管当时已废银冶四十，就全国而言，产银怎么可能会少于税银呢？宣宗时，全国政局已乱，尚能税收银二万余两，从而亦可反证元和时的银产量数字肯定有误。

另外，《隋书》卷24《食货志》记北朝后期，"河西诸郡，或用西域金、银之钱而官不禁"。直至唐代，西域诸国仍然大量使用金、银钱币。慧立记玄奘去印度，西行至阿耆尼国（焉耆），"又经银山，山甚高广，皆是银矿，西国银钱所从出也"[①]。说明焉耆等地产银，并被铸造为货币使用。

唐亡以后，南方楚、闽和南汉仍在继续采银，延续至赵宋而未已。而在北方河东立国的北汉，《新五代史》卷70记其"地狭产薄"，为了开辟财源，"于柏谷崖置银冶，募民凿山取矿烹银以输，刘氏仰以足用，即其冶建宝兴军"。《十国春秋》卷106说是"取矿烹银，官收十之四，国用多于此取给"。柏谷采银是唐朝代州五台县柏谷银矿开采的新发展。

金银二者常常并称，同是贵金属。白银在唐代常冶铸成饼、铤、锭等形式行用。社会上除了少数金、银钱而外，常用金银作为装饰品和制成器皿。中唐后，随着货币经济的日趋发展，白银开始在全国进入流通领域行用。

铜的产地分布比较广泛。《旧唐书》卷48宪宗诏称："天下有银之山必有铜矿，铜者可资于鼓铸。"银、铜同出一矿是多年采矿经验的总结。例如，唐朝宣、饶二州银矿即是汉朝豫章郡铜山吴王刘濞招集亡命私铸钱所属之地，至唐代依然产铜。《元和郡县图志》卷28记宣州南陵县利国山，"出铜，供梅根监"。"铜井山出铜"，县西梅根监和宛陵监，"每岁共铸钱五万贯"。饶州鄱阳县永平监，"每岁铸钱七千贯"，这就是宣饶地区长期产铜的证据。晚唐独孤滔《丹房镜原》说："自然铜出信州铅山县银场，银坑中深处有铜坑，多年矿气结成……"前已说明，

①　慧立、彦悰《大慈恩寺三藏法师传》卷2，中华书局，1983年，第24页。

信州乃由饶州析置。铜产于银坑中之深处，银、铜合矿，自唐至宋长期出产银、铜。湘南桂阳监，"历代已来，或为监出银之务也……古来贡铜、铅，今（北宋）出银"（《太平寰宇记》卷117《江南西道·桂阳监》）。这是又一处银、铜同矿的事例。

《史记·货殖列传》云，江淮以南，"铜、铁则千里往往山出棋置，此其大较也"。《汉书·地理志》记"丹阳郡有铜官"。"吴东有海盐、章山之铜"，可见汉代江东地区已盛产铜。《三国志》卷64，孙吴时，诸葛恪"以丹阳山险……逋亡宿恶，咸共逃窜，山出铜、铁，自铸甲兵"，这是私人冶铜于丹阳。《太平寰宇记》卷105记当涂县"铜山，山在县南，出好铜，古谓丹阳穴也"。正因为这一地区多产铜，《通典》卷9载隋开皇十年（590年），晋王杨广在扬州立五炉铸钱。唐玄宗天宝中，扬州置十炉铸钱。《新唐书》卷41记扬州上贡铜器、青铜镜，并有丹阳监、广陵监钱官二，所属天长、六合县，昇州句容、上元、溧水、溧阳诸县均产铜。唐代宗勅云："震泽之比（北?），三吴之会，有盐井铜山，有豪门大贾，利之所聚，奸之所生。"[1] 说明这一地区在唐代亦有私人冶铜。

上述同一地区在唐以前即已存在官府冶铜业。《宋书》卷45《王弘传》记南朝刘宋时，王弘以军器所须，南局诸冶不能尽废，奏请"留铜官大冶及都邑水冶各一所，重其功课，一准扬州……余者罢之，以充东作之要"。江南的官府冶铜此后仍在继续。《太平寰宇记》卷105记池州铜陵县（安徽铜陵县），"自齐、梁之代，为梅根冶以烹铜、铁……梅根山出铜以供梅根监，兼出铜矾矿，逐年取掘，送纳县西南古监之所"。《艺文类聚》卷88庾信《枯树赋》云："北陆以杨叶为关，南陵以梅根作

---

[1] 《文苑英华》卷408常衮《授李栖筠浙西观察使制》，中华书局，1966年。

冶。"梅根监自齐、梁以至唐、宋，长期以冶铜出名，《新唐书》卷41记宣州土贡铜器，当涂县有铜，南陵县有铜官冶，利国山有铜，有梅根、宛陵二监钱官。《元和郡县图志》卷28记上述梅根、宛陵二监每年共铸钱五万贯。而在唐朝盛世，天宝中，在宣州是置十炉铸钱。很显然，铜是就近取给。直至宋代，《元丰九域志》卷6和《宋史》卷88均记载池州置永丰监铸铜钱。对于冶铸，唐人描述颇为生动。《全唐诗》卷167孟浩然《夜泊宣城界》云："火炽梅根冶，烟迷杨叶洲。"同书卷160李白《秋浦歌》："炉火照天地，红星乱紫烟，赧郎明月夜，歌曲动寒川。"冶工们辛劳铲凿矿石，冶铸现场炉红火旺的情状描述得十分逼真。

《太平寰宇记》卷112记鄂州武昌县白雉山，"南出铜矿，自晋、宋、梁、陈以来，置炉烹炼"。说明鄂州所在产铜不少。《通典》卷9载，隋开皇十八年（598年），晋王杨广奏请在鄂州置十炉铸钱，唐玄宗天宝中，鄂州仍置十炉铸钱。直至北宋，鄂州依然置监冶铸，可知当地铜矿石蕴藏的丰富。

湖南郴州地区也富有铜矿，《旧唐书》卷48记宪宗元和时，盐铁使李巽请在郴州旧桂阳监置二炉铸钱，每日二十贯，年铸七千贯。早在玄宗天宝中，郴州已置五炉铸钱。《元和郡县图志》卷29，"桂阳监在（郴县）城内，每年铸钱五万贯"。铸冶所需铜则是来自郴州平阳县。

蜀中是另一重要产铜地域。《史记·货殖列传》云："巴蜀亦沃野，地饶……铜、铁、竹、木之器"。《续汉书·郡国志》记朱提、邛都等地产铜。汉文帝赐宠臣邓通蜀严道铜山铸钱即在蜀地。《南齐书》卷37《刘悛传》记齐武帝永明时（483—493年）悛上书说，南广郡（治今云南盐津县）蒙山下有高丈余的烧炉四所，"平地掘土深二尺得铜"，他考订为汉朝邓通冶铜旧址，直至南齐时仍于其地冶铜。《元和郡县图志》卷 31—33 记唐代雅、邛、简、梓等地产铜，也都是往日邓通铸钱的故地。《宋书》卷 45《刘道济传》记刘宋时，益州所在，"民私鼓铸"。充分说明自汉以来，蜀地产铜甚多。隋开皇十八年（598 年），使蜀王杨秀"于益州立五炉铸钱"。武则天圣历元年（698 年），陈子昂上书云：

> 伏见剑南诸山多有铜矿，采之铸钱，可以富国。今诸山皆闲，官无采铸，军国资用，惟敛下人……请依旧式，尽令剑南诸州准前采铜，于益府铸钱……军国大利，公私所切要者。(《陈子昂集》卷 8《上益国事》)

蜀中铜矿甚多，武则天执政时开采不旺。《元和郡县图志》卷 33 记梓州铜山县（四川遂宁县西），"历代采铸，贞观二十三年（648 年），置监署官"。上元三年（676 年）停废。子昂所称"旧式"，很可能是指置监冶铜的贞观时期。大概在他上奏以后，蜀中冶铜多有复置。至玄宗天宝中，益州置五炉铸钱，耗铜量不少。《元和郡县图志》所录剑南产铜地点比新唐志多，约略可知唐代蜀中产铜的盛况。

全国铜冶九十六，在北方是以河南道铜冶居多。高宗时，废陕州铜冶四十八。兖州莱芜铜冶十八以及宿州、沂州等处铜冶，在宪宗元和时，已无一记录，应该是和藩镇李师道等人窃据所在，朝廷无从控制有关。《册府元龟》卷 494，文宗太和五年（831 年），盐铁使王涯奏称：

> 伏准建中元年（780 年）九月七日勅，山泽之利，今归于管，坑冶所出，并委盐铁使勾当者。今兖郓、淄青、曹濮等三道并齐州界已收管开冶，及访闻本道私自占采坑冶等……兖海等道铜、铁甚多，或开采未成，州府私占……前件坑冶，昨使简量，审见滋饶，已令开发，其三道观察使相

> 承收采，将备军须，久以为利，恐违常典，伏请勒还当使，准例税纳……其应采炼人户，伏请准元勒免杂差遣，冀其便安。

由此可知，河南道所属山东地区的铜矿很不少，长期为地方官垄断开采，采炼民户也受地方官控制。王涯奏请由朝廷指挥。其时，窃据郓、曹等十二州达六十年之久的李师道已被诛杀，藩镇实力有了较大削弱。由是，文宗采纳了盐铁使的奏议，《旧唐书》卷169《王涯传》称："铜、铁冶，每年额利百余万"，大宗的冶税收入是和所在铜铁的开采密切相关的。

新唐志所反映的河东道铜产不够准确。天宝中，全国九十九炉铸钱，河东绛州（治今山西新绛县）置三十炉、蔚州（治今山西灵丘县）置十炉，可见河东冶铜业很兴旺。安史乱起，各地炉冶多废，《旧唐书》卷48记代宗大历四年（769年），第五琦奏"请于绛州汾阳、铜原两监增置五炉铸钱"。那是在乱事平定以后，冶铜业逐渐恢复和缓慢发展。《元和郡县图志》卷12载绛州曲沃县绛山产铜。同书卷14记蔚州飞狐县（今河北涞源县）：

> 三河冶，旧置炉铸钱，至德以后废。元和七年（812年），中书侍郎平章事李吉甫奏："臣访闻飞狐县三河冶铜山约数十里，铜矿至多……所以平日三河冶置四十炉铸钱，旧迹并存，事堪覆实……制置一成，久长获利。"诏从之。其年六月起工，至十月置五炉铸钱，每岁铸成一万八千贯。

三河置四十炉之"平日"，当是指和平时期亦即天宝中，那么，四十炉之"四"字颇可疑为讹夺之误。元和中，由于宰相申请，三河冶以巨马河水为动力，经过五个月兴工，设五炉铸钱，很可测知三河铜产的潜力。另外，太原年贡铜镜极为精美有名。凡此种种，说明河东是产铜很盛的。

唐代的河北大地铜冶很少，《全唐文》卷312孙逖《张说遗爱颂》称，玄宗开元初，说为幽州都督河北节度使，"命矿人采铜于黄山，使兴鼓铸之利"。天宝中，毗邻河东蔚州的河北定州置一炉铸钱，即是开元冶铜之处。

商州（治今陕西商县）和邓州（治今河南南阳）同属山南道，距离两京较近，也是著名产铜处。《旧唐书》卷129《韩洄传》云：

> 建中元年（780年）……转洄户部侍郎、判度支。洄上言：江淮七监，岁铸钱四万五千贯，输于京师，度工用转送之费，每贯计钱二千，是本倍利也。今商州有红崖冶，出铜益多，又有洛源监，久废不理。请增工凿山以取铜，兴洛源故监，置十炉铸之，岁计出钱七万二千贯，度工用转送之费，贯计钱九百，则利浮本矣。其江淮七监，请皆罢之。

他提议就近铸钱，可以大大节省从江淮转送关中的运费，得到了朝廷采纳，商州红崖冶由是开置。《册府元龟》卷153记"贞元十六年（800年）七月，杖死红崖冶丁匠李藏芬等三十一人，以专杀长吏故也"。那是因为工匠们的采冶条件太艰困，他们被迫反抗诛杀长吏，这从侧面说明，商州铜冶是在大力开采。

邓州南阳县，《太平寰宇记》卷142记"骑立山出铜矿，在（南阳）县东一百八十里"。因此，邓州在天宝中置五炉铸钱，铜钱可自邓州经伊阳、陆浑、伊阙运至洛阳。符载曾指出，邓州"控两都之浩穰，道百越之繁会"。正是这种重要的交通地位，便利了铜钱的铸造和运输。

德宗贞元九年（793年）正月，诸道盐铁使张滂奏请"自今已后，应有铜山任百姓开采，一依时价官为收市，除铸镜外，一切不得铸造"（《册府元龟》卷501《钱币》）。唐代产铜地区原则上是长期听任各地自由开采。宪宗元和二年（807年）二月敕：

> 比者铜、铅无禁，鼓铸有妨。其江淮诸州府收市铜铅
> 等，先已令诸道知院官勾当……宜委诸道观察等使与知院官
> 切共勾当。事毕日，仍委盐铁使据所得数勘会闻奏（《唐大
> 诏令集》卷112《条贯江淮铜铅敕》）。

这道收市铜铅的敕令，准确反映了南方不少地区冶炼铜、铅
甚盛。《旧唐书》卷48记元和三年六月，禁断岭北采银，"恐所
在坑户不免失业，各委本州府长吏劝课，令其采铜，助官中铸
作"。朝廷如此重视坑户采铜，在于铜是铸币与制镜、制作铜器
的重要原料。

唐朝铜产量，《新唐书》卷54云："元和初……（采）铜二
十六万五千斤"；文宗太和末，"天下铜坑五十，岁产铜二十六
万六千斤"；宣宗大中时，"废铜冶二十七……（率）铜六十五
万五千斤"。非常奇怪的是晚唐大中时，国力已衰，又废铜冶二
十七，而税铜量却远比元和与太和时的产铜量多一倍而有余。即
使大中时是采铜六十五万斤，也是难以解释的。我们知道，天宝
时，全国九十九炉铸钱，"每炉约用铜二万一千二百一十斤"，
计须耗铜一百九十八万九千七百九十斤，再加以铸镜等等的耗
铜，每年至少用铜二百几十万斤，这应该是盛唐时的全国铜产
量。再从另一角度考察，天宝中，每炉岁铸钱三千三百贯，耗铜
二万多斤，平均每贯用铜六斤四两。宪宗元和中，岁铸钱十三万
五千缗，仍按天宝中耗铜量计算，需要铜八十六万四千斤，实际
仅产铜二十六万五千斤，远远不敷铸币的需要量。这种矛盾如何
解决，值得进一步研究。可以肯定，新唐志所记铜的产量，并非
是准确数字。

冶铁业的发明和铁器的大量使用是农业文化取得巨大进展的
前提。战国、秦汉之世，蜀卓氏之先，"用铁冶富"。宛孔氏之

先，"用铁冶为业"，其后裔迁至四川、河南诸地后，仍以就山鼓铸著称。《盐铁论》卷1《复古篇》记御史大夫言："往者豪强大家得管山海之利，采铁石鼓铸，煮海为盐，一家聚众或至千余人。"这批人的冶铁规模与铸造技术已是相当可观。西汉盛世，将矿冶收归官营，全国置铁官四十九处，绝大多数分布在现今华北地区，那是和当时全国经济发展的进程相适应的。

唐代铁矿分布遍及全国十道，从数量上看，江淮以南业已超越了北方，长江两岸的舒州（治今安徽潜山县）和宣州（治今安徽宣城县）是全国贡铁最有名的二州，显示了江淮地区的冶铁业所处的先进地位。杜牧说："盐、铁重务，根本在于江淮。"（《樊川文集》卷13《上盐铁裴侍郎书》）宣州"阻以重山，缘以大江，封方数百里，而铜陵铁冶，繁阜乎其中"（《文苑英华》卷830陈简甫《宣州开元以来良吏记》）。信州上饶县也有铁山，《太平寰宇记》卷107称，在县东南七十里的铁山，"先任百姓开采，官收什一之税，后属永平监"。说明江南地区的冶铁业颇为盛行。

岭南在两汉不记产铁，唐代有了数处铁冶。《新唐书》卷43上记广州浈阳县（今广东英德县）有铁。《元和郡县图志》卷34记广州怀集县骠山（今广东怀集县）"多铁矿，百姓资焉"。又卷37记贺州桂岭县（今广西贺县东北）"程岗在县东南一百二十里，朝岗在县西北四十五里，并有铁矿，自隋至今（唐元和时）采取"。福建在中唐以后，获得了迅速开发，新唐志所记八县（福唐、尤溪、将乐、邵武、长汀、沙县、宁化、南安）产铁，乃是以往所没有的。

西南之临邛（今四川邛崃县）自秦代卓氏及程郑迁蜀冶铸而出名。《元和郡县图志》卷31记该地临溪县仍富有铁矿，冶铁"甚刚，因置铁官"。新唐志记邛州临邛、临溪二县均产铁。

早在汉末刘备据蜀时，《三国志》卷41《张裔传》载裔"为司金中郎将，典作农战之器"，即是在蜀中从事冶铁铸造。陵州始建县（今四川仁寿县）东南七十里有铁山"出铁，诸葛亮取为兵器，其铁刚利，堪充贡焉"，自蜀汉以至唐朝，铁山长期出铁。荣州旭川县（今荣县）北四十里和威远县西北面四十里，都有铁山产铁，开元时，土贡利铁（《元和郡县图志》卷33《剑南道》）。又如利州縣谷县（今四川广元县）之穿山"出好铁，旧置铁官"。《元和郡县图志》卷22《山南道》记开元时，贡金刚铁。说明川蜀冶铁业在唐代颇为盛行。

唐代北方仍有不少铁产地。兖州莱芜县（今山东莱芜县）韶山"其山出铁，汉置铁官，至今（唐元和时）鼓铸不绝"[①]。新唐志记该地铁冶十三，足以说明冶铁业的兴旺。《魏书》卷45《辛绍先传》记北朝时，"长白山连接三齐，瑕丘数州之界"，"诸州豪右，在（长白）山鼓铸，奸党多依之，又得密造兵仗"，很明显是地方豪强的私冶铸。又如绛州所在，汉置铁官，所属浍高山出铁，隋置平泉冶，唐朝也在此继续冶铁。绛县备穷山有铁穴五所，邢州沙河县（在今邢台市南），"汉魏时旧铁官"，县西四十里的黑山在唐代"出铁"。相州林虑县（今河南林州市）西北林虑山，"山多铁，县有铁官"，在相州，牵口冶早在北魏时，即以冶铸刀剑农器闻名于世。上述诸矿乃是《元和郡县图志》所记沿袭前代的几个事例。另有一些，则是唐朝新建的矿山，例如太原府所属交城县和盂县便存在唐朝新发现的好铁矿。《册府元龟》卷492收录后唐长兴元年（930年）二月南郊赦文，"天成二年（927年）终以前诸道银、铜、铁冶、铅、锡、水银坑窟，应欠课利，兼木炭农具等场欠负亦与放免"。五代后唐盛

---

① 《元和郡县图志》卷10《河南道》；参看《汉书》卷28上《地理志》。

世，虽占有了巴蜀与襄汉地区，但其主要据点仍在黄河中下游，因而这一赦诏乃是最一般的概述了包含铁冶在内的各种坑冶在华北境内是大量存在的。

前已说明，唐代铜、铁业并未严格实施官营。《唐六典》卷22掌冶署负责"镕铸铜、铁器物之事"。明文规定，"其西边、北边诸州禁人无置铁冶及采矿，若器用所须，则具名数，移于所由，官供之私者，私市之"。这就是说，各地铁矿原则上任人开采，设置盐铁使官收税。在西北边防地区，则出于政治原因不许设冶和采炼。在全国某些产铁地设官管理，那是属于官营性质，诸冶监"掌铸兵农之器，以给军旅、屯田、居人焉"。"其兴农冶监所造者唯供陇右诸牧监及诸牧使"。由此可见，凡由朝廷直接经营的屯田、牧监等所需铁器用具是由官府统一冶铸供应。而在全国为数众多的铁冶则是听任私人开采，官收其税。

唐朝的铁产量，《新唐书》卷54记元和初，岁采铁二百零七万斤。宣宗大中时，增铁山七十一，全国岁率铁五十三万二千斤。"采"与"率"也分别是指年产量和税收量，同样存在数量上的不合理现象。唐代农业、手工业使用的生产工具和人们日常生活的用具已广泛使用铁制，每年耗铁量很大。新唐志所记产铁与税铁量很可能只是冶户自报产量和交纳冶税的一部分，实际年产铁量应该是高于上述数字。

铅、锡同属五金之列。《新唐书·食货志》记锡山二、铅山四。《地理志》记铅、锡的产地多在江南。铅、锡在近现代的用途很广，但从先秦以至唐、宋时，只见将它们使用于铸币。《通典》卷9记天宝中，每炉铸钱用白蜡三千七百零九斤，黑锡五百四十斤，显然存在着一定的比率。李时珍《本草纲目》卷8引《释名》云：黑锡是铅，白蜡是锡。《新唐书》卷54，高宗仪凤中（676—678年），"濒江民多私铸钱为业，诏巡江官督捕，载铜、锡、镴过百斤者没官"。清楚地将三者视为造币资料。玄宗开元十五年（727年），首次对京畿伊阳县五重山所产银、锡进行征税。《通典》卷9记开元十七年，各地加铸钱币，"委按察使申明格文，禁断私卖铜、锡……所有采铜、锡、铅，官为市取，勿抑其价，务利于人"。朝廷之所以禁止私相买卖铜、锡、铅，正如《册府元龟》卷100收录贞元十三年（797年）刑部员外郎裴澥所说："准天宝十三年（754年）敕，铅、铜、锡并不许私家买卖，盖防私铸钱……（员外司马卢南史）违勅买铅，不得无罪。"

有关铅、锡产地，《本草纲目》卷8《金石部》引晚唐独孤滔说："嘉州（今四川乐山）、利州（今四川广元）出草节铅，生铅未煅者也，打破脆烧之，气如硫磺。紫背铅即熟铅，铅之精华也……雅州（今四川雅安）出钓脚铅……黑色，生山涧沙中……信州（今江西上饶）铅杂铜气。阴平铅出剑州（今四川剑阁），是铜、铁之苗。"所述铅的产地分布在剑南和江南，与新地志有所不同，这是晚唐五代时的状态。同书又引陶弘景说："锡生桂阳山谷，今出临贺，犹是桂阳地界，铅与锡相似，而入用大异。"谨按许慎《说文》："铅，青金也"、"锡，银铅之间也"。苏恭（敬）《唐本草》云："临贺采者名铅，一名白蜡，惟此一处资天下用。其锡，出银处皆有之，体相似，而入用大异。"李时珍认为"苏恭不识铅、锡，以锡为铅，以铅为锡，其谓黄丹胡粉为炒锡，皆由其不识故也，今正之"。可见唐人对铅、锡的了解还不甚透彻。《元和郡县图志》卷37记贺州临贺县（今广西贺县）"县北四十里有大山，山有东游、龙中二冶，百姓采沙烧锡以取利"。百姓私自采炼铅、锡以牟利的事，在唐代并不罕见。鉴于唐代主要是用铅、锡与铜作为合金以供铸币，其他方面在此不必多述了。

关于铅、锡的产量，《新唐书·食货志》记"元和初……岁采锡五万斤，铅无常数"。宣宗大中时，"岁率铅十一万四千斤，锡一万七千斤"。这些数字只能是聊示梗概，略备参考罢了。

二

金银铜铁锡铅诸金属在唐以前就早已被人们认识和使用了。但各种金属矿藏通常是与泥石同时并存，为了获得它们，需要经历一个艰难的提炼过程。第一步是要认识到各种矿石所在，才能着手进行采集和挖掘。

唐代中叶，张守节撰《史记正义》，对《货殖列传》所称："铜铁则千里往往山出棋置"条的解释，是引《管子》云："山上有赭，其下有铁；山上有铅，其下有银；山上有银，其下有丹；山上有磁石，其下有金也。"可见先秦时的人们，已经积累了丰富的阅历，得以探知诸金属矿石之所在。生活在千年之后，也就是8世纪的唐人，仍然同意前人的认识是良好的经验，因取以为《史记》的正文作注。

其次，《艺文类聚》卷83《宝玉部·宝·银》引《地镜图》曰：

> 银之器，夜正白，流散在地，拨之随手散复合，此是也。山有葱，下有银，光隐隐正白。山有磁石，下有铜若金。
>
> 凡观金玉宝剑铜、铁，皆以辛之日，待雨止，明日平旦，亦黄昏夜半观之，所见光白者，玉也，赤者金，黄者铜，黑者铁。

《太平御览》卷813《珍宝部》引《地镜图》曰：

> 草茎黄秀，下有铜器。

同书卷812《珍宝部》引《地镜图》曰：

草青茎赤秀，下有铅。

唐、宋类书中多处引用的《地镜图》，作者是谁？成书于什么时代？颇不易弄明。就我所知，《隋书》卷34《经籍志》云："梁《地镜图》六卷，亡。"如果此说属实，上面摘引的几条就足以表明，南朝人对于探矿经验是比以往进步了。

自南朝以后，再过了三百多年，在9世纪中叶，唐人段成式在《酉阳杂俎前集》卷16记录了世人在山野发现矿石的经验："山上有葱，下有银；山上有薤，下有金；山上有姜，下有铜锡。"这段简短的记述，自然是劳动者长期积累的经验结晶。

知道了矿藏所在，随后便要着手采掘矿石，再经过捣碎、筛选、冶炼等等多道复杂的工序，才能获得所需要的金属，以供铸造使用。东汉王充《论衡》卷12《量知》云：

铜、锡未采在众石之间，工师凿掘，炉橐铸铄乃成器，未更炉橐，名曰积石。

没有经过开掘、冶炼和铸造的各种矿石不能为人们所使用，汉代的情况如此，唐朝也不会例外。人们为了获得五金，必须要经过采矿、选矿、冶炼诸道工序，绝不能幻想可以点石成金的。

诸金属矿石的具体冶炼技术及其过程，我完全是个门外汉。《中国古代矿业开发史》列有《矿业技术概论》篇，侧重于认识矿物和矿床类型及其地质条件，对矿冶的技术言之非常简略。先秦有较多考古资料为依据。明清有《天工开物》之类的若干著作记有冶炼资料，因此，在该书中尚有一席地位。但对于魏晋南北朝特别是隋唐的情况，简直完全没有涉及。我在此只能就见闻所及，对唐代冶炼状况试作简要探索。

金是贵金属，谚称沙里淘金，金之得来确是不易。《魏书·食货志》记"汉中旧有金户千余家，常于汉水沙淘金，年终总输"。这是在汉水旁淘沙取金的专业"金户"。常璩《华阳国志》

卷2《汉中志》，涪县，"犀水出犀山，其源出金银矿，选取火（水？）融合之为金银"；晋寿县，"水通于巴西，又入汉川，有金银矿，民今岁岁选取之"，也都是利用水流淘沙取金。《太平寰宇记》卷108记"虔州瑞金县，本（唐代）瑞金场淘金之地也，伪唐（按：指南唐）升为县"。樊绰《蛮书》卷7记南诏控制下的云南地区：

> 生金出金山及长傍诸山，藤充（今云南腾冲）北金宝山。土人取法，春冬间先于山上掘坑，深丈余，阔数十步。夏月水潦降时，添其泥土入坑，即于添土之所沙石中披拣。有得片块，大者重一斤或至二斤，小者三两五两，价贵于麸金数倍。然以蛮法严峻，纳官十分之七八，其余许归私……麸金出丽水，盛沙淘汰取之。沙赕法，男女犯罪，多送丽水淘金。

由此可见，沙里淘金的活动自汉魏以至于唐，基本状况是始终如一。《全唐诗》卷537许浑说："洞丁多斵石，蛮女半淘金（原注云：端州斵石，涂涯县淘金为业）。"刘恂《岭表录异》上：

> 五岭内富州（今广西昭平县）、宾州（今广西宾阳县）、澄州（今广西上林县）江溪间皆产金，侧近居人以木箕淘金为业，自旦及暮，有不获一星者……广州浛涯县（今广东英德县西北）有金池，彼中居人忽有养鹅鸭，常于屎中见麸金片，遂多养，收屎淘之，日得一两或数两，因而致富矣。

晚唐人所记自鹅、鸭粪中淘金自是地区性的个别事例，至于从沙水中淘金，那是相沿已久的历代成例。

从各地采集而来的银矿石要经过严格锻冶才能成为白银。南朝王韶之《始兴记》曰①：

---

① 《初学记》卷27《银》；《太平御览》卷812《珍宝部》。

　　小首山，宋元嘉元年（424 年）夏，霖雨山崩，自颠及麓，崩处有光耀，望若辰砂，居人往观，皆是银砾，铸得银也。

如何将银矿石冶铸为白银呢？南宋人赵彦卫说得很明白：

　　取银之法，每石壁上有黑路乃银脉，随脉凿穴而入，甫容人身，深至十数丈，烛火自照，所取银矿皆碎石，用白捣碎，再上磨，以绢罗细，然后以水淘，黄者即石，弃去；黑者乃银，用面糊团入铅，以火煅为大片，即入官库，俟三两日再煎成碎银……坑户为油烛所熏，不类人形。大抵六次过手，坑户谓之过池，曰过水池、铅池、灰池之类是也。（《云麓漫钞》卷 2）

　　上面所举二例，一是南朝刘宋时，一是赵宋宁宗时，上下相距七八百年。前者主要是说银矿砂的发现，对冶铸是一句话便作了交代。后者却简要地将矿石发掘、击碎、水洗与冶炼的全过程都揭示了出来。南宋去唐已有三百年，唐朝情况未必是如此。然而，《魏书·食货志》记延昌三年（514 年）长安骊山银矿，"二石得银七两"。恒州白登山（今山西大同市）银矿，"八石得银七两"，诏置银官，"常令采铸"，而具体冶铸过程不详。可是，《魏书》卷 58《杨昱传》记"恒州刺史杨钧造银食器十具"，馈送领军元乂，足见当时冶银业颇盛。东晋葛洪《抱朴子·内篇》卷 16《黄白篇》所记道士们奇奇怪怪的炼银程序，是否已采用吹灰法尚不很清楚。《元和郡县图志》卷 6，陕州安邑县（今山西安邑县）中条山，"其山有银谷，隋及武德初并置银冶监"。可见，隋唐之际，地处京、洛之间的陕州设有官监冶银。《全唐诗》卷 425 记白居易诗："银生楚山曲，金生鄱溪滨，南人弃农业，求之多苦辛，披沙复凿石，矻矻无冬春，手足尽皴胝，爱利不爱身……弃本以逐末，日富而岁贫。"述说了不少民户弃农做工、无分冬夏、披沙凿石、手脚挨冻而不停；斥为爱利不爱身，显然不对，个别从事金银冶作的人由此致富大概也是事实。《全唐诗》卷688，晚唐文人薛昭纬自称，"早知文字多辛苦，愧不当初学冶银"，这当是社会真实的反映。

技术专家对陕西省西安市南郊何家村出土的唐代大批银器冶炼所剩金属废渣进行化验，确认为是唐代炼银的渣块。人们将矿石击碎、挑选、冲去砂石，选得真矿，然后烧结出含银成分高的铅驼，将它置于灰窠内，周围鼓风以燃炭火，熔化铅驼，铅入灰中，银独存于灰窠上，所以称为"灰吹法"。以此法冶炼，一般自辰至午，需要六小时。司空图《诗品·洗炼条》有"犹矿出金，如铅出银"之说，正是当代由铅中提取白银的实录。对于另一些银、铜混在一起的银矿石冶炼，那是要设置高炉以安坩埚，加以高温和硝，使铜、铅沉入锅底称为"银锈"，某些落入灰池的叫做"炉底"，然后将二者置入分金炉加热，铅熔化流出，将铜和银分拨开，即可得到纯银①。以灰吹法冶银，在唐代得到了推广，是已有实物化验为确证的。

铜矿石的冶炼，《矿业史》将它区分为火法冶铜与湿法冶铜二类，但所举事例，只限于上古和明清时，唐代情况如何，一字也未涉及。一般来说，火法冶铜需要使用坩埚和熔炉，采用鼓风冶炼。湿法冶铜又称胆铜法，是熔铁于胆矾中，使之游离以沉淀铜。顾祖禹《读史方舆纪要》卷85记"铜山在（江西德兴）县北三十里，唐置铜场处，山麓有胆泉，亦曰铜泉，土人汲以浸铁，数日辄类朽木，刮取其屑，煅炼成铜"。顾氏说唐置铜场，未知何所据而云，从这段文字看来，他是认为唐朝已在德兴铜山使用胆铜法冶铜。然而，在唐代文献中未见有

① 一冰《唐代冶银技术初探》，《文物》1972年第6期，第40—43页。

关记录。《文献通考》卷 18，"浸铜以生铁，炼成薄片，置胆水漕中，浸渍数日，上生赤煤，取刮入炉，三炼成铜，大率用铁二斤四两得铜一斤"。马端临系此事于南宋宁宗时。《宋史》卷 185《食货志》称：

> 崇宁元年（1102 年），提举江淮等路铜事游经言："信州胆铜古坑二，一为胆水浸铜……一为胆土煎铜。"

崇宁是北宋徽宗的年号，记胆铜事比上述南宋宁宗时早了一百年。游经所说"胆铜古坑"是指何时呢？王象之《舆地纪胜》卷 23"兴利场"条引：

> 长沙志云：始饶州张潜得变铁为铜之妙，使其子（张）甲诣阙献之，朝廷始行其法于铅山及饶之兴利、韶之涔水，皆潜法也。

张潜是宋哲宗时人，既称为"始""始行"，那么，胆铜法乃是哲宗时张潜的创造发明。另外，哲宗元祐年间（1086—1093年）撰写完成的沈括《梦溪笔谈》卷 25《杂志》言：

> 信州铅山县有苦泉，流以为涧，挹其水熬之，则成胆矾，烹胆矾则成铜，熬胆矾铁釜久之亦化为铜。

这一系列事实似足说明，胆铜法乃是北宋中后期才发明，到南宋时已得到广泛运用。

可是，清朝嘉庆时洪亮吉重校刻本的《太平寰宇记》卷 107 信州铅山县的铅山"又出铜及青碌，又有铜宝山连桂阳山出铜"，又有"跳珠泉在县西一里许，泉涌如珠，亦名小石井。又有胆泉，出观英石，可浸铁为铜"。此条没有记明浸铜法的始创时间，但《寰宇记》成书于宋初统一南北之际，尚沿用唐朝分全国为十道的区划，记载了各地自前代以至宋初的州县沿革、山川形势、人情风俗、交通、人物姓氏等等，广泛引用了历代史书、地志、文集、碑刻、诗赋以至仙佛杂记等等。联系上述北宋游经所言"古铜坑"的浸铜法,我想,在晚唐五代时已出现了胆铜法炼铜,大概不会有重大差谬。新唐志所记唐末铜产量较宪宗元和时有所增大,是不是因为冶炼方法有新的进展而造成的呢?

另外,《元和郡县图志》卷14记河东蔚州"飞狐县三河冶铜山约数十里,铜至多,去飞狐钱坊二十五里,两处同用拒马河水,以水斛销铜,北方诸处,铸钱人工绝省,所以平日三河冶置四十炉铸钱"。这是充分运用水力作为动力进行冶铜的重大创新工程,对蔚州的冶铜及其铸造有着很大的推动作用。

冶铁是工业发展中的基础工业。杨宽先生撰有《中国古代冶铁技术发展史》,上溯先秦汉魏,下及宋元明清,均设有专节讨论,但和《矿业开发史》同样没有探讨隋唐时期的冶铁技术。我想大致可以肯定,是和史文缺记,且无重大冶铁遗址发掘有关。

史文缺漏,并不等于唐代不存在冶铁,只能解释为唐代冶铁技术没有出现新的重大突破,所以不被时人重视和记录。《春秋左氏传》卷53鲁昭王二十九年(公元前514年),"遂赋晋国一鼓铁,以铸刑鼎"。唐人孔颖达《正义》云:"冶石为铁,用橐扇火,动橐谓之鼓,今时俗语犹然"。橐是鼓风皮囊,用它吹火,借以提高窑炉温度,说明唐朝仍是沿用这套办法。《后汉书》卷31《杜诗传》记诗在光武帝时,为南阳太守,"造作水排,铸为农器,用力少,见功多"。唐李贤注云:"冶铸者为排以吹炭,今激水以鼓之也。""排"王先谦《集解》引官本考证云,从宋本作"橐",是利用水力鼓风以冲动机械进行冶铸。我之所以一再引用唐人解说古籍中的冶铁事,旨在说明唐代冶铁业的梗概,推想唐人沿用古老冶炼方法时,可能会多少有某些改进。至于冶铁时,先将铁矿石击碎、筛选,再分装入坩埚,投入高炉内鼓风冶炼的基本步骤在唐代是不能改变，也没有改变的。

技术专家测定，铜的熔点是1083℃，铁矿石熔化为生铁为1146℃，纯铁熔点为1537℃，但在800℃—1000℃时，铁矿石即可用木炭还原为海绵铁，它含有许多炉渣，加工时易于破裂而难以使用。不过，要使铁矿石熔成铁水，排除部分夹杂炉渣，使炉温升高450℃，一时颇难办到。所以从掌握冶铜到发明炼铁，需要经历一千多年的漫长过程①。

冶炼矿石所用燃料是木炭还是石炭（煤），近几十年来，在学术界长期聚讼纷纭，未获解决。有人认为至迟在汉代已使用石炭，另一些人反对此说，认为在汉代是绝不可能。几年前，王仲荦先生撰《古代中国人民使用煤的历史》一文，根据晋人陆云致其兄信函以及《水经》卷10《浊漳水注》的说明，断定汉末建安年间（196—220年），已正式开始使用煤，从而认为西汉窦少君、东汉夏馥作炭并非煤炭而是木炭，所言自有一定道理。《淮南子》卷8《本经训》所云"燎木以为炭"，也可列为证据。然而，《考古学报》1978年第1期刊登《河南汉代冶铁技术初探》一文，介绍已经发掘的巩县铁生钩、南阳北关瓦房庄与郑州古荥镇三处，在南阳冶址中所发现"大量的木炭渣，表明燃料是用的木炭"（栗木）。古荥遗址亦用木炭，但"有一座窑的火池中发现煤渣和煤饼，可能用煤作燃料"。西汉中晚期的巩县铁生钩冶址也存在有木炭、原煤和煤饼，有可能是用煤进行冶炼，矿石则是来自附近的山上。冶炼所需风力，河南鲁山望城岗和桐柏张畈村二个冶址距矿山将近二十公里，自是"为了水力鼓风"。《三国志》卷24记韩暨在汉魏之际作冶排时，"因长流为水排，计其利益，三倍于前"。《水经》卷16《榖水注》云：

---

① 叶史，《藁城商代铁刃铜钺及其意义》，《文物》1976年第11期，第56—59页。

"魏晋之日，引縠水为水冶，以经国用，遗迹（至北魏）尚存。"
《太平御览》卷833引《武昌记》称南期刘宋"元嘉初，发水
冶。水冶者以水排冶"。可见自汉、魏以至南北朝，各地都在设
法利用水力冶铁。

冶铁的燃料，除王先生所引资料之外，《淮南子》卷2《俶
真训》亦云："譬如锺山之玉，炊以炉炭，三日三夜而色泽不
变，则至德天地之精也。"炉炭自是木炭。《汉书》卷48载贾谊
撰《长沙赋》："且夫天地为炉，造化为工，阴阳为炭，万物为
铜。"唐人颜师古注云："以冶铜为喻。"汉初冶铜应该是使用木
炭。《汉书》卷99中，王莽改革币制，"欲防民盗铸，乃禁不得
挟铜炭"，未及五年，"以犯挟铜炭者多，除其法"。时间是在两
汉之际。王莽立国，主要依赖华北地区，联系上述河南坑冶已有
煤炭冶炼痕迹，则西汉末年，北方某些地点例如毗邻产煤区者，
以炭（煤）冶铜，也许已有可能。《续汉书·郡国志四》豫章郡
建城条注引《豫章记》云："县有葛乡，有石炭二（百）顷，可
燃以爨。"[①]《隋书》卷33记《豫章记》是刘宋时雷次宗所作。
梁朝刘昭采用其书为西晋司马彪所撰《续汉书·郡国志》作注，
意味着南朝人已认定东汉时的江南豫章郡所在，已用石炭（煤）
供炊爨。《水经》卷2《河水注》引《释氏西域记》云：

> 屈茨（今新疆库车县）北二百里有山，夜则火光，昼
> 日则烟，人取此山石炭，冶此山铁，恒充三十六国用。故郭
> 义恭《广志》云：龟兹能铸冶。

谨案《释氏西域记》是东晋高僧释道安的著作，《广志》作
者是六朝人郭义恭。对西域以煤冶铁，说得如此确凿肯定。如果

---

① 今本《续汉书·郡国志》引《豫章记》作石炭二顷，而《太平御览》卷
871《火部》引《豫章记》作石炭二百顷，是，今据以补"百"字。

在汉晋之际中原内地没有用煤冶铁矿的事实，在生产水平低下的西域是很难知道以煤冶铁的。《汉书》卷96《西域传》已记录西域各地的冶铸是由汉朝内地传去的。唐人颜师古所作注解也对此有很清楚的说明。

颇为奇特的是，隋唐时期的内地仍然缺乏以煤（石炭）冶炼的记载。《隋书》卷69记隋文帝时，王劭指出："今温酒及炙肉用石炭、柴火、竹火、草火、麻荄火，气味各不相同"。也就是说隋朝长安有人以石炭和柴、竹、草等作燃料烹煮食物，但使用石炭的比例不能夸大。不然，唐朝长安皇室贵族所需燃料何必要特设"木炭使"，并以臣兼任木炭使职？释道世《法苑珠林》卷71记高宗时，长安郊区灵泉乡民需要"秋季输炭"。《旧唐书》卷11《代宗纪》，永泰二年（766年）"九月庚申，京兆尹黎干以京城薪炭不给，奏开漕渠，自南山谷口入京城……阔八尺，深一丈"。开凿漕渠运送的是从终南山一带砍伐的薪材。白居易《卖炭翁》描写伐木烧炭入城卖炭者的形象十分逼真。唐都长安是很难看到以石炭为薪的记载。《全唐诗》卷59收录武周和中宗时宰相李峤所作墨诗称："长安分石炭，上党结松心……别有张芝学，书池幸见临"。他竟将长安的石炭和上党制墨原料等同起来，由此可以看出，唐前期，达官贵人对石炭的性质还缺乏了解。

另外，唐朝烧制砖瓦、陶瓷所用燃料也可作为旁证。1956年，在西安西郊发现砖瓦窑址三十四座，火膛内有砖块、瓦片、残瓦当和未烧过的瓦胚片，并积存著大量草木灰。在京郊置窑，符合《唐会要》卷86开元十九年（731年）六月勑令："京洛两都，……城内不得穿掘为窑，烧造砖瓦"。由此可见，盛唐时在京师烧造砖瓦，并不以石炭为燃料[1]。唐代南北各地烧造瓷器

---

[1] 唐金裕《西安市西郊唐代砖瓦窑址》，《考古》1961年第9期，第491—492页。

的瓷窑，也不见以石炭为燃料，而在唐宋之际的安徽萧县东窑废墟中已发现堆积很厚的煤炭渣，足见晚唐以后，已开始使用煤为燃料烧造瓷器①。

此外，唐代各地设冶铸钱，也不是以石炭为燃料。《新唐书》卷54记刘晏为诸道盐铁转运使，将江岭诸州贡物"积之江淮，易铜、铅、薪炭，广铸钱，岁得十余万缗"，明显是以薪炭冶铸钱。即使在北方，也未见以石炭冶铸。

当然，我们也应注意另一方面。日本高僧圆仁《入唐求法巡礼行记》卷3，开成五年（840年）七月二十六日，他自太原"出城西门，向西行三四里，到石山，名为晋山，遍山有石炭，远近诸州人尽来取烧，修理饭食，极有火势"。说明河东的众多百姓早已使用石炭烹煮食物。《全唐诗》卷831，晚唐诗僧贯休云："铁盂汤雪早，石炭煮茶迟"，反映南方也有人用石炭煮茶。《宋史》卷284记真宗时，陈尧佐仕于河东，"以地寒民贫，仰石炭以生，奏除其税"。说明宋初的河东民众，已有不少人经营石炭买卖，官府还要征税，由此不难明白，石炭的使用范围是在迅速扩大。

晋山既然在唐代已是"遍山有石炭"，而《新唐志》记晋州、太原等地产铁。《文苑英华》卷923杨炎《杜鹏举神道碑》亦云：

> 开元初，上以中都稍食，省河漕之徭，大农器用，赋晋山之铁，牧马于归兽之野……关中始置疏决、盐铁、长春官三使，诏以公为判官。

在我看来，晋山既有丰富的石炭，又有矿石原料，晋山的铁应该是用当地大量优质煤炭冶炼而成。上述宋真宗时，陈尧

---

① 胡悦谦《安徽萧县白土窑》，《考古》1963年第12期，第662—669页。

佐在河东，"又减泽州大广冶铁课数十万"。《宋史》卷 265 记李昭逊"知泽州，阳城冶铸铁钱，民冒山险输矿炭，苦其役，为奏罢铸钱"。宋朝的泽州治今山西省东南晋城县，阳城县即在晋城西部沁河畔，现代仍是煤炭著名产地。这些北宋时的事例表明，当时在晋城地区已很盛行以煤冶铁。煤火温度远高于薪炭。而如前所述，煅冶纯铁需要高温，因此，以石炭为燃料有利于矿石熔化。联系苏轼《石炭行》所咏徐州地区开始以煤冶炼以及方勺《泊宅编》所载汴京城内盛烧石炭等事实，足以充分说明北宋时，使用石炭的人数和用途，都比唐五代大为增加了。

宋朝的矿冶技术比前代有了较大革新。如新矿床的发现、采掘方面的进步，以及燃料上大量（但并不是全部）使用石炭，所有这些，促进了矿冶业的大发展。今以史册所记唐与北宋时的几项矿产量列出如下简表，从中可以看出，自唐至宋二百年间，诸矿的产量是以数倍、数十倍乃至百余倍的速度向前发展。正是矿产量以及手工业其他方面和农业生产方面的全面大发展，把宋代生产力的发展推向了新的高峰。

附表一　　　　　唐元和与宋皇祐矿产量对照表

	唐元和初（806）	宋皇祐中（1049 -）	比率
金	／	15095 两	
银	12000 两	219829 两	1 : 18
铜	266000 斤	5100834 斤	1 : 19
铁	2070000 斤	7241001 斤	1 : 3.5
锡	50000 斤	330695 斤	1 : 66
铅	／	98151 斤	

附表二　　　　**唐大中与宋元丰矿产量对照表**

	唐大中时（847~859）	宋元丰初（1078）	比率
金	／	10710 两	
银	25000 两	215385 两	1:8
铜	655000 斤	14605969 斤	1:22
铁	532000 斤	5501097 斤	1:10.3
锡	17000 斤	2321898 斤	1:136
铅	114000 斤	9197335 斤	1:80.6

附注：表中资料，分别取材《新唐书》卷 54《食货志》及《文献通考》卷 18《征榷》。

刊台湾《新史学》第 2 卷第 3 期

1991 年 9 月

唐朝与边境诸族的互市贸易

　　我国大地上，长期居住着多种民族。自秦汉建立中央集权制的国家伊始，历代掌握中央政权的统治者都很重视调整国内的民族关系以维护稳定的政治局面。秦汉时，朝廷设置属邦典属国，分掌归顺的少数族人，任命夷蛮酋长以治其民，保存各族的社会结构及其政治制度，由是各族间的联系有所加强，来往也日趋密切。这一基本国策后世大体沿用。例如东晋南朝时，所在设置左州左郡、俚州俚郡便是类似的事例之一。

　　长期来，我国境内各民族之间除了若干短时期存在对抗和兵戎相见而外，各族人民之间始终存在相当密切的政治与经济往来。中原汉族政权与周边诸族互通有无的商贸联系也是早已存在。《唐六典》卷22《互市监》云："汉魏已降，缘边郡国皆有互市，与夷狄交易，致其物产。"宋人由是认为："互市之设，其怀柔羁縻之旨欤！爰自汉初，始建斯议，由是择走集之地，行关市之法，通彼货贿，敦其信义，历代遵守，斯亦和戎之一术也。"（《册府元龟》卷999《互市序》）这是认真总结了汉族政权与边境诸族的互市经验。实际上，在我国古代还存在有入主中原的少数族政权如苻秦、元魏和辽、金等国政权对江淮以南的汉人政权进行互市或设榷场的贸易。建都洛阳的元魏政权，"又于南垂立互市，以致南货"（《魏书》卷110）。这种互市很难使用上述解释，只能视为南北不同地区间的物资交流，是另一种形式的互市。甚至当后赵石勒占据河北，祖逖北伐，使黄河以南尽为晋土时，石勒致书祖逖，"求通互市，逖不报书，而听互市，收利十倍"（《晋书》卷62）。这类互市，史策所记也不少，但本文所要讨论的是属于前一种情况。

匈奴是汉朝北方最强大的劲敌，至迟自景帝时开始"通关市"。武帝时，匈奴"尚乐关市，嗜汉财物，汉亦尚关市不绝以中之"（《史记》卷110）。东汉章帝同意武威太守请求，允许北匈奴与汉吏民合市，由是，匈奴派人"驱牛、马万余头来与汉贾客交易"（《后汉书》卷89）。其后，鲜卑崛兴，"唯至互市，乃来靡服，苟欲中国珍货……计获事足，旋踵为害"。曹魏黄初三年（223年），轲比能等竟"驱牛、马七万余口交市"①。到了北朝后期，突厥在塞外兴起，"始至塞上市缯絮，愿通中国"（《周书》卷50）。诸如此类的边市贸易，对于中原政权，有如《盐铁论》卷1《力耕》所云："外国之物内流……异物内流则国用饶。"通过互市，内地的生活用品包括丝织品以及不少生产工具进入了边地，有利于促进少数族人的社会发展；而边疆诸族通过交市所提供的马、牛等牲口，也成为中原政权的战马与耕牛的重要来源，丰富和促进了中原内地社会经济的繁荣。

一　开明的民族政策

互市贸易需要和平环境，因此，中原政权如何处理好与边境

---

① 《后汉书》卷48《应劭传》；《三国志》卷30《鲜卑传》。

诸族的关系乃是一个重大政治问题。唐朝建国，继承了历代重视和周边民族友好的优良传统，制定了比较开明的民族政策，绥怀弱者，抑制强横，使朝廷与各族之间长期保持相当密切和比较融洽的政治、经济联系。

唐代边境诸族的分布，东北有奚、契丹、靺鞨（渤海）等族，除契丹族在武周时数度侵扰并在五代初独立建国，创立契丹文字，制定法律，攻灭渤海，发展为"东自海，西至于流沙，北绝大漠"（《辽史》卷2）的强大辽政权与中原诸王朝兵戎角逐而外，东北边境长期比较平静。在北方，先后有突厥、薛延陀、铁勒、回纥诸族。北朝后期以来，突厥常威胁中原政府；唐太宗时，先后击败突厥与薛延陀，稳定了北方防务。回纥在突厥故地兴起，长期与唐朝和好，极少武装对抗。唐初，西突厥控制了西域诸国，扼制了唐朝与西域的交往，随着唐朝声威的远播与伊、西、庭诸州的设置，增强了西域与内地的联系。高宗出兵击败西突厥，促进了唐与西域的友好相处。在西南，吐蕃崛兴于隋、唐之际，攻灭吐谷浑后，向唐争夺西北地区。兴起于云南的南诏，也俟机进攻西川与安南，对唐屡和屡战。晚唐时，吐蕃、南诏相继转衰，西北、西南相对转入宁谧局面。西面的党项羌人虽已日趋强大，与唐五代政府大体仍是相安无事。

唐朝拥有当时世界上最进步的经济文化，又有强大的武装力量为后盾。它采取了比以往朝代更为宽松的羁縻政策，多次以公主与沿边的突厥、回纥、吐谷浑、奚、契丹、吐蕃、南诏诸族的上层人物联姻，正如恩格斯所云，"是一种借新的联姻来扩大自己势力的机会"，因而是一种重大政治行为。唐政府还将大批降附或征服的边地少数族人纷纷移入内地，如太宗时，东突厥十余万，武周时，西突厥六七万，武宗时，回纥人数万。《新唐书》卷43上《地理志》云："自太宗平突厥，西北诸蕃及蛮夷稍稍内属，即其部落列置州县，其大者为都督府，以其首领为都督、刺史，皆得世袭，虽贡赋版籍多不上户部，然声教所暨皆边州都督、都护所领，著于令式。"这就是唐朝先后设立的羁縻州，共计857个。"羁縻诸州皆傍塞外，或寓名于夷落，而四夷之与中国通者甚众"。唐政府任命当地首领为都督刺史，"皆得世袭"，并设六个都护府和边州都督，用以统辖羁縻州府。《唐六典》卷30称："都护、副都护之职掌，抚慰诸蕃，辑宁外寇，觇候奸谲，征讨携离。"设羁縻州是比较切合边疆民族地区的经济状况，对多民族中央集权国家力量的加强，全国大一统局面的相对安定以及各族地区社会经济文化的发展具有重要的积极意义。

羁縻州府的具体分布：关内道有突厥、回纥、党项、吐谷浑共计29府90州；河北道有突厥、奚、契丹、靺鞨和高丽降户共计14府46州，陇右道有突厥、回纥、党项、吐谷浑、河西内属诸胡、西域诸国及其四镇所属共计51府198州；剑南道有羌、蛮，分设261州；江南和岭南道有蛮人，分设51州和93州；此外，党项州24置地不明。综合考察，其设置是有着若干重大特点：

（甲）羁縻州府设置于中原政权的四周边境，在中原内地和东南沿海地域并不设置。

（乙）羁縻州设置于唐初以至玄宗盛世，中唐以后，唐朝国力转衰，此制不再具有强大威力。

（丙）唐在突厥、回纥、吐谷浑、契丹、靺鞨等族人聚居地设羁縻州府，大多经历了双方实力较量，然后才得以设置，成为唐朝的政权机构。李大亮认为："诸称藩请附者宜羁縻受之，使居塞外……谓之荒服者故臣而不内；所谓行虚惠收实福"（《新唐书》卷99），很受太宗赞赏和采纳。

（丁）江南、岭南、剑南诸蛮族居地设羁縻州府400余，约占全国总数之半。除极少数外，大多没有动用武力，蛮人慑于唐之威力而归附置州。如东谢蛮、南谢蛮在贞观初归附，牂柯充州蛮酋主动入贡而置州（《资治通鉴》卷193），即是显著事例。

（戊）关内道北部、陇右道西部、剑南道南部、岭南道西南部与河北道北部所设若干羁縻州，超越了现今中国疆域。唐朝对周边诸族及其相邻的远方诸国，采取同等对待。唐朝盛世，域外广大地区为唐所有。例如黑龙江以北包括窟说部（库页岛）在内的广大俄罗斯西伯利亚东部地区为黑水都督府所治，威力远及流鬼国（堪察加半岛）；又如葱岭以西、波斯以东诸羁縻州府是灭亡西突厥后，"其所设属诸国皆置州府，西尽波斯，并隶安西都护府"；其后，又"以吐火罗、哒、罽宾、波斯等十六国置州督府八，州七十六，县一百一十，军府一百二十六，并隶安西部护府"（《资治通鉴》卷200）。

需要指出，唐朝对于"绝域"诸地，原则上并不滥用武力。以中亚地区为例，早在唐初武德七年（624年），康国、曹国便派使来唐，很敬佩李世民的功勋（《册府元龟》卷170），可以视为唐在中亚设置羁縻州府的思想基础。高宗时，大食战败波斯，雄霸中亚，安西诸国自认为唐之保护国，纷纷请求帮助。开元七年（719年）二月，安国表称："自有安国以来，臣种族相继作王不绝，并军兵等并赤心奉国，从此年来，被大食贼每年侵扰，国土不宁……请敕下突厥施令救臣等，臣即统领本国兵马，计会翻破大食。伏乞天恩，依臣所请……赐一员三品官。"俱密国王也同时上表云："臣曾祖、父、叔、兄弟等，旧来赤心向大国，今大食来侵，吐火罗及安国、石国、拔汗那国并属大食……伏乞天恩处分大食……臣等即得久长守把大国西门。"更有康国的表文，叙述多年来与大食苦战情况，今被围困于城内，"如有汉兵来此，臣等必是破得大食"。开元十五年（727年），吐火罗表称："奴身今被大食重税，欺苦实深，若不得天可汗救活，奴身自活不得，国土必遭破散，求防守天可汗西门不得，伏望天可汗慈悯，与奴身多少气力，使得活路。"（《册府元龟》卷999《请求》）开元十九年（731年），康国王上表，"请封其子咄葛为曹国王，默啜为米国王"。玄宗复信表示，"所请各依"（《册府元龟》卷964《封册》）。天宝三年（744年）十二月，以宗女为和义公主出嫁宁远国王，并颁发了感情充沛的敕书。天宝四年（745年）曹国王上表："自陈宗祖以来，向天可汗忠赤，常受征发，望乞慈恩，将奴国土同为唐国小州。所须驱遣，奴身一心忠赤，为国征讨。"（《册府元龟》卷977《降附》）聊举几个事例，足以说明唐在中亚地区设置羁縻州很受当地的欢迎。

当然，毋庸讳言，唐朝创置羁縻州是专制帝皇的统治政策，不是实施民族区域自治。《旧唐书》卷195《回纥传》记史臣说："太宗幸灵武以降之，置州府以安之……盖以狄不可尽，而以威惠羁縻之。"威惠即以强力胁使接受唐朝的统治，然后再给予某些优惠，因而，羁縻政策必然带有某些民族压迫性质。鉴于其时周边诸族的生产明显落后，难以对他们进行征课，于是屡行优惠，只责令贡纳当地土特产品，这是汉、晋以来历代实施羁縻政策的延续。《通典》卷六记唐代，"诸边远州有夷、僚杂类之所，应输课役者，随事斟量，不必同之华夏"。《唐六典》卷3记"诸国蕃胡内附者"，据资产多少区分九等，按上、中、下三等输轻税。岭南诸州征税原则，不同于内地。黔州都督府所在，且不见有征税记载。在羁縻州体制下，各族首领为所在地区都督刺史，世袭其职，统一听命于唐廷。

通过羁縻州府的建制，发展了前代与边境诸族和亲、互市、册封等一连串怀柔政策，唐廷迅速赢得了四周诸族的拥戴。太宗贞观四年（630年）四月，俘获突厥颉利可汗，"自是西北诸蕃咸请上尊号为'天可汗'。于是，降玺书册命其君长则兼称之"。

贞观二十年六月，击破薛延陀，"八月，幸灵州……铁勒、回
纥……等十一姓，各遣使朝贡……乞置汉官……九月甲辰，铁勒
诸部落俟斤、颉利发等遣使相继而至灵州者数千人来贡方物，因
请置吏，咸请至尊为可汗。于是，北荒悉平"（《旧唐书》卷
3）。贞观四年诏："今后玺书赐西域北荒之君长，皆称皇帝天可
汗，诸蕃渠帅有死亡者，必下诏册立其后嗣焉。"（《唐会要》卷
100）非常清楚，天可汗为西北诸族对唐帝的尊称，东北、西南
诸族是不在此列的。

唐军打败了东突厥，声威大震，曾没于突厥的汉人八万回归
故土，党项内属者三十万人，西域焉耆等也派人来唐。贞观八年
（634 年），高祖李渊说："当今蛮夷率服，古未尝有。"因此欢
呼，"胡汉一家，自古未之有也"（《旧唐书》卷1）。贞观二十
年，太宗自诩："我今为天下主，无问中国及四夷皆养活之，不
安者我必令安，不乐者我必令乐。"（《册府元龟》卷170）廿一
年五月，太宗夸称："自古皆贵中华，贱夷狄，朕独爱之如一，
故其种落皆依朕如父母。"（《资治通鉴》卷198）那时，"四夷
大小君长争遣使入献见，道路不绝，每元正朝贺，常数百千
人"。太宗非常高兴地说："汉武帝穷兵三十余年，疲弊中国，
所获无几，岂如今日绥之以德，使穷发之地尽为编户乎！"（《资
治通鉴》卷198 贞观二十二年二月）剔除这几次谈话中的吹嘘
成分，我们应该承认，唐初建立起来与周边诸族的友好关系，在
我国古代历史上是比较罕见的。

需要简单说明，本文将"贡纳"列入变相商贸和互市范畴
的缘由。前已指出，自汉以来，历代中原政权把周边诸族与绝域
的外国往往同样视为夷狄。汉成帝时，杜钦已针对罽宾遣使来
汉，说"奉献者皆行贾贱人，欲通货市买，以献为名"。实质是
"罽宾实利赏赐贾市，其使数年而一至"（《汉书》卷96上《西

域传》)。正因为如此,《三国志》卷30记倭女王遣使贡纳,魏明帝回赠不少丝织品,诏书说是"答汝所献贡直",清楚地表明了贡赐式的贸易实质。唐代情况,《白氏六帖事类集》卷22《蕃夷进献式》引"主客式:诸蕃夷进献,若诸色无估价物,鸿胪寺量之酬答也"。法令明文规定对贡献物要准估酬钱。玄宗开元五年,康国、安国等贡献珍异甚多,玄宗召见使者,指出进献诸物不适合唐朝需要,"百中留一,计价酬答,务从优厚,余并却还"(《册府元龟》卷168)。这种做法,唐以后仍在延续,北宋至道元年(995年),大食舶主贡献,太宗下令赏赐,"准其所贡之直"(《宋史》卷490)。南宋绍兴廿六年(1156年),三佛齐国王"以珠献宰臣秦桧。时桧已死,诏偿其直而收之"(《宋史》卷489)。元人马端临考察历代有关贡献之后,深有感触地说:"岛夷朝贡,不过利于互市赐予,岂其慕义而来?"(《文献通考》卷331)这实在是对中国专制主义条件下特定商贸方式的很好概括。

二　重要交通干线

唐朝与边疆诸族间的频繁往来依赖于若干交通干道。它们是官方使节和民间商旅往返的重要道路。

其一是参天可汗道,史称贞观廿一年,"回纥等请于回纥以南、突厥以北置邮驿总六十六所,以通北荒,号为参天可汗道,俾通贡焉,以貂皮充赋税"[①]。此路或称"参至尊道"。"逐水草"以置邮驿,"各有群马、酒肉以供过使"。它就是《新唐书》

---

① 《唐会要》卷73《安北都护府》;《旧唐书》卷3,也作邮驿66所。《册府元龟》卷170,《新唐书》卷217上,《资治通鉴》卷198,均作邮驿68所。

卷43上《地理志》所说中受降城入回鹘道。自中受降城（内蒙古包头西）经鹏鹈泉（内蒙古杭锦后旗北），北行经砂碛至回鹘牙帐。也和《新唐书》卷217下《黠戛斯传》记"西受降城（内蒙古乌拉特中后旗西南）北三百里许至鹏鹈泉，泉西北至回鹘牙千五百里许，而有东、西二道，泉之北，东道也"是一致的。这是唐朝通往西北诸族的重要通路，极大地密切了唐朝与西北诸羁縻州府的联系。

其二，是营州入安东道：它是贾耽所记通往四夷的第一条通路。由营州（辽宁朝阳）出发，经燕郡城（辽宁义县）渡辽水，至安东都护府。从安东西南至都里（旅顺口东南）海口，西至建安城（营口东南），南至鸭绿江北泊汋城（丹东市东北），又自都护府东北行，经盖牟（抚顺东）、新城（沈阳东北）以至渤海王城（黑龙江宁安城），这是唐朝和奚、契丹、渤海间的重要通道。

其三，是登州海行入渤海道：它是贾耽所记登州海行入高丽渤海道的重要组成部分。自登州（山东蓬莱）出海，北渡乌湖海（黄洋川海面）至马石山（老铁山）东之都里镇，沿海岸东行，过青泥浦（大连），以至乌骨江（丹东）；再自鸭绿江逆航至泊汋口，进入渤海国境，逆流而上至丸都（吉林集安），东北行至神州（吉林临江），再陆行至显州（吉林和龙），北行以至渤海王城（黑龙江宁安南）。这是渤海向唐贡献和派遣留学生的重要通路。

其四，是夏州塞外通大同云中道：它是贾耽所记通往边塞的另一条通道，从夏州（陕西白城子）北渡乌水（无定河上游），西北行至宥州（内蒙古鄂托克旗），经胡洛盐池、丰州（内蒙古五原），以至天德军（内蒙古乌拉特旗）。《新唐书》卷43上《地理志》所记此道的不少地名，今多为砂碛，难以一一辨明。

唐朝的北方劲敌突厥、回纥都在此线上，唐朝在黄河岸筑有三受降城，设有天德、振武、横塞等军，先后设燕然、安北、单于都护府，成为北方军事据点。在唐代驿道上，驿使和商旅往来很盛。《元和郡县志》卷4云："从天德军取夏州乘传奏事，四日余，便至京师（长安）。"

上述诸通道都在北方。唐和西南的吐蕃、南诏也有交往，交通路线史书缺乏专门记述。《旧唐书》卷196《吐蕃传》记唐蕃间历次交战以及不少和平交往，例由长安西北行，经陇西，自河湟青海以入吐蕃。双方使节往来，文成公主西去，乃至商旅经行，都必然要经行这一艰险的道路。

唐与南诏间至少存在南、北二道。《蛮书》卷1，云南境内途程，记"从石门外出鲁、望、昆州至云南，谓之北路；从黎州清溪关出邛部，过会通至云南，谓之南路"。两路都直通成都，"自西川成都府至云南蛮王府，州、县、馆、驿、江、岭、关、塞并里数，计二千七百二十里"。乃是唐诏间的主要通道。德宗贞元中，剑南西川节度使"韦皋凿清豁道以和群蛮，使道蜀入贡"（《新唐书》卷215上），也就是走这条重要的南路。

三　互市概略

唐朝与周边诸族的互市是在上述相对和缓的民族政策感召下以及比较方便的交通条件下正式开展起来的。西北地区盛产大牲口，唐政府很注重通往北境诸族的通路，因而，《宋史》卷186称"隋唐通贸易于西北"，乃是准确反映了当时实际情况的。

（甲）与突厥互市。隋初打败突厥后，其可汗致函隋文帝，"此国所有羊马，都是皇帝畜生，彼有缯采，都是此物"。随后，"突厥部落大人相率遣使贡马万匹，羊二万口，驼、牛各五百头，寻遣使请缘边置市与中国贸易，诏许之"（《隋书》卷84）。双方以牲口与丝织品进行互市。

李渊父子起兵时，接受过突厥资助。唐初，突厥态度傲慢。其后，突厥为唐所打败，不少突厥人迁居幽州至灵州的北方沿边，入居长安的近万家。高宗时，将归降突厥处于丰（内蒙古五原）、胜（内蒙古托克托）、灵（宁夏灵武）、夏（陕西白城子）、朔（山西朔县）、代（山西代县）六州。武则天时，东突厥复兴，不断骚扰唐边境，又要求唐归还六州降户，给予谷种、丝帛、农器。唐送去谷种四万斛、杂丝五万段、农器三千事、铁四万斤。玄宗开元初，采纳姜晦建议，以空名告身向突厥换马，获得了不少良马。开元九年（721年），给毗伽可汗诏称："国家旧与突厥和好之时，蕃、汉非常快活，甲兵休息，互市交通，国家买突厥马、羊，突厥将国家丝帛，彼此丰足，皆有便宜。"（《册府元龟》卷980）这种在和平环境下所开展的互市，双方互通有无，取长补短，各得其所。开元中，唐与突厥议定以西受降城为互市场地，唐朝每年以缣帛几十万匹买突厥戎马，"以助军旅，且为监牧之种，由是国马益壮"（《唐会要》卷94）。天宝初，王忠嗣在朔方，"每至互市时，即高估马价以诱之，诸蕃闻之，竞来求市，来辄买之，故蕃马益少，而汉军益壮"（《旧唐书》卷103）。所称"诸蕃"，自然不限于突厥人，但以突厥人为主。《新唐书》卷50《兵志》云："突厥款塞，玄宗厚抚之。岁许朔方军西受降城为互市，以金帛市马，于河东、朔方、陇右牧之，既杂胡种，马乃益壮。天宝后，诸军战马，动以万计……议谓秦汉以来，唐马最盛"。唐朝马匹多而好，是和互市获益密切相关的。

在西域的西突厥突骑施别种苏禄，玄宗妻以公主。苏禄每年遣使朝献，并派人以马千匹到安西与唐互市。杜暹在安西数年，绥抚壮士，夷夏安定。

（乙）与回纥互市。唐与边境诸族互市以回纥为最多，已有学者撰专文讨论①。这里只略言其梗概。

回纥协助唐军打败安史叛军有功，唐朝每年无偿送绢数万匹②。另外，"乾元之后，屡遣使以马和市缯帛，仍岁来市，以马一匹易绢四十匹，动至数万马"（《旧唐书》卷195）。唐朝财政困难，常欠负马价。代宗和德宗时，回纥可汗几次当面责备唐朝所派使臣，唐政府为什么不及时归还马价。《册府元龟》卷199，记贞元六年（789年）至太和元年（827年），唐廷11次归还回纥马价绢共1312000匹。外加贞元三年，还回纥马价绢50000匹。太和三年，还马价绢230000匹。则知自德宗至文宗的四十多年，唐政府归还回纥马价绢，至少在1592000匹以上。

《金石萃编》卷106《李辅光碑》云："国朝故事，每一马皆酬以数十缣帛，拒之即立为边患，受之即王府空竭。"史称唐肃宗时，一匹马值四十匹绢。宪宗元和初，变为五十匹绢换一匹马。宪宗给回鹘可汗写信说："顷者，所约马数，盖欲事可久长。何者？付绢少则彼意不充，纳马多则此力致歉。马数渐广，则欠价渐多。以斯商量，宜有定约。彼此为便，理甚昭然。"

---

① 马俊民《唐与回纥的绢马贸易》，《中国史研究》1984年第1期。

② 关于唐政府无偿送回纥的绢帛数，诸书记录差异不小，例如：（1）《唐大诏令集》卷129（《全唐文》卷367）《册回纥为英武威远可汗文》，至德二年十一月令，"每载偿绢五万匹"。（2）《册府元龟》卷965《封册》，至德二年十二月诏，"每载送绢二万匹给朔方军"。《全唐文》卷42录诏不记年月，《唐大诏令集》卷128误作至德六年十一月诏。《会昌一品集》卷2（《全唐文》卷711）《幽州纪圣功碑铭序》"特拜叶护司空，岁赐缯二万匹"。（3）《册府元龟》卷980《通好》，武宗时，"以回纥故事，自平禄山之后，岁赐绢三万匹，以为定制"。（4）《旧唐书》卷195《迴纥传》，代宗时，唐使刘清潭对回纥可汗说："每年与可汗缯绢数万匹。"诸书记事互异，本文采《旧唐书》所言。

（《白居易集》卷57）唐政府明确提出马绢交易"宜有定约"的限制，在于切合双方的实际支付能力。

晚唐时，回纥为黠戛斯战败，走散于西北各地。直至唐末，仍"时时以玉、马与边州相市"（《新唐书》卷217下）。五代后唐明宗时，回纥来交市的马皆瘦弱，难以作价，明宗指令，"可以中等估之"。后周太祖时，允许百姓私下与回纥交易，"由是玉之价直，十损七八"（《五代会要》卷28）。玉价降低是商品价值规律发挥了正常的作用。

回纥人善于经商，《封氏闻见记》卷6记回鹘人来唐，进行茶、马交易，"大驱名马，市茶而归"。不少回纥人衣汉服和汉人杂居，与汉族妇女结婚。在长安，"殖资产，开第舍，市肆美利皆归之"。长安西市就居住了不少回纥商人。唐文宗诏书说："京城内衣冠子弟及诸军使并商人百姓等，多有举借蕃客本钱，岁月稍深，征索不得……自今已后，应诸色人宜除准敕互市外，并不得辄与蕃客钱物交关。"（《册府元龟》卷999）可见唐代长安市内允许唐人与回纥互市，甚至官僚、军人、商人和一般市民，也常向富裕的商人借钱，有的人欠负甚久而不能偿还，以致影响回纥富商继续进行贸易活动。

（丙）与吐谷浑互市。吐谷浑是晋代从东北向西迁徙于西北青海一带的鲜卑人，在北朝末东、西魏对峙于华北时，吐谷浑同时向对立的双方进行通商活动。

隋炀帝曾出征吐谷浑，就地设置了西海、河源等郡。隋末大乱，吐谷浑乘机恢复故地。唐初，李安远出使吐谷浑，"吐谷浑请为互市，边场利之"（《新唐书》卷80）。"武德八年（625年）正月，吐谷浑、突厥各请互市，诏皆许之。先是，中国丧乱，民乏耕牛，至是资于戎狄，杂畜被野"（《唐会要》卷94）。由此可见，吐谷浑和突厥所提供的大批耕牛，对于医治隋末社会破败的创伤，促进生产的恢复和发展，起了重要积极作用。

（丁）西域通商。西域是个地理概念，并非民族称号。西汉时，所在建有36国，后发展为55国。《汉书》卷96上称："西域诸国各有君长。兵众分弱，无所统一，虽属匈奴，不相亲附，匈奴能得其马畜旃罽，而不能统率与之进退"。武帝以后，内地与西域商路开始畅通，"西域思汉威德，咸乐内属"。李广利出征大宛获胜，"西域震惧，多遣使来贡献，汉使西域者益得职。于是，自敦煌西至盐泽（罗布泊），往往起亭，而轮台、渠犁（新疆尉犁）皆有田卒数百人，置使者校尉领护，以给使外国者"。自汉至唐，西域包括了现今新疆和中亚广大地区，尽管该地区的自然环境相当恶劣，整个生产的水平不高，因位于丝绸之路要冲，在海上航路尚不够发展时，这条穿越西域的通路便成为重要国际通路。

就西域与内地而言，宣帝元康元年（前65年），龟兹（库车）来汉，汉赐给绮绣、杂缯、奇珍数千万。大批丝织物由此西传，不少西域商人纷纷来汉。《后汉书》卷24《马援传》记耿舒云："西域贾胡，到一处辄止。"李贤注云："商胡所至之处辄停留。"即是成批来到内地经商。

魏晋北朝时，西域不少商人常来内地通商，敦煌、张掖等地成为重要过往的中心。某些奖励通商的地方官，如曹魏时的敦煌太守仓慈等很受西域商人的尊重和爱戴。

高昌地处西域与内地交往的枢纽。隋炀帝"以西域多诸宝物，令裴矩往张掖，监诸胡商互市，啖之以利，劝令入朝，自是西域诸蕃往来相继"（《隋书》卷24）。据裴矩《西域图记序》称：自敦煌至西域有三条通路：北道从伊吾；中道从高昌、焉耆、龟兹、疏勒；南道从鄯善、于阗。"故知伊吾、高昌、鄯善，并西域之门户也。总凑敦煌，是其咽喉之地"。隋唐之际，南线被阻，"西域朝贡，皆道高昌"。高昌却勾结西突厥，"凡西域朝贡道其国，咸见壅掠"。贞观十三年（639 年）十二月，发布《讨高昌王麴文泰诏》："伊吾之右，波斯以东，职贡不绝，商旅相继。琛赆遭其寇攘，道路由其拥塞。"（《唐大诏令集》卷130）十四年，平定高昌，于其地设置西州、安西都护府，"剖裂府镇，烟火相望。吐蕃不敢内侮"（《新唐书》卷216 上）。

　　高昌平定后，唐政府加强了对西域的管理。西州出土文书记贞观末年，庭州人米巡职带了奴婢、驼、牛等，"望于西州市易，恐所在烽塞，不练来由，请乞公验"。垂拱元年（685 年），康尾义罗施等人申请过所，自称"罗施等并从西来，欲向东兴易，为在西无人遮得，更不请公文，请乞责保，被问依实"（《吐鲁番出土文书》第 7 册第 8、89 页）。可见确有不少西域商人是来内地经商。S. 1344 号文书，记"垂拱元年八月廿八日敕：诸蕃商胡，若有驰逐，任于内地兴易，不得入蕃，仍令边州关津镇戍，严加捉搦，其贯属西、庭、伊等州府者，验有公文，听于本贯已东来往"。可见唐政府公开允许诸蕃商胡可自由到内地进行交易活动。中亚康国人"善商贾，争分铢之利，男子年二十，即远之旁国，来适中夏，利之所在，无所不到"（《旧唐书》卷198），这里只是举例说明，中亚商人经由西域来到内地营商。玄宗开元时，"诏焉耆、龟兹、疏勒、于阗，征西域贾，各食其征，由北道者，轮台征之"（《新唐书》卷221 上）。唐在西州设驿馆、长行坊等，为信使往来与商旅活动提供了极大方便。盛唐时，丝绸之路盛极一时，是与西域道途畅通，商旅往来频繁密切相关的。

　　（戊）与吐蕃互市。吐蕃崛兴强大后，对唐"乍服乍叛"。玄宗开元二年诏："爰自昔年，慕我朝化，申以婚姻之好，结为甥舅之国，岁时往复，信使相望，缯绣以益其饶，衣冠以增其宠"(《册府元龟》卷118)。据《西藏地方历史资料选辑》所收资料统计，自唐初以至吐蕃王朝瓦解（846年）的二百多年中，吐蕃派使来唐125次，主要以马、牛、驼、黄金、银器、玉带等进献；唐使入蕃66次，带去大量绢、帛。《通典》卷190记吐蕃"其俗重汉缯"。开元七年六月，赏赐吐蕃使者丝帛5880段，"修用前好"。开元廿一年正月，唐派李嵩出使吐蕃，"以国信物一万疋，私觌物二千疋，皆杂以五采遣之"（《唐会要》卷6），代宗致赞普信称："金玉绮绣问遗往来，道路相望，欢好不绝，赞普宁忘之乎？"（《全唐文》卷384）这都说明大量唐朝丝帛纷纷进入了吐蕃。在此之前，内地蚕种、造酒、碾硙、纸笔之工也都传入了吐蕃，有利于促进西藏地区经济文化的发展。

吐蕃很注意与唐通市，《御史台记》云，"论钦陵必欲得四镇及益州通市乃和亲，朝廷不许"（《资治通鉴考异》卷11《吐蕃请和亲》条引）。吐蕃军事贵族钦陵企图在东西两条战线逼使唐朝让步虽未能成功，但仍能反映吐蕃急于要在益州与唐互市。居于鸿胪寺的吐蕃使者"慕此处绫锦及弓箭等物，请市未知可否"。张鷟判云："听其市取，实可威于远夷，任以私收，不足损于中国。宜其顺性，勿阻蕃情。"很能反映出唐、蕃人民都很乐于互市。王忠《新唐书吐蕃传笺证》第35页记《格萨尔王传》引古谚云："来回汉藏两地的犛牛，背上什么东西也不愿驼，但遇到贸易有利，就连性命也不顾了。"谚语流传很古，说明汉藏间长期的亲密关系。唐中宗时，金城公主出嫁赞普，"赐锦缯别数万（匹），杂使诸工悉从，给龟兹乐"。工匠们大批进入吐蕃，自然有助于在当地发展生产。

玄宗开元十九年九月，吐蕃宰相来唐，"请于赤岭（青海日月山）为互市，许之"（《资治通鉴》卷213）。宪宗元和十年（815年）十一月，"吐蕃敦陇州（陕西陇县）塞，请互市，许之”（《资治通鉴》卷239）。可知唐、蕃间有着密切的经济交往。《国史补》卷下，记赞普对唐使夸耀其境内有来自寿州、舒州、顾渚、蕲门、昌明、灉湖诸地的茶叶。非常清楚，江浙、安徽、湖南、四川等地的名茶纷纷进入西藏地区，自是商贩们经营运去的。

晚唐时，吐蕃衰落。宣宗大中三年（849年）八月，凤翔节度使李玭奏收复秦州（甘肃天水市秦安北），光复河湟，诏令秦州至陇州一带，“如商旅往来兴贩货物，任择利润，一切听从，关镇不得邀诘”（《唐大诏令集》卷130）。说明蕃人在唐末仍来内地进行贸易。秦州与吐蕃接境，五代后唐时，王思同在秦州多年，仍设法招怀，“每蕃人互市，饮食之界上，令纳器械”（《旧五代史》卷65），以便双方进行和平友好的互市活动。

（己）与羌、党项互市。羌是国内非常古老的民族。唐代羌人分布于西南、西北地区。《白氏六帖事类集》卷24羌互市格条：“金部格云：敕松（四川松潘）、当（黑水）、悉（黑水东）、维（理县）、翼（茂汶西北）等州熟羌，每年十月以后，即来彭州（四川灌县）互市易，法时（司?）差上佐一人于蚕崖关（灌县西北）外，依市法致市场交易，勿令百姓与往还。”表明唐朝是允许羌人不定期至彭州互市，而且确立了互市原则。《对熟羌市易判》云：“当州熟羌十月来导江（四川成都市灌县）市易，按察使科彭州刺史罪，诉云并蚕崖外，不伏。”唐人判称：“当州导江，山川虽间，贸丝抱布，来往是常……虽夷夏殊俗，而交易何妨。”（《文苑英华》卷530）说明剑南羌人秋收后常至彭州市易。导江和蚕崖关同属彭州，羌人按格式规定进行的互市很受唐人支持。直至宋代，“维、茂州地接羌夷，蕃部岁至永康（四川灌县）官场鬻马”（《宋史》

卷 315《韩亿传》)。是知川西北地区在唐、宋时常为民族间进行贸易的重要场所。

党项是西羌别种，北周后期，实力开始壮大。唐代常依附于吐蕃，受其支配。唐朝往往通过党项人，以次等丝织品向吐蕃廉价收购耕牛，以备农作使用。贞元三年（787 年）十二月，"初禁商贾以牛、马、器械于党项部落贸易"（《旧唐书》卷 198），说明在此以前，唐人商贾是自由地与党项部落进行贸易。元和中，"远近商贾，赍缯货入（党项）贸羊、马"。表明不少汉人与党项人进行羊、马、绢交易。长庆二年（822 年），崔从为鄜州、鄜坊、丹延节度使，"党项羌有以羊、马来市者必先遗帅守，从皆不受，抚谕遣之。群羌不敢为盗"（《旧唐书》卷 177），揭示出羌人与汉人通商经常需要先给地方官送礼。中唐后开始强大的党项羌人逐渐注意收购弓、矢、铠甲，以壮大自己力量。但地方官不许兵器外流，有些富商进入党项居民点收购牲口，地方官却已抢先强制收购，甚至不给报酬，所有这一切，迫使羌民怨恨，相率掀起反抗。

五代时，党项人继续与内地进行贸易，后唐明宗大力招怀远人，"马来无驽壮皆集，而所售过常直，往来馆给，道路倍费……去又厚以赐赍，岁耗百万计"。臣僚认为消耗太大，"乃诏吏就边场售马给直，止其来朝。而党项利其所得，来不可止"（《旧五代史》卷 138）。唐明宗考虑本国产马不够用，吐谷浑、党项主动送马来，虽然要付马价，并给偿赐，终比派人远道采购合算。因此，他的做法很吸引边境诸族群众纷纷以羊、马前来贸易，长兴四年（933 年）十月，范延光等人奏称："西北诸胡卖马者往来如织，日用绢无虑五千匹，计耗国用十之七。请委缘边镇戍择诸胡所卖马良者给券，具数以闻。从之。"（《资治通鉴》卷 278）正因为买马所耗国家财政太多，乃改为奖励买良马。在灵武一地，自唐明宗以后，每年用费六千万，得马五千匹，从这一个侧面，揭示了西北地区买卖牲口是很繁盛的。

（庚）南诏。爨氏大族从南北朝以来，长期据有云南地区，称霸一方。隋初，朝廷曾派兵进驻滇池、洱海地区。爨氏仍是叛服不常。唐在洱海地区设置一批羁縻州县。玄宗时，南诏统一了洱海地区的六诏，开元廿六年（738 年）九月，唐册封南诏首领为云南王，南诏势力自此日强。

南诏地处云贵高原，交通阻塞，唐朝与周边诸族国的商贸往来，以南诏记录最少。此与南诏产品不甚符合唐人需要有关。贝是战国、两汉以至唐、宋时在云南地区长期使用的货币。《蛮书》卷 8，记蛮夷风俗，"本土不用钱，凡交易缯帛、毡罽、金银、牛羊之属，以缯帛幂数计之，云某物色直若干幂"。大致说，缯帛是它和唐朝进行交易充当货币使用的商品。

南诏擅长冶铸铎鞘铁剑，在剑柄饰金，非常名贵。另外冶铸鬱刀和浪剑也很精利。使臣常将这些名贵产品以及犀牛、马、羊等去长安进献，唐政府通常回赐金丝、银器、金银器、衣服等，以使与贡值大致相等。

（辛）奚与契丹。奚与契丹都居于东北边疆。十六国初，奚被前燕慕容氏所击败。北魏初，奚岁致名马，随即入塞与汉民交易。北魏献文帝时，契丹派人至平城，此后，诸部各以名马"皆得交市于和龙（辽宁朝阳）、密云之间"。隋初，契丹内附。唐战败颉利可汗后，契丹举部内属，唐于幽州、营州境内分设松漠和饶乐都督府。

唐初，奚与契丹分别向唐进贡名马（《旧唐书》卷 199 下）。玄宗开元四年（716 年），允许奚人远道至长安西市进行互市。天宝中，杨燕奇为平卢衙前兵马使。"世掌诸蕃互市，恩信著明，夷人慕之"（《韩昌黎集》卷 24），所称诸蕃主要是指奚与契丹。《新唐书》卷 219 云："契丹在开元、天宝间，使朝献者无虑二十。故事：以范阳节度为押奚、契丹使。自至德后，藩镇擅地务自安，郭戍斥候益谨。不生事于边，奚、契丹亦鲜入寇。"边防由是相对安定。

契丹在晚唐时日益强大。后梁初，其主耶律阿保机率众三十万进扰云州（大同），河东李克用与之和好，"赠以金缯数万，阿保机留马三千疋，杂畜万计以酬之"（《资治通鉴》卷 266），这是变相的交市贸易。《五代会要》卷 29 记梁、唐之际，契丹常派人进贡良马、朝霞锦、貂鼠皮裘，朝廷通常以金、帛等物回赐。后唐明宗天成二年（927 年）八月，契丹请准在新州（河北涿鹿）互市（《旧五代史》卷 38）。清泰二年（935 年）十二月，"云州沙彦珣奏，十年前与契丹互市则例"（《册府元龟》卷 999《互市》），表明后唐与契丹双方曾共同制定了在云州互市所要遵守的若干规定。

契丹设置回图务以便与内地进行贸易，任命回图使负责办理在汴京设邸存贮货物，便于契丹人南下贩易。耶律德光会同七年（944 年）九月，"先是，河阳（河南孟县）牙将乔荣从赵延寿入辽，辽帝以为回图使，往来贩易于晋，置邸大梁。至是，（后晋宰相）景延广说晋帝囚荣于狱。凡辽国贩易在晋境者皆杀之，夺其货"[①]。由此可知，契丹人南下与后晋间的商贸往来曾是非常频繁的。

后汉末契丹入侵河北，郭威受命北行抗御。他分析晋、汉屡败于契丹的原因之一，在于"贪他羊、马互市，往来奸利之人两为间谍军谋，国事泄之于敌"。为此修缮城池，增置堡障，储存守备，如遇契丹小股侵入，镇戍就近追击，若是契丹大举入

----

① 《契丹国志》卷 2《太宗嗣圣皇帝》；《通鉴》卷 283 天福八年九月。

侵，"堡壁不得与蕃人交市，不得轻战邀功"（《册府元龟》卷8《创业》）。由此可见，即使在军情火急时，中原人民仍与契丹存在着互市往来。

南唐是江淮以南的大国，契丹曾越海与之进行贸易。陆游《南唐书》卷16云："昇元二年（938年），契丹主阿律德光及其弟东丹王各遣使以羊、马入贡，别持羊三万口，马二百匹来鬻，以其价市罗纨、茶药，烈祖从之"。这是契丹主动南下，收买江淮以南的丝、茶等物。南唐政府，也"常遣使泛海与契丹相结，欲与之共制中国，更相馈遗，约为兄弟；然契丹利其货，徒以虚语往来，实不为唐用也"（《资治通鉴》卷290）。由此可知，契丹与南唐双双越海进行贸易，既有相互间需要政治上的支持，更是有着经济上相互补充的需要。

（壬）与渤海互市。武则天执政时，靺鞨人在东北建立了渤海国，政治中心位于羁縻州勿汗州（吉林敦化）一带。渤海长期受唐廷册封，据《勃海国志长编》资料统计，它向唐五代政权进贡130次以上，进贡始于景云二年（711年），前后贡物主要有鹰、海豹皮、貂鼠皮、玛瑙杯、昆布、人参、松子、革、靴、虎皮、马、白附子等，唐廷回赐为綵练、绢布、紫袍、金带、金银器等。

登州、青州是唐渤间进行交往与商贸的重要港口。登州城南渤海馆是唐朝迎送渤海使臣的招待所。温庭筠作诗赞誉相距几千里的渤海与中华乃是车同轨、书同文的一家。唐渤间的交往实是极为密切。

唐渤双方交往非常活跃，除了上述朝贡式的特殊贸易方式外，玄宗开元元年（713年）十二月，靺鞨王子来朝，"请就市交易，入寺礼拜"（《册府元龟》卷971《朝贡》），获得唐政府同意。渤海的不少外销特产如昆布、名马、虎皮、貂皮、海豹皮、人参、蜂蜜等都很有名。代宗大历中，唐平卢、淄青节度使李正已"货市渤海名马、岁岁不绝"（《旧唐书》卷124）。由于唐朝不许以银、铜、铁与诸蕃交市，开成元年（836年）六月，淄青节度使特别申请允许新罗、渤海以熟铜交市。开成四年八月十三日，圆仁在文登县青山浦看到渤海交关船停泊，很可反映出唐渤间平日存在相当密切的商贸往来。

后唐天成元年（926年）七月，契丹攻灭渤海，以其地为东丹国。长兴二年（931年）五月，青州报称黑水瓦儿部至登州卖马。这些卖马的黑水靺鞨，只能是来自民间的靺鞨人了。

四 贸易法规

唐朝对边境诸族的贸易在商品种类、贸易时间和场地等方面都有明文规定，并非无约束地听任百姓自由经商，朝廷设有专门机构分工管理有关商贸事宜，凡此等等，充分显示出主权国家采取了有利于自己的措施，以便长期有效地支配周边诸族人。

互市时间大致每年一次。玄宗《敕突厥可汗书》云："比来和市常有限约，承前马数，不过数千……一年再市，旧无此法……遂乃不依处分，驱马前来，无理无信，是何道理？"另一书信云："往者先可汗在日，每年约马不过三四千匹，马既无多，物亦易办，此度所纳，前后一万四千……此后将马来纳，必不可多，还如先可汗时约，有定准来交易，发遣易为"（《文苑英华》卷468）。开元十五年（727年）九月，唐许在西受降城与突厥互市，"每岁赍缣帛数十万匹，就市戎马，以助军旅"（《资治通鉴》卷212），都说的是每年互市一次。

在社会实践中，互市时间与商货限量，事实上很难兑现。盛唐时，唐廷有力量简退老弱病马，或可宽容，"任其市易"。中唐以后，唐朝国力衰弱，回纥驱马互市，完全不遵守时限与数量限制，唐政府无力进行清简，致使国家财力难以承受。

唐朝对互市商品有着明文限制。《唐律疏议》卷8云："禁物者，谓禁兵器及诸禁物并私家不应有者。""依关市令，锦、绫、罗、縠、紬、绵、绢、丝、布、犛牛尾、真珠、金、银、铁，并不得度西边、北边诸关及至缘边诸州兴易。"① 简单地说，唐朝不许将丝织品与矿产二大类物资越度西北边关。因此，疏议又说："缘边关塞，以隔华夷。""越度缘边关塞，将禁兵器私与化外人者绞"。本来，自锦、绫以下丝织品乃至金、银、铁等，原则上是允许私有，其所以禁止带出西北关外和沿边诸州进行交易，乃是为了保证本国的利益与安全。

唐政府一再声明，不许将铜钱带出境外，《新唐书》卷54，记"贞元初，骆谷、散关禁行人以一钱出者"。《旧唐书》卷14，记元和四年（809年）六月，"禁钱过岭南"。但实际效果并不理想。《新唐书》卷52记穆宗长庆元年（821年），户部尚书杨於陵上奏，谈到铸币，"昔行之于中原，今泄之于边裔"。也就是大批铜钱随着商业贸易流入边境诸族国去了。《旧五代史》卷146，载后唐明宗同光二年（924年）二月诏，谈到铸币，"兼沿边州镇设法钤辖，勿令商人般载出境"。自此以至于宋代，大量铜钱随着商贸流入边地和外国，禁令实际很少生效。

唐朝设关，区分上、中、下三等。关多设于京城四周，而以西北、西南为重点。《唐六典》卷6云：置关"所以限中外，隔

① 《唐会要》卷86《市》，开元二年闰三月敕，具体内容与《唐律疏议》卷8所记相同。《册府元龟》卷999《互市》，开成元年六月，京兆府奏文引建中元年十月六日敕，文义也相同。但建中敕文多"奴婢等并不得与诸蕃互市"句。京兆府奏文又说："准令式，中国人不合私与外国人交通买卖，婚娶来往，又举取蕃客钱以产业奴婢为质者，重请禁之。"这是唐律所未明白说的。

华夷，设险作固，闲邪正暴（禁？）者也。凡关呵而不征，司货贿之出入，其犯禁者，举其货，罚其人。凡度关者，先经本部本司请过所。在京，则省给之。在外，州给之。虽非所部，有来文者，所在给之……若赍禁物私度及越度缘边关，其罪各有差"。"蕃客往来，阅其装重"（《新唐书》卷46）。很清楚，设置关防乃是出于政治上的考虑，所有过关人员及其所携物资均须持过所才能放行。过所上，要详细填写本人身份以及同行者人数及牲畜，说明他们的来源，将往何处，沿途所经处所，乃至本人走后，原先所承担的赋役由谁负责等等，都要一一具载，经过查核所记属实，才能发给过所。旅行人持过所在所经之处沿途逐一检验无误，然后签字放行。因此，周边诸族以及外商来唐进行贸易，携带货物出境，都必须持有过所核实以放行。

设关检查，禁止铜铁及兵器外流，在唐以前业已存在。汉律云："胡市，吏民不得持兵器及铁出关。虽于京师市买，其法一也"①。吕后执政时，"有司请禁粤关市铁器"（《汉书》卷95），从而导致了赵佗反汉。其所以禁止铁与兵器出关，有如陈汤所说，"夫胡兵五而当汉兵一，何者？兵刃朴钝，弓弩不利。今闻颇得汉巧，然犹三而当一"（《汉书》卷70）。东汉末，鲜卑"欲以物买铁，边将不听，便取缣帛。聚欲烧之"，边将恐鲜卑反叛，"辞谢抚顺，无敢拒违"（《后汉书》卷49《应劭传》）。孙吴交州刺史陶璜对广州刺史滕修说："南岸仰吾盐、铁，断勿与市，皆坏为田器，如此二年，可一战而灭也"。滕修采纳这一意见，及时挫败了岭南敌人（《晋书》卷57《陶璜传》），东晋太元三年（378年）诏，"重为禁制"官、私贾人将铜出卖给岭

①《汉书》卷50《汲黯传》，注引汉律。《史记》卷120《汲黯传》，《集解》引汉令，少"及铁"二字，当有夺文。今从《汉书》引。

南夷人。晋穆帝时，广州刺史邓嶽（岳）大开鼓铸，"诸夷因此知造兵器"，荆州刺史庾翼表称，"夷人常伺隙，若知造铸之利，将不可禁"（《晋书》卷73《庾翼传》）。聊举数例，足以说明，历代禁止铜铁与兵器外流是有其政治、经济缘由的。

唐太宗初即位，下令停废潼关以东缘河诸关，以便商旅通行，"其金、银、绫等杂物依格不得出关者，并不须禁"（《唐会要》卷86）。其时，突厥进攻泾川、武功，长安戒严，形势严峻。太宗所弛关禁，乃是两河山东地区，并不放任西北地区自由通商。因此，其后所订唐律及疏议，仍对西北禁防作出严格规定。《唐会要》卷86记玄宗开元二年（714年）闰三月敕，内容与唐律卫禁律的有关条款基本相同，不许金铁之物度西北诸关。《唐大诏令集》卷130《平党项德音》载宣宗大中五年（851年）四月敕："边上不许以兵器作部落博易，从前累有制敕，约勒非不丁宁。近年因循，都不遵守。自今以后，委所在关、津、镇、铺切加捉搦，不得辄有透漏，其犯者推勘得实，所在便处极法……通商之法，自古明规，但使处处流行，自然不烦馈运，委边镇宜切招引，商旅尽使如旧，除禁断兵器外，任以他物于部落往来博易。"这时，吐蕃内乱，其实力有所削弱，沙州张义潮等逐吐蕃归唐，党项也是大体安定。唐宣宗所发德音，在鼓励发展通商同时，仍是坚决禁止以兵器与周边诸族进行贸易。《旧五代史》卷113记后周广顺三年（953年）"四月甲寅，禁沿边民鬻兵仗与蕃人"。依旧是沿用历代所坚持的禁防政策。

对于互市贸易场地，《白氏六帖事类集》卷24《互市》引"关市令云：诸外蕃与缘边互市，皆令互官司检校。其市，四面穿堑，及立篱院，遣人守门。市易之日卯后，各将货物畜产俱赴市所，官司先与蕃人对定物价，然后交易"。由此可知，在与蕃人正式互市前，要布置好市场，并由官府出面与蕃人议定好价格，然后才在凌晨集中开市，让汉、蕃双方进行交易。《唐六典》卷3《户部尚书·金部郎中》，"凡有互市，皆为之节制；诸官私互市，唯得用帛练蕃綵，自外并不得交易。其官市者，两分（帛）綵，一分蕃綵，若蕃人须籴粮食者，监司斟酌须数，与州司相知。听百姓将物就互市所交易。"那就是说，在内地，有官互市和官府监督下的私互市，汉蕃间用綵帛进行交易，购买粮食和其他非禁物资。

以上所述，是官方直接控制下的互市贸易，若是汉蕃民间日常生活用品的交贸往来，那是不受限制的。

关于边境贸易的管理，隋唐政府极为重视。改变了汉魏以来通常由所在地方官吏主持与周边诸族进行商贸活动的旧传统。

隋文帝创制，"缘边交市监及诸屯监，每监置监、副监各一人，畿内者隶司农，自外隶诸州焉"。"诸缘边交市监……为视从八品"，"诸缘边交市副监……为视正九品"。表明隋代缘边互市，已特设交市监管理。炀帝即位，在长安建国门外，设东夷、南蛮、西戎、北狄四方使者，"掌其方国及互市事"。每一使者署设典护录事，叙职、叙仪、监府、监直、互市监及副、参军务一人。"录事主纲纪……监府掌其贡献财货，监直掌安置其驼、马、船、车，并纠察非违。互市监及副掌互市，参军事出入交易"（《隋书》卷28）。表明隋朝互市领导机构也曾出现较大的变化。

隋文帝时，营州总管韦艺"与北夷贸易，家资钜万"（《隋书》卷47），他以地方官身份主持互市，由此发了大财。炀帝时，西域商人多来张掖互市，帝派裴矩往张掖，"监诸商胡互市"（《隋书》卷24），他是以特使身份主持互市。大业六年（610年），"诸蕃请入丰都市（洛阳东市）交易，帝许之……珍货充积，人物华盛"（《通鉴》卷181）。这是特许在京师进行的互市贸易。

唐朝与边境诸族的互市贸易更进入了一个新阶段。朝廷很重视互市工作，太宗贞观六年（629年），改隋交市监为互市监，副职为互市监丞，官品分别为从六品下和从八品下。品级比隋代大大提高，并由少府监负责领导。互市监僚属中设置价人四名，注意市场商品议价等工作（《新唐书》卷48）。《唐六典》卷22云："诸互市监，各掌诸蕃交易之事……凡互市所得马、驼、驴、牛等，各别其色，具齿、岁、肤、第，以言于所隶州府，州府为申闻，太仆差官吏相与受领，印记。上马送京师，余量其众寡，并遣使送之，任其在路放牧焉。"由此可知，唐朝的互市很重视牲口交易。互市贸易长期以西北为重点是和制定政策的宗旨密切相关的。

《文献通考》卷20《市籴》引《宋三朝国史食货志》略言历代互市之概云："互市者，自汉初与南粤通关市，其后匈奴和亲，亦与通市。后汉与乌桓、北单于、鲜卑通交易。后魏之宅中夏，亦于南陲立互市。隋唐之际，常交戎夷，通其贸易。开元定令，载其条目。后唐复通北戎互市。此外，高丽、回鹘、黑水诸国，亦以风土所产，与中国交易。"这一段简略的文字说明，历代互市，主要是由中原政权与四方诸族国进行交易，中原政权既可能是汉族政权，也可能是入主中原的少数族人。当大一统的集权国家分裂时，各国之间所进行的交易同样也是互市。各种名目的互市贸易促进了不同地区间的物资交流，对于丰富各地的物质生活作出了重要的贡献。

刊《中国史研究》1992年第4期

唐代城市构成的特点

城市和乡村是对立的概念。城市的产生及其增多乃是社会分工进一步发展的产物。

《史记·货殖传》一一列举了西汉时的十几个城市，逐一指明"亦一都会也"。汉代的城市规模随着工商业的发展比之春秋以前已有明显扩大，在全国大一统的局面下，有如司马迁所说："富商大贾，周流天下，交易之物无不通，得其所欲。"事实表明，汉朝城市中的工商业已比先秦时有所增益，但城市总的布局并未根本改变往日政治色彩很浓厚的性质，城市的经济色彩仍然处于比较次要的地位。魏晋南北朝时期最有名的大城市如洛阳、邺、建康、成都、江陵等等依旧是政治中心和工商城市的结合，政治色彩浓厚，像广州一类比较单纯的经济性城市在那时乃是寥若晨星。隋代的经济性城市已开始增多，长安、洛阳等少数都城而外，在江淮以南和长江下游地区出现了若干商业性的城市，并为尔后的唐、宋所沿袭和扩展。似乎可以说，隋唐之际出现了我国古代城市发展转变的新曙光。

一

具有特定含义的坊市制在唐朝表现得很突出，《唐律疏议》卷8云："坊市者，谓京城及诸州县等坊市。"说明坊市是遍及各地。长安、洛阳的坊市已是人所熟知，外地如苏州有六十坊，成都有金马坊、书台坊、锦浦坊、花林坊等等。坊门要按时开关，实施夜禁。贸易定期在市内进行，市的四周有围墙，另开市门，严格规定居民与市场分离。到了唐代中叶，限制市场贸易的坊市制已是很难照旧维持，各地草市纷纷出现，不少城市中的夜市、早市相继开办，显示了唐代商业市场和城市观念在时间上和空间上开始有了新的突破，反映出唐代的城市布局发生了具有重大意义的变化。

城市布局的突破，在地域上不仅表现为南北各地兴起了众多的草市，而且有少数草市渐次发展而设县。代宗大历七年（772年）正月，以张桥行市为永济县；长庆元年（821年）五月，以福城草市设归化县；盐亭县的雍江草市在后蜀时设招葺院，宋灭后蜀，立即改设东关县。本来，草市不是正式市集，由草市而设立县的"市"，自然就按州县所在地允许设市的法令成为正式合法的市集了。至于各地州县的市，如《中国古代籍帐研究》所收开元二十一年（733年）正月五日"西州百姓石染典交用大练十八匹于西州市买康思礼上件马"的契文，《太平广记》卷34记"吕某⋯⋯鬻所乘驴于荆州市"，这是西州、荆州的州市。《太平广记》卷374记"夔州西市，俯临江岸"。《入唐求法巡礼行记》卷2记开成五年（840年）莱州城外市上的粟米、粳米售价。《茅亭客话》卷4记后唐时，遂州贫士宋自然"殆于州市"。这些是南北"州市"的例证。园仁记开成五年四月，临济县和禹城县市的贸易。杜牧谈到江中盗贼，"劫池州青阳县市，凡杀六人"。杜甫记四川盐亭县"山县早休市"。温庭筠说"鸡犬夕阳暄县市"。京畿所在昭应县设有两市，由此可知，县市在各地是大量存在的。

长安是国都所在的政治都市，也是著名的经济文化中心，除了东、西市是经济活动中心而外，全城整齐排列一百九坊，以朱雀街为界，街东归万年县，领东市与五十四坊，街西归长安县，领西市与五十五坊。坊是居民区，本来是封闭式的，非高官不许临街开门，管制很严。可是，到了唐代中叶，出现了新的现象。"诸坊市街曲，有侵街打墙，接簷造舍等"，表明旧的坊制是在逐渐崩坏。德宗贞元四年（788 年），下令用两税钱和雇工匠修筑已破坏的坊墙，可是，坊门虽存，却很难准时启闭。"或鼓未动即先开，或夜已深而未闭"。文宗太和四年（831 年）下令封闭向街的门，想用强制手段维持旧秩序，实践成果甚微。另一方面，《长安志》卷 7 记高宗时，曾将安善坊及大业坊之半"立中市署，领口马、牛、驴之肆"。由于所在地处偏僻，不便于民，人们只到市署办理买卖手续，贸易仍在市面进行，中市署便不能不裁撤。这就表明官府设施必需适应社会需要，才能维持长久。其后，唐玄宗在威远营置南市，华清宫置北市，同样也未能兴旺持久。

在居住区的坊内出现工商贸易点很值得注意。怀德坊的邹风炽是著名富商，延寿坊有造玉器和出售金银珠宝的，颁政坊有馄饨曲，长兴坊有饆饠店，宜阳坊有采缬铺，胜业坊有卖蒸饼的，永昌坊有茶肆，靖恭坊有造毡的，新昌坊有客舍，道政坊与常乐坊有酿酒店，宣平坊夜间有卖油者，崇仁坊有二十多处进奏院，且"与尚书省选院最相近，又与东市相连，按选人京城无第宅者多停憩此，因是，一街辐辏，遂倾两京，昼夜喧呼，灯火不绝，京中诸坊，莫之与比"。然而，正是在崇仁坊，《乐府杂录》记"造乐器者悉在此坊"，南赵家修理小忽雷的作坊便很有名气。由此可见，在坊内经营工商业的已是为数不少。

　　长安的工商业活动，既已开始部分地在居民区坊内进行，因而出现了坊市混杂观象。长安和洛阳市内已有正铺的人又纷纷于正铺前更造偏铺，以开展商贸活动，同样也是破坏市集经营原则的。他们不再局限于日中为市，逐渐出现了夜市，朝廷被迫下令"京夜市宜令禁断"。所称"夜市"，不外乎是日市的延长，或是在傍晚以后所新办，都不是坊市制所能容许的。在外地商贸发达的城市，扬州"夜市千灯照碧云"，汴州"水门向晚茶商闹，桥市通商酒客行"。可以看出，原有的坊市制已很难继续存在。五代周世宗说："东京（汴）华夷辐辏，水陆会通……坊市中邸店有限，工商外至，络绎无穷。"清楚说明汴京是帝都所在，随着工商业的发展，城市贸易出现了重大的新变化。所以，赵宋新建国，有如《宋会要辑稿·食货》67之1《置市》所记太祖"诏开封府令京城夜市，至三鼓以来，不得禁止"，即公开允许夜市合法存在，并不限制营业时间，这是唐五代夜市发展的必然结果。从《东京梦华录》前面四卷所述，可以看出北宋中后期的贸易已遍及于都城的各个角落，号称"大内"的殿外以及诸司所在，寺观内部都有了贸易活动，市面上"夜市至三更尽，才五更又复开张"。"冬月虽大风雪阴雨，亦有夜市"。由于商贸的广泛和深入，使城市的经济意义变得比较重要，城市的政治军事色彩相对有所冲淡，京师以外其他城市的情况，尤其是这样。当然，中国古代的城市决不能等同于11世纪前后兴起的欧洲城市。在我国，从来不存在城市的自治。

二

隋唐时期，除了长安、洛阳仍然占据优势地位而外，一个拥有不同规模等级的城市体制开始出现了。

首先，就全国性城市而言。汴梁在隋代已是相当繁盛，唐前期，那里"舟车辐辏，人庶浩繁"，"邑居庞杂，号为难理"。宪宗元和时，"汴州没人死商钱且千万"。五代后晋时，以其居水陆要冲，乃万庾千箱之地，是四通八达之郊。后周为此增筑罗城，以容纳众多工商业者。

扬州：地居江淮和运河的要道，早在东汉后期已开始兴起，隋代修筑运河后，更是日趋繁荣。武则天时，"扬州地当冲要，多富商大贾，珠翠珍怪之产"。市内冶铸金银、铜器、铸币、丝织品和稻米、蔗糖等行销很旺。王公百官和各地官吏纷纷来此"置邸肆贸易"，"侨寄衣冠及工商等多侵衢造宅，行旅拥弊"。张祜称为"十里长街市井连"。李绅晚宿扬州，"夜桥灯火连星汉，水部帆樯近斗牛"。扬州坊市制大概破坏最早也最彻底，它是我国最早有名的外贸港市之一。

苏州：在春秋战国时即已出名，唐代所在农田多丰熟，白居易说，苏州"人稠过扬府，坊闹半长安"。市场热闹可与扬州、长安相比。中唐后，由七万户一跃增为十万户，宋人范成大列举具体事实，指明"唐时，苏之繁雄固为浙右第一矣"。

杭州：位于大运河终点，隋唐之际由一万五千户增至三万五千户，玄宗盛世达到八万六千户。李华说是"万商所聚，百货所殖……骈樯二十里，开肆三万室"。大历十年（775年）七月，"杭州大风，海水翻潮，溺州民五千家，船千艘"，都可反映杭州的繁华。中唐后，杭州"路溢新城市，农开旧废田"，全市增至十万户，为此修建新的罗城，"东眄巨浸，辖闽粤之舟橹，北倚郭邑，通商旅之宝货"。五代初，钱镠修筑捍海石塘，"由是钱塘富庶，盛于东南"。

成都：是战国、秦汉以来的名城。左思《蜀都赋》云："亚以少城，接乎其西。市廛所会，万商之渊。"唐人李善注称，大城西有小城，市在其中，设市贸易。唐代成都是"蜀之奥壤"。卢求说，成都"伎巧百工之富……其地腴以善熟……扬不足以侔其半"，很夸赞成都的工商业繁盛。《资治通鉴》卷253记成都分置三市（蚕市、药市、七宝市），《酉阳杂俎》记成都有东市、西市。杜光庭《道教灵验记》载成都有新南市、新北市，所有这些，不难窥知唐代成都商贸很盛。

江陵：是六朝以来的军事重镇，在唐代是南北东西的转运中心，"荆南巨镇，江汉上游，右控巴蜀，左联吴越，南通五岭，北走上都"。因此，它是"地利通西蜀……舟楫控吴人"；"蜀麻久不来，吴盐拥荆门……商旅自星奔"。玄宗因安史叛乱逃亡于蜀，郑昉"请于江陵税盐、麻以资国"，乃设置税场，"吴盐、蜀麻、铜冶皆有税"。中唐后，曾发展为三十万户，城内有"高丽坡底"（坊）和"寄住蕃客"，"荆楚贾者和闽商争宿邸"，可见有大批国内外商人聚集于其地。

广州：是战国、两汉以来的历代外贸中心城市，因此，和内地城市有别，它主要是面向海外。唐代，广州仍是"地当要会，俗号殷繁，交易之徒，素所奔凑"，"外国之货日至"，"夷估辐辏，至于长安，宝货药肆，咸半衍于南方之物"。《岭表录异》卷下云："每岁，广州常发铜船，过安南易货。"大批外商（大食、波斯等）长期聚居广州，直至唐末也未减退。

其次，关于地区性的城市，可以按北方和江淮以南分别作些介绍。先说北方：

宋州（河南商丘）：位于通济渠通往汴州的要道，当地产绢很精美，产纸也很有名。杜甫称赞宋州，"名今陈留亚，剧则贝魏俱，邑中九万家，高栋照通衢，舟车半天下，主客多欢娱"。盛唐时，宋州热闹仅次于汴州，与清河、魏郡不相上下，城内有高大房屋建筑和宽阔的道路，四通八达的水陆交通，很使内外客人满意。那里的"井赋盐泉，所入岁约三千万缗，商在其外"，"无土不殖，桑麻翳野，舟舻织川，城高以坚，士选以饱"。顾况所述城池构筑高而且坚的情况和杜甫的描写很一致。

贝州（河北清河）：位于永济渠航线上，也以产绢著名。王维称赞它，"天波忽开拆，郡邑千万家，行复见城市，宛然有桑麻"。所在农产丰富，城居人数不少。玄宗开元时，刺史严正诲"禁官吏于其界市易所无"，有利于民间贸易的正常发展。安史乱前，江淮租布大量运积贮存于清河，称为"北库"，以供北方边军使用。

魏州（河北大名）：高宗时，刺史李灵龟"开永济渠入于新市，以控商旅"，促进商贸发展。玄宗时，刺史卢晖移永济渠水至城西，"以通江淮之货"，因此被称为山东之奥区，"舟车日奔冲……万宝喧歌锺"。天宝初，高适说："魏郡十万家，歌锺喧里闾。"《新唐书·地理志》记魏郡十五万户，可以肯定，歌声遍坊市的商旅数量很不少。

华北较有名的城市，还有北都太原、中都河中府（山西永济）、岐州（陕西凤翔）、相州（河南安阳）、曹州（山东定陶）、冀州（河北冀县）、沧州、幽州（北京）、德州、瀛州（河北河间）、定州、赵州、镇州（河北正定）、洺州（河北永年）、邢台、博州（山东聊城）、怀州（河南沁阳）、潞州（山西长治）、汾州（山西汾阳）、绛州（山西新绛）、晋州（山西临汾）、兖州、青州（山东益都）、濮州（山东鄄城）、齐州

（山东济南）、郓州（山东郓城）、徐州、亳州、蔡州（河南汝南）、陈州（河南淮阳）、许州、郑州、滑州（河南滑县）、汝州（河南临汝）等，都是所在农业和工商业比较发展的地区性城市，在此难以一一分述。

南方区域性的城市，可举宣州、洪州为例。

宣州（安徽宣城）：是唐代著名矿业中心和工业城市，玄宗"方急铜铅之赍……通商惠工"，任命崔庭玉为郡守，修理城郭。天宝时，郡守苗奉倩、赵悦和朝臣杨国忠等，先后将宣城所产银器进奉，众多银锭实物近年已陆续在各地出土。由于宣城"物产珍奇，倾神州之韫椟，东南之巨丽也"，所在"赋多口众，最于江南"，故受朝廷重视。利国山、铜井山、赤金山产铜，名闻全国。天宝十一年（752年），分泾县"别立郡邑"，另设太平县。代宗时，又因太平县境土辽阔，"山谷泝邅，舟车莫通，不坐城邑，无以镇抚"，再从太平县分设旌德县，这正是户口繁殖和宣州发展迅速的结果。

洪州（江西南昌）：是"豫章重镇，荆扬奥区，五岭控其南，九江在其北，连帅所统，安危是系"，充分强调了它所处的重要地位。因此，杜牧说，"连巴控越知何有，珠翠沉檀处处堆"，"控压平江十万家，秋来江静镜新磨"，正因为它是控扼巴蜀与岭外贸易的枢纽，所以存储有各地众多的商品，内地商贩乃至海外胡商纷纷聚集于此进行市易。

南方较有名的城市还有润州（江苏镇江）、常州、湖州、衢州、婺州（浙江金华）、越州（浙江绍兴）、睦州（浙江建德）、台州（浙江临海）等处，也都产业发达，商贸甚盛。

中唐以后，福建地区开发比较迅速，海外贸易随着兴旺发展。文宗太和八年（834年）诏，明确提到岭南、福建和扬州三地的外贸很盛。广州、扬州情况前已略作介绍。关于福建，包何在代宗时《送泉州李使君之任》诗云:"傍海皆荒服,分符重汉臣,云山百越路,市井十洲人,执玉来朝远,还珠入贡频,连年不见雪,到处即行封。"说明设置不久的泉州已吸引不少外商进行贸易。昭宗乾宁三年(896年)敕称:"闽越之间,岛夷斯杂⋯⋯具官王潮⋯⋯是用负海建牙,踊闽锡社,徇彼远人之恳,慰其阖境之情。"清楚表明,在泉州是杂有不少远来外商。天祐元年(904年)六月,"授福建道佛齐国入朝进奉使都番长蒲诃粟宁远将军"。可见南海爪哇已在唐末经由福建与我国进行贡赐式的外贸活动,行将灭亡的唐政府仍在行使权力封赏外国使臣。其后,王审知在闽地建国,"招来海中蛮夷商贾",王审邽及其子王延彬相继为泉州刺史,"每发蛮舶无失坠者,人因谓之招宝侍郎"。泉州市的外贸自是日趋发展,进口不少舶来品,闽国遂以大批象牙、犀角、香药、玳瑁、真珠、豆蔻等南货向华北政权进贡。

综观唐代的大中城市,大多分布在黄河与长江的中下游地区,如果以西安为中轴线,贯通南北而论,那么,在此以西仅有成都一市。等而下之,西方较大的城市,也只有凤翔、同州,即使再加上凉州、沙州、西州等少数在唐前期有过短暂繁荣的城市,在广阔的西部地区实在是为数太少了。凤翔和长安同属唐代五都行列,兼处关中平原,它们在盛唐时的繁荣主要依赖于关东地区的经济支援,否则是很难维持的。成都位于四川盆地中央,自从都江堰工程竣工后,当地经济早已兴旺发达,但因地形阻隔,对外交通不便,自战国、秦汉以后,直至近代的很长时期内,成都始终受到很大局限,只能是盆地内部的中心城市。成都以外、绵州、汉州、蜀州、彭州乃至剑南东川政治中心地梓州(四川三台),也都在唐代相应地得到了发展与繁荣。至于广大内陆腹地的生产并没有和蜀中均衡发展,比较有名的中等城市也很缺乏，商贸关系仍处于较早的不发达阶段。

西安线以东的地域大致只占盛唐时全部国土的三分之一，而却拥有全国人口中的五分之四。唐朝的工业比前代是有了较大发展，但总的发展水平仍然不高，市场上流通的商品主要是农产品，唐朝大中城市多集中于东部地区，是和这一地域农业生产的高度发展密切相关的。就以城市人口的粮食供应来说，城居官僚、贵族、士兵、官府工匠乃至官贱民等等，自然是由国家征收的税粮中开销；大批城居私营手工业者以及城居艺人等等，如果他们在乡下没有农田，那么，他们的日食消费，就必须取给于市场粮食供应。《国史补》卷中所记"江淮贾人积米以待踊贵，图画为人，持钱一千买米一斗，以悬于市"，乃是富有代表性的事例。全国大批城市在东方的涌现，自然首先是适应于农业生产发展有余粮投向市场的。再进一步考察，在安史乱前的全国政局稳定条件下，华北农产多年丰收，手工业生产也有了前所未有的长进，从而造就了大批北方市场的繁荣。中唐后，华北不少地区长期藩镇割据，干戈相寻，生产发展受到损害，市场经济也自然深受影响。东南地区政局相对稳定，以农业为首的生产事业由是得到了迅速的发展，一大批大中型城市相继涌现，并获得了前所未有的繁荣。

三

随着唐代一大批大中城市的出现，现在有必要稍稍剖析城市居民的构成。没有疑问，城市居民的构成要比广大农村复杂得多。城市既有大、中、小的区分，各个城市居民的构成也不会完全一致。一般说来，城市居民包括了诸色官吏、地主、军人、知识界、宗教徒、贫民、浮客、艺人、妓女、奴婢与诸色依附者以及工商业者，本文只就工商业者的情况略作探索。

城市中居留着不少工商业者至迟自战国秦汉以来已是如此。手工业区分为官营与私营两大类，包括了各行各业，还有的是民众家庭副业。官办工业的劳动者长期以来主要是刑徒、工匠、奴婢。不过，唐代的官营手工业大多已采用轮番服役的工匠与和雇匠。城市私营工业通常是采用雇佣劳动者。当然，我们注意到了唐代的城市私营手工业有不少是被贵族把持操纵着，例如粮食加工工业就由他们"竞选碾硙，堰遏费水"，或是"缘渠立硙，以害水田"。纺织方面，诏敕也承认，"或于所部频情织作，少付丝麻，多收绢布"，敦煌、吐鲁番出土的不少文书表明，所在寺观也经营了不少手工业，进行大量商贸活动。唐代社会里从事商贸活动的人数很不少，大致可区分为官商、富商和中、小商人以及一定数量的外国商人。

由此看来，城市工商业者大致包括了官府作坊工匠，私人手工作坊的工人和出售商品或是经营邸店、旅馆业以营利为生的人，这批人乃是城市居民的重要成员。需要指出的是，自秦汉以迄隋唐，商人一般具有"市籍"，有着特殊的身份。

西汉文帝时，晁错揭示，秦朝对边塞用兵，首先征发谪吏、赘婿、商人，随后，"以尝有市籍者，又后以大父母、父母尝有市籍者"。由此可知，秦朝的市籍，既包括了商人本身，也包含了从事过工商业者的子孙，这是商鞅变法以来主张力农战，轻工商政策的延续。汉景帝时，"有市籍者不得官"。汉代七科为兵，有市籍者及商人占据四科——故有市籍、父母有市籍、大父母有市籍、商人。明显是有意贬低，将他们列入低贱者行列。这种基本状况至隋唐之际才开始发生新的变化。

隋文帝时，苏威奏请将"临道店舍"之徒一律罢遣务农，将那些不愿意的人"所在州县附录市籍"，撤毁旧店，限时搬去远道经营。侍御史李谔认为："四民有业，各附所安，逆旅之与旗亭自古非同一概，即附市籍，于理不可。"他认定旅店业是行旅所需不能撤废，拒不执行，朝廷最终采纳了他的主张。由此可知，在苏威上奏前，众多置店商人并未编入市籍，李谔的处理也没有将商人一律列入市籍，说明隋代社会已不很藐视商人。隋炀帝曾迁大批外地富商于洛阳，隋末李密围攻洛阳时，越王杨侗"募守城不食公粮者进散官二品，于是，商贾执象而朝者不可胜数"。可知洛阳城内不少富商因献粮而获得了五品以上散官。

唐代"市籍"情况留待本文后面讨论。这里先来考察唐初以来工商业者的实际处境。

毋庸置疑，唐朝仍然存在工商低贱的不少令条，可是，早在唐初，工商业者可以按田令授田，这是北朝至隋代所没有的。并且，对那些卖充邸店、碾硙的人，田令允许人们出卖永业、口分田，明显是存在刺激工商业发展的政策。唐初人说，"良田收百顷，兄弟犹工商"，工商业者只要依法纳税，就可受到法令的保护。唐代宗大历四年（769 年）的户税改制，明文规定加税的人是"有邸店行铺及炉冶"的工商业者。唐昭宗改元敕称，"途路所先，通商是切"。随后，商税正式出现了过税和住税的区分，表明了商业在继续向前发展。

崔融在武则天执政时上表反对广泛征收关市税，他具体谈到了国内水路交通的繁忙景象和贩运贸易的活跃情景，在众多商人中自然存在着若干富商，他们拥有雄厚资本，通过贿赂等途径，逐步跻身政界。中宗时，业已存在"公府补授，罕存推择，遂使富商豪贾尽居缨冠之流"。包括工商授田在内的众多事实表明，唐代商人的身份地位是良民，他们并不卑贱，元结《问进士》云："今商贾贱类，台隶下品，数月之间，大者上污卿监，小者下辱州县。"所称商贾"贱类"是和同时代的贱人奴婢根本不同的。富商们纷纷进入仕途,那是奴婢和部曲们绝对不可能做到的。白居易《策林》云:"商贾大族乘时射利者日以富豪。"《唐大诏令集》卷117《遣使宣访诸道诏》:"访闻江淮诸道富商大贾……广占良田,多滞积贮。"这些事例说明为数不少的富商已从政治、经济诸方面获得了很大好处,僖宗乾符二年(875年)敕诏:"刺史县令,如是本地百姓及商人等,准元敕,不令任当处官,不系高下,盖以事体不可兼,又十室九亲,多有憎爱,一切阻碍,公事难行。近年此色甚多,各仰本道递相检察,当日勒停。百姓商人亦不合为本县镇将,若有违越,必举典刑"。由此可见,到晚唐时,商人不仅大量出任本地地方官,还担任当地镇将,成为领军武官。史称:"方镇多以大将文符鬻之富贾,曲为论奏,以取朝秩者叠委为中书矣。名臣扼腕,无如之何。"这也是富商们由从政而进入了军界。穆宗即位敕诏:"度支盐铁院等,所在影占富商高户庇入院司,不伏州县差科,疲人偏苦。"院指巡院与监院,监院设于产盐地,巡院置于产地与消费地。《新唐书》卷54记"自淮北置巡院十三"。各地巡院影庇很多富商与高户,致使应征大批税役转嫁到了贫苦农民身上。

商人们日趋得势的唐代中叶,正式出现了前所未有的"坊郭户"称谓。宪宗元和四年(809年),令"厘革诸道州府应征留使留州钱物色目",户部尚书李仁素认为税钱分配要有变通,"如坊郭户配见钱须多,乡村户配见钱须少",这是现存最早的城市坊郭户与乡村户对称的资料。它包括了各地州府的城乡而并不是指某一特定的城市。由此可知,宪宗时,全国城乡已有了法定的明确区分。从李仁素的奏文看来,坊郭户名称的出现显然早于元和时。玄宗天宝四年(745年)诏已曾提到"农商异宜"。德宗贞元四年(788年)敕诏,两税等第三年一定。司马光加按语说:"然则当时税赋但以贫富为等第,若今时坊郭十第,乡村五等户临时科配也。"准此看来，初行两税法时，城乡居民的对称很可能已经法制化了，他们被分别称为坊郭户和乡村户。坊是城坊，《通典》卷3记唐制，"在邑居者为坊"，住在坊内的人称为"城内坊市人户"。郭是城郭，是指城外围城的墙。《唐六典》卷3记"两京及州县之郭内分为坊"。因此，坊郭户是指居于内外城的人户。五代后周世宗诏令条流僧尼，全国各县城郭只留寺院一所，"其在军镇及偏镇坊郭户及二百户以上者，亦依诸县例指挥"，只留寺院一所。众所周知，元和初年，唐政府力能控制的地域，主要是在江淮以南。五代后周控制的地区主要是在华北。这就表明，唐五代时的坊郭户是偏及南北大中城市乃至诸县及军镇偏镇所在了。与此相类似，五代后唐明宗诏令，区分"诸道州府乡村人户"和"京都及诸道州府县镇界及关城草市"居民的不同榷酒方案。值得注意的是，"草市"居民在五代时是明显被列入了坊郭户行列，受到了城市居民的同等对待，并为尔后的赵宋王朝所沿袭和采用。

　　现在，再回头考察唐代"市籍"的情况。现存唐人判文中有若干条涉及市籍，为免累赘，这里不拟逐条讨论。宪宗元和二年（807年），刘禹锡记沅陵市贸情景，"布市籍者咸至"，他们分别陈列商品，一一标明价格，"物参外夷之货"，还有马牛羊牲畜、纺织品、编织品，以及屠宰猪、羊、经营餐馆饮食业和出售活鱼等等，人们在讨价还价，争论量、衡大小，买卖中介人也活跃于其间。商人们清晨赶赴市场，正午时，市贸进入高潮，"万足一心，恐人我先，交易而退，阳光西徂"。沅陵是黔中道辰州属县之一，其地在当时的商品生产，并不发达；县居民户仍有市籍，反映出唐代城市居民广泛存在市籍，而沅陵有市籍的商人并无低贱受歧视的感触。刘禹锡的同龄人和朋友白居易在《白氏六帖》卷24商贾条记述"市籍"，只是客观地转述汉事，而没有作任何评论。他本人所撰拟判"得州府贡土，或市井之子孙，为省司所诘"时，公开亮明自己的观点："唯贤是求，何贱之有？……唯彼郡贡，或称市籍……栋金于砂砾，岂为类贱而不收。"清楚地为市井子弟入仕唱赞歌。事实表明，唐代确有不少工商子弟经由科举登第，这是对市籍的直接否定。有《率家属籍名田判》云："甲于乡里率家属籍名田，乙告甲是贾人，犯令没入田。甲诉云，无市籍，不伏。"中唐后的这些判例，反映出唐朝的市籍已是有名无实。到了宋代，"市籍"问题再也无人提及。那是宋代的城市商品经济比诸唐代有了更为明显发展的反映。坊郭户名称的登场，标志着中国古代城市的发展步入了一个新的历史阶段。

刊《社会科学战线》（吉林）1991 年第 2 期

附记：本篇原稿文字较长，发表时，编辑先生未和作者商量，删去了若干颇有创新的段落，还删去绝大部分资料的引文出处。今原稿早已不存，无从恢复原来面貌，深为遗憾。

汉魏六朝时期的吏部运作述略

　　吏部是中国古代重要的官府机构之一。建置之初，其地位并不高。自唐、宋以后，其声势远非其他同类机构可比。有关它的建置沿革，曾资生《中国政治制度史》第二册、第三册（南方印书馆，1947 年），安作璋，熊铁基《秦汉官制史稿》（齐鲁书社，1984 年），白钢主编《中国政治制度通史》第三卷、第四卷（人民出版社，1996 年）、李铁《中国文官制度》（中国政法大学出版社，1989 年）等相关著作，都对它直接间接或多或少有所涉及，但都没有对它作出清晰解释。列宁在 1919 年谈到国家的产生和发展情况时，曾特别提示，为了解决社会科学问题，必须用科学眼光观察，"不要忘记基本的历史联系，考察每个问题都要看某种现象在历史上怎样产生，在发展中经过了哪些主要阶段，并根据它的这种发展去考察这一事物现在是怎样的"①。他同时又指出，"国家一直是从社会中分化出来的一种机构，是由一批专门从事管理、几乎专门从事管理或主要从事管理的人组成

---

　　① 《列宁全集》第 37 卷《论国家》，人民出版社 1986 年版，第 61 页。又《列宁选集》第 4 卷，人民出版社，1972 年，第 43 页。

的一种机构。人分为被管理者和专门的管理者，后者高居于社会之上，称为统治者，称为国家代表"①。由此缘故，我们有责任将产生于汉代一直延续至清末的吏部分阶段加以探讨。本文写作只是考察它在历史上是怎样产生，在其初期阶段是如何运转并日趋壮大的。

一

中国有二千余年专制主义中央集权的政府，它长期实行专制，君主独裁。他一手掌握任免官吏大权。不过，国家的事务繁多，即使最有才能的君主也不可能一人包揽一切，而是需要一个他所信赖的集团帮他进行管理，贯彻其统治图谋，此乃古今所有国家的共同现象。秦汉以来，我国创建了庞大的官僚机构，中央政权主要由三公（丞相、太尉、御史大夫）九卿管理。对其管理方式，已有多部中国政治制度史作过讨论，无须在此赘述。

《汉书》卷58《公孙弘等传》末，班固赞曰："是时，汉兴六十余载，海内艾安，府库充实，而四夷未宾，制度多阙。上方欲用文武，求之如弗及……是以兴造功业，制度遗文，后世莫及。"这是指汉武帝多方吸引和使用各地人才，造成国家强盛局面。

汉以前，秦朝所以兴隆较快，善于用人，就很有特色。《史记》卷79《范雎蔡泽列传》记秦昭王时，"秦之法，任人而所任不善者，各以其罪罪之"。如此合理用人，大大激励人们发挥才智，造就功业。

众所周知，吏部机构是从汉代尚书官僚体制发展而来。尚书

① 《列宁全集》第37卷《论国家》，人民出版社1986年版，第66页。又《列宁选集》第4卷，第47页。

之名始见于秦。《宋书》卷 39《百官志》："尚书，古官也……秦世少府遣吏四人，在殿中主发书，故谓之尚书。尚犹主也……秦时有尚书令、尚书仆射、尚书丞。至汉初并隶少府，汉东京犹文属焉。"《通典》卷 22《尚书省》云："秦时，少府遣吏四人在殿中，主发书，谓之尚书。尚犹主也。汉承秦置……至成帝建始四年（前 29 年），罢中书宦者，又置尚书五人，一人为仆射，四人分为四曹，通掌图书、秘记、章奏之事及封奏，宣示内外而已，其任犹轻。"它说明秦代所建尚书官职，汉初沿置。秦汉之际，尚书权不重，汉代仍文属少府，尚书与选人之事尚无直接关联。

为了稳固地统治中央集权的庞大帝国，皇帝迫切需要一个他非常信赖的集团加以管理。《通典》卷 23《尚书·吏部尚书》云："《周礼·天官》，太宰掌建邦之六典，以佐王理邦国。"是知上古时的统治者已很重视设官选拔人才。后世习称吏部为天官，居诸曹之首位，渊源自是古老。但是，以吏部（选部）为官署名称，它的正式登场为时并不很早。它的出现标志着国家官僚机构在选举用人方面，已趋向于制度化与正规化。

《淮南子》卷 15《兵略训》云："德义足以怀天下之民，事业足以当天下之急，选举足以得贤士之心，谋虑足以知强弱之势，此必胜之本也。"它虽是就用兵而言，论选举足以得士心，表明选举是选人的重要方法。西汉盛世的选人方式虽有察举、徵辟、任子、军功、訾选乃至对策、考试等等途径，其时，朝政大事例由丞相、三公等高官襄助皇帝办理，没有严格标明，由谁专门负责人才选拔。

《唐六典》卷 1《尚书都省》称："初，秦变周法，天下之事皆决丞相府，置尚书于禁中，有令、丞，掌通章奏而已。"说明秦代尚书是皇帝与丞相间传递信息的吏员，政治地位相当低。

祝总斌《两汉魏晋南北朝宰相制度研究》（中国社会科学出版社，1990年）专著，具体剖析了宰相制度在其不同阶段的内容和特色，特别解明了汉代的尚书到了魏晋，代替三公成了宰相，并考释历代宰相拥有行政权和监督百官的执行权，所论极是。该书将有关尚书诸事宜均纳入宰相制度进行解说，因此，较少讨论尚书的选举用人，自是不足为异。窃以为西汉以来，其选举用人，除皇帝敕用外，中央三公乃至地方长吏，都拥有直接用人权。《汉书》卷18《外戚恩泽侯表》记汉成帝建平二年（前5年），邛成共侯王勋，"坐选举不以实，骂廷吏，大不敬，免"。这位侯王因选人不以实，受到了朝廷惩罚。《汉书》卷76《张敞传》记宣帝时，敞为胶东相，"上名尚书，调补县令者数十人"。卫宏《汉旧仪》卷上云："旧制：令六百石以上，尚书调；拜迁四百石长相至二百石，丞相调。"是知尚书选拔地方官之权已不小。《续汉书·百官志一》记太尉掾史，"皆自辟除"。又《百官志三》云：尚书令，"掌凡选署及奏下尚书曹文书众事"。这些事例表明，两汉选举用人，具有极大的复杂性和多样性。自西汉至东汉，尚书选人权力是在日趋增大。

梁人刘昭注《续汉书·百官志》引蔡质《汉仪》云：常侍曹，"主常侍黄门御史事，世祖改曰吏曹"。"吏曹尚书典选举、斋祀，属三公曹。灵帝末，梁鹄为选部尚书"。蔡质乃蔡邕叔父，曾任卫尉。他明确说，吏曹创始于东汉初。光武帝初创吏曹，自是创业君臣鉴于以往选人得失所作新的变革。梁鹄在灵帝时为选部尚书，今本《后汉书》失载，甚至梁鹄其人，也都不见于史书记录，端赖《汉仪》得知其事。

《晋书》卷24《职官志》云："列曹尚书，案尚书本汉承秦置……至成帝建始四年（前29年）……又置尚书五人，一人为仆射，而四人分为四曹……各有其任。其一曰常侍曹，主丞相、御史、公卿事……尚书虽有曹名，不以为号。灵帝以侍中梁鹄为选曹尚书，于此始见曹名。"说明吏曹名称的出现远比尚书其名为晚。唐人称梁鹄时为侍中，所言应有依据。此后，《唐六典》、《通典》以至《册府元龟》、《文献通考》等书均沿用其言，这是现存汉代仅有任命吏部长官的记录。

《通典》卷 13 记汉成帝初置常侍曹、二千石曹，分掌公卿及郡国事，"盖选曹之所起也"。《册府元龟》卷 629《诠选部总序》云："汉丞相东曹主二千石长吏迁除，亦其事也。成帝初置尚书四人，分四曹，吏曹尚书主选举。"所言虽较粗疏，言亦有据。《通典》卷 13 云："东汉时，选举于郡国属功曹，于公府属东西曹，于天台属吏曹尚书，亦曰选部，而尚书令总之。"可见东曹主迁除确是事实。曹操时，崔琰为东西曹掾，主选举。蜀汉诸葛亮以杨颙为东曹掾，典选举，都是实例。按汉成帝所置尚书四曹是常侍曹、二千石曹、民曹（户曹）、主客曹，它们各有所司，严格说来，其时尚无吏曹其名。

《宋书》卷 39《百官志》云："曹尚书，其一曰常侍曹，主公卿事……光武……改常侍曹为吏曹，凡六尚书……吏曹掌选举、斋祠……吏曹任要，多得超迁。"南朝人沈约将尚书之缘起及其在东汉所发生的变化言之甚明，且揭示了吏曹在诸曹中所处的重要地位。

《后汉书》卷 29《申屠刚传》记汉光武帝时，"内外群官，多帝自选举"，尚书令申屠刚力谏而未被采纳。《唐六典》卷 1《尚书都省》称："（汉）光武亲总吏职，天下事皆上尚书，与人主参决，乃下三府。"所记与后汉传文有些出入。《文献通考》卷 49《宰相》条云："后汉废丞相及御史大夫，而以三公综理众务，则三公复为宰相矣。至于中年以后，事归台阁，则尚书官为机衡之任……然则当时尚书不过预闻国政，未尝尽夺三公之权也。"说明吏曹在两汉之际初显身手,而三公的地位仍相当显赫。

吏曹在东汉二百年间,史书记载量很少,其时汉代选人机构具体状况何如呢?

人所共知,西汉前期,三公权重,武帝以后,情况逐渐发生变化。《汉书》卷93《佞幸传》记元帝时,宦官当政,"萧望之领尚书事,知(石)显专权邪僻,建白以为尚书百官之本,国家枢机,宜以通明公正处之……宜罢中书宦官……元帝不听"。同书卷78《萧望之传》记武帝以丞相、御史大夫权重,乃新设中书谒者令(中书令)。西汉晚年,中书令弘恭、石显久典机要,"望之以中书政本,宜以贤明之选"。所称"中书政本"、"尚书百官之本",正是西汉后期实情,与汉末魏晋之际中书、尚书掌权情况迥异。《续汉书·百官志三》记尚书令,"掌凡选署及奏下尚书曹文书众事",这是和西汉情况大为不同的。

《后汉书》卷46《陈忠传》记安帝时,"三府任轻,机事专委尚书……忠以为非国旧体,上疏谏曰:今之三公,虽当其名,而无其实。选举诛赏,一由尚书,尚书见任,重于三公",揆之后汉尚书实情,所言似有些过分。

《后汉书》卷6《顺帝纪》,阳嘉元年(132年)十二月诏:"今刺史、二千石之选,归任三司。"三司即是太尉、司徒、司空。说明选举用人权仍在三公。同书卷63《李固传》记阳嘉二年(133年)对策云:"今陛下之有尚书……亦为陛下喉舌。……尚书出纳王命,赋政四海,权尊势重,赏之所归……诚宜审择其人,以毗圣政。"他所说尚书是指尚书台,不能将它与吏部等同。《通典》卷22评论两汉时之尚书。西汉时,"权任犹轻,至后汉则为优重,出纳王命,敷奏万机,盖政令之所由宣,选举之所由定,罪赏之所由正"。可见东汉尚书有参定选举用人权,因此，李固说："尚书为陛下喉舌……今与陛下共理天下者，外则公卿尚书，内则常侍黄门……安则共同福庆，危则通其祸败。"顺帝时，尚书令左雄上疏，痛斥汉初至今三百余载，巧伪滋萌，奸猾枉滥，送迎烦费，损政伤民。《后汉书》卷61本传云："宦竖擅权，终不能用。自是选代交互，令长月易，迎新送旧，劳扰无已。或宦寺空旷，无人案事，每选部剧，乃至逃亡。"可知其时任官选人是相当混乱的。《后汉书》卷30下《郎颤传》记阳嘉三年（133年），颤上奏云："今之选举牧守，委任三府……州郡有失，岂得不归责举者。"顺帝令他与尚书更对，颤再次申言："今选举皆归三司……每有选用，辄参之掾属，公府门巷，宾客填集，送往迎来，财货无已……尚书职在机衡，宫禁严密……选举之任，不如还在机密。"章怀注云："欲使尚书专掌选也。"诸事例说明：东汉中晚期政局混乱，朝廷选举用人通常是由三公职掌。王符《潜夫论》卷4《班禄》亦云："三府制法，未闻赦彼有罪，狱货惟实者也。"处于这种社会背景下，舆论认为三公主事还不如让尚书领选为好。

汉桓帝时，陈蕃任光禄勋，《后汉书》卷66本传记他上疏："陛下宜采求失得，择从忠善。尺一选举，委尚书三公，使褒责诛赏，各有所归……帝颇纳其言。""自（陈）蕃为光禄勋，与五官中郎将黄琬共典选举。不偏权富，而为势家郎所谮诉，坐免归。"他请求下诏，使尚书三公共同负责，公平选人。实践中遭遇了强大阻力，竟至自身也被免官。同书卷61《黄琬传》云："时权富子弟多以人事得举，而贫弱守志者以穷退见遗。"在这场选举风波中，身为五官中郎将的黄琬竟遭禁锢。《后汉书》卷78《吕强传》记汉灵帝时，宦官吕强上疏称："旧典选举委任三府，三府有选，参议掾属，咨其行状，度其器能，受试任用，责以成功。若无可察，然后付之尚书。尚书举劾，请下廷尉，覆案虚实，行其诛罚。今但任尚书，或复敕用。如是，三公得免选举之负，尚书亦复不坐，责赏无归，岂肯空自苦劳乎！……书奏不省。"如此看来，汉灵帝时的选举用人，似乎是"但任尚书，或复敕用"。然而，同样是汉灵帝时，《后汉书》卷60下《蔡邕传》载其上疏："三府选举，逾月不定，臣经怪其事……臣愿陛下上则先帝，蠲除近禁……书奏不省。"这又似乎说明，东汉末年的选举用人流移未定，很可能是仍循旧规，主要是由三公负责承担其事。

综上所述，经由吏曹用人，在东汉时尚处于初创阶段，它是尚书吏曹权力初露头角日趋增进的表现。《通典》卷16记南"齐左仆射王俭请解领选，他对褚彦回（渊）曰：'选曹之始，近自汉末。'……彦回曰：'诚如卿言。'"南朝人的这一认识是符合东汉时实情的。

二

汉末社会大动乱，导致了汉帝国的迅速瓦解。此后四百年间全国范围内持续分裂紊乱，直至隋朝出兵南下灭陈，全国才重归统一。长期的混乱与人士流离，意外造就了全国性的民族大融合，为统一的中华大地带来了新的发展契机。

汉末混乱期间，用以选人的吏曹并没有就此消失。《三国志》卷10《贾诩传》记中平六年（189年）九月，董卓率兵入洛，废少帝，立献帝。卓自称相国，拜贾诩为"尚书，典选举，多所匡济"。说明社会大混乱中的尚书选人工作仍在赓续进行，具体成效如何，自难过高肯定。

自此以后，由曹魏开始的魏晋南北朝数百年间，尚书吏部的职能有了很大发展。概略地说，曹魏时，尚书分设吏部、左民、客曹、五兵、度支共五部尚书。晋初，有吏部、三公、客曹、驾部、屯田，度支六曹。西晋太康盛世，尚书分设吏部、殿中、五兵、田曹、度支、左民六曹尚书。东晋南渡，尚书分设吏部、祠部、五兵、左民、度支五曹尚书。南朝宋、齐之世，尚书分设吏部、度支、左民、都官、五兵、祠部、起部七部尚书。南朝梁、陈时，尚书分置吏部、祠部、度支、左户、都官、五兵六部尚书。北朝北魏前期，分尚书三十六曹，置八部大人官、六部大人官，诸曹尚书十余人，建置十分繁复①。孝文帝改革后，始复魏晋之旧，有吏部（选部）、兵部、都官、度支、七兵、祠部、民曹等官。东、西魏分裂，魏、齐分设吏部、殿中、祠部、五兵、都官、度支六部尚书。西魏、北周初依周礼置六官——太冢宰、大司徒、大宗伯、大司马、大司寇、大司空等以司分治，初无吏部称号。随后，"内外众职，又兼用秦、汉等官"，"所设官名，迄于周末，多有改更"②，是知其时正式有了吏部官。隋代统一南北，置尚书省，左仆射掌判吏部、礼部、兵部，右仆射掌判都官（刑部）、度支（户部）、工部。由此可见，吏部在这几百年间的官序班列中，多数情况下是居于诸曹之上。下面，拟就此探索吏部在这几百年间的运作状况，说明其发展变化及其有以致此的缘由。

汉末建安中，曹操称魏公、开府。《三国志》卷12《崔琰传》称："太祖为丞相，琰复为东西曹掾。"裴注引《先贤行状》云："琰清忠高亮，雅识经远……魏氏祖载，委授铨衡，总齐清

---

　①　陈寅恪《隋唐制度渊源略论稿·职官》云："北魏孝文帝太和定官制以前，其官职名号华夷杂糅，不易详考，自太和改制以后，始得较详之记载。"三联书店，1954年，第83页。

　②　《北史》卷30《卢辩传》，第1101页；《隋书》卷27《百官志》，第701页；《通典》卷39《职官》，第1064页，中华书局，1988年。

议，十有余年。文武群才，多所明拔。朝廷归高，天下称平。"十几年内，他为曹魏政府选拔了大批有干用的人才。同卷《毛玠传》，玠为太祖东曹掾，"与崔琰并典选举。其所举用，皆清正之士。虽于时有盛名，而行不由本者，终莫得进。务以俭率人。由是天下之士，莫不以廉节自励，虽贵宠之臣，舆服不敢过度。太祖叹曰：'用人如此，使天下人自治，吾复何为哉！'文帝（曹丕）为五官将，亲自诣玠，属所亲眷。玠答曰：'老臣以能守职，幸得免戾，今所说人非迁次，是以不敢奉命。'……玠居显位，常布衣蔬食，抚育孤兄子甚笃，赏赐以振施贫族。家无所余，迁右军师。魏国初建，为尚书仆射，复典选举"。注引《先贤行状》曰："玠雅亮公正，在官清恪，其典选举，拔贞实，斥华伪，进逊行，抑阿党。诸宰官治民功绩不著而私财丰足者，皆免黜停废，久不选用。于时四海翕然，莫不励行。至乃长吏还者，垢面羸衣，常乘柴车。军吏入府，朝服徒行……吏絜于上，俗移乎下，民至于今称之。"崔、毛二位职司选举，做了大量有益的工作，但均无吏部尚书头衔。他俩的工作长期如此自律，实在是匪夷所思。长期选拔正直有作为的人，对徒有虚名而无实才者坚决不用，也不任用党同伐异者，政绩平平而所积私财丰厚的人也是不录用。甚至身为丞相副贰的曹丕，亲自登门推荐自己属意之人，也被公然拒绝起用。办事公正，大义凛然。他本人则是自奉廉洁，大力拯孤济贫。先进的榜样，自是深得民众的拥护，也为此受到曹操的高度赞许。

《太平御览》卷214引《傅咸集表》云："昔毛玠为吏部尚书，无敢好衣美食者。魏武叹曰：孤之法不如毛尚书令，使吏部用心如毛玠，风俗之易，在不难矣。"综观其选人，突出表现了重德惜才，勤政清廉，办事公平公正，实为一代楷模，为新出炉未久的吏部尚书树立了良好形象。魏国初建，曹操制定了一系列重要军政措施，有了毛玠为代表的吏部机构，公正选拔用人，大批良吏当权，极大地积极推动了曹魏吏治的改善，曹魏初年在政治上的生气蓬勃，是清廉政治的良好范本。

十六国后秦的吏部尚书郭抚努力搜扬俊乂，人们称誉他"以拟魏之毛（玠）、崔（琰）"①。南朝梁人张缵《让吏部尚书表》云："汉革民曹，魏仍东揆，毛孝先（玠）以清公见美，降及晋世，希睹其人。"② 后人对前贤的敬仰，溢诸言表。梁末混乱，萧詧江陵称帝，萧方智称王建康，王僧辩迎萧渊明南下称帝，臣属于齐。陈霸先据有江南，江淮之间分外不宁。是时，徐陵先后为尚书吏部郎及吏部尚书，"以梁末以来，选拔多失其所"，"冒进求官，諠竞不已"。他为此晓示于众云："自古吏部尚书者，品藻人伦，简其才能，寻其门胄，逐其大小，量其官爵……所见诸君，多逾本分，犹言大屈，未喻高怀……所望诸贤，深明鄙意。"他的文告以理服人，"自是众咸服焉，时论比之毛玠"③。毛玠身死四百年，依旧受到后人的敬仰。

曹魏以后，有关吏部机构人员的组成及其职掌分配，历代存在若干具体差异，前面已作简要介绍。吏部选举用人，酬勋赏劳，考核官绩，都是各国吏部机构的基本职责。至于吏部在列曹尚书间的地位，自是讨论其权力必然要涉及的问题。《通典》卷22记杜佑言，"历代吏部尚书及侍郎，品秩悉高于诸曹"，其依据是很充分的。黄惠贤执笔《中国政治制度通史》魏晋南北朝卷，对上述诸方面大都有简要说明。惜乎涉及考课方面，着笔过少。

---

① 《太平御览》卷214引崔鸿《十六国春秋》，中华书局，1960年，第1021页。

② 《初学记》卷11《表》引，中华书局，1962年，第267页。

③ 《陈书》卷26《徐陵传》，第332—333页。本文所用诸正史，皆中华书局点校本。

黄先生书以《通典》所刊列历代尚书为主，并吸取近人的研究成果，将曹魏以至隋代的列曹尚书次第排列作了简表，突出了吏曹位居列曹之首，表中未列蜀汉、孙吴和北周时的吏部状况，但在书中往后的叙述里，大都有所涉及。唯独对西晋末年相继涌现的五胡十六国有关吏部状况，始终没有涉及，颇令读者困惑不解。

从刘渊在山西首先起兵反晋（304年），直至北魏灭亡北凉（439年），在百余年间里，广大河淮地域、西南地区乃至河西关外的选人状况，是不应该忽略的群体。十六国除汉人所建前凉、西凉没有公开称帝，"所置官府寺，拟于王者，而微异其名"。其余由少数族人（五胡）所建十四国，《晋书》诸《载记》所述吏部的相关文字颇有异同。前赵刘聪"有吏部，置左右选曹尚书"。选曹分置左右，汉魏所罕见，应是新的举措。后赵石勒以张宾领选，清定九品。石虎甚至下令，"至于选举，铨为首格……吏部选举，依晋氏九班选制，永为揆法。选毕，经中书门下宣示三省，然后行之"。前秦苻坚以仇腾为尚书领选，王猛为吏部尚书，又迁尚书左仆射，岁中五迁，权倾内外。后秦记吏部尚书尹昭谏阻姚兴出兵伐凉（南凉），而独缺选举记事。《太平御览》卷214引《十六国春秋》云："金城人郭抚初为吏部尚书，与郎姚范清心虚求，搜扬俊乂，内外称之，以拟魏之崔、毛。"显示了他对选人原则的高度重视。西秦乞伏氏以翟温为吏部尚书，另有尚书令、左右仆射、兵部、民部尚书等等，亦是仿汉制以选人。后燕在中山，慕容垂亦置吏部尚书，北魏崔玄伯曾仕后燕任吏部领选。前燕慕容儁、南燕慕容德、北凉沮渠氏[①]、

---

① 本文已抄完，发现《晋书》卷129《沮渠蒙逊载记》虽未记北凉置吏部事，但《魏书》卷52《宋繇传》记蒙逊出兵灭西凉李氏；获仕于西凉的敦煌人宋繇，"拜尚书吏部郎中，委以铨衡之任"（第1153页），由此揣测，后凉、成汉、大夏等国恐怕很难武断说没有设吏部选人之事。

大夏赫连氏诸国，史书未直接提到吏部，但记有尚书令、仆射、中书监令，恐怕很难说没有设吏部以选人。

南凉秃发氏、后凉吕氏、益州成汉李氏，在现存史籍中，未见相关记述选人之事，具体选人方式不明。

可以肯定，不论匈奴、鲜卑、羯、氐、羌、巴氏诸族人所建国，大都设有吏部选人，所有在中原地区的立国者，其政治体制几乎是照搬魏晋旧制，吏部在其政权机构中的地位同样较高。那些在河西、关外以及西南巴蜀的立国者，他们的胡化色彩较浓，汉、魏旧制的色彩不很明显。清楚表明了汉族中原制度文化对国内诸族统治者的影响是既深且广，尚书吏部在诸族国官制中所占地位呈现深浅差异的不同特色。

《北堂书钞》卷60引晋人袁子（准）云："魏家署吏部尚书，专选天下百官。夫用人，人君之所司，不可以假人者也。使治乱之柄制在一人之手，权重而人才难得，居此职、称此才者，未有一二也。"他说吏部尚书一人操国家治乱之柄，那是言之过重。但吏部职掌选人为官，所选人才良否，是要严重影响所在单位行政之良否，是事关全局的大事，那是不能等闲视之的。晋人《华谭集》收《尚书二曹论》云："刘道真问薛令长：'在吴何作？'答曰：'吏部尚书。'问曰：'吴待吏部，何如余曹？'答曰：'并通高选，吏部特一时之俊。'刘曰：'魏晋以来俱尔，独谓汉氏重贼曹为是，吴晋重吏部为非。'薛君曰：'吏部执掌人物，人物难明……吏部宜重，贼曹为轻也。'"①　就两汉整体而言，重刑曹（兵曹）是保存不少实证，吏曹在汉代是尚不居重要地位的。

---

① 《通典》卷23《刑部尚书》注引《华谭集》，中华书局，1988年，第643—644页。

孙吴重视吏曹，实例颇不少。《三国志》卷57《陆瑁传》记瑁在孙权时为选曹尚书，其子陆喜，孙皓时为选曹尚书。同书卷52《步骘传》注引《吴书》曰："李肃，南阳人。少以才闻，善论议，臧否得中，甄奇录异，荐述后进，题目品藻。曲有条贯，众人以此服之。（孙）权擢以为选曹尚书，选举号为得才。"同书卷57《张温传》："拜议郎，选曹尚书，甚见信重。"吴郡人暨艳"以为选曹郎，至尚书"，"艳及选曹郎徐彪专用私情，爱憎不由公理，艳、彪皆坐自杀"。又卷53《薛综传》记："赤乌三年（260年），徙选曹尚书。五年，为太子少傅，领选职如故。"《吴书》称之"甚为优重"。又卷52《顾谭传》且记："薛综为选曹尚书，固让顾谭曰：'谭心精体密，贯道达微，才照人物，清允众望，诚非愚臣所可越先。'后遂代综。"这些事例说明，在选曹任职，要善于识别人才，公道正派，奖掖有识之士，才能有所作为。

《三国志》卷22《卢毓传》记魏国初建，"为吏部郎"。魏明帝时，迁吏部尚书。"毓论人及选举，先举性行，而后言才"。在回答他人的质疑时，他十分清晰地作了阐述："才所以为善也，故大才成大善，小才成小善。今称之有才而不能为善，是才不中器也。"他主张选拔人才宜先重视德行的观点很鲜明。只有品德好，随后再讨论其人的才能大小。如此见地实是高人一筹。《通典》卷14称，曹魏州郡县俱置大小中正，取"德充才盛者为之"。是知初创中正制时，与其末年的中正制有所不同，它是很重视德与才的。

《三国志》卷21《傅嘏传》记嘏言："方今九州之民，爰及京城……其选才之职，专任吏部。"可知曹魏初年的吏部，很重视以才取人。同书卷28《诸葛诞传》记诞由荥阳令"入为吏部郎，人有所属托，辄显其言而承用之。后有当否，则公议其得失以为褒贬，自是群僚莫不慎其所举"。诞在选人走后门成风的社会中，对那些毛遂自荐者，因其所言而用之，通过实践以验其言行之真实与否。如此处理，适可以恰当地教育一些人的言行有所收敛。

魏文帝初即位，面对社会混乱，人士迁居无定的现状，为了在乱世选拔人才，陈群为之创制九品官人法。诸州郡皆置中正，品评所在人物，考之簿世，以供吏部选拔使用。吏部选人必经中正核实某人的居留地及父祖官名，如此选拔，便逐渐演变为适应士族门阀的需要，有利于士族们把持选举，控管人才的升降，从而导致了上品无寒人、下品无士族的不良局面。某些家族，如陈郡谢氏竟至几代人都任职吏部，此乃客观现实的存在。但从整个政权机构选人进程作全局考察，不少担任吏部尚书的人是为选拔人才作出了积极贡献。

《晋书》卷44《卢钦传》记录这位范阳卢氏，在魏晋之际，数度为吏部尚书，"钦举必以材，称为廉平。以清贫，特赐绢百匹"。他本人清贫，居无私积，而自身廉洁，举人以材。《晋书》卷43《山涛传》记魏晋时，他多次任职吏部，"前后选举，周遍内外，而并得其才"。"涛所奏甄别人物，各为题目，时称'山公启事'"。"每一官缺，辄启拟数人，诏旨有所向，然后显奏，随帝意所欲为先"。如此精心揣摩人主意旨选用人，自是其作风不正派的表现。但他是直接请示皇帝，没有受其上级尚书令、仆射的不正当干扰，也还是有可取的一面。

《北堂书钞》卷60载晋太康四年（283年）八月诏："选曹铨管人才，宜得忠恪寡欲，抑华崇本者，尚书朱整是其人也。"晋初，朝廷所定用人标准比较恰当。《晋书》卷45《任恺传》记恺在晋初为吏部尚书，"选举公平，尽心所职"。同书卷61《周馥传》载司徒王浑推奖馥，"理识清正，兼有才干，主定九品，检括精详。臣委任责成，褒贬允当"，由是迁任吏部郎。"选举精密，论望益美"，是知他负责选入，深孚众望。西晋时，蔡克任司马颖丞相东曹掾，"克素有格量，及居选官，苟进之徒望风畏惮"①。主持选举的官员作风正派，那些希冀侥幸得逞之人，自是不敢兴风作浪。

《宋书》卷57《蔡廓传》，宋少帝时，廓自豫章太守入为吏部尚书，坦陈自己心愿。"选事若悉以见付，不论；不然，不能拜也"。其时，录尚书徐羡之所定办事原则，"黄门郎以下，悉以委蔡，吾徒不复厝怀；自此以上，故宜共参同异"。众所周知，东汉、魏晋以来，录尚书负责总管尚书事务，至南朝时，录尚书的权力已明显有了削弱，尚书令、仆之权颇大。宋孝武帝别诏江夏王刘义恭云："吏部尚书由来与录共选，良以一人之识，不办洽通，兼与夺威权，不宜专一故也。"② 录尚书徐羡之也认定，"选案黄纸，录尚书与吏部尚书连名"签署。蔡廓坚决不同意"署纸尾"方式③，他为此宁可舍弃吏部尚书，转任祠部尚书，吏部一职另由王惠承接。《宋书》卷58《王惠传》记他在吏部，"未尝接客，人有与书求官者，得辄聚置阁上。及去职，印封如初时"。由此看来，蔡、王二人从政作风大不相同：蔡很不愿附和录尚书徐羡之，在其选纸尾署名；王惠则是不理会任何求情通关节者，人们由是认为"廓之不拜，惠之即拜，虽事异而意同也"。

《宋书》卷71《江湛传》记元嘉二十七年（450年），"转吏部尚书，家甚贫约，不营财利，饷馈盈门，一无所受，无兼衣

① 《晋书》卷77《蔡谟传》，第2033页，蔡氏是陈留考城著姓，克是谟的父亲。

② 《宋书》卷85《谢庄传》引，第2173—2174页。

③ 《宋书》卷57《蔡廓传》，第1572页。

余食……在选职，颇有刻核之讥。而公平无私，不受请谒，论者以此称焉"。他在元嘉盛世，出任吏部长官，照旧廉洁，不受贿，慎用人，十分难能可贵，为元嘉政绩作出了积极贡献。

《宋书》卷75《颜竣传》记竣与谢庄在孝武帝时先后任吏部尚书，都能留心选举，自强不息。颜竣在前，谢庄继后。时人评论说："颜竣嗔而与人官，谢庄笑而不与人官。"是知他俩对人的表面态度很不同，用人的原则颇为一致。《南齐书》卷32《褚炫传》记齐永明时，炫在吏部不杂交游，公道正派，"选部门庭萧索，宾客罕至"，行道正，贿风消。

社会状况异常复杂，众多官员的业绩和作风也是互不相同。《梁书》卷13《范云传》记天监元年（502年）为吏部尚书，寻迁尚书右仆射，仍领吏部，"坐违诏用人，免吏部，犹为仆射"。看来，他是个颇为复杂有争议的官员。南齐时，先后在零陵、始兴、广州等地任地方官，做了些好事，"号称廉洁"。梁初任吏部，违诏用人实情，今已不明。史称"及居贵重，颇通馈饷，然家无蓄积，随散之亲友"。他居官所受饷馈，没有中饱私囊，而是分与亲友，这自然不是清官的作为。他任官一年身死，梁武帝亲临葬礼，且下诏褒扬，称他"脱巾来仕，清绩仍著"。史传说他"居选官……宾客满门，云应对如流，无所壅滞。性颇激厉，少威重，有所是非，形于造次，士或以此少之"。说明他做选人工作办事不细、工作作风十分粗鲁。

《陈书》卷2记武帝永定二年（558年）诏："梁时旧仕，乱离播越，始还朝廷，多未铨序。又起兵以来，军勋甚众，选曹即条文武簿及节将应九流者，量其所拟。"于是，随材擢用者五十余人。所称文武簿乃是文武官员铨选簿。文武选人殊途，至唐、宋时是比较明显。六朝时，尚不尽然。《晋书》卷24《职官志》称："魏初，因置护军将军，主武官选，逮领军。晋世则不逮也。"六朝时，不少官员往往出将入相，文臣用腹心，武官用功臣的现象比较广泛。《陈书》卷21《孔奂传》，记奂仕陈为吏部尚书。其时，陈出兵与北齐交争。"克复淮泗，徐豫酋长，降附相继，封赏选叙，纷纭重叠，奂应接引进，门无停宾。加以鉴识人物，详练百氏，凡所甄拔，衣冠搢绅，莫不悦伏。性耿介，绝请托，虽储副之尊，公侯之重，溺情相及，终不为屈"。本传对上列诸卓尔行为，列有一些具体例证。由此可见，直至南朝末年，凡能秉公办事的文官吏部尚书，也大都能作出一些不朽的业绩。

河淮以北的华夏大地，经历了西晋以后的长期纷争，至元魏统一北方，拓跋族人依据自己的行政系统，推行了相当特殊的用人方式。《魏书》卷5《高宗纪》载文成帝和平三年（462年）十月诏，"今选举之官，多不以次，令班白处后，晚进居先。岂所谓彝伦攸叙者也。诸曹选补，宜各先尽劳旧才能"。其时，虽早已存在中书、门下、尚书诸省，而在北魏政体中，主要以军制民，以内统外，传统居尚书之首的吏部尚书，北魏前期是相形见绌的①。其后，经历孝文帝的改革，才正式开创了上续汉魏的华夏格局。《魏书》卷63《宋弁传》记孝文帝初期，"时大选内外群官"，并定四海士族，（黄门侍郎兼司徒左长史宋）弁专参铨量之任，事多称旨。然好言人之阴短。高门大族意所不便者，弁因毁之。至于旧族沦滞，人非可忌者，又申达之。"弁又为本州大中正，姓族多所降抑，颇为时人所怨"。那时，这类盛大选举内外群官的大事，并非由吏部主持，反映吏部的地位尚非亲侍。本传又云："高祖每称弁可为吏部尚书。及崩，遗诏以弁为之，

---

① 严耀中《北魏前期政治制度》，吉林教育出版社，1990年，第56、75—76页；陈寅恪《隋唐制度渊源略论稿·职官》，第82—83页。

与咸阳王禧等六人辅政，而弁已先卒，年四十八。"由此可证，上述宋弁主选是在迁洛以前，而弁任黄门郎，乃是由黄门郎崔光的推荐，太和六年（482 年）后，光任中书侍郎和黄门侍郎，参赞迁都之谋，甚为高祖所依恃。

北魏吏部尚书地位的变化，具见于《魏书·官氏志》所载前后职员令。后职员令的年代很明确。《官氏志》云："太和中，高祖召群僚议定百官，著于令，今列于左。"太和中是指何年呢？《魏书》卷 7 下《高祖纪》，太和十七年（493 年）六月诏称："比百秩虽陈，事典未叙……远依往籍，近采时宜，作职员令二十一卷，事迫戎期，未善周悉。虽不足纲范万度，永垂不朽，且可释滞目前，厘整时务……权可付外施行。"前职员令颁布后，开创了"今日之选，专归尚书"的局面。中唐人柳芳说："魏太和时，诏诸郡中正各列本土姓族次第为选举格，名曰方司格，人到于今称之。"① 它排列本土姓族次第，"太和以郡四姓为右姓"，便于选举用人。《魏书》卷 66《崔亮传》："高祖在洛，欲创革旧制，选置百官，谓群臣曰：'与朕举一吏部郎，必使才望兼允者，给卿三日假。'又一日，高祖曰：'朕已得之，不烦卿辈也。'驰驿征亮兼吏部郎……亮虽历显任，其妻不免亲自舂簸……世宗亲政，迁给事黄门侍郎，仍兼吏部郎，领青州大中正。亮自参选事，垂将十年，廉慎明决，为尚书郭祚所委，每云：非崔郎中，选事不办。"是知北魏吏部的作用已经明显增强。同书卷 64《郭祚传》："高祖崩……祚兼吏部尚书，寻除长兼吏部尚书……寻正吏部。祚持身洁清，重惜官位，至于铨授，假令得人，必徘徊久之，然后下笔。下笔即云：此人便以贵

---

① 《新唐书》卷 199《柳芳传》，第 5680 页；《全唐文》卷 372 柳芳《姓系论》，中华书局，1983 年，第 3780 页。

矣……所拔用者皆量才称职，时又以此归之。"从这些事例看来，慎重选拔人是很费心思的。考虑到《魏书》卷8《世宗纪》载正始二年（505年）四月诏："中正所诠，但存门第，吏部彝伦，仍不才举。遂使英德罕升，司务多滞，不精厥选，将何考陟？八座可审议往代贡士之方，擢贤之礼，必令才学并申，望资兼致。"曾几何时，社会选风已是如此不正，适足以反映郭祚的所作所为极是难能可贵。

魏孝明帝年幼在位，又遭逢洛阳羽林虎贲的暴乱，尚书郎张始均竟被烧杀，朝政震荡失控。处此官员名额少而应调人多的艰困条件下，选曹自是应对乏力。为了防止众多武夫入选，吏部尚书崔亮被迫推行按停解年限多少，凭停年资，区分录用先后。此后，甄琛、元修义、元徽等人任职吏部时，也都乐于沿用此制，实是选举用人制的倒退行为。

《北史》卷25《薛俶传》记俶在灵太后掌政时任吏部郎中，十分鄙视崔亮所定"不简人才，专问劳旧"的停年格。他公开指出："若使选曹唯取年劳，不简贤否……勘簿呼名，一吏足矣。数人而用，何谓诠衡？……请郡县之职，吏部先尽择才……宜依次补叙，以酬其劳。"朝廷对他的上奏，不予理会。反对推行年资制的主张，没有受到中央政权应有的重视。

东魏时，高澄任吏部尚书。《北齐书》卷3《文襄纪》称："魏自崔亮以后，选人常以年劳为制。文襄乃厘改前式，铨择唯在得人。又沙汰尚书郎，妙选人地以充之……自正光以后，天下多事，在任群官，廉洁者寡。文襄乃奏吏部崔暹为御史中尉，纠劾权豪，无所纵舍，于是风俗更始，私枉路绝。"魏、齐间所进行的这一改革，据《北齐书》卷34《杨愔传》云："武定末（549年），以望实之美，超拜吏部尚书……典选二十余年，奖擢人伦，以为己任。"它虽存在以言貌取人之弊，聊胜于凭年资用人。

《北齐书》卷38《辛术传》，术任吏部尚书，"取士以才器，循名责实，新旧参举，管库必擢，门阀不遗……甚为当时称举。天保（550—559年）末，文宣尝令术选百员官，参选者二三千人……其所旌擢，后亦皆致通显"。他不计较人的新旧，唯以才华取人，故所选者后来皆有较好的表现。同书卷42《袁聿修传》记他任吏部尚书十余年，"未曾受升酒之馈"，时号"清郎"。但史家评论说："袁在吏部，属政塞道丧，若违忤要势，即恐祸不旋踵，虽以清白自守，犹不免请谒之累。"在权归佞幸的北齐之世，袁尚书个人虽有洁身自好愿望，并对"以仆射领选"的冯子琮行为不轨，加以非笑责难，"及自居选曹，亦不能免"，混同流俗，坠入了"请谒"歪风之中。

《通典》卷23记后周依周官，设吏部中大夫掌选举，小吏部下大夫为副手。《周书》卷27《宇文深传》记周初为吏部中大夫，"在吏曹颇有时誉"。表明他主持选举能行正道，受到舆论界赞扬。《北史》卷67《唐瑾传》，西魏初，瑾由吏部郎"转吏部尚书，铨综衡流，雅有人伦之鉴"，深受周文帝宇文泰的器重。西魏末，"入为吏部中大夫……又好施与，家无余财"。他在魏、周交替之际，负责选举比较公平，既不贪财，还能乐善好施，已是很受时人赞赏。

《周书》卷35《薛端传》记西魏时为吏部郎中，"自居选曹，先尽贤能，虽贵游子弟，才劣行薄者，未尝升擢之。每启太祖云：'设官分职，本康时务，苟非其人，不如旷职。'太祖深然之……转尚书左丞仍掌选事，进授吏部尚书，赐姓宇文氏。端久处选曹，雅有人伦之鉴，其所擢用，咸得其才"。选士特重才能，并不追查其出身。用人不追求其数量，着重于独立发挥其才智，极有助于推进吏治清明。《隋书》卷56《宇文弨传》，仕周，

"累迁少吏部,擢八人为县令,皆有异绩,时以为知人"。注意到了对行政基层县令人才的选拔,有助于推进各地行政的清明。

《周书》卷45《乐逊传》,记周明帝时,上陈切于政要的五条,其中"明选举"条云:"选曹赏录勋贤,补拟官爵,必宜与众共之,有明扬之授。使人得尽心,如睹白日。其材有升降,其功有厚薄,禄秩所加,无容不审。即如州郡选置,犹集乡间,况天下选曹,不取物望。若方州列郡,自可内除。此外付曹铨者,既非机事,何足可密……其选置之日,宜令众心明白,然后呈奏。使功勤见知,品物称悦。"他认定了选举用人涉及了勋赏和补官,功有厚薄,人有升降。因此,选举用人的事要公开,办事要公平公正,不能搞暗箱操作,也不宜搞很不必要的保密措施,办事民主,必然获得民心喜悦。他所提的这一串措施,是东魏、北齐所没有的。北周吏治明显优于魏、齐,地处西陲原本大大落后的北周,终能转弱为强,最终一举击灭北齐,那是诸多因素包括正派选人共同起作用的积极结果。

魏晋以来,南北方长期存在着清、浊官的划分。至北周时,业已选无清浊。隋承周制,续加改进与发展。《通典》卷18载唐人评论,隋"罢州郡之辟,废乡里之举,内外一命,悉归吏曹"。大小官吏的任命都归于吏部,汉魏以来,吏部权重,至是而极。同书卷14记隋开皇时,"牛弘为吏部尚书,高构为侍郎,最为称职。当时之制,尚书举其大者,侍郎铨其小者,则六品以下官吏,咸吏部所掌"。唐、宋吏部权盛,实赖六朝以至隋代长期的发展成果。这是巩固发展中央集权的重要措施之一。从东汉初年新创吏曹,参与选举,发展至隋代的"内外一命,悉归吏曹"。吏部(选部)经由创建、发展,走向了成熟的境界。陈寅恪先生说:"至隋一切归之省司,此隋代政治中央集权之特征。"唐、宋时,吏部是尚书省所属六部尚书之一，在国家政权机构中处于非常重要的地位。《唐六典》卷2《吏部》云："此官历代班序常尊，不与诸曹同也。"《文献通考》卷52，将宋朝吏部称为"审官院"。吏部在唐、宋时被视为六部尚书的首行（头行），实非出于偶然。吏部在唐、宋时的运作，已迈入了崭新的阶段。

前已指出，东汉初创置吏曹是与西汉后期尚书权力的迅速发展攸关。长期来，吏曹例由尚书仆射掌控。汉魏之际，随着中书、门下权力的扩充，中书、侍中也不时统控吏部，甚至个别九卿官也偶尔有控管吏曹的记事。可是，不能由此作出结论，所有朝廷高官都能肆意干预吏部的事务。北朝后期，一位自诩是天子之子、天子之弟、天子之叔、天子之相的元雍，身为录尚书事，欲拔用朱晖为廷尉评，吏部尚书兼右仆射元顺坚决进行抵制。元雍自诩："身为丞相、录尚书，如何不得用一人为官？"元顺严正指出："未闻有别旨，令殿下参选事……殿下必如是，顺当依事奏闻。"元雍由此处境尴尬，也就无可奈何作罢①。事实表明，吏部居铨衡之首，非有敕旨，他官实无权干预选举用人事宜。南朝宋孝武帝"以吏部尚书选举所由，欲轻其势力"，别诏江夏王刘义恭说："选曹枢要，历代斯重，人经此职，便成贵涂。"② 大势所趋，吏部已迈步居诸曹之首，在南北是同步的。

吏部选任百官，对他们按期进行考课，正是皇权的重要倚仗，但"与夺威权，不宜专一"，皇权既要倚重吏部，同时又不允许它过分揽权。吏部之下，分设司封、司勋、考功诸司，各有

---

① 《魏书》卷19中《元顺传》，第484—485页。按，《魏书》卷21上《元雍传》称："雍识怀短浅，又无学业，虽位居朝首，不为时情所推。既以亲尊，地当宰辅，自熙平（516—518年）以后，朝政褫落，不能守正匡弼，唯唯而已。"（第557页）

② 《宋书》卷85《谢庄传》，第2173—2174页。

职责分工，以免权力过分集中。南朝宋孝武帝将吏部一分为二，"置吏部尚书二人"，"以散其权"。但它未能获得满意结果①。

吏部选任百官（文官），应选诸人相应设有选簿。《梁书》卷 1《武帝纪》载萧衍在南齐末上表言："前代选官，皆立选簿，应在贯鱼，自有铨次……顷代陵夷，九流乖失……愚谓自今选曹宜精隐括，依旧立簿，使冠屦无爽，名实不违。庶人识崖涘，造请自息。"《魏书》卷 76《卢同传》记孝明帝时，不少人窃冒军功，尚书右丞卢同检核吏部勋书，发现窃阶者三百余人。他为此上表说："良由吏部无簿，防塞失方"，有以致之。由此可知，历代吏部选人，从来都有选簿为依据。魏晋之际，吏部尚书李胤"正身率职，不倾不挠，故能行其所见，遂刊定选例，著于令"②。应是规定选人的若干准则，但今已荡然无存。史称李胤"铨选廉平"，"家甚贫俭，儿病，无以市药"。如此廉明正派的吏部尚书乃是十分难得的好官清官。

西晋"李重为选曹尚书，著《选曹箴》置之左右，以明审才之官"③。表明魏晋时代，吏部已具有审才官机构性质。《梁书》卷 25《徐勉传》，勉任吏部尚书，"该综百氏，皆以避讳"。"在选曹，撰《选品》五卷，皆行于世"④。此与梁代改定百官

① 《资治通鉴》卷 128 大明二年（458 年）："帝不欲权在臣下，六月戊寅，分吏部尚书置二人……既而常侍之选复卑，选部之贵不异。"（第 4036 页）参《宋书》卷 6《孝武帝纪》，第 121 页。

② 《北堂书钞》卷 60《吏部尚书》引《晋诸公赞》，天津古籍出版社，1988 年，第 234 页；《艺文类聚》卷 48 引《晋诸公赞》，上海古籍出版社，1965 年，第 857 页。参《晋书》卷 44《李胤传》，第 1253—1254 页。

③ 《初学记》卷 11《吏部尚书》引《李重集》，中华书局，1962 年，第 266 页。按《晋书》卷 46《李重传》："务抑华竞，不通私谒，特留心隐逸，由是群才毕举。"第 1309—1312 页。

④ 《南史》卷 60《徐勉传》作"撰《选品》三卷"，第 1486 页。

品级，并重视姓氏之学密切攸关。北魏孝文帝太和中，诸郡中正设置了选举格。孝明帝时，崔亮新创停年格。这类选人格式都是吏部选人的重要法规。

综上所述，自汉魏以至隋初，众多勤于吏职的官员，广泛重视德行为先，选人注重才能，工作勤谨，作出了很富有成果的业绩。而执掌吏部的长官，自身又复廉洁自奉。正是他们的振奋精神，把这四百年间的审官吏曹，推向了汉代所未有过的顶峰，为唐宋比较完善的选人制度奠定了良好的基础。

<h1 style="text-align:center">三</h1>

客观地对汉、隋间吏曹建置作出积极评述的同时，有必要对它在同一时期的负面作用给予适当的揭示。一句话，私欲膨胀，贪腐滋生。

吏曹是国家中央机关的重要组成部分。它在汉代只是尚书的属官。汉魏以来，选曹尚书是组成尚书省的一个机构，其政治地位迅速提升，其声威虽不及三公和三省长官，但它拥有选拔用人的独特权力，乃是为皇权办事的鼎力机构。自魏晋以迄隋唐，它长期官居三品，南朝萧梁定官品为十八班，以班多为贵，吏部尚书班第十四，其他诸曹尚书班第十三，同样是体现吏部尚书权重。它负责全国官员的选授、勋封、考课，是拥有不小实权的赫赫机关。因此，全国吏治的良否在很大程度上与吏部的是否正常运作具有十分密切的关联。选人大权若是落入坏人手中，吏部官员首先是其长官的行政作风如果很不正派，那就必然要危及国家吏治，严重损害群众利益。

曹魏正式改选部为吏部。此后不久，何晏为尚书，典选举。《三国志》卷9《何晏传》云："其宿与之有旧者，多被拔擢。"这种不正派的官员，利用手中权力，任人惟私，自然不可能为国家为社会做好事。他们这些人居然共同分割洛阳野王典农部桑田数百顷，并将原来的汤沐地改为自己的产业。乘势窃取官物，官场腐败，民众必然大大遭殃。

《北堂书钞》卷60《选曹尤剧》条引李重《选吏部尚书箴》云："难以选曹，尤锺其剧。三季陵迟，请谒方起。书牍交横，货贿若市。属请难从，亦不可杜。唯在善察，断简举止。"概括揭示了吏曹诸弊端。吏部举人，暗箱操作，势必带来无穷后患。《群书治要》卷29引臧荣绪《晋书·百官志》载李重表称："外选轻而内官重，以使风俗大弊，宜厘改，重外选，简阶级，使官人……臣以为宜大并群官等级，使同班者，不得复稍迁，又简法外议罪之制，明试守左迁之例，则官人理事，士必量能而受爵矣。居职者自久，则政绩可考，人心自定，务求诸己矣。"上引诸议论，今本《晋书》卷46《李重传》失记。仅云李重为吏部郎，"以清尚见称"。看来他是位少有的好官，在那时实为难得。《晋书》卷93《王蕴传》记蕴为吏部郎，"每一官缺，求者十辈，蕴无所是非"。对选用对象不区分是非能否，选官十分庸朽，本质上是为了贪财。《宋书》卷53《庾炳之传》，任吏部尚书，"内外归附，势倾朝野"；"领选既不缉众论，又颇通货贿"。利用职权，结党营私，"选用不平，不可一二"。传文记录了不少贪残的具体事例，"历观古今，未有众过藉藉，受货数百万，更得高官厚禄如今者也"。他显然是个八面玲珑、伪装公正的大毒枭。《宋书》卷57《蔡兴宗传》记他在任选时，"居选曹，多不平允"，"点定回换……多被删改"。《南史》卷23《王亮传》云，南齐时，"自以身居选部，凡所除拜，悉由内宠，亮勿能止。外若详审，内无明察，其所选用，拘资次而已，当时不谓为能"。亮是右仆射江祏内弟，齐明帝时，江祏"管朝政，多所进拔，为士所归"，王亮对此深为不满。他以伪装骗取了江祏信任，得拜吏部尚书。及江祏被杀害，亮在齐末混乱中，投机出奔萧衍，终无政绩可纪。他居选职，用人不公，受到舆论鄙弃，自是不足为异。

《南史》卷30《何敬容传》记梁武帝时，敬容先后以左右仆射尚书令执掌选事。"敬容久处台阁，详悉魏晋以来旧事……浅于学术，通苞苴饷馈，无贿则略不交语……贪吝为时所嗤鄙"。这是个老于世故、熟知朝廷世事的老狐狸，公然拒绝和不送贿赂的人士交谈。自恃官大势盛，胆敢公开羞辱反对他的正派官员。《南史》卷25《到溉传》记梁武帝时，溉"掌吏部尚书，时何敬容以令参选，事有不允，溉辄相执。敬容谓人曰：'到溉尚有余臭，遂学作贵人。'"这是因为到溉祖父到彦之在贫贱时，"担粪自给"，何敬容如此不择手段，恶意中伤反对者，行为极端卑鄙。那时，吏部官员广泛贪残成风，吏部郎刘孝绰"在职颇通赃货"，"坐受人绢一束，为饷者所讼"，大小选职官员贪残若此，清明政治何从谈起呢？

魏孝文帝太和以后，北魏吏治急转直下。《魏书》卷15《元晖传》，宣武帝时，晖任吏部尚书，"纳货用官，皆有定价。大郡二千匹，次郡一千匹，下郡五百匹，其余受职各有差。天下号曰市曹"。国家的选举机关，公然成了买卖官品的市场。同书卷19上《元脩义传》，孝明帝时任吏部尚书，"及在铨衡，唯专货贿，授官大小，皆有定价"。中散大夫高居有旨先叙官，想任上党太守，但元脩义早已将该官私自许人。高居为人也不示弱，白日大喊有贼，公开指骂元脩义："违天子明诏，物多者得官，京师白劫，此非大贼乎！"吏部暗箱操作用人，连皇帝敕令也不理会。《魏书》卷39《李神儁传》记孝庄帝时，李神儁为吏部尚书，"不能守正奉公，无多声誉。有钜鹿人李炎上书言神儁之失。天柱将军尔朱荣曾补人为曲阳县（河北晋州市）令，神儁以阶县不用。荣闻大怒，谓神儁自树亲党，排抑勋人。神儁惧，启求解官"，其时，尔朱荣拥重兵，杀了魏帝，另立孝庄帝。入洛阳，杀胡太后以及王公官民二千余人，他要用一人为县令，李神僑以有暗箱操作用人在先，竟敢抗命不用。同书卷71《皇甫場传》，場自太尉记室，被司徒胡国珍超迁为吏部尚书，"性贪婪，多所受纳，鬻卖吏官，皆有定价"。举此数例说明，北魏中后期，主管选拔用人的吏部已将神圣的选人殿堂蜕变为公开卖官场所。如此作为，全国的吏治怎么能清明呢？

北朝吏部辖吏部、考功、主爵三曹，当时司勋虽未设曹，却有掌勋级的吏员。《魏书》卷76《卢同传》记明帝时，"人多窃冒军功，（尚书左丞卢）同阅吏部勋书，因加检核，核得窃阶者三百余人"。他为此上书云："吏部勋簿，多皆改换……明知隐而未露者动有千数。"改换勋簿，正是吏部买卖官勋暗箱操作的结果。

《北齐书》卷3《文襄纪》云："自正光（520—525年）以后，天下多事。在任群官，廉洁者寡。"它实证了北魏晚期至北齐时，现任官吏贪婪成风。《魏书》卷19中《元世僑传》记孝庄帝时为吏部尚书，"居选曹，不能厉心，多所受纳"，被御史中尉纠弹免官。《北齐书》卷16《段孝言传》记齐后主时，为吏部尚书，未几，"除尚书右仆射，仍参选举，恣情用舍，请谒大行……富商大贾，多被铨择。纵令进用人士，咸是粗险放纵之流"。自北魏中晚期以至北齐时，全国吏治极端败坏，是和吏部用人不当具有因果关系的。

吏部既是国家政权机关，创立之初，便是为皇权直接服务的重要工具。《初学记》卷11称："后汉初，光武改常侍曹为吏部曹，主选举、斋祠事。后汉末，改为选部曹，魏代又改为吏部曹，专掌选职。"吏曹被赋予专门选用官员之权。它所用人良否，直接影响吏治的清明和黑暗，关系着国家的盛衰。尽管吏部所属成员的官品，并非国家官员的最高品位，它也不是国家机构的主要决策者，但自吏曹创置之初，它便是国家尚书官属员，长期为国家承担选拔人才的要务，中央和地方的大批官员都通过它选拔，直接面向全国，上上下下，成员分布网遍及各地，选人的品德优秀，分布全国的大小吏员便能很好地为皇权服务，使国家机器能有效地正常运转。

权力是把双刃剑，当皇权控扼力强，大多数官员又能自觉防腐反贪，吏部选人机构的运转正常良好，选出的成员办事公平，生气蓬勃，这种现象在曹魏初年是表现出一派生意盎然，毛玠、崔琰为代表的所作所为，便长期为后人视为楷模。六朝时期，南北政局变动十分惊人，权力运作缺乏足够有效的制约与监督，往往出现整体错位，选官们充分利用手中权力，乘机谋取私利，乃至公开卖官，以品位高低分等定价，官场成为商场，政治腐败，至是而极。类似情况在汉末桓灵之际以及北朝时的魏、齐境内表现尤为突出，此与最高统治者皇帝皇室集团的极端腐败无能密切攸关。

官场变味，贪腐成风，这是阶级社会中客观存在的丑恶现象。当然，它并非任何朝代都能习以成风。历史上的若干开明盛世，政治相当清明，贪腐现象相当稀少，对待严重贪腐行为，那些有作为的政府对它的打击十分有力，使社会正气上升，贪腐大为收敛。需要指出，贪腐现象发生在选举用人机构，尤需严惩。因为吏部是主持选举用人的专门机构，贿选成风，冲击着人才的正常选拔，这是政治犯罪，也是职务犯罪，它比一般官员的个别贪腐现象在全社会起着尤为恶劣的作用。审视历史，正本溯源，要大展宏图，严惩选举用人权力机关的贪腐，尤为铲除祸根之急务。

2003 年春初稿

2006 年秋修订

刊《文史》78 辑（2007 年）

六朝史学发展与民族史的崛兴

——纪念蒙文通先生诞辰 110 周年

历史学是学术史的重要组成部分。每个历史时期的学术通常是与该时代的政治、经济发展状况息息相关和交互影响的。

一

东汉末年的黄巾大起义失败以及随之而来的军阀混战，导致了统一的汉帝国迅速瓦解。此后四百年间（189—589 年），中国大地长期陷于离乱分裂，与其前后大一统的汉、唐时期不可同日而语，六朝时期以此被学人视为乱世。前辈学者很有些人对此作了很大努力，如邓之诚《中华二千年史》、吕思勉《两晋南北朝史》等等，都取得了较大的成绩，终受其研究体制的局限，实难说有重大突破。

当然，不能说六朝史的研究没有进展。特别是陈寅恪先生以其睿智，开拓视野，在 20 世纪三四十年代，发表了一批严谨论著，揭示了六朝社会发展的内在真谛，六朝史研究开始漫入新境界，日趋摆脱了黑暗时代的阴影。新中国建立以来，在马克思主义学说指引下，不少学者纷纷对六朝时的政治、军事、经济、文化和社会史的诸多方面进行了研究，取得了良好的业绩，六朝史由是旧貌换新颜了。

作为观念形态的六朝时史学，时至今日，也已发生了今非昔比的重大变化。就我所知，蒙文通先生乃是这一领域变革的重要开拓者，今年是蒙老 110 周年诞辰，草此短文以资纪念。

近年来，巴蜀书社出版了六卷本《蒙文通文集》。其中第三卷《经史抉原》收有《致柳翼谋先生书》和《中国史学史》，都分别谈到了中国史学发展的阶段性问题，对六朝史学的地位作了很高的评价，这是很值得后人重视的。

1935 年，蒙老在上引论著中清楚地揭示："中国史学之盛有三时焉，曰晚周，曰六朝，曰两宋……虽汉、唐盛世，未足比隆。"又说："六朝精于史体，勤于作史。宋人深于史识，不在作史而在论。"他在上引信中指出，"于六朝史学拟讨其体制"。《中国史学史》分目论述了六朝史学的众多特色。扼要解说了魏晋学术与史学，史学与江左清谈，史学与六朝俪文，史学之民族国家思想、史家之君臣观念、史例之进步、史体之发达、史识之必要以至南北朝史学之差异等等，都很富有新意。

这种关于中国古代史学发展三阶段论实是发前人之所未发，特别引人注目。但所言是否符合实情，人们是否信服，当然有待社会实践的检验。为此有必要介绍当代史学界同行的若干富有代表性的看法，以资佐证。

1940 年前后，史学大师陈寅恪说："中国史学莫盛于宋"。"元、明及清，治史者之学识反不逮宋"。"有清一代经学号称极盛，而史学发达则远不逮宋人"①。陈先生所言宋代史学之盛，与蒙老见识一致。宋代史学发达，现在已成为世人的共识，无须

---

① 陈寅恪《金明馆丛稿二编》，上海古籍出版社，1980 年，第 240、238 页。

再多费口舌。

1944 年，金毓黻先生刊印《中国史学史》（1957 年，商务印书馆重印），全书九章，分述自上古以至清代史学发展演变状况，它没有明确区分史学发展的阶段。将"魏晋南北朝以迄唐初私家修史始末"列为第四章，非常认真细致地写了这一时期的史学业绩，凸现出六朝时修史的巨大成就，实有异于其他诸章，那是非同凡响的。

1985—1990 年间，周一良先生先后发表四篇论述魏晋南北朝史学的重要论文：《魏晋南北朝史学的特点》、《魏晋南北朝史学著作的几个问题》、《略论南朝、北朝史学之异同》、《魏晋南北朝史学与王朝禅代》①。从各个角度较为全面地剖析了六朝史学发展的重要特色。谈了不少前人所未涉及的领域，非常实际地揭示了六朝时期史学的独特性和重要性。

1998—2000 年间，台湾学者逯耀东先生出版了两本有关魏晋史学的论著②。《魏晋史学的时代特质》一文说，"中国史学的黄金时代在魏晋与两宋，而非汉、唐"（3 页）。又说，"魏晋史学超越两汉，睨视隋唐"（6 页）。另一篇《魏晋史学的双层发展》一文说，"无可否认，魏晋是中国史学特别发达的时代，也是中国史学转变的时代"（15 页）。"魏晋以来的史学范围远超于前代"（19 页）。他还在《隋书·经籍志史部形成的历程》论文中，转引另一位台湾学者沈刚伯说，"魏晋是中国史学发展过程中的关键时代，更是中国史学的黄金时代"（29 页）。台湾的学者有可能并未读过《经史抉原》，他们的认识与蒙老所说也是

---

① 四文皆收入周一良《魏晋南北朝史论续编》，北京大学出版社，1991 年，第 67—115 页。

② 逯耀东《魏晋史学及其他》，台北东大图书公司，1998 年。逯耀东《魏晋史学的思想与社会基础》，台北东大图书公司，2000 年。

多么一致与合拍。

2003 年，商务印书馆出版了胡宝国先生《汉唐间史学的发展》一书，收录相关论文九篇。书名《汉唐间史学的发展》，所讨论的核心是魏晋南北朝时期的史学。且对若干前辈学者讨论过的问题，发表了一些创新见解。该书第 20 页引证蒙文通先生《经史抉原》谈到《世本》与《史记》关系时所说："马迁创作纪传，不过因袭《世本》之体……纪传之体可贵，而创之者《世本》，非马迁也。"为了究明真相，胡先生将清代茆泮林所辑《世本》文字详为引录，并对它做了细致考查，得出"不能判定《世本》一定就有世家、列传"的结论，实难以据此否定司马迁《史记》划时代的重要意义。我很同意《史记》的体例在中国史学中具有里程碑的作用。但我又注意到胡先生往年分析《史记》和《汉书》对籍贯的不同书法中，曾得出过相当重要的结论和启示，这就是政治上结束战国是在秦代，而观念上的结束战国却在汉代①。《汉唐间史学的发展》书也说："文化上，战国传统仍然顽强地存在着，一直到西汉，社会上仍然洋溢着战国精神。"我认为这也是同样讲得很对的。

关于晚周（春秋战国）的社会变迁，学者们的认识存在很大分歧，但迄未有人公然否认它是处于重大变革的时代。凡是看过童书业《春秋史》、杨宽《战国史》的读者，恐怕谁也不能否定春秋战国确是发生重大变动的时代。蒙文通先生在他的论著中也同样有过明确的表述。1962 年，他发表《略论山海经的写作时代及其产生地域》论文，明白说过，"要给予某项史料以恰当的地位，首先是应该分析该史料产生的社会环境，因为任何史料

① 胡宝国《史记、汉书籍贯书法与区域观念变动》，刊《周一良先生八十生日纪念文集》，中国社会科学出版社，1993 年，第 25 页。

都是一定的社会环境的产物，它必然受到社会的文化、经济、政治等方面的制约。在考察产生它的社会环境时，首先就是考察产生它的'时代'和'地域'。只有在时代和地域明确以后，才能结合该时代、该地域的文化、经济、政治作进一步的分析"①。正是具有了如此朴素的社会史观，1951 年，蒙老发表的《对殷周社会研究提供的材料和问题》论文，已有专节论述"春秋战国的社会剧变及乡遂制度的崩溃"。其中说到，"春秋前期，兵制和田制二者在诸侯国中也开始变化，到战国大概就不存在了"。他列举若干具体事例后，进一步指出："这都说明，周初对农民的束缚，春秋以下，已经瓦解了。在人民普遍当兵，任意迁徙，普遍建学以后，同时也就开了布衣卿相之局，世族世卿制度也就崩溃了。"② 综观众多学者对晚周社会发生深刻变革的论述，参照学术发展的常规，在思想意识领域的深刻反映往往相对较为迟缓。我们是否可以说，这一重大变异在思想意识领域的最终结束是在汉代盛世的武帝时代，或者换一种说法，汉武帝在位的半个多世纪（55 年）实是居于承前启后的伟大时代，是不是这样的呢？

我们不能忘怀，在儒术独尊时代，儒经是学术的准绳。《汉书·艺文志》中，确是没有史学的重要席位。博通经史的蒙文通先生在他留下的众多论著中反复谈到了经史关系。他说："传统史学，本于儒家。""余之撰《经学抉原》，专推明六艺之归……《经学抉原》所据者制也。《古史甄微》所论者事也。"③表述是非常清楚的。我很同意司马迁《史记》为划时代重要著

---

① 《蒙文通文集》第 1 卷，《古学甄微》，巴蜀书社，1987 年，第 36 页。

② 《蒙文通文集》第 5 卷，《古史甄微》，巴蜀书社，1999 年，第 167、170 页。

③ 《蒙文通文集》第 3 卷，《经史抉原》，巴蜀书社，1995 年，第 241 页。《蒙文通文集》第 5 卷，《古史甄微》，巴蜀书社，1999 年，第 14—15 页。

作的意见。但就两汉史学整体而言，不能否认，那是尚未摆脱经学束缚而完全独立。与之同时代的国内诸胡族更是没有自己的史学传世。由是观之，蒙先生推重晚周史学，视为中国史学发展的重要开创阶段，自有其合理的依据。

不能忘记，距今七十年前的旧中国正处于听任列强宰割的困苦状态中，文化领域同样是非常滞后。蒙文通先生在那时竟能洞察出中国史学发展的三阶段论，表述简练明白，纵或留下某些可资商榷之处，实无损他那博学通达的智慧光芒。随着当前学术研究的向纵深发展，中国史学的探讨必将日趋周详细密。

综上所述，蒙老在 20 世纪 30 年代提出中国史学发展三阶段盛世的学说，是他通晓古今，纵观全局的科学结论。近几十年来，不少学者从各自研讨的社会实践中得出了与蒙先生殊途同归的论断。我们不能不由衷地敬佩蒙先生当年作出的科学论断具有振聋发聩的作用。令人叹为观止，是晚生后辈们治学应予认真学习的楷模。

二

六朝的史学有重大发展，在当今学界已无异议。它的具体内涵且已有了多方面的论说，是否还有其他可供置喙的余地呢？在这几百年间，国内诸民族的活动十分频繁，它在史学上应有必要的体现。就笔者所见，治六朝史学史者似乎对它罕有论述。因拟就此谈点浅见，所言是否有理，敬祈方家教正。

中国自古是多民族的国家，战国至西汉盛世，匈奴长期雄踞北方，《史记》专设《匈奴传》记述其族人活动及其与中原王朝的和平交往与战争等关系。那时，南方越人与西南夷的活动频繁，因撰夷越传以记其实。随着与西域交往的增加，《汉书》在

《史记·大宛传》基点上，增添《西域传》，记诸行国、居国的种种实况，明显是在国史中增多了民族史的内容。东汉时，周边诸族国的盛衰变异很不少，匈奴的南北分裂，乌桓、鲜卑的崛兴，羌人在西方的骚动，南蛮西南夷的活动超常，东北诸族也很不寂寞。所有这一切，在《后汉书》记事中相应有了较多的体现。然而，这些活动于边地的诸族，都未见他们有主动撰写本族历史的作品。

汉魏以来，边境少数族人入居中原内地者增多，民族矛盾和各种社会政治矛盾相互交织，造成了六朝时期国内政局的长期混乱，汉、胡诸族所建政权交替涌现。记录我国几千年古文明的"二十四史"，六朝时四百年间竟占有十二史。十二史中，只有《隋书》是记载统一了南北的隋王朝，其余十一史基本上是记录南北分裂诸国的历史，它既有汉族人所建诸国的历史，也包含少数族人所建北魏、北齐、北周史。从北齐以至唐初所修魏、齐、周书，显示了史学编撰中重视少数族人所建王朝的新动向，是六朝史学的一个重要特点。

应当指出，上述史学创新动向的出现并非偶然的。当短暂统一了中国南北方的西晋政府垮台后，中华大地主要是华北先后出现了"五胡十六国"的动荡政局。"五胡"名称最早出自苻坚之口；具见于《晋书》卷104《苻坚载记》，这是陈寅恪先生早已揭示了的①。十六国称号肇始于崔鸿撰《十六国春秋》。十六国中，前凉（317—376年）、西凉（400—421年）、北燕（407—436年）三国是汉族人所建。其余十三国，都是境内少数族人所建，它包括了匈奴族人所建前赵（304—329年）、北凉（397—439年）、夏（407—431年）三国，鲜卑族人所建前燕（337—

_____

① 陈寅恪《魏晋南北朝史讲演录》，黄山书社，1987年，第23页。

370 年）、后燕（384—407 年）、南燕（398—410 年）、西秦（385—431 年）、南凉（397—414 年）五国，羯族人所建后赵（319—351 年），巴氏人所建成汉（304—347 年），氐人所建前秦（350—394 年）、后凉（386—403 年）二国，羌族人所建后秦国（384—417 年）。一个不容忽视的事实，所有这些国家，包括立国最长的前凉（59 年）以及为时短暂的南燕（12 年），无一例外都撰有自己的史书传世，那是以往汉代匈奴王国、鲜卑檀石槐帝国等所未有的。唐初，刘知幾撰《史通》，本着"良史以实录直书为贵"原则，将十六国史附于"古今正史"内叙述，实是意味深长的。

《史通》卷 11《史官》云："伪汉嘉平初（按：指刘聪嘉平元年即 311 年），公师彧以太中大夫领左国史，撰其国君臣纪传。前凉张骏时（324—346 年），刘庆迁儒林郎中常侍，在东苑撰其国书。蜀李与西凉二朝，记事委之门下。南凉主（秃发）乌孤初定霸基，欲造国纪，以其参军郭韶为国纪祭酒，使撰录时事。自余伪主多置著作官，若前赵之和苞，后燕之董统是也。"事例表明，胡、汉诸族国都很重视修史。羌人姚和都特意为本族人所建后秦国撰《秦纪》，其意向非常明确。北魏孝文帝迁都洛阳后，"及洛京之末，朝议又以为国史当与任代人，不宜归之汉士"。十足说明少数族人非常注意要为本族国编撰史书。过去，照例由汉族人为本朝修撰起居注和实录之类的方式，至六朝时，诸胡族国也在同样办理，实在是非同寻常的重要举措。

十六国中，后赵、前燕、前秦诸国都曾短暂统一广大华北地区，且维持统治达三十年以上。终因邻国间战事不休，占领区极不稳定，使政权建置、经济恢复工作难以有效进行。若将它们与北朝末年也是立国短暂的北齐、北周作比较，很可以看出其处境与命运的异同。主要立国于河西荒漠的前凉，前后维系近六十年，建国者罕有作为。唯一在南方巴蜀立国的成汉，制定政策措施有力，并依赖富饶的成都平原经济供给，政绩较为突出，实为其他诸国所罕见。

十六国的具体状况彼此互异，各国史书的流传情景也是大不相同。《隋书·经籍志》将史部区分为十三类：十六国史之类的著作大都列入霸史类。今以其所列为主，参考其他史籍，分别疏理和解说十六国史事如下。

前赵：《前赵记》十卷，和苞撰。按《史通》卷12《正史》云："前赵刘聪时，领左国史公师彧撰《高祖本纪》及功臣传二十人，甚得良史之体。凌修谮其讪谤先帝，聪怒而诛之。刘曜时，平舆子和苞撰《汉赵记》十篇，止于当年，不终曜灭。"由此看来，匈奴人刘渊建国未久，已深知修史的重要，立马派人修撰本国纪传体史书，开创了少数族人为本国修史的新局面。其后，刘曜又下令和苞修当代史，因其写作精良，存世长久。《旧唐书·经籍志》、《新唐书·艺文志》以至《宋史·艺文志》均有记录。

后赵：《赵书》十卷，一曰《二石集》，记石勒事。伪燕太傅长史田融撰。《二石传》二卷，晋北中郎参军王度撰。《二石伪治时事》二卷，王度撰。上引三部后赵史书的作者都不是后赵时人。谨案《晋书》卷105《石勒载记》记后赵开国者石勒平生重视历史，他多次下令修史，又命参军修撰《大单于志》。《史通》卷12《正史》云："石勒命其臣徐光、宗历、傅畅、郑愔等撰《上党国记》、《起居注》、《赵书》。其后，又令王兰、陈宴、程阴、徐机等相次撰述，至石虎，并令刊削，使勒功业不传，其后，燕太傅长史田融，宋尚书库部郎郭仲产，北中郎参军王度，追撰二石事，集为《邺都记》、《赵记》等书。"是知石勒时期所修诸史，悉遭石虎毁弃。《隋志》所记后赵诸史出自后人追记。田融《赵书》，《梁高僧传》卷9《佛图澄传》、《水经注》

卷9《淇水》所引，均称为《赵记》。两唐志所记与隋志相同。《新志》于《二石传》外，别记《二石书》当是复出。清人汤球有《二石传辑本》一卷（广雅书局丛书本），可藉以略知石勒、石虎事梗概。宋初编撰的《太平御览》仍屡引《赵书》，反映它流传相当长久。

成（汉）：《汉之书》十卷，常璩撰。《华阳国志》十二卷，常璩撰。按，《颜氏家训》卷6《书证篇》云："《蜀李书》，一名《汉之书》。"《史通》卷12《正史》云："璩为李势（343—347年在位）散骑常侍，撰《汉书》十卷。后入晋秘阁，改为《蜀李书》。璩又撰《华阳国志》，具载李氏兴灭。"《蜀李书》，两唐志均作九卷，颇疑为去其原序所致。《新志》又记《汉之书》十卷，则是一书复出也。《华阳国志》至今完整传世，它不限于记载成汉国兴衰，实为研究我国西南地区自上古以至成汉时的重要史地著作。

前燕：《燕书》二十卷，记慕容儁事。伪燕尚书范亨撰。该书在当代享有盛誉，经隋、唐至宋，长期存世。《史通》卷12称："前燕有《起居注》，杜辅全录以为《燕记》"，其书今佚。《魏书》卷52《崔逞传》，记逞仕慕容暐（360—370年在位），"补著作郎，撰《燕记》"。这部前燕史书，至隋已不传，当是魏末因战乱毁弃。

后燕：《隋志》不记后燕有史。《史通》卷7《直书》云："董统《燕史》，持诏媚以偷荣。"同书卷12《正史》云："建兴元年（386年），董统受诏草创后（燕）书，著本纪、并佐命功臣，王公、列传合三十卷。慕容垂（386—396年在位）称其叙事富赡，足成一家之言。但褒述过美，有惭董史之直。其后，申秀、范亨，各取前、后二燕合成一史。"由此可见，董统《燕史》初受当权派的奖宠，终因史德太次，迅速受到社会唾弃。

至唐、宋时仍然存世的范亨《燕书》，并非后燕专史，而是兼叙前、后燕事。另外，《魏书》卷32《封懿传》记懿"仕慕容宝（396—398 年），位至中书令、民部尚书。宝败，归阙……撰《燕书》，颇行于世"。这部魏齐时仍然存世的后燕史，隋唐时不复再见，当是散佚不存了。

南燕：《南燕录》五卷，记慕容德（398—405 年）事。伪燕尚书郎张诠撰。《南燕书》六卷，记慕容德事。伪燕中书郎王景晖撰。《南燕录》七卷，游览先生撰。按，张诠《燕史》，新旧唐志均作《南燕书》，《新志》且记为十卷。《史通》卷12《正史》云："南燕有赵郡王景晖，尝事（慕容）德、（慕容）超，撰《二主起居注》。超亡，仕于冯氏（北燕），官至中书令，仍撰《南燕录》六卷。"新旧唐志所记相同。但徐坚著《初学记》卷6《渭水》引为王景晖《南燕书》，是其书别有异名。另外，《隋志》记有《南燕起居注》一卷，我疑是王景晖所撰。游览先生的情况不明，且唐代已无其书，当已散佚。

北燕：《燕志》十卷，记冯跋事，魏侍中高闾撰。谨按，《魏书》卷54《高闾传》记他好为文章，不云撰史或主持修史。同书卷60《韩显宗传》记他"撰冯氏《燕书》、《孝友传》各十卷，颇传于世"。高、韩同为北魏孝文帝时人，《燕志》实为韩撰。两唐志均记其书，《旧志》且不书作者名，当是别有用意。《太平御览》引书目有高闾《燕志》，自是沿用旧习。

前秦：《秦书》八卷，何仲熙撰，记苻健事。《秦纪》十一卷，宋殿中将军裴景仁撰①。梁雍州主簿席惠明注。按，《梁书》

---

① 按《宋书》卷54《沈昙庆传》记宋孝武帝大明元年（457 年）任徐州刺史，"时殿中员外将军裴景仁助戍彭城，本伧人，多悉戎荒事，昙庆使撰《秦纪》十卷，叙苻氏僭伪本末，其书传于世"。

与《南史》均不见有席惠明其人。新旧唐志记作注者为杜惠明，或得其实。裴景仁书，《太平御览》记为《前秦纪》。《史通》卷12《正史》云："前秦史官，初有赵渊、车敬、梁熙、韦谭，相继著述。苻坚尝取而观之，见苟太后幸李成事，怒而焚灭其本。后著作郎董谊追录旧语，十不一存。及宋武帝入关，曾访秦国事，又命梁州刺史吉翰问诸仇池，并无所获。先是，秦秘书郎赵整参撰国史，值秦灭，隐于商洛山，著书不辍。有冯翊车频助其经费。整卒，翰乃启频纂成其书。以元嘉九年（439年）起，至二十八年（451年）方罢，定为三卷。而年月失次，首尾不伦。河东裴景仁又正其讹僻，删为《秦纪》十一篇。"如此看来，前秦史的修撰迭经磨难。车频《秦书》既经裴景仁改编为《秦纪》，理应其书不再存世。可是，清代汤球辑《三十国春秋》（丛书集成初编本），从类书所辑裴景仁《秦纪》只有14条，而所辑车频《秦书》多达33条，经逐条查核无误。由此不难推知，被改编后的车频《秦书》依然存世。

后秦：《秦纪》十卷，记姚苌事，魏左民尚书姚和都撰。谨按《史通》卷12云："后秦：扶风马僧虔、河东卫隆景并著秦史。及姚氏之灭，残缺者多。（姚）泓从弟和都仕魏为左民尚书，又追撰《秦纪》十卷。"[1] 可见后秦史的编修存毁历程颇为复杂。两唐志已不载《秦纪》，当已散佚。宋初，《太平御览》引书目列有《后秦纪》，很可能是转引《修文殿御览》之文。南宋郑樵《通志略》记《秦纪》全同《隋志》，自是咄咄怪事。

前凉：《凉纪》八卷，记张轨事。伪燕右仆射张谘撰。《凉书》十卷，记张轨事，伪凉大将军从事中郎刘景撰。《西河记》

---

① 参看周一良《魏晋南北朝史札记·晋书札记·羌人以都为名条》，中华书局，1985年，第115页。

二卷，记张重华事，晋侍御史喻归撰。谨按《史通》卷12《正史》云："前凉张骏十五年（338年），命其西曹边浏集内外事，以付秀才索绥，作《凉国春秋》五十卷。又张重华护军参军刘庆在东苑专修国史二十余年，著《凉纪》十二卷。建康太守索晖，从事中郎刘昞，又各著《凉书》。"这是说明，前凉史除了《隋志》所开列三种外，另外有《凉国春秋》和其他二种《凉书》。张谘《凉纪》今已不存，而新旧唐志均记其书十卷，差池原因不明。刘昞《凉书》，喻归《西河记》，仅见于《新唐志》。唐《元和姓纂》卷8引《姓苑》云："东晋有喻归，撰《西河记》三卷。"所记卷数颇疑有误。

西凉：《敦煌实录》十卷，刘景撰。按，《魏书》卷52《刘昞传》称，敦煌人，隐居酒泉，"著《凉书》十卷，《敦煌实录》二十卷……并行于世"。《新唐志》记二书卷帙同《魏书》。西凉之《凉书》，《隋志》不载。《敦煌实录》记为十卷，不同于《魏书》所记。《宋书》卷98《沮渠蒙逊传》记元嘉十年（433年），蒙逊死，第三子酒泉太守茂虔袭位。十四年，表献方物，馈赠《十三州志》十卷①、《敦煌实录》十卷、《州书》十卷。同时，请刘宋返馈晋、赵《起居注》、诸杂书数十种，获得了满意的回赠。此例说明，其时各自国家的史乘可作为礼物相互交流赠送。

后凉：《凉纪》十卷，记吕光事。伪凉著作佐郎段龟龙撰。按《史通》卷12云，"段龟龙记吕氏"，而未记其他。《新唐志》文同《隋志》。隋虞世南《北堂书钞》、宋李昉《太平御览》多

---

① 《十三州志》，敦煌人阚骃撰，事见《魏书》卷52《阚骃传》。《隋志》记其书十卷，新、旧唐志均作十四卷。《史通》卷10《杂述》云："地理书者……阚骃所书，辩于四国……言皆雅正，事无偏党者矣。"对它评价很高，其书已佚。清人张澍有辑本（丛书集成初编本），是研究我国古代西北史地的重要参考著作。

处引用，称为《凉州记》，今存张澍辑本。《隋志》另记有《段业传》一卷，亡。段业其人，是后凉建康太守，旋称凉王，为蒙逊所杀，事见《晋书》卷10《安帝纪》，又卷129《沮渠蒙逊载记》，此亦有关后凉之史事也。

北凉：《凉书》十卷，沮渠国史。《凉书》十卷，高道让撰①。这两部北凉史书，今皆不存。《史通》卷12《正史》云，"宗钦记沮渠氏"，别无下文。《魏书》卷52《宗钦传》，金城人，仕蒙逊为中书郎。凉州平，入魏，拜著作郎。"崔浩之诛也，钦亦赐死。钦在河西，撰《蒙逊记》十卷，无是可称"。被人瞧不起的这部《蒙逊记》，应即是上述沮渠国史。

南凉：《拓跋凉录》十卷，佚名。按《史通》卷12《正史》云："失名记秃发氏。"钱大昕《廿二史考异》卷34云："托跋凉录，当是纪南凉事，秃发即托跋声之转也。"因此，隋志所云，当即本书。新旧唐志所记相同，是其书至唐仍存。

夏：《隋志》不记有夏国史。《史通》卷12《正史》云："夏：天水赵思群，北地张渊于真兴、承光之世（419—426年），并受命著其国书。及统万之亡，多见焚烧。"可见极端残暴著称的赫连暴君，也是非常重视修史。《魏书》卷52《赵逸传》云："逸字思群，天水人……父昌，石勒黄门侍郎，逸仕姚兴，历中书侍郎……（征夏），为（赫连）屈丐所虏，拜著作郎。世祖平统万，见逸所著曰……其速推之。司徒崔浩进曰：彼之谬述……固宜容之。世祖乃止，拜中书侍郎……年逾七十，手不释卷。"他所撰夏国史伴随夏国亡灭而被悉数焚毁。

西秦：《隋志》亦不记有西秦史。《史通》卷12《正史》

————————

　　① 《魏书》卷77《高谦之传》云："谦之字道让……以父舅氏沮渠蒙逊曾据凉土，国书漏阙，谦之乃修《凉书》，十卷行于世。"《北史》卷50《高谦之传》文同。

云："西凉（李氏）与西秦（乞伏氏），其史或当代所书，或他邦所录。"按西凉有《凉书》已见前述。他邦所录西秦史今已不明。但唐人仍知它是具有国史的。它立国于皋兰、秦陇间，屡受后秦、大夏等国威逼，终为夏国所灭，史籍毁而罕存。

上述诸国以外，其时华北大地尚有冉魏、西燕、仇池、拓跋代、翟辽，皆未列入十六国行列，也未见他们自身有修史记录。唐修《晋书·载记》遂没有为它们分置专篇。《隋书》卷33记梁有《诸国略记》二卷，亡。未知其中有否记诸国部分史实。

《史通》卷5《因习》云："当晋宅江淮，实膺正朔，嫉彼群雄，称为僭盗，故（梁代）阮氏（孝绪）《七录》，以田、范、裴、段诸记，刘、石、苻、姚等书，别创一名，题为伪史。及隋氏受命，海内为家。国靡爱憎，人无彼我。而世有撰《隋书·经籍志》者，其流别群书，还依《阮录》……何止取东晋一世，十有六家而已乎。"东晋南朝政府一贯视华北诸政权为僭盗。阮孝绪（479—536年）撰《七录》，例称北方诸国史为"伪史"。隋统一南北后，政治对立格局已是彻底改观，观念上理应"事须矫正"（刘知幾语）。但实行起来很不易做到。唐初参加修撰《隋志》者难以摆脱旧意识的羁绊，列十六国史为"霸史"，未能以之与正史等列。其后，刘知幾撰《史通》，对它有所匡正。随着唐代盛世的过去，正统观念增强，竞相标树，改写史书，《旧唐书》作者将上述十六国史依旧称伪史，且进而将汉末三国中之蜀、吴也改称"伪史"。赵宋初，编纂《太平御览》，为适应其时政治需要，将十六国、三国中的蜀、吴、北朝的北齐以及南朝宋、齐、梁、陈诸国一律改编入偏霸部。这类称谓名号的迭相变换，并非针对十六国存在民族敌视，而是与当代所争正统地位密切相关。

此外，六朝时长期生活于青海高原地区的吐谷浑与南北朝诸国都有不少交往，与南朝诸国关系尤为密切。刘宋新亭侯段国撰《吐谷浑记》二卷，《隋志》也将它纳入霸史，亦是独霸一方的民族群体。

《史通》卷3《表历》称："当晋氏播迁，南据扬越；魏宗勃起，北雄燕代。其间诸伪，十有六家，不附正朔，自相君长。崔鸿著表，颇有甄明。"所云崔鸿著表，《魏书》卷67《崔鸿传》记录甚详："以刘渊、石勒、慕容儁、苻健、慕容垂、姚苌、慕容德、赫连屈子、张轨、李雄、吕光、乞伏国仁、秃发乌孤、李暠、沮渠蒙逊、冯跋等，并因世故，跨僭一方，各有国书，未有统一。鸿乃撰为《十六国春秋》，勒成百卷。因其旧记，时有增损贬褒焉。"由此可知，《十六国春秋》是将那时存世的诸国别史统一加工而成。魏宣武帝时，崔鸿表称："自晋（惠帝）永宁（301年）以后，所在称兵，竞自尊树，而能建邦命氏成为战国者十有六家。"他锁定十六国目标，积年撰成十五国95卷书稿。鉴于在南方立国的成汉史，在分裂混乱的华北地区很难获得。他只好"辍笔私求，七载于今"。正光三年（522年），购得了成汉史，他才得以最终撰成《十六国春秋》。

《史通》卷7《探赜》云："自二京板荡，五胡称制。崔鸿鸠诸伪史，聚成春秋。其所列者，十有六家而已。"同书卷12《正史》云："魏世黄门侍郎崔鸿乃考覈众家，辨其同异，除烦补缺，错综纲纪。易其国书曰录，主纪曰传，都谓之《十六国春秋》……勒为一百二卷……由是伪命宣布，大行于时。"非常清楚，《十六国春秋》不是简单地拼合十六国的国别史而成，是经历了细密考辨和增损褒贬的大量工作，将分裂的汉胡诸族国史，综合统编成一部条理清晰记述诸族国人建国及其兴衰的历史，这是"审正不同，定为一书"的史无前例很有意义的标志性的成果。

《隋志》记崔鸿《十六国春秋》一百卷，又《纂录》十卷，可能即是叙录和目录。《太平御览》卷 119 至卷 127《偏霸部》，备引崔鸿《前赵录》、《后赵录》、《前燕录》、《前秦录》以至《蜀录》、《夏录》等等，正是《十六国春秋》传录的若干节文。赵宋时，崔氏原书已渐散佚。现存三种《十六国春秋》，有《汉魏丛书》收录的十六卷本，明屠乔孙所编百卷本，清汤球《十六国春秋辑本》，皆已非崔氏原作面貌。

《隋志》在《十六国春秋》外，另记有梁湘东王世子萧方等（528—549 年）撰《三十国春秋》三十一卷，列入编年史，而未编入霸史类。其书，《梁书》卷 44，《南史》卷 54，均有记录。但未书卷数。《太平御览》引书目误题为崔鸿撰。《通志略》记肖方等《三十国春秋》三十卷外，另记《三十国春秋钞》二卷，极有可能出自宋人节抄。它的内容，《通志略》云："萧方等《三十国春秋》，起汉建安，迄晋元熙，凡百五十六年，以晋为主，包吴孙、刘渊等三十国事。"此南宋初人的介绍。其后，王应麟《困学纪闻》云："萧方等《三十国春秋》以晋为主，附列刘渊以下二十九国。"此南宋晚期人之说。萧方等书今已散佚，两位南宋学者对它的介绍颇不尽一致。自汉建安（196—220 年）至晋元熙（419—420 年），其间不可能是 156 年。三十国的国名很不了解，一说包含孙吴，一说只是刘渊以下，矛盾错乱，实难究明。可以肯定，它是记录六朝时诸族国关系的编年史书。

《隋志》另记（北齐）李概《战国春秋》二十卷①，其史源不明。两唐志把它分别编入编年体和霸史，显然是记述包括十六

---

① 《隋志》记李概《战国春秋》，不云创作时代。按《北史》卷 33《李概传》，为齐文襄大将军府行参军，"后卒于并州功曹参军"，"撰《战国春秋》及《音谱》并行于世"，因知李概为北齐时人。

国在内诸族国间战事的专著。

还有唐人武敏之撰《三十国春秋》一百卷，两唐志均收纳。武敏之即贺兰敏之。《旧唐书》卷191《李嗣真传》记唐高宗时，嗣真受命于弘文馆，参赞贺兰敏之修撰。《新唐书》卷206《武士彟传》亦记其事。南朝人已撰有同名著作，未知唐初何以又加重修，卷帙且多达百卷，远比南朝人所撰卷数倍增。既称《三十国春秋》自必与十六国史相关，具体内容不详。汤球辑《三十国春秋》，所收内容不多，且将二者混同辑录，很难明辨其真实面貌。

《隋志》记霸史后序云：“自晋永嘉之乱，皇纲失驭；九州君长，据有中原者甚众……而当时臣子亦各记录。后魏克平诸国，始命崔浩博采旧闻，缀述国史，诸国记注，尽集秘阁。尔朱之乱，并皆散亡。”由此亦可证明，崔鸿修《十六国春秋》时，各族国的史料相当齐全。经历魏末尔朱氏之乱（528年），史册多被散佚。但从《隋志》所收六朝诸胡、汉族人的国别史料，仍是相当可观。自此以至盛唐，官藏十六国史依旧不少。《唐六典》卷10记秘书郎所掌四部图书，乙部史书中，“四曰霸史，以纪伪朝国史”原注云：“《赵书》等二十七部三百三十五卷。”《旧唐书》记“杂伪国史二十家”。《新唐书》记“伪史类一十七家、二十七部、五百四十二卷”，并具体开列了从《华阳国志》以至武敏之《三十国春秋》，都存于世。

自西晋覆亡以至北魏统一华北的百余年间，在分裂的中华大地上有着诸族国的存亡相继，这是不能无视的社会客观存在。逼真地记录诸族国活动的《十六国春秋》等史册有力地填补了历史混乱中的空白，实是功不可没。

隋唐间依旧存世的众多历史资源为唐代官撰史书提供了良好素材。《史通》卷12记唐太宗“敕史官更加纂录”，“兼引伪史十六国书，为《载记》三十”。在那号为胡汉一家的开明民族政策指引下，很留意吸收社会历史经验，将西晋末出现的十六国史统一改编入晋史。汉人张氏、李氏所建前凉与西凉，分别编为列传。对胡化很深的汉人冯氏所建北燕，以之与诸胡族人的立国同样列为载记。这种列传、载记的格式，原是东汉班固用于论述西汉末年诸武装集团的分划。唐人却巧妙地移用于诸族人的建国，非常恰当地表明，载记乃是六朝时民族史兴起的表征。

中国自古以来即是多民族的国家，在漫长历史发展征程中，汉、胡诸族发展虽有兴衰升降，始终只是国内民族间的沉浮，彼此递系相连，从来没有被外国侵略者灭亡过。《十六国春秋》及其相关史策的记述乃是国内民族史兴起的朕兆。它与魏、齐、周书以及辽、金、元史有异同，以国别史为基础的十六国史和《晋书·载记》正是体现了民族史发展中的重要一环。赵宋以后，由于记述十六国史的原始素材日趋散佚，后人只能从《晋书·载记》获得较多的十六国史讯息了。

末了，再就十六国史事补充说几句。《十六国春秋》撰写完成，已有效地摒弃了某些质量太次的国别史。经历魏末社会大动乱，诸国史复多散佚。但至隋唐之际，包括《十六国春秋》和一批质量较佳的国别史仍然存世。当《晋书·载记》完成后，人们乐于使用它。而用作底本的《十六国春秋》不再受到更多的重视。相当长期以来，人们乐于摘抄某些常用的古籍以供使用①。宋代广为流行的《十六国春秋》节抄本，司马光《通鉴考异》便曾多

① 《隋书·经籍志》称，"自汉以来，学者多节抄，撮旧史自为一书……而体例不经"。说明史书的节抄本出现很早。《隋志》记"《汉书钞》三十卷，晋散骑常侍葛洪撰"。"《晋书抄》三十卷，梁豫章内史张缅撰"。"《史要》十卷，汉桂阳太守卫飒撰，得《史记》要言"。"《史汉要集》二卷，晋祠部郎王蔑撰，抄《史记》，入春秋者不录"。新、旧唐志也记有某些史书的抄本。北宋出现的《十六国春秋抄》，即属此类。《宋史》卷203《艺文志》已不见《隋志》所引诸史抄了，它将史部分为十三类，史抄类列为第四，所举七十部书，一千三百多卷，没有一部是专抄某一部史书的。同名"史钞"，内涵已大不一样了。

次引用。再经历一段时期，节抄本之类也不复见。南宋晁公武《郡斋读书志》、陈振孙《直斋书录解题》已不见《十六国春秋》、《三十国春秋》等书，有可能诸书是不再传世，至《宋史·艺文志》便是一字不提及它了。

颇为奇特的是郑樵《通志·艺文略三》记霸史三十四部，五百十四卷。所列书目，除《桓玄伪事》二卷，《邺洛鼎峙记》十卷外，其余诸书都是记十六国史事书名。《隋志》记霸史二十七部、三百三十五卷，加上亡佚者，总共三十三部，三百四十六卷。五百多年后的两宋之际，有关十六国文献史料竟比南北朝晚年增多，有这种可能吗？郑樵记《十六国春秋》一百二十卷，《十六国春秋略》二卷，萧方等《三十国春秋》三十卷。武敏之《三十国春秋》一百卷，《三十国春秋抄》二卷，如此等等。如果《十六国春秋》至南宋仍然在世，且多达一百二十卷（原书仅一○二卷）。比郑樵早一百多年的司马光受命置局修《资治通鉴》，自称"穷竭所有"，"徧阅旧史"，"抉摘幽隐，校计毫厘"，为什么明摆着《十六国春秋》不用，却要去反复使用《十六国春秋抄》呢？《通志总序》云："臣二十略，皆臣自有所得，不用旧史之文。"就其史部霸史类所列书目观之，这位如此自负的郑渔仲先生能够说是完全讲了真话吗？

刊《蒙文通先生诞辰 110 周年纪念文集》

线装书局（北京）2005 年

唐代的门荫

门荫在唐代广泛存在乃是确凿无疑的，但其内容如何，似乎未见有专文讨论。在某些论著的行文中，往往提到唐朝的门荫和门阀士族势力强大密切相关，却没有对此进行具体的论证，因而不易使人明白。本文准备就此谈点自己的看法。

一

门荫是指按照人们父祖的门第资历官职功勋等情况，分别对其子孙授予不同官称的庇荫。《旧唐书》卷42《职官志》云：

> 以门资出身者，诸嗣王郡王出身从四品下，亲王诸子封郡公者从五品上，国公正六品上，郡公正六品下，县公从六品上，侯正七品上，伯正七品下，子从七品上，男从七品下。皇帝缌麻以上亲、皇太后周亲出身六品上。皇太后大功亲、皇后周亲从六品上。皇帝袒免亲、皇太后小功缌麻亲、皇后大功亲正七品上。皇后小功缌麻亲、皇太子妃周亲从七品上。其外戚各依服属降宗亲二阶叙。诸娶郡主者出身六品上。娶县主者正七品上。郡主子出身从七品上。县主子从八

品上。一品子正七品上，二品子正七品下，三品子从七品上，从三品子从七品下，正四品子正八品上，从四品子正八品下，正五品子从八品上，从五品及国公子从八品下。三品以上荫曾孙，五品以上荫孙，孙降子一等，曾孙降孙一等。

这里所开列的门荫基本上是三类人，一是高爵，二是皇亲，三是高级品官。

唐代的官员有爵、品、阶、位、勋等区分。就爵级而言，共分九等。一曰王、正一品，二曰郡王、三曰国公，都是从一品，四曰郡公正二品，五曰县公从二品，六曰县侯从三品，七曰县伯正四品，八曰县子正五品，九曰县男从五品。按规定，“至郡公有余爵，听回授子孙”，自县公以下直至县男仍在五品以上，也可荫庇亲属①。

诸王名称，《唐会要》卷 5 和卷 46 已有详细记载，不必在此赘列。诸臣封国公、郡公的大有人在，例如裴寂魏国公，窦琮谯国公，窦轨酂国公，窦抗陈国公，李靖代国公、卫国公，封伦道国公，长孙顺德薛国公，柴绍霍国公，谯国公，屈突通蒋国公，萧瑀宋国公，李勣英国公，侯君集陈国公，刘弘基夔国公，张亮郧国公，高士廉申国公，尉迟敬德鄂国公，刘政会邢国公，杨恭仁观国公，刘文静鲁国公，段志玄褒国公，房玄龄邗国公、魏国公、梁国公，杜如晦蔡国公，温大雅黎国公、虞国公，魏徵郑国公，程知节卢国公，郑元璹沛国公，丘和谭国公，钱九陇郇国公，樊兴荣国公，庞卿惮郝国公，张平高萧国公、罗国公，刘世龙葛国公，张长逊巴国公、息国公。陈叔达由汉东郡公进为江国公，武士彟由太原郡公进为应国公，唐俭由晋昌郡公进封莒国

① 参看《唐律疏议》卷 2《诸以理去官》条。

公，宇文士及由新城县公进封郢国公，长孙无忌由上党县公进封齐国公。至于分封郡公的如许绍、姜谟、李安远等等为数更多，难以一一列举。

皇亲是包括皇帝、皇后、皇太后以及诸王，皇子、皇女等人的亲属（皇帝女称"公主"，皇太子女称"郡主"，诸王女称"县主"）。所云周亲、缌麻，大功、小功、袒免乃是指一定时期的丧服而言，它代表了亲属的远近厚薄。期亲乃一年服，如孙为祖父母；大功为九月服，如为从父兄弟姊妹；小功乃五月服，如为从祖兄弟姊妹、舅父、外祖父母；缌麻乃三月服，如为族祖父母；袒免则是指五服以外的远亲。由此可见，它牵涉到皇室及其亲戚一大批人。

品官主要是指包括五品在内的一至五品官，唐代五品以上是高官，享受多种特权①。《册府元龟》卷630记代宗大历十二年（777年）六月敕："见任中书门下两省五品以上、尚书省三品以上子孙合授官者，一切拟京官，不得拟州县官。"其实，地方官的太守（刺史）、别驾乃至长安、万年、洛阳、太原等县令也都属于五品以上高官行列。

除了上面介绍的三大类官员之外，唐代还有散官、勋官、使职差遣、员外官。《旧唐书》卷42云："散位则一切以门荫结品，然后劳考进叙。"《唐会要》卷81《用荫》条云："散官同职事，若三品带勋官者即依勋官荫，四品降一等，五品降二等，原注：四品、五品带勋官者，不在荫曾孙之限。郡县公子准从五品荫，县男以上子降一等，勋官二品子又降一等。"这就表明，散、勋官也同样有荫。凡是能享受门荫的人员依据他们的不同官品分别荫庇儿孙乃至曾孙。实践表明，那是兑现了的。房玄龄在太宗时

---

① 参看拙文《唐代的衣冠户和形势户》，刊《中华文史论丛》1980年第3辑。

指出，"案令，祖有荫孙之义，然则祖孙亲重，而兄弟属轻"①。
唐太宗也曾对大臣们说，"功臣子弟多无才行，藉祖父资荫遂处
大官"②。

　　秦、汉主要用于赏军功的爵制在汉末已经废弃。裴松之在
《三国志·魏武帝纪》注中指出，汉末建安年间，开始了爵的虚
封。不过，自六朝以至于唐，高爵仍然比较贵重。六朝时，有的
可以食实封，容许世袭，也允许迴授。《魏书》卷 10 孝庄帝永
安三年（530 年）"六月戊午，诏胡氏亲属受爵于朝者黜附编
民"。那是由于尔朱氏当权，皇室为压抑灵太后亲属，乃免除其
爵位，然后才是一般编民。由此可见，有爵者的政治社会地位，
并不同于一般编户。

　　唐代由司封员外郎所执掌的九等封爵，王爵最高为正一品，
食邑一万户。县男最低，从五品，食邑五百户。食邑只是虚名，
不过，高爵者仍享受若干特权。不少诏敕常有"自王公已下"
云云，王公自是高爵，"至郡公有余爵听迴授子孙，其国公皆特
封"。白居易的《悲哉行》，先描写儒者笔耕的艰辛，然后对比
那些年少袭爵者，"声色狗马外，其余一无知"；"沉沉朱门宅，
中有乳臭儿，状貌如妇人，光明膏粱肌，手不把书卷，身不擐戎
衣，二十袭封爵，门承勋戚资……朝从博徒饮，暮有倡楼期"③。
《册府元龟》卷 129 列举不少唐五代的封王，说是"尊其爵礼"。
袭爵的人除房、杜、王、魏的子孙而外，刘文静、高俭、窦诞、
段志玄、刘政会、柴绍、郑元璹、杨恭仁、程知节等人的儿子都
袭爵国公，李安远之子袭爵郡公。宇文士及、苏定方子为县公。

---

①　《旧唐书》卷 50《刑法志》；《通典》卷 170《刑·宽恕》；《唐会要》卷 39
《议刑轻重》；《册府元龟》卷 612《刑法部·定律令》。
②　《贞观政要》卷 3《君臣鉴诫》第 6，参同卷《封建》第 8，李百药言。
③　《全唐诗》卷 24；《白居易集》卷 1《悲哉行》。

窦静儿袭爵县男。李靖打败薛延陀以功封一子县公,其后战败高丽,以功授一子郡公。唐文宗时,令狐楚为彭阳郡开国公,其子在宣宗时袭封彭阳男,那是依例降等。李大亮授公爵后,请廻授给他的朋友张弼。说明唐代的封爵既可世袭,又可迴授。上述袭爵事例,多在唐前期,中唐以后王爵很滥,已经不足为贵。这一情况,宋人洪迈《容斋续笔》卷5《银青阶》条,清人赵翼《陔余丛考》卷17《唐时王爵之滥》条都已作了充分说明。

唐初名相房玄龄、杜如晦的列传中都没有直接提到门荫。可是,玄龄三个儿子,遗直袭父爵,遗爱、遗则也都仕官。杜如晦二子,一个袭爵,另一个赐爵。王珪、魏徵是唐初著名谏臣,两人都参与修礼,各封一子为县男。临终时,魏徵子叔玉袭封国公,王珪子崇基袭爵郡公。唐人说,"房、杜、王、魏之子孙,虽及百代为清门,骏骨凤毛真可贵,岗头泽底何足论"①。四人中除杜如晦外,很难认为是出身士族地主,说勋贵们的子孙超过卢氏、李氏尚无所谓,但夸赞他们是什么骏骨凤毛显然不符合实际,而其后代在唐朝受到尊重乃是事实。

唐太宗业已看出功臣子孙仅凭资荫以至大官,其实多无才能。贞观以后,局面并没有新的改变。《册府元龟》卷130总章元年(668年)三月诏,列举房、杜等三十四人"并立为第一等功臣,其家见在朝无五品已上官者,子孙及曾孙擢一人授五品官……"同书卷131肃宗至德二年(757年)十二月赦诏,德宗大历十四年(779年)六月赦诏,顺宗即位(805年)制,穆宗元和十五年(820年)二月赦诏,昭宗天祐元年(904年)大赦诏,都一再谈到唐初以来立功效节者的子孙要给予官爵。例如天宝十三年(754年)二月诏云:"武德功臣及贞观初宰辅等缅想忠义,感会风云,

---

① 《全唐诗》卷421;《元稹集》卷26《去杭州》。

用集大勋，肇兴王业，其有子孙零落，冠冕陵夷，无任官守者，宜令所司勘责，依资与一人京官。唐初功臣绩参缔构，录劳念旧，每置于怀，普恩之外，宜放一子出身，如已有出身，所司依资与一官。"如此藉资任用，自然是资荫的体现。

　　唐代盛世，内外文武官吏共有三十七万人，其中官员只有一万八千。官员内部又在三品、五品和七品之间存在着重要界限。通常五品以上官由宰相任命，六品以下由吏部任用。可见，要做到品官并不容易。有人依据大量文献资料进行综合研究，由初入仕达到从五品的郎中平均要经历六任或七任，花十五年左右[1]。可是，段志玄、王毛仲、李靖、封常清、哥舒翰、仆固瑒、薛嵩、郭子仪、吴淑、段秀实、浑瑊、马燧、张克勤等人的儿孙不经仕宦一跃而为五品官，骆元光（李元谅）等人之子一开始便任六品官，路泌等人之子一任即为八品官。这些年青人在任官之前并无任何文武功劳，只是凭借父祖功勋一跃而为高级品官，类似事例为数不少，可列为门荫的又一类型。

　　外戚同样可以荫任，窦馛为睿宗昭成皇后族侄，"以亲荫释褐右卫率府兵曹参军"[2]。德宗贞元中，沈翚因其姑睿真皇太后（代宗后）荫任为官。宪宗元和中，胡浩因其姑顺宗后庄宪皇太后荫补千牛[3]。德宗还明文规定："驸马郡县主如实无子，准式养男，并不得用母荫。"[4] 说明公主所生孩子可以有荫，萧复便是玄宗女新昌公主所生，"以主荫为宫门郎"[5]。从德宗诏敕看

　　① 孙国栋《唐代中央重要文官迁转途径的研究》第4章，龙门书店，1978年，第238页。

　　② 《旧唐书》卷183《窦馛传》。

　　③ 《唐会要》卷3《杂录》。

　　④ 《唐会要》卷6作贞元十五年（799年）七月；《旧唐书》卷13作贞元十七年（801年）四月。

　　⑤ 《旧唐会》卷125《萧復传》；参看《新唐书》卷83《诸公主传》。

来，贞元以前，养男也可享用母荫。

《唐律疏议》卷25《诈伪律》载，"依式：周、隋官亦听成荫"。人所共知，"式"是唐代官方所常守之法，可见先朝官吏子孙用荫，是有明文规定的。唐朝有道判题，"范融曾祖在周为六部官，在隋居家不仕"，是否可用荫。邵炅撰写判词云："翼子谋孙，虽庆流于后嗣，论官叙荫，须履降于前朝，必令许从高议，荫减未尽，断从依请，夫复何疑。"① 他主张周官子孙用荫应该就是依据唐式。事实上，被苏冕誉为"创业君臣，俱为贵族"中的几个人，如"裴矩、宇文士及，齐、隋驸马都尉"②，在唐代并无大功，主要是以前代勋贵而出名。隋代河州刺史刘昇的儿子刘弘基"以父荫为右勋侍"③，上柱国蒲山公李宽之子李密"以父荫为左亲侍"④，光禄大夫裴仁基之子裴行俭在唐代"幼以门荫补弘文生"⑤。荫及先朝官僚子孙不在于泽及前官，更是为了激励本朝文武百官。

在唐代，凡是做了高官的人例有门荫，旧士族的后裔也无例外。如卢杞、卢慧、崔纵、李栖筠、裴遵庆、裴冕、萧俶、裴茂、柳晦等是，但大多数用荫者，并非士族出身。牛李两党中，李党要人郑覃一家，既有门荫授官，也有人登进士第；牛党要员杨嗣复一家的情况亦复如此⑥，单从门荫或进士及第是不能区分出他们不同政见的根源。出身单门做到了高官的王播一家同样也

①　《文苑英华》卷549，《用荫判》；《全唐文》卷622。

②　《唐会要》卷36《氏族》。

③　《旧唐书》卷58《刘弘基传》。

④　《旧唐书》卷53；《新唐书》卷84《李密传》。参《隋书》卷70，《北史》卷60《李密传》。

⑤　《旧唐书》卷84《新唐书》卷108《裴行俭传》。

⑥　《旧唐书》卷173《郑覃传》，又卷176《杨嗣复传》。

是既有门荫又有进士出身的①。

朝廷品官照例有荫，中书侍郎严挺之的儿子严武"弱冠以门荫策名"，吏部侍郎庾先光之子"准以门荫入仕"，礼部侍郎潘炎之子潘孟阳"以父荫进"②。御史中丞李遇之子李说，太子少师韩休之子韩滉都以门荫入仕③。雍王府谘议参军（正五品上）桓法嗣的孙儿桓彦范"少以门荫调补右翊卫"④，宗正卿（正三品）李某之子李实和宗正卿李齐物之子李复都以父荫得官⑤。贞元著名功臣李晟之子李朔、李听、李凭、李恕等都以父荫授官。奚族出身的义武军节度使加检校司空张孝忠，其子茂昭、茂宗都以父荫授官。德宗时，中书侍郎同中书门下平章事赵憬的四个儿子"皆以门荫授官"⑥，安史乱后，中书侍郎已由正四品升为正三品官，成了中书省的实际负责人，兼任并无品第的差遣同中书门下平章事便成为有实权的真正宰相，赵憬的四个儿子既无才华，又无立功表现，仅仅是当权宰相之子而授官。朝廷品官之子入仕者众，这里不再过多胪列。

地方高级品官如虢州刺史（四品官）萧恕之子萧定，盐州刺史王纵之子王重荣，檀州刺史李承悦之子李景略，亳州刺史颜元孙之子颜杲卿都以父荫出仕⑦。太原尹（从三品）、北都留守

---

① 《旧唐害》卷164；《新唐书》卷167《王播传》。

② 《旧唐书》卷117《严武传》，又卷118《庾准传》，又卷162《潘孟阳传》，又卷99《严挺之传》。

③ 《旧唐书》卷146《李说传》，又卷129《韩滉传》。

④ 《旧唐书》卷91；《新唐书》卷120《桓彦范传》。

⑤ 《旧唐书》卷135《李实传》；《新唐书》卷70《宗室世系表》；《旧唐书》卷112；《新唐书》卷78《李复传》。

⑥ 《旧唐书》卷133《李晟传》，又卷141《张孝忠传》，又卷138《赵璟传》。

⑦ 《旧唐书》卷185下《萧定传》，又卷182《王重荣传》，又卷152《李景略传》，又卷187下《颜杲卿传》。

令狐楚之子令狐绪，大名尹、天雄军节度使符彦卿之子符昭愿也都以父荫授官①。《千唐志室斋藏石》所收墓志表明，许昌县令盖洪、瀛州新城县令韩□和之子也都有荫，雍州司户张希臧之子张易之亦有荫②。唐代的雍州司户和绝大多数地区的县令都是从七品官，他们也都有荫，显然是门荫范围的进一步扩大。

品官职事官而外，赠官也有荫。《唐会要》卷21："准令：赠官用荫各减正官一等。"大理寺卿徐有功死于武周长安二年（702年），中宗即位，追赠越州刺史，荫一子为官③。唐末，毛诗博士柏暠死后追赠国子司业（从四品官），其子柏宗回"取家荫出身，选为州县官"④。

中唐以来，权力很大但没有官品的使职也有荫（可能有人认为，各地节度使例兼御史台诸职，自监察御史以至御史大夫，分别是八品以至三品官，节度使是按御史台品级用荫，但我认为此说不很有力）。范阳平卢节度使薛楚玉之子薛嵩"少以门荫"，担任过朔方节度使的韦光乘和张齐丘，其子韦伦和张镒也都有荫。剑南西川节度使段文昌之子段成式、河中节度使李国贞之子李锜、魏博节度都虞侯之子吴少诚也都以荫入官⑤。甚至像曲元衡的父亲只担任过军使，他也可凭荫入仕⑥。

宦官是皇帝的家奴，乃是刑余之人，更非士族子弟。早在东汉桓帝时，"宦官方炽，任人及子弟为官，布满天下"。朱穆上

---

① 《旧唐书》卷172；《新唐书》卷166《令狐楚传》；《宋史》卷251《符彦卿传》；参看《旧五代史》卷56，《新五代史》卷25《符存审传》。

② 《旧唐书》卷78，《新唐书》卷104《张行成传》。

③ 《旧唐书》卷85《徐有功传》；《册府元龟》卷130《延赏》。

④ 《文苑英华》卷946罗衮《仓部柏郎中墓志铭》；《全唐文》卷828。

⑤ 《旧唐书》卷124《薛嵩传》，又卷125《张镒传》，又卷152《韦伦传》，又卷167《段文昌传》，又卷112《李锜传》，又卷145《吴少诚传》。

⑥ 《旧唐书》卷171《裴潾传》。

疏指责宦官"子弟亲戚，并荷荣任"。杨秉也上言："旧典，中臣子弟不得居位秉执，而今枝叶宾客，布列职署，或年少庸人，典据守宰。"胡三省注解云："枝叶谓中臣族亲也。"① 可见宦官在汉代已有荫。唐代宦官势力大于东汉，他们同样有荫。代宗大历中，鱼朝恩即曾荫子。武宗时，仇士良也请以开府荫其子为千牛②。《唐会要》卷81记宣宗大中时，内侍省高品也有人想沿例荫子。

唐亡以后，荫补制在五代时依然存在。《旧五代史》卷42《唐明宗纪》长兴二年（931年）十月诏："封妻荫子，准格合得者亦与施行。外官曾任朝班，据在朝品秩格例……其补荫，据资荫合得者先受官者，先与收补，后受官者，据月日次第施行。"后唐乃沙陀人所建，却冒称李唐正统，"准格"即是指唐代"百官有司所常行之事"来办理荫补。《旧五代史》卷149《职官志》记后晋时，据司封令式，"内外臣僚官阶及五品以上者，即与封妻荫子，固不分于清浊，但只言其品秩"。后周世宗时，诏令"今后应荫补子孙，宜令逐品许补一人"，已经退休的官吏在朝曾为文官三品、武官二品"及丞郎给舍以上，金吾大将军、节度、防御团练留后者"都可荫补，这就体现出荫任的范围更为扩大了。

二

唐代荫补中的另一类情况如千牛、斋郎等也同样值得注意。

---

① 《后汉书》卷43《朱穆传》，又卷54《杨秉传》；《资治通鉴》卷54，延熹六年（163年）十二月条。

② 《资治通鉴》卷246，开成五年（840年）十一月条。

前已提及，胡浩荫补千牛。此外，北周于谨的七世孙于頔"始以荫补千牛"，左仆射苏瓌之孙苏震十余岁"以荫补千牛"，太原尹韦凑的曾孙韦颙"少以门荫补千牛备身"，黄门侍郎韦挺之曾孙韦武"年十一，荫补右千牛"①。千牛、右千牛和千牛备身是怎么回事呢？唐制，千牛备身、备身左右是指十六卫中负责侍卫和供御兵仗的左右千牛卫。《唐六典》卷5《兵部》记"凡千牛备身、备身左右及太子千牛皆取三品以上职事官子孙、四品清官子"为之。经过一段时间，这些品子便送兵部，有文才者送吏部录用。唐人欧阳詹曰："公侯子孙、卿大夫子弟能力役供给者曰千牛、进马、三卫、斋郎，限以年月，终亦试之。"② 由此可见，千牛、右千牛、千牛备身乃是官员的候补成员。

斋郎与千牛情况相类似，《千唐室志斋藏石》所收宋州炀山县令郑纪墓志铭，其父正为扬州江都县主簿，他"以荫补太庙斋郎"。斋郎是皇帝致祭宗庙、郊社的办事人，分为太庙斋郎、郊社斋郎。《唐会要》卷59记载礼部简试，"太庙斋郎，准开元六年（718年）九月勅，取五品以上子孙、六品清资常参官子补充。郊社斋郎，用祖荫官阶，并须五品以上，用父荫，须六品以上常参官"。郑纪父亲只是九品官也可用荫斋郎，说明实际执行时很有随意伸缩性。《新唐书》卷45记斋郎"读两经粗通，限年十五以上，二十以下"，按规定要通过考试。然而，开元十一年（723年）南郊赦，开元廿三年籍田赦，都宣布"斋郎并放出身"③，开元二十年《后土赦书》更说，"斋郎既是见任官，准

---

① 《旧唐书》卷156《于頔传》，又卷108《韦颙传》；《新唐书》125《苏瓌传》，又卷98《韦挺传》。
② 《文苑英华》卷689《与郑伯义书》；《全唐文》卷596。
③ 《唐大诏令集》卷68，又卷74；《文苑英华》卷424，又卷462；《全唐文》卷287。

坛上坛下有职掌官吏处分"①。斋郎的官员身份非常清楚。可以说，由礼部负责的太庙斋郎、郊社斋郎乃是文资，兵部负责的千牛备身、太子千牛则是武资，同是荫补的对象。五代后唐时，尚书礼部员外郎和凝上奏，提出了简试斋郎的许多具体情况，建议限制每年荫补人数②。由后周兵部尚书的奏疏，可知当时荫补千牛、进马仍在按后晋时的编敕及堂帖实施③。可见，唐五代时斋郎与千牛荫补人数很不少。

唐初，裴行俭"以门荫补弘文生"。武周时，宰相房融之子房琯"少好学，以门荫补弘文生"④。弘文生是朝廷所特设弘文馆的学生，它和另一个称为崇文馆的机构都是招收贵胄子弟。《新唐书》卷44，记载弘文、崇文馆选收学生的条件："皇缌麻以上亲、皇太后、皇后大功已上亲，宰相及散官一品，功臣食实封者，京官职事从三品、中书黄门侍郎之子为之。"非常明显，乃是收录皇亲和三、四品以上的高贵官僚的子弟。由于这些人的生活条件非常优越，他们根本不求上进。早在唐高宗时，吏部侍郎魏玄同已经指出："今贵戚子弟，例早求官，髫龀之年，已腰银艾，或童卯之岁，已袭朱紫。弘文、崇文之生，千牛、辇脚之类，课试既浅，艺能亦薄，而门阀有素，资望自高……少仕则废学，轻试则无才。"⑤ 它说明作为贵胄子弟入官途径的弘文、崇文馆并不能真正培养人才。官方规定："其弘（文）崇（文）生，虽同明经进士，以其资荫全高，试亦不拘常例。"⑥ 其所以

---

① 《唐大诏令集》卷66；《文苑英华》卷424；《全唐文》卷287。

② 《五代会要》卷16《礼部》；参看《文献通考》卷34引宋人陈傅良语。

③ 《旧五代史》卷149《职官志》。

④ 《旧唐书》卷111；《新唐书》卷139《房琯传》。

⑤ 《旧唐书》卷87《魏玄同传》；《册府元龟》卷473《奏议》；《文苑英华》卷696《请吏部各择寮属疏》；《全唐文》卷168。

⑥ 《唐六典》卷2《吏部》，又卷4《礼部》；《旧唐书》卷43《职官志》。

不拘常例就在于学生们的资荫全高，不凭真本领应试而享受特殊优待。玄宗开元廿六年（738年）勅称：“弘文、崇文生，缘是贵胄子孙，多有不专经业，便与及第。”① 学生不熟悉儒家经典照样录用，正是不拘常例的具体表现。诏敕要求“依令考试”，不过是为了装潢门面而已。为了维护贵族官僚们的既得利益，代宗广德元年（763年）勅，依旧强调两馆学生“皆以资荫补充”②。两馆既是入仕捷径，便出现如《唐会要》卷77德宗贞元四年（788年）敕所云应补两馆学生，“员阙至少，请补者多”。“已补者自然登第”，所以人们争相挤入。朝廷为此确定一个候补原则，“先补皇缌麻已上亲及次宰辅子孙，仍于同类之内，所用荫先尽门地清华、履历要近者，其余据官荫高下类例处分”。如此按身份高低进行候补，乃是为了缓和内部矛盾。直至唐文宗时，仍然采取“官阶至品，便许用荫与子孙补两馆出身”。由此可见，弘文、崇文两馆始终是唐代高官子弟入仕文官所要经历的重要门限。不过，到了中晚唐时期，随着宦官控制的军人势力膨胀，神策大将军也和金吾大将军同样可以荫补两馆生了。

两馆之外，唐朝还设有多种不同等级的学校。建国伊始，《唐会要》卷35，记武德元年（618年）十一月，“诏皇族子孙及功臣子弟于秘书外省别立小学”，已为贵胄子弟入学开其端倪。随后，国子学、太学、四门学崛兴。国子学生取文武三品以上子孙、从二品以上曾孙及勋官二品、县公、京官四品带三品勋封之子充当。太学学生收五品以上子孙，职事五品期亲、若三品曾孙及勋官三品以上有封的儿子。四门学生取七品

---

① 《唐大诏令集》卷73《亲祀东郊德音》；《册府元龟》卷85《赦宥》，又卷135《愍征役》，又卷639《条制》；《唐会要》卷77《宏文崇文生举》；《全唐文》卷34《春郊礼成推恩制》。

② 《册府元龟》卷640《条制》；《唐会要》卷77《宏文崇文生举》。

以上及侯、伯、子、男之子补充，还可适当收纳若干庶民地主子弟。另外，律学、书学、算学，大都收录八品以下官员的子弟和庶民子弟入学。玄宗开元廿九年（741年），设置崇玄学，学习《老子》、《庄子》、《文子》、《列子》，两京各取百人，"诸州无常员，官秩荫第同国子"。就是说，道举学生也有官荫。所有这些等级学校充分体现了品子们跨入官途所经历的阶梯。《全唐诗》卷376孟郊《立德新居》云："品子懒读书，辕驹难服犁，虚食日相投，夸肠讴能低。"刻画荫子的不学形象，真是入木三分。

《新唐书》卷45《选举志》云："唐取人之路多矣。"它列举千牛备身、备身左右、纳课品子、斋郎、监门直长、亲事、帐内等等，"凡此皆入官之门户"。其实，监门直长已是从七品上阶官，其余诸项确是唐代品子入官的不同途径。所称纳课品子与亲事、帐内涉及到了唐代的色役。色役原是诸色之役，役有轻重，重色役是苦役，常为贫苦百姓或是受惩罚的某些人承担。有些轻色役实非真正的力役，还常常可以纳钱代役以取得某种资格，交纳的钱称为资课。亲事、帐内便是品子交纳资课的一类色役。按规定："文武职事三品已上给亲事、帐内，以六品七品子为亲事，以八品九品子为帐内，岁纳钱千五百，谓之品子课钱。"①《新唐书》卷45记载，"凡品子任杂掌及王公以下亲事帐内劳满而选者，七品以上子从九品上叙"，"凡纳课品子岁取文武六品以下，勋官三品以下五品以上子"。他们经过一定年限的纳课，原则上便可"量文武授散官"。唐代盛世，亲事帐内与纳课品子各有一万人，是一支十分宏大的官员后备队啊！

---

① 《唐会要》卷93《诸司诸色本钱》；《唐六典》卷5《兵部》。

三

门荫保证了既得利益者的合法传袭，因此，受到了唐人的广泛重视。名臣裴度的儿子裴识、裴谂，本传都记载以荫补官。《册府元龟》卷447《徇私门》另外记录裴度为山南东道节度观察使时上奏：“京兆府参军裴让是臣男，年甚幼小，官无职事，今惟近勅，须令守官。伏以臣男之类，无（虑）数十人，悉是资荫授官，所以置之散冗，守官既无公事，离任曾无妨阙。伏乞天恩，依前令在臣所任。”可见乳臭小儿裴让不能做事，居然占居七品官位。《册府元龟》卷63《发号令》记天宝十一年（752年）诏：“或不践军戎，虚霑爵赏，银章紫绶，无汗马之劳，厚禄崇班，皆亲援而致。”说明既得利益者的权势欲是没有穷尽的。

获得官荫原有一定常规，“高官重爵本荫唯逮子孙，胙土锡珪，余光不及昆季”①。然而，《唐律疏议》卷2记有“旁荫”，如籍伯叔母荫、籍侄荫之类。有了旁荫，自然扩大了门荫范围。唐末淮南节度使高骈的侄儿高劭年十四，又无才能，竟然以荫“遥领华州刺史”，当他年事稍长为宣武军节度使朱温手下判官时，公开要挟唐昭宗“荫求一子出身官”，省寺机构认为别无先例，右仆射张濬却“曲而行之”②。官荫之滥可谓极矣。

门荫能给人带来各种利益，享受某些特殊优待。那时，富豪家常拥有奴婢，但并非得到法律保障。天宝八年（749年）诏：“其荫家父祖先有（奴婢）者，各依本荫职减比见任之半”。在

---

① 《通典》卷167《刑·杂议》；《旧唐书》卷189上《敬播传》。
② 《旧五代史》卷20《高劭传》，又卷58《萧顷传》。

此之前，永昌元年（689 年）曾明文规定按官品高低合法占有奴婢数额①。荫家依恃父祖坐享现成，他们唯知挥霍，不景气自然随之而来。《旧唐书》卷 96《姚崇传》记他临死前遗令戒子孙，"比见诸达官身亡以后，子孙既至覆荫多至贫寒"。遗言表明，荫家的倾败显然并非是个别的。《全唐文》卷 33 玄宗《平籴诏》，记以官仓粮赈给贫乏时，有些官人富家乃至"五品以上官荫人"也来冒领。礼部员外郎沈既济在德宗时指出，"其高荫子弟重承恩奖，皆端居役物，坐食百姓，其何以堪之"②。事实上，这样的荫家子弟已是越来越多，韩愈撰《进士策问》云，"以门地勋力进者又有倍"，他建议人们提出改革方案③。在那样的时代，它当然不可能获得解决。康骈《剧谈录》卷下，记"乾符末，洛中有豪贵子弟承籍勋荫，物用优足，恣陈饰衣玉食，不以充诎为戒，饮馔华鲜，极口腹之欲"。所有这些充分说明，凭藉勋荫的豪贵子弟乃是一批典型的社会蠹虫！

　　人们有了勋荫既可免课役，犯罪还可减免。《唐律疏议》卷3，"若犯除名者，谓出身以来官爵悉除，课役从本色者，无荫同庶人，有荫从荫例"。有了荫即已不同于庶民，课役可以得到豁免。朝廷面临重大困难时，也曾利用这一特点。肃宗初即位，为了筹款平叛，采纳侍御史郑叔清卖爵的建议，"应授职事官并勋阶号及赠官等有合荫子孙者，如户内兼荫丁中三人以上免课役者加一百千文，每加一丁中，累加三十文"④。那是无异于以钱买荫。一旦有了荫，在合法免除课役之外，除非犯了谋反叛逆十恶大罪，其他诸罪都可以大大减免。《唐律疏议》卷 2 犯罪事发

条《疏议》曰：

> 有荫犯罪，无荫事发。谓父祖有七品官时，子孙犯罪，
> 父祖除名之后事发，亦得依七品子听赎。其父祖或五品以上，
> 当时准荫得议请减。父祖除免之后事发，亦依议请减法。无
> 荫犯罪，有荫事发。谓父祖无官时子孙犯罪，父祖得七品官
> 事发听赎，若得五品官，子孙听减，得职事三品官听请，荫
> 更高听议。此四等事，各得从宽，故云并从官荫之法。

所称赎、减、请、议，在唐律中有着具体明白的琐细规定，这里
不作详尽介绍。简单说来，有荫之家特别是高官贵人之家纵使犯
了罪，可以依法大事化小，小事化了。正是由于犯罪允许荫赎，
唐宋之际的不少士大夫子弟，也愿充当低级的胥吏以便为非作
恶，直至宋仁宗时才下令，"吏胥受赇毋用荫"①。

官荫的有无既在一定程度上关系着一家的盛衰荣辱，因此，
唐太宗误杀蒋州刺史卢祖尚后，在追悔之余，"使复其官荫"。
唐中宗在清除酷吏之后，下令"其枉被杀人，各令州县乡里以
礼埋葬，还其官荫"②。有了官荫，被杀诸人的后裔仍可合法享
受恩荫条例。

门荫既存在于生前，也存在于身后。《唐律》卷2称"用荫
者存亡同"；《疏议》曰："亲虽死亡，皆同存日，故曰存亡同。"
社会现实如此，反映在人们的意识上，白居易撰《乙请用父荫
判》，肯定"官分正赠，荫别品阶……今则死卫国家，叙荫所宜
同正"。他的意见很符合《唐会要》卷81所记赠官"死王事者，
与正官同"的原则。有人除丧十年后，才申请袭爵，有司引格

---

① 《宋史》卷9《仁宗纪》；王栐《燕翼诒谋录》卷3《有荫人不得为吏》文
详。

② 《旧唐书》卷69《卢祖尚传》，又卷186上《来俊臣传》；《册府元龟》卷
152《明罚》。

不许，白居易却认为"爵命未坠，嗣袭有期……所宜纂彼前修，相承以一子……若居家而有故，须待毕辞，方期析理"①。在他看来，父祖身亡超过了十来年，仍有权申请荫庇。对于遗腹子要求厚荫，田义宠、张纯如、周彦之三个人所撰判文分别认为"敬省彝章，未可隔其遗诞"；"况乎血属详明，宜存必复之始"；"乙当承袭，理在不疑"②。赵宋时的优荫制，自是渊源于唐朝。

恩荫之利如此之大，人们趋之若鹜，社会上像李怀远那样拒绝"假荫求官"实乃绝无仅有③。许多人想方设法假冒勋荫。唐太宗初年，已发现"诈伪资荫者"以图侥幸④。《唐律疏议》卷25《诈伪律》专门作出几条规定，对那些诈妄承取他人官荫而得官，或是伪写前代之印以求官者，都要判处徒刑。玄宗时，陶翰、李康成分别撰写《对假荫判》，代表了当时的一般社会舆论⑤。韩愈提议国子监生徒"许补人有冒荫者，请牒送法司科罪"⑥。德宗诏称，弘崇两馆学生，"或假市门资，或变易昭穆，殊亏教化之本，但长浇漓之风。未补者务取阙员，已补者自然登第，用荫既已乖实，试艺又皆假人"⑦。非常突出地反映出国子监和两馆学生冒荫的盛行。敬宗时，礼部上奏谈到斋郎"时或源流或异，支属全疏，罔冒门资，变易昭穆"⑧。朝廷三令五申要戒绝冒荫，由于牵涉到不少人的切身利害，因此直至五代时还

---

① 《文苑英华》卷536《除丧袭爵制》，又卷536《父荫判》；《白居易集》卷67。
② 《全唐文》卷949，又卷952，又卷954。
③ 《旧唐书》卷190；《新唐书》卷118《李怀远传》。
④ 《旧唐书》卷77；《新唐书》卷99《戴胄传》。
⑤ 《文苑英华》卷549《假荫判》；《全唐文》卷334，又卷358。
⑥ 《韩昌黎集》卷37《请复国子监生徒状》；《全唐文》卷549。
⑦ 《册府元龟》卷640《贡举·制》。
⑧ 《唐会要》卷59《太庙斋郎》。

是依然如故。《旧五代史》卷 32《唐庄宗纪》，记"假人荫绪，托形势论属安排参选，所司随例注官"。《册府元龟》卷 154，记后唐明宗长兴二年（931 年），礼部令史吴知己揩改应补名姓，另注他人的案件，事情败露后，朝廷为此惩罚了一批官员。这一切说明，只要社会上存在门荫，坐食百姓，也就必然有人冒险伪荫以求一逞。

四

对唐代门荫情况有了一些了解之后，不妨进一步追问，它是唐代所独有的呢，还是有其源流的呢？这个问题，历史上曾有过一些不同意见。

《文献通考》卷 34 马端临为《任子》条所写按语云："任子法始于汉，而其法尤备于唐。汉唐列传中凡以门荫入仕者皆备言之，独魏晋南北史不言门荫之法，而列传中亦不言以门荫入仕之人。"对于他的意见，我认为应该分析对待。

由现存文献来看，任子法确是始于西汉。《汉书》卷 11《哀帝纪》师古注引汉人应劭曰："任子令者，汉仪注：吏二千石以上视事满三年，得任同产若子一人为郎，不以德选。"可见，汉代以官职大小，做官年限以确定任子，而不考虑人才能否。明文规定任"同产"（兄弟）是与唐代多少有别的。骠骑将军霍去病的兄弟霍光，年十余岁任为郎，即是明证。但身为代郡太守的苏建卒官后，包括苏武在内的三个儿子"少以父任，兄弟并为郎"；而元、成帝时，为将军十六年，食大国邑的史丹"九男皆以丹任并为侍中诸曹"①，似乎任子令的规定并不是不可变通的。

---

① 《汉书》卷 68《霍光传》，又卷 54《苏武传》，又卷 82《史丹传》。

东汉时，仍然继续存在任子，还正式出现了"荫"①，甚至如前所述，宦官也有了荫。这足以说明门荫制早在门阀士族出现之前业已存在。

马端临说魏晋南北朝"用人之法多取之世族"自是正确的，但说那时不存在门荫，就不能说是确切的了。姑且不说九品中正制下选拔人才，本身就是按门第办理，是新的社会条件下任子制的具体体现。晋、宋之际，御史中丞刘穆之弹劾大臣王僧达"荫籍高华，人品冗末"②。便是指僧达虽有门荫而人品不佳。唐人薛登在武则天时上疏云："晋宋之后，只重门资。"③门资固然是中正举人的条件，但其本身即是讲的资荫。《隋书》卷26记梁、陈之制："诸王子并诸侯世子起家给事，三公子起家员外散骑侍郎，令仆子起家秘书郎……次令仆子起家著作佐郎。"按照官爵地位的高低，决定儿子起家官秩，乃是地地道道的任子门荫制。《魏书》卷65记邢晏为兖州刺史，"例得一子解褐"。一旦当上了刺史，就可合法地使一子入仕，当然是指门荫。魏孝明帝时，清河王元怿上表议论选举用人，"若准资荫，自公卿令仆之子，甲乙丙丁之族，上则散骑秘著，下逮御史长兼，皆条例昭然"④。所说资荫，同样是指贵族官僚的门荫。《北齐书》卷45记崔暹推荐樊逊为襄城王元旭的府僚，逊自称，"家无荫第，不敢当此"。非常清楚地表明，当时仕宦存在着严格的门荫条例，樊逊不敢破例充当。《周书》卷23《苏

① 《后汉书》卷10《桓帝梁后纪》；《资治通鉴》卷54延熹二年（159年）六月条。

② 《宋书》卷42；《南史》卷15《刘穆之传》。

③ 《旧唐书》卷101《薛登传》。

④ 《通典》卷16《选举·杂议论》。按，《魏书》卷22《元怿传》缺佚，《北史》卷19《元怿传》不记此事。

绰传》记西魏、北周之际，绰为六条诏书。第四条谈擢贤良，说："自昔以来，州郡大吏，但取门资，多不择贤良……夫门资者，乃先世之爵禄，无妨子孙之愚瞽……今之选举者当不限资荫，唯在得人。"可以看出，讲究门资不注重真才实学已是由来久远，注重门资就很难选拔出人才。植根于保护既得利益者基地上的门荫制更不是专制独裁时代一纸诏书所能轻易改变的。因此，周、隋之世门荫制仍然合法存在。《隋书》卷47《柳述传》记其父柳机在周、隋之际为宰相，后出为华州刺史。述"少以父荫，为太子亲卫"。所有这些事例，说明魏晋南北朝时期是广泛存在门荫制度的。由此可见，唐代的门荫制并非李唐首创，而是早已有之。从门荫制的渊源来看，不能证明只有士族官吏才享有这项特权。

唐末五代以后，史学工作者没有人主张赵宋王朝还是士族门阀当权。可是，门荫制不仅没有由此消失，而且有了新的发展。《宋史》卷九《仁宗纪》天圣八年（1130年）"二月戊子，诏五代时官三品以上告身存者，子孙听用荫"，此与唐律所云周、隋官听用荫，何其相似乃尔。《续资治通鉴长编》卷4，太祖乾德元年（963年）六月诏，"兵部、礼部每岁所补千牛、进马、太庙、郊社斋郎，旧左右仗千牛十二员各令减二员，斋郎每岁以十五员为额……自今台省六品、诸司五品，登朝第二任方得补荫，五府少尹不在此限"。可见，千牛、斋郎等的荫补大体仍如唐制。后来，武补虽无千牛之名，仍有殿直之制；斋郎则是文臣长期荫补的重要途径之一。关于宋代荫官的广泛，可以举曹彬为例，这位统兵攻灭后蜀与南唐，身居将相的大臣在真宗时身死，"录亲族、门客、亲校拜官者十余人"，其子曹璨便是"以荫补供奉官"[1]。有

---

① 《续资治通鉴长编》卷44，咸平二年（999年）六月丁巳；《宋史》卷258《曹彬传》。

关宋代文武荫补之制，在《文献通考》卷 34、《宋史》卷 159
《选举志》和卷 170《职官志》有较多的记载；当然，在《宋
史》不少人的列传中记述得比较具体明晰。清人赵翼《廿二史
劄记》卷 25《宋恩荫之滥》条比较集中地收录了若干恩荫的事
例。和宋朝处于南北对峙的金国，《金史》卷 52 记"门荫之制，
天眷中（1138—1140 年），一品至八品皆不限所荫之人"。世宗
大定四年（1164 年）十月诏，"亡宋（指北宋）官当荫子孙者
并同亡辽官用荫"。由此可以概见，女真族人所建国家也广泛采
用门荫制。

　　宋、金之世门荫既多且滥，自然也免不了冒荫。《宋史》卷
9 仁宗天圣元年（1023 年）四月，"诏文武官吏荫亲属从本资"。
五年十二月，"百官受赂，冒为亲属奏官者毋赦"。金代"定冒
荫及荫官罪赏格"①，就是其中一二事例。

　　通过上述简略考察，不难看出门荫制，乃是源远流长。自两
汉以后，地主阶级当权派在社会历史发展的长河中处于不断更
新，汉代的军功豪族地主、魏晋南北朝的门阀士族地主、唐代的
贵族官僚地主、宋代的官绅地主……一幕幕地与时俱往矣。当他
们执政时，都曾经合法地利用门荫制度。他们深知自己的个人生
命不可能永世长存，却幻想使其子子孙孙一代代地永远保持他们
既得的权益。就唐朝情况而言，享受门荫特权的包括了皇室、外
戚、当朝勋贵、各级品官乃至使职差遣和宦官，这么一大批人绝
大多数并非出身于旧士族地主。唐朝执政的地主阶级阵营比魏晋
南北朝时期狭隘的门阀士族专政大为壮观，但他们也一如既往，
想子孙万世长保其利益。但包括唐朝在内的历史反复证明，坐食
百姓的娇贵子孙们到头来少有作为，既无功业可言，又复倾家破

---

① 《金史》卷 7《世宗纪》大定十二年（1172 年），又卷 52《选举志》。

败。门荫制和中古时代的其他政治、经济制度一样，随着时代的发展而不断更新其内容。历代门荫制的名称相同，具体门荫对象却是与时更新，并非万世不变。在唐代，九品官人法早已废除，选举用人，前期主要是杂色入流，中唐以后科举大盛，门荫制始终只是上述用人制度的补充。由此看来，唐代门荫制度所企望保障的是诸色出身官员的各种特权，而决不局限于保护少数残存旧士族的利益，它和士族势力没有什么必然的联系，那是显而易见的，唐代以前的两汉六朝和唐朝以后宋金之世的大量门荫事实也帮助我们充分证明了这一点。

刊《文史》第 27 辑　1986 年

唐代的诞节

节日是人们庆贺的日子，它有一定的群众基础。诞节只是众多节日中的一种，每个人都各有诞日，但在何时开始庆贺生辰，我未见有明确记载。宋人赵彦卫《云麓漫钞》卷1云："魏晋以前，不为生日。"人们庆贺生辰既要有观念上的认识，还要有经济上的实力。上层统治阶级掌握政权声势赫赫，不少臣僚会利用诞日阿谀逢，迎推波助澜，逐渐形成诞节。本文重点对唐五代的诞节作些考察。另外，鉴于唐人广泛信仰佛教和道教，唐政府还分别为二教创始人建置了诞节，因而也就一并讨论。所言有误，敬请读者批评。

一　诞圣节

现代人祝贺生辰已是习以为常，但就我所知，从秦汉直至唐初未见聚会庆贺生辰，偶记诞日，如战国孟尝君田文、晋宋之际的王镇恶、隋唐之际的崔信明，都因为五月五日出生犯俗忌而为时所贱①，更谈不上庆贺了。贵为王侯与帝皇的汉高祖刘邦与燕王卢绾是同里同日出生，他俩一生并未有庆祝生辰。统治全国50余年的汉武帝刘彻一生也不见诞辰祝贺，自此经东汉以至魏晋六朝同样也不例外。唐朝颜真卿和王泾等人一再谈到古来帝皇并无降诞日为节假乃是言之中肯的②。

隋、唐之际，唐太宗不主张在自己生日时庆贺，为了怀念父母生育之恩，心情十分沉重。与此相仿，隋文帝为报其父母劬育之德，在生辰日下令全国为亡父母断屠一日。在隋以前，南朝梁元帝的生母健在时，在每逢诞日"常设斋讲"③。这都证明自南朝以至唐初，帝皇诞辰并没有举行庆祝活动。

另一方面，也应注意唐太宗所说，"俗间以生日可为喜乐"。颜之推云，"江南风俗"在子女周岁时，"亲表聚集，致宴享焉"。此后每遇生辰，只要双亲健在，"尝有酒食之事"，有的父母已经谢世，仍"酣畅声乐"。唐人封演也说，"近代风俗，人子在膝下，每生日有酒食之会"，这都说明至迟自南朝后期以来庆贺生日，已开始成为民间习俗所尚，并很快为上层统治者所接受而加以发展。唐中宗神龙时，唐绍为太常博士，"四时及列帝诞日，遣使者诣陵如事生。绍以为非礼，引正谊固争"④。既是祭死"如事生"，自可理解为活着时受庆贺。《唐会要》卷29记神龙二年（706年）四月诏，自今生日不得辄有进奉。联系到中

---

① 《史记》卷75《孟尝君传》注引《风俗通》云："俗说五月五日生子，男害父，女害母。"又见于《宋书》卷45《王镇恶传》，《旧唐书》卷190上《崔信明传》。但这种习俗随着诞节的正式确立，而出现了新的变化，如："（李）元昊五月五日生，国人以其日相庆贺。"（《宋史》卷485《夏国传》）即为一例。

② 《封氏闻见记》卷4《降诞》引颜真卿说；《全唐文》卷695李元素《请禁以降诞日为节假奏》引王泾言。

③ 《颜氏家训》卷2《风操》。

④ 《新唐书》卷113《唐绍传》。

宗在诞日于内殿宴群臣，君臣仿作柏梁体诗，它清楚表明，那是与汉武帝时的柏梁台联诗形同而实异，李峤、郑愔等人为中宗诞宴分别撰诗，"今日宜孙庆，还参祝寿篇"，"地逢芳节应，时睹圣人生"。由此可见，至是已对生辰有了认识和实践上的重大变化。"国朝以来，此日皆有宴会"那是并非偶然的。玄宗在没有建置诞节前，诞日"大置酒张乐，宴百僚于花萼楼下"，亦是很好的例证。

玄宗开元十七年（729 年），宰相张说等人提议，"诞圣之辰也，焉可不以为节乎！……臣等不胜大愿，请以八月五日为千秋节"①。玄宗下令："朝野同欢是为美事，依卿来请，宜付所司。"北宋初，赞宁在《大宋僧史略》中最先指出，"生日为节名，自唐玄宗始也"，这是庆贺生辰日的重大转折。自此以后，宋人王钦若、赵升、叶梦得、洪迈、赵彦卫、吴曾……以迄清人顾炎武、钱大昕等等都一致认定生日置节祝寿是始于唐玄宗。至天宝七年（748 年），再改千秋节为天长节。池田温先生在探讨日本宝龟年间（770—780 年）设置天长节源流时，曾着重讨论了唐玄宗置诞节过程及其对日本的影响②。因此本文对千秋节与天长节不必再多叙述。这里，有必要着重指出，开元中，正是唐代的盛世，也是中国中古社会的重大转折关头。诞节的正式建立，正是增强王权凝集力的重要表现。下面拟将唐代的诞节作几点综合性说明。

第一，玄宗以后，唐五代帝皇除个别例外，生辰皆置诞节，玄宗的诞节，延续至德宗初废除，但至宪宗时，仍有人怀念它，其余诸诞节，通常在皇帝亡故后，便自行废置，新帝即位，另立节名，为简便计，列表如下：

---

① 《张燕公集》卷9《请八月五日为千秋节表》。
② 《天长节管见》，载《日本古代社会与文化》，1987 年。

诞节名	诞节月日	皇帝庙号
千秋节 天长节	八月五日	唐玄宗
天成地平节	九月三日	唐肃宗
天兴节①	十月十三日	唐代宗
	四月十九日	唐德宗
	正月十二日	唐顺宗
	二月十四日	唐宪宗
	七月六日	唐穆宗
	六月九日	唐敬宗
庆成节	十月十日	唐文宗
庆阳节	六月十一日	唐武宗
寿昌节	六月二十二日	唐宣宗
延庆节②	十一月十四日	唐懿宗
应天节	五月八日	唐僖宗
嘉会节	三月二十二日	唐昭宗
乾和节	九月三日	唐哀帝
大明节	十月二十一日	梁太祖
明圣节	九月十二日	梁末帝
万寿节	十月二十二日	唐庄宗
应圣节	九月九日	唐明宗
千春节	正月二十三日	唐末帝
天和节	二月二十八日	晋高祖
启圣节	六月二十七日	晋少帝
圣寿节	二月四日	汉高祖
嘉庆节	三月九日	汉隐帝
永寿节	七月二十八日	周太祖
天清节	九月二十四日	周世宗
天寿节	八月四日	周恭帝

① 天兴节据《唐会要》卷1，《新唐书》卷22《礼乐志》："自肃宗以后，皆以生日为节，而德宗不立节，然止于群臣称觞上寿而已。"但《容斋随笔》卷4，《搜采异闻录》卷1，《石林燕语》卷4都认为代宗不置诞节，我推测可能是依据《唐会要》卷29，《毗陵集》卷4，今不取。

② 《石林燕语》卷4记懿宗不置诞节，叶梦得所言实误，今不取。

第二，诞节照例铺张庆祝，例如玄宗诞日，"天下诸州咸令宴乐，休假三日，仍编为令"①。群臣献寿酒，"王公戚里进金镜绶带，士庶以丝结承露囊更相遗问，村社做寿酒宴乐，名为赛白帝报田神"，然后坐饮，"朝野同乐"②。张说颂为"何处无乡饮，何田不报神"。《新唐书》卷22记载了在诞日的各种具体乐舞等盛大庆祝活动。梁锽云："日月生天久，年年庆一回。"张祜说："八月平时花萼楼，万方同乐是千秋。"玄宗自诩，"风传率土庆，日表继天祥……处处祠田祖，年年宴杖乡"。为庆寿诞，四品以上官可获得金镜、珠囊、缣丝赏赐，五品以下官可得绢帛。有的丰收年，诞节日召京兆父老赐宴，"自朝及野，福庆同之，并皆坐食，食讫乐饮，兼赐少物，宴讫领取"③。个别年岁诞日时，令"天下百姓租庸，并宜放半"④。

第三，诞节庆贺与佛、道协调。唐朝在政治与思想文化领域都比较开放，宗教信仰比较自由，儒学和佛学、道学兼容并包。不少皇帝利用诞节广度僧道、暂停屠宰、缓判大辟罪。肃宗诞日三殿置道场，梵香赞呗，设斋奏乐⑤。代宗诞辰，常度三僧、五僧、七僧⑥。五代朱梁朝诞节，设斋僧道，京内外允许于寿诞度僧。后唐每逢诞节，允许诸州府奏荐僧道⑦。尤其有意思的是德宗和文宗寿诞日，使三教讲论。《刘宾客嘉话录》记"德宗降诞日，内殿三教讲论，以僧鉴虚对韦渠牟，以许孟容对赵需，以僧

---

① 《旧唐书》卷8《玄宗纪》。
② 《唐会要》卷29《节日》；《通典》卷123《礼》。
③ 《册府元龟》卷110《宴乐》，又卷80《庆赐》。
④ 《册府元龟》卷86《赦宥》，但卷490《蠲复》作"并宜放免"。
⑤ 《南部新书》卷壬。
⑥ 不空《表制集》卷1、卷2。
⑦ 分别见《旧五代史》卷3、卷10、卷47。

覃延对道士郗惟素，诸人皆谈毕。鉴虚曰：臣请奏事：玄元皇帝我唐天下（之圣人），文宣王，古今之圣人，释迦如来西方之圣人，皇帝陛下是南赡部洲之圣人"。《旧唐书》卷135《韦渠牟传》记贞元十二年（796年）四月，德宗诞日，三教代表12人"讲论儒、释、道三教"。《新唐书》卷161《徐岱传》云："帝以诞日，岁岁诏佛、老者大论麟德殿，并召岱及赵需、许孟容、韦渠牟讲说。始三家若矛楯然，卒而同归于善。帝大悦，赏予有差。"它说明往往每年利用诞日，三教进行辩论，由开始互相嘲谑，最终能得到统一。白居易记大和元年（827年）十月，唐文宗诞辰，"奉勅召入麟德殿内道场，对御三教谈论"。所撰"三教论衡"，扼要记载了三家的要旨，说明"三殿谈论，承前旧例"①。《旧唐书》卷17下《文宗纪》大和七年（833年）十月"壬辰，上降诞日，僧徒、道士讲论于麟德殿"。帝对宰臣说："降诞日设斋起自近代，朕缘相承已久，未可便革。"宰相路隋等奏，"诞日斋会诚资景福，本非中国教法"。这些是文宗没有恢复诞节前的情况。其后复置诞节，也同样没有终止在诞日三教论衡活动。《旧五代史》卷3记"故事，内殿开宴，召释、道二教对御谈论"。朱梁大明节时，才下令废罢。然而，以唐室正统自居的沙陀后唐明宗应圣诞节日，"召缁黄之众于中兴殿讲论，循近例也"②。这个传统自后晋以至赵宋时仍在继续。宋人洪迈说："国朝命僧升座祝圣，盖本于此。"三教在诞节进行论辩，除了文化上富有学术讨论意味而外，还在于它是中唐时佛、道都建立了诞节之后的聚会，因而，它不能不同时具有重大的政治意义。

---

① 《白居易集》卷86《三教论衡》。
② 《旧五代史》卷37《唐明宗纪》。

　　第四，唐德宗、顺宗、宪宗、穆宗、敬宗五朝文献不记设置诞节。宪宗元和二年（807 年）御史大夫李元素上表云："德宗、顺宗即位，虽未别置节日，每至降诞日，天下亦皆休假。"① 穆宗初即位，太常礼院奏称，"虽不别置节名，其休假献馈如旧"②。敬宗宝历元年（825 年）四月，"中书门下奏皇帝降诞日，准故事，休假一日。从之"③。宪宗诞日，上殿接受臣僚朝贺，甚至大宴群臣三日④。凡此种种表明，未置诞节的五朝同样存在诞日休假，少则一日，多至三日，与过去无甚差异。更有突异的是穆宗诏称："今（七）月六日是载诞之辰，奉迎皇太后宫中上寿，朕既获申欢慰，亦欲公卿大夫同之，宜以今月六日平明，于光顺门集百僚及命妇进名贺，皇太后御光顺门内殿与百寮相见，永为常式。"⑤ 这是一次创举，唐人元稹为此说是"同沾就日之荣，实庆溥天之乐"⑥。宋人一再说，诞日如此"受贺一事盖自长庆年，至今用之也"⑦。从这一角度来看，它比玄宗设置诞节时更有新的发展了。所谓"献馈如旧"，有如德宗时国子主簿侯喜所说："群臣献万寿者，外尽四海，罔有不至。"⑧ 或如刘禹锡所云："凡在臣子，合有献陈。"⑨ 史文所记上述五帝诞日宴会及赏赐百官钱物和茶酒等等都不比过去逊色，可见除了没有正式诞节名称而外，和以往并无本质差别。

---

① 《全唐文》卷 695《请禁以降诞日为节假奏》。
② 《册府元龟》卷 2《诞圣》。
③ 《唐会要》卷 29《节日》。
④ 《旧唐书》卷 15《宪宗纪》。
⑤ 《唐大诏令集》卷 80《令诞日外命妇贺皇太后敕》。
⑥ 《元稹集》卷 26《贺降诞日德音状》；《文苑英华》卷 635。
⑦ 永亨《搜采异闻录》卷 1；洪迈《容斋随笔》卷 6《诞节受贺》。
⑧ 《全唐文》卷 732《唐德宗神武皇帝降诞节献寿文》。
⑨ 《刘梦得文集》卷 22《为京兆尹降诞日进衣状》。

　　第五，唐末国内混乱，南北分裂。北方五代诸帝沿袭唐制设置诸诞节，已详见前表所列。与五代并存，主要立国于江南的十国诸政权是否也同样设置了诞节呢？回答是肯定的。但因诸国传世资料稀少，而又非常分散，今只知其概略。十国中，吴越、荆南与楚三国始终没有称帝。吴任臣《十国春秋》载三国都曾派使向华北诸政权贺诞节，馈送礼品，北方诸政权也曾派生辰国信使南来，祝贺各国国主生辰。后唐诏书提到吴越王钱元瓘"比为诞节斋僧"。出仕吴越的罗隐颂贺钱镠生日，"兴唐宗社作诸侯"①，说明吴越这样的国家也是建立了诞节。至于那些业已称帝的国家，南唐李昪十二月二日生辰置仁寿节，闽、汉、吴越多次派使专程祝贺，据说是"岁以为常"②。冯延巳为南唐后主诞节撰词，"侍臣蹈舞再拜，圣寿南山永同"③。前蜀王建生日置寿春节，现存贯休诗中有15首是为寿春节祝福，"恭唯千万岁，岁岁致升平"，撰写"尧铭"、"舜讼"，大力讴歌诞圣节。前蜀后主王衍七月十五日生辰置应圣节，后蜀后主孟昶诞日置明庆节④。南汉后主刘鋹四月诞日建置乾德节，届时都有庆祝活动。

　　值得注意的，在华北边境所建大辽国君皇诞日，也是建置了诞节。众所周知，契丹族人自北朝以来，长期生活在东北边疆地区，唐梁之际建立辽国，也相应建置诞节，显然是标志着民族习俗在迅速与汉人日趋一致；在山西建国的北汉政府一再派专使去辽，祝贺天清诞节。随后，赵宋代周，随后统一了南北，两宋诸帝的生辰都各立嘉名圣节，有的母后临朝亦立诞节。金人灭辽，

---

　　①　《全唐诗》卷657《钱尚父生日》。

　　②　陆游《南唐书》卷1《烈祖纪》。

　　③　《十国春秋》卷115《南唐拾遗》。

　　④　孟昶诞日，《五国故事》作十一月，《全唐诗》卷798花蕊夫人宫词云，七月中元节，"又是官家降诞辰"，二说必有一误。

雄踞华北，诸帝也和辽朝一样各建诞节。这是中唐后社会风俗习惯的重大转折，经历元、明、清而不衰。

前已说明，南北朝后期以来，民间已存在祝贺生辰风尚。唐中宗以来，此风转盛。玄宗开元初，柳婕妤妹为夹缬，"因婕妤生日，献王皇后一匹。上见而赏之"①。其后，王皇后失宠，她哭泣对玄宗说："陛下独不念阿忠（按：忠是指王后父仁皎）脱紫半臂易斗面为生日汤饼邪？帝闵然动容。"② 这些是玄宗建置诞节前业已存在祝贺生日的例证。

朝廷正式建置诞节后，社会上庆贺生辰的活动更为活跃了。《杨太真外传》记天宝中，宫中养有众多刺绣织锦及雕镂器物之工，以"供生日及时节庆"。安禄山正月二十日生辰，玄宗和杨贵妃所赐衣物宝器酒馔极多③。杜甫对儿子宗武说，"小子何时见，高秋此日生"，以示纪怀。《因话录》卷3记太尉西平王李晟生日，"中堂大宴"，已经出嫁的女儿都回家祝寿。《金华子》卷下记文士李郢在外地，急于赶回家"为妻作生日"。不期为友人挽留，只好寄诗妻子，"鸳鸯交颈期千载，琴瑟和谐愿百年。应恨客程归未得，绿窗红泪冷涓涓。"唐末高骈每逢生日，幕僚崔致远等多次献物，撰文祝福。《五代史补》记荆南节度使成汭生辰，"淮南杨行密遣使致礼币"。徐温在吴国掌握军政大权，他诞生日，养子徐知诰每年送大礼以固恩宠。吴庐州刺史、安西大将军张崇生日，"僧道献功德疏，祈祝之词，往往上比彭宋"。武安节度使周行逢"生日，诸道各遣使致贺"④。前蜀宁江节度使王宗黯生日，"部下属县皆率酿财货以为贺礼，巫山令裴垣以

① 《唐语林》卷4《贤媛》。
② 《新唐书》卷76《玄宗王皇后传》。
③ 《通鉴》卷216。
④ 《类说》卷31引《续世说》；《十国春秋》卷73《徐仲雅传》。

编户羁贫独无庆献"，乃寻找借口，把该县令沉入江中①。在大讲排场送礼成风祝贺生辰的社会条件下，有位张县令竟贴出告白，某月某日他生日，"诸县人不得献送"。一位县吏看后对旁人说，县令如此告白，明显是让众人知晓。生辰日，"各持缣献之曰，续寿衣。宰一无所拒"②。如此倚仗权势借生日为名搜括下属，可视为皇帝诞节具体而微的新体现。

在此顺便提一下与生辰有关的洗儿贺礼。杨贵妃洗安禄山为儿的传奇性故事乃是首开其端。此后，其风不可止。韩偓《金銮密记》载唐末大乱时，昭宗被宦官劫持出奔凤翔李茂贞，天复二年（902 年），朱温发兵声讨，其时"皇女生三日，赐洗儿果子，金银钱、银叶坐子、金银铤子"。政治形势如此恶劣严峻，洗儿贺礼之类赏赐仍难停废。诚如宋人洪迈所言，"盖官掖相承，欲罢不能也"③。

二　佛诞节

唐玄宗天宝五年（746 年）陈希烈上奏，提到"四月八日佛生日准令休假一日"，说明在此之前佛诞已定为官节。开元十七年（729 年），张说等建议设置诞圣节的报告，业已谈到"孟夏有佛生之供，仲春修道祖之箓"④。所称孟夏、仲春的佛道崇祀未知其确切含义，是指民俗祀日，还是官定节日不易判明。从开元天宝时的事迹看来，有可能佛道诞节已先于诞圣节而建立。

关于佛祖生日，丁福保编《佛学大辞典》云：经论记佛生

---

① 《十国春秋》卷 115《拾遗》。
② 曾慥《类说》卷 19 引《骇闻录》。
③ 《容斋四笔》卷 6《洗儿金钱》。
④ 《册府元龟》卷 2《诞圣》。

之月日有二月八日与四月八日二说，其中多以周岁建卯四月八日为正当。《长阿含经》四曰："二月八日佛出生。"《灌佛经》曰："十方诸佛皆用四月八日夜半时生。"《萨婆多论》曰："二月八日生。"《瑞应经》曰："四月八日生。"今虽用夏历，而以四月八日为佛生日。谨案上述四经分别为后秦、西晋，唐、孙吴时的译经。说明经论所记佛生确有不同说法，难以辨明真伪或孰是孰非。

佛教自汉代传入中国后，信徒日增，中国人谈论佛祖生辰大都是四月八日。《弘明集》卷1所收汉人牟子（牟博?）《理惑论》，已有"佛从何出"的答问。他说："四月八日，从母右胁而生。"这是我所知华人谈论佛生日的最早记载。其后，南齐顾欢所作《夷夏论》，他是比较偏袒道教的隐士，文中引用《道经·玄妙内篇》所述，说老子西去天竺，乘国王夫人净妙昼寝，"乘日精入净妙口中，后年四月八日夜半时，剖左腋而生"佛①。撇开道士们的离奇编造，四月八日佛出生是与佛经所述相一致的。东晋孝武帝时，北府兵将领刘牢之的儿子刘敬宣八岁丧母，"四月八日，敬宣见众人灌佛，乃下头上金镜以母灌，因悲泣不自胜"，人们视为"家之孝子"②。晋、宋之际的江南隐士沈道虔"累世事佛，推父祖旧宅为寺，至四月八日每请像，请像之日，辄举家悲恸焉"③。梁武帝在天监十八年（519年）"四月八日，发弘誓心受菩萨戒……暂屏衮服，恭受田衣……大赦天下，率土同庆"④。说明东晋南朝的人们通常是以四月八日为祀佛日。

在北方，十六国中的后赵崇佛非常出名。"石勒诸稚子多在

---

① 《南齐书》卷54《顾欢传》，《南史》卷75作"右腋"。
② 《宋书》卷47《刘敬宣传》。
③ 《南史》卷75《沈道虔传》。
④ 《续高僧传》卷6《释慧约传》；参《梁书》卷2《武帝纪》。

佛寺中养之，每至四月八日勒躬自诣寺灌佛为儿发愿"①。在西域焉耆等地，"崇信佛法，尤重二月八日、四月八日，是日也，其国咸依释教，斋戒行道焉"②。二月八日祀佛，北朝时在内地却难以看到。《魏书·释老志》云："初，释迦于四月八日夜从母右胁而生……世祖初即位，每引高德沙门与共谈论，于四月八日与诸佛像行广衢，帝亲御门楼，临观散花，以致礼敬。"这是北魏初期的祀佛情况。其后，北魏皇室京兆王子推之子元太兴请求出家，"时孝文南讨在军，诏皇太子于四月八日为之下发"，并施与绢帛③。所有上述南北诸地祀佛的事例表明，各地祀佛乃是自发的民间性活动。

隋唐时期，同样大量地是以四月八日为佛生日，《隋书》卷35《经籍志》云："释迦当周庄王之九年（前688年）四月八日，自母右胁而生，姿貌奇异。"《法苑珠林》卷14《千佛篇》引《因果经》云："四月八日，明星出时，降神母胎。"唐代宗、德宗时人顾况说，"四月八日明星出，摩邪夫人降前佛"④，他随即笔锋一转，进而称道，"八月五日佳气新，昭成太后生圣人"。前已说明，唐玄宗出生于八月五日。作者以佛祖母子关系为喻，旨在美化玄宗及其生母窦太后。玄宗虽然比较倾向道教，对佛教有所压抑。可是，若干迹象表明，确定四月八日为佛诞节，休假一日，很可能是在玄宗时。正因为四月八日是法定的佛诞节，佛法无边，所以诗人将千秋节与佛并提。《八月五日歌》写于何年，颇难确定。其时，玄宗（683—767年）可能已经亡故，但玄宗的诞节却仍是多年未废；开元

---

① 《高僧传》卷9《竺佛图澄传》；参《晋书》卷95《佛图澄传》。
② 《北史》卷97《焉耆传》。
③ 《北史》卷17《元太兴传》。
④ 《全唐诗》卷265《八月五日歌》。

天宝盛世在相当长的岁月里为世人所缅怀，文人为之咏歌，即是对佛祖以及人间圣皇的高度赞扬。

唐后期，文宗大和时，兵部尚书王起说："周桓五十年（前710年）岁在甲午，四月八日佛生。"① 所称佛祖生年，虽与隋志所记有出入，但对佛祖出生月日，却并无异说，大概是受官方正统之说的影响。晚唐懿宗时，多次在四月八日祀佛，特别是咸通十四年（873年）"四月八日，佛骨至京，自开远门至安福门彩棚夹道，念佛之音震地"。"公私音乐，沸天烛地，绵亘数十里，仪卫之盛，过于郊祀"②。显然是把佛诞节的祀佛活动推上了新的高峰。

由于佛经对佛诞日本来存在不同的记载。唐朝虽然官方规定了四月八日为佛诞节，实际上有不少寺庙的祀佛日期并非一律，即使在长安也无例外。隋唐之际，长安寺庙"又以二月八日大圣诞沐之辰……每年比旦建讲设斋，通召四众，供食悲敬"③。这种情况，和法显《佛国记》所述在中天竺摩羯提国所见，"年年常以建卯月八日行像"很是一致。唐德宗贞元六年（790年）二月八日，诏葬佛骨于歧阳，在未葬之前，放置宫中供养，"倾都瞻拜，施财物累钜万"④。《南部新书》卷乙记："贞元后，每岁二月八日，总章寺佛牙开，至十五日毕。四月八日崇圣寺佛牙开，至十五日毕。"河西敦煌所在寺院常以二月八日为行像日，张弓先生所撰《敦煌春月节俗探论》已作了详细说明。日本僧

---

① 《宋太宗实录》卷77，至道二年（996年）四月条引。按，《旧唐书》卷164《新唐书》卷167《王起传》只记文宗时为兵部尚书，不记佛生日事。但宋初人所撰实录，必有所据。

② 《旧唐书》卷19上《懿宗纪》；《通鉴》卷252。

③ 《续高僧传》卷22《释玄琬传》。

④ 《册府元龟》卷52《崇释氏》；参《旧唐书》卷13《德宗纪》。

人圆仁目睹武宗会昌元年（841 年）二月八日，长安大庄严寺开释迦牟尼佛牙供养；从二月八日至十五日，荐福寺开佛牙供养；兴福寺亦二月八日至十五日，开佛寺供养；崇圣寺亦开佛牙供养①。这是唐代存在不同日期祀佛的事例。

五代宋初的著名高僧赞宁（919—1001 年）所撰《大宋僧史略》卷中《浴佛》条，记唐僧义净去印度，看到人们每日以吉祥水浴佛，"然彼日日灌洗，则非生日之意"。然而，"东夏尚腊八，或二月、四月八日，乃是佛生日也"。这里又新增出十二月八日是佛生日的说法。验诸史事，亦非虚构。《入唐求法巡礼行记》载开成三年（838 年）十二月八日，"相公别出钱，差勾当于两寺（扬州开元寺、龙兴寺）令诵汤浴诸寺众僧，三日为期"。会昌元年（841 年）十二月八日，"当寺官斋（长安）城中诸寺有浴"，即是很明显的一二例证。

宋真宗时，释道诚撰《释氏要览》卷中《浴佛》引""《譬喻经》云：佛以腊月八日现神变……今我请佛僧，洗浴身垢。原注：今淮北乃至三京皆用腊八浴佛。"又引""《摩柯刹头经》云：佛告大众，十方诸佛，皆用四月八日夜半子时生……时气和适，今是佛生日，人民念佛功德浴佛形像。原注：而今江浙用四月八日浴佛。"说明北宋时，腊八浴佛在京师等地相当流行，四月八日，在江南等地盛行浴佛。而在华北立国的大辽，《辽史·礼志》记二月八日为佛诞，而《契丹国志》卷 27 却说四月八日为佛诞日，"京府及诸州……放僧尼、道士、庶民行城一日为乐"。这一点很类似唐代以佛诞日为"节"。我所看过的宋朝史籍，虽有浴佛、斋会等等活动，却不见有明文允许法定休假，很可能在宋代浴佛已只是民俗相传的节日，而不再是官定的节日了。

---

① 《入唐求法巡礼行纪》卷 3。

三　降圣节(道诞日)

道教是中国汉代自创的宗教，它的形成和先秦以来流行的巫祝乃至老庄学说都有一定的渊源关系。东汉正式形成的道教主要是以三张为代表的教派。汉代的道教并不像佛教那样有明确的创始人，在其初期也没有多少具有理论性的经典，在它传播发展过程中，经过东晋南北朝时期葛洪、陆修静、陶弘景和寇谦之等人的整理改造，才逐步条理化。开始出现了道藏中的三洞（洞真、洞玄、洞神）、四辅（太玄、太平、太清、正一）七部诸书。《抱朴子·内篇》卷8《释滞篇》云："道书之出于黄老，盖少许耳。率多后世之好事者各以所知见而滋长，遂令篇卷至于山积。"自两晋南北朝至隋，道教的传播和信仰者日趋增多。南方"三吴及边海之际，信之逾甚"；北方的道教经过寇谦之的大力清整，"道业大行，每帝即位，必受符箓……迁洛已后，置道场于南郊之傍，正月、十月之十五日……拜而祠焉"①。纵使如此，它并非固定的诞节。因此，我认为自汉至隋，史籍始终未见有关道诞日的明文记载。

李渊创建唐朝，自称与道教始祖李耳同姓，制造不少神话，大力推崇道教，在一段时期内道教简直成了国教，与世俗社会中帝皇诞圣节的出现相适应，随之相应新创了道诞日降圣节。

宋人吴曾《能改斋漫录》卷5指出，"唐明皇以任之良之言，遂以二月十五日为老子生日"。他从历法计算角度出发，认为是搞错了。关于任之良其人其事，余识见浅薄，迄今仍不知所自出。老子的诞辰，《史记》卷53本传没有明白说，国内学人

---

① 《隋书》卷35《经籍志》。

经过研究，大多认定出生于公元前571年，月日时期仍是不得而知。

《册府元龟》卷54记玄宗天宝五年（746年）"二月，太清宫使门下侍郎陈希烈奏曰：谨案高上（？宗）本纪，大圣祖玄元皇帝以二月十五日降生，既是吉辰，即大斋之日，请同四月八日佛生日，准令休假一日。从之"。《唐会要》卷50记此事缺少"谨案高上本纪"一句。案之史传，唐朝最早追封老子为太上玄元皇帝的是在高宗乾封元年（666年）①，我由此怀疑"高上本纪"是"高宗本纪"之误。说道（老子）诞于二月十五日，未知有何依据。不过，由此可以肯定，早在唐前期，官方已规定二月十五日为道诞节了。

若是对史事作进一步稽核，唐朝的道诞节仍有某些疑难点。《旧五代史》卷39记后唐明宗天成三年（928年）正月，"中书上言：旧制，遇二月十五日，玄元皇帝降圣节，休假三日，准会昌元年（841年）二月勅，休假一日，请准近勅。从之"。所称"旧制"是指什么时候的制度呢？《册府元龟》卷54记同一件事，改称"旧制"为"假宁令"②。该令为何时制订，唐律、六典和纪传志文，都无明文。从上述奏文可知，肯定是在会昌元年以前，但又并不是天宝五年的制度。《册府元龟》在同一卷内记

① 《旧唐书》卷5《高宗纪》；《唐大诏令集》卷78。

② 假宁令始于何时，就笔者所见，《太平御览》卷634《治道部·急假》记范宁《启国子生假》条引"假宁令曰……"（第2844页）这是东晋时事，但《晋书》内未记有假宁令事。《北堂书钞》卷32《急假》条，记范宁上奏云："伏见内外众官，皆陈假纷纭，烦默无已，臣谓宜去疾病假，解之故制，一年令赐假日，随其之适，任其取日多少。"所云故制，可能即是假宁令。《唐六典》卷6《刑部》记隋令三十卷，其第二十七为假宁令。2006年，中华书局新刊印《宋天圣令校正》一书，所记宋令中，记唐代假宁令附于卷二十七医疾令之后，整理宋令者将它定为唐开元假宁令，笔者认为所定是正确的，且可藉此释疑。

述"武宗以开成五年（840 年）正月即位，二月敕，三（？二）月十五日，玄元皇帝降生日宜为降圣节，休假三日"。众所周知，武宗以尊道毁佛而出名，规定三日假为降圣节自有可能。不过，《旧唐书·武宗纪》记同一件事是说的休假一日。可以判明，两书记同一件事显有一误。《唐会要》前后两次记载会昌元年二月敕降圣节休假一日①。按常识推断，同一件事，上年已宣布休假三日，不应在一年后无缘无故地改为休假一日。《南部新书》卷丁云："会昌元年（841 年）三（？）月二（？）十五日，敕以其日为老君降诞，假一日。"所书月日明显有错，休假一日是清楚的。《唐会要》卷 50 记："会昌元年二月十五日敕，元元皇帝降诞日，近览天宝二年勅，我圣祖澹然常在，为道之宗……降诞昌辰，理难停废，宜改为降神圣节，休假。百官庶表贻谋之庆，以申严敬之诚。"此敕录文显有删节，提到休假却不记休假日期。开成五年，如果已规定降圣节休假三日，仅仅只过了一年，怎么能说道日休假已陷于停废状态呢？最大的可能是开成五年休假三日之说有误。大概在天宝以后的某个时期，降圣节的休假未能认真执行，会昌元年敕令休假一天，乃是重新作出规定。不论具体情节如何，至少可以证实，自唐玄宗以后经唐武宗以至五代后唐时期，官府明确规定了降圣节的休假制。

赵宋建国以后，自太宗开始已很信道。其后，真宗、徽宗崇道尤笃。真宗为使道教自立门户，竟因梦确立赵玄朗为道教太上混元皇帝，以区别于太上老君玄元皇帝，并尊之为圣祖②。徽宗时崇道更甚，从全国访求道教仙经，设置道阶、道官，"佛改号大觉金仙，余为仙人，大士，僧为德士，易服饰，称姓氏，寺为宫，院为观"，皇帝自称教主道君皇帝①。然而，皇帝难以逆转长期的历史传统，李耳（老聃）声望远比赵玄朗高，朝廷只好下令李耳名号不许士庶渎侮②。宋室南渡后，地无分南北，崇道活动远不如北宋盛行③。吴自牧撰《梦粱录》卷1记杭州二月望日，"天庆观递年设老君诞会，燃万盏华灯，供圣修斋，为民祈福，士庶拈香瞻仰，往来无数"。说明杭州民仍以二月十五日为老君诞日进行祀典。如前所述，二月十五日为降圣节的最早确立是在唐朝。不仅如此，《史记》说老子是"楚苦县厉乡曲仁里人"，即是现今河南鹿邑县，该县潘又泉在一本书的跋语中说："每逢阴历二月十五日，本县乡亲必在太清宫举行朝拜老子的庙会，并且认定这一天是老子的生日，这种一连四天的庙会是千百年来一脉相袭，从未间断过的民间活动。"④ 看来，这一日期的最早确立，也只是在唐朝才有可能。

刊《魏晋南北朝隋唐史资料》第十一期

唐长孺教授八十大寿纪念专辑

1991年7月

---

① 《宋史》卷22《徽宗纪》；《云麓漫钞》卷14 "政和六年" 条。

② 《能改斋漫录》卷13。

③ 《佛祖统纪》卷44《法运通塞志》"四夷唯重佛而不敬道"，"道教中原有之"。

④ 秦维聪著《李耳道德经补正》，中州古籍出版社，1987年。

谱牒与唐代社会小议

《隋书·经籍志》称："氏姓之书,其所由来远矣。"按西汉司马迁所说,记述姓氏专书的谱牒在我国起源很早,"维三代尚矣,年纪不可考,盖取之谱牒旧闻"。"太史公读《春秋历谱牒》至周厉王,未尝不废书而叹也"①。由此可知,大致自商周以来已有了谱牒。

关于唐宋之谱牒,人们往往乐于援引郑樵《氏族略》的一段话:

> 自隋唐而上,官有簿状,家有谱系,官之选举必由于簿状,家之婚姻必由于谱系,历代并有图谱局……自五季以来,取士不问家世,婚姻不问阀阅,故其书散佚而其学不传。

现代不少学者认为,"隋唐而上"是完全包括了隋唐在内。五代以后,谱书散佚,谱学已不相传。我们谨对这种意见提出若干不同认识。

第一,"官之选举,必由于簿状"。鉴于谱牒逐一记述了士

---

① 《史记》卷130《太史公自序》,又卷14《十二诸侯年表》。

人的血统及其婚姻界限，朝廷选举用人，核查簿状谱系，了解所用人士的各种社会关系，这是适应九品官人法的需要。柳芳称之为"有司选举，必稽谱籍，而考其真伪"。隋唐实行科举制，谱学与选举原则上已无直接的关联。

第二，"历代并有图谱局"是指的什么时候呢？就我所知，《通典》卷3记梁武帝时，"谱局因此而严"，似为谱局名称初见于史。唐人柳芳记同一件事，"官有世胄，谱有世官，贾氏、王氏谱学出焉，由是有谱局，令史职皆具"①，他所指是包括了东晋南朝，同样是在唐以前。上引宋人郑樵所说"历代"，似应包括唐朝在内。而我们现今所见资料，唐朝设有图谱院、图谱宫，却未见有图谱局。南朝设图谱局负责全国诸姓氏的谱系，唐代的图谱院只是李唐皇室宗正寺官，它并不管理全国其他姓氏。因此说郑樵所表述的包括了唐朝在内，恐怕并非很准确。

第三，五代以来，谱书散佚不传，应当承认，这是唐末社会大乱以来的重要社会现象。不过我们不能具有过于绝对化的认识。洛阳周氏在唐末避乱徙广陵，出仕于南唐的周廷构，"簪组相继，谱牒存焉"②。这是中原民庶谱书在唐末大乱后依然存在的实例。周世宗时，进士及第的韩溥，在宋太祖、太宗时，"详练台阁故事，多知唐朝氏族，与人谈亹亹然可听，号为近世肉谱"③。如果唐代谱牒都已散佚，五代宋初人士何所依据谈论唐朝姓氏。刘恕撰史，"自历数、地理、官职、族姓，至前代公府案牍，皆取以审证"④，它所取证的族姓自是谱书。宋仁宗时，江西人欧阳修为编纂其家系族谱，"以其家之旧谱问于族人，各

---

① 《新唐书》卷199《柳冲传》。
② 徐铉《徐文公集》卷15《周君墓志铭》。
③ 《宋史》卷440《韩溥传》。
④ 《宋史》卷444《刘恕传》。

得其所藏诸本，以考证其同异，列其世次"；他主张"谱随亲疏，宜有详略"。所撰欧阳氏族谱从唐僖宗时抗拒黄巢大军的欧阳琮起，分别开列其支系①。其后，王安石撰许氏世谱，自曹魏许据而下，一一列举其名字官称，而终于宋仁宗时的许元等人，他说，"余谱许氏，自据以下，其绪传始显焉"②。自北宋建国至仁宗时，已逾70年。如果说，唐末五代以来已无谱书相传，宋人是很难熟悉唐代姓氏的，王安石也自然不可能按世系撰写许氏谱。宋末周密《齐东野语》卷11称谱牒难考，并不是说无谱可考，他指摘欧阳修所撰族谱疏漏甚多，世系与年岁不合。"欧阳氏无他族，其源流甚明，尚尔，矧他姓邪?"宋朝著名文史专家欧阳修撰写族谱，"号为精密"，仍出现不少错误，在于他所凭借的众多谱书存在不少讹误有以致之，虽经他审核考订，仍不免存在谬误。《新唐书·宰相世系表》称，"诸臣亦各修其家法，务以门族相高"。唐代三百多位宰相的出身很复杂，他们竞相标榜自己的家族，在各自撰修的谱牒中尽量曲为解说，宋朝人吕夏卿"学长于史，贯穿唐事"，"通谱学，创为世系诸表，于《新唐书》最有功"③。正是由于唐朝宰相诸家曲叙自家谱系，以致世系矛盾丛生。宋人洪迈指出，"《新唐宰相世系表》皆承用逐家谱牒，故多有谬误"④。通晓谱学的吕夏卿如果没有大量唐人谱牒的存世，他是不可能探索唐代诸族谱系的。

　　通过上述简略具体考察，可知郑樵所概述谱学发展诸情况并不是十分准确的。

　　谱牒在我国古代的相当长时期内存在着官谱与私谱的区分。

① 《欧阳文忠公集》卷71《欧阳氏谱图序》。
② 《王临川集》卷71《许氏世谱》；参《宋史》卷299《许元传》。
③ 《宋史》卷331《吕夏卿传》。
④ 《容斋随笔》卷6《唐书世系表》；参《日知录》卷23《氏族相传之讹》。

《隋书·经籍志》记"汉有帝王年谱，后汉有邓氏官谱"，两者都是官谱。《史通》卷10《杂述》称"扬雄家牒"、"孙氏谱记"等是指各自的"家史"。《汉书》卷87《扬雄传》历叙其先祖自上古以至他本人的传世经历，唐人颜师古注云："雄之自序谱牒盖为疏谬。"说明《扬雄传》是多据私谱资料撰成。自汉以后，经魏晋六朝以至隋唐，官谱与私谱是长期并行不悖同时存在于世的。

"以纪氏族继序"的唐代谱牒①，继续存在官撰、私修二大体系。以编修《贞观氏族志》为例，太宗令高士廉等"遍责天下谱牒，质诸史籍，考其真伪，辨其昭穆，第其甲乙……分为九等"②。由官府出面征集全国各地的谱牒自是私谱，经过官府审订，区分等第，制作官谱。这是意味着官谱撰修是以私谱为基点经过一番既定的程序和选材，加以改编而成。

唐代官谱修撰最有名的是太宗时《贞观氏族志》、高宗时《显庆姓氏录》、开元初完成的《姓族系录》以及宪宗时的《元和姓纂》。对于这些官谱，瞿林东先生《唐代谱学简论》已有中肯介绍，此不赘述，

谱书在社会上的作用，在汉、魏时期，我们尚难明显看出它和社会诸阶级存在着有何特殊的密切联系。门阀士族兴起以后，西晋尚书郎挚虞撰《族姓昭穆》十卷，"足以备物致用"③。他在书中对姓氏条列品第，很可能是我国谱书品分等第的创始。田余庆先生的力作《东晋门阀政治》通过王、郗、庚、桓、谢等数个家族的活动，生动地体现了大族们与皇族司马氏共天下的局

---

① 《唐六典》卷10《秘书省》；《旧唐书》卷46《经籍志》。
② 《通鉴》卷195贞观十二年正月。
③ 《晋书》卷51《挚虞传》。

面。从此，谱学开始成为社会上的专学，除了前引柳芳所指出的
而外。五代赵莹也说："古者衣冠之家书于图籍，中正清议，以
定品流，故有家史家传、族谱族图，江左百家，轩裳缀轩，山东
四姓，簪组盈朝。"① 正是这样的社会条件，东晋南北朝时，以
谱牒别贵贱，社会上研习谱学成为风气。

隋代建国，"罢乡举、离地著、尊执事之吏"，"隋开皇氏族
以上品茂姓则为右姓"②。上品茂姓为右姓的方针，很难完全符
合门阀士族的宗旨。李唐最高统治集团力图重建衰颓中的门阀士
族，上述几次唐前期大的官修谱牒活动便是官府为此所作出的重
大努力，但这些企图是一次又一次地失败了。

中唐以后，官修谱牒日趋式微，私谱撰修日益盛行。处于这
样的社会条件下，李唐皇室和皇后也都纷纷撰谱。《唐会要》卷
36 记永泰二年（766 年）柳芳撰《皇室永泰谱》二十卷。开成
四年（839 年），柳璟修《续皇室永泰新谱》。同时，李衢受命
修皇后谱牒。此外，《玉海》卷 50 还记有皇唐玉牒、天潢源派
谱、皇室新谱、皇孙郡县主谱等等，这些凭借官府权力所修谱
牒，理应称为官谱，实际上已与民间私谱没有多大差异。以玉牒
为例，唐文宗时，才创始的皇唐玉牒乃是"帝籍"。唐置修玉牒
官一人，掌帝籍及皇族亲属、昭穆之序③，它和私家族谱的内涵
区分不大，这种局面遂为赵宋所沿袭，惟改称皇宋玉牒而已④。

随着士族的衰颓，唐人已不再像南北朝那样重视官谱，谱
学也不如过去那样兴旺红火。唐初诗人寒山说，"张王李赵权

---

① 《玉海》卷 50 《艺文·谱牒》。

② 《新唐书》卷 199 《柳冲传》。

③ 《唐会要》卷 66 《宗正寺》；《新唐书》卷 46 《百官志》；《宋会要辑稿·职官》。

④ 《宋史》卷 164 《职官志》；《宋会要辑稿·职官》20 之 55 《修玉牒官》。

时姓,六道三途事如麻"①,显示着社会姓氏已有了较大变化。如果说,两晋南北朝时,王、李、赵诸姓曾是著名大族姓氏,而张姓却并非显族。唐代的张、王、李、赵都成了著姓,它和另一位唐人柳芳所说"今流俗独以崔、卢、李、郑为四姓,加太原王氏为五姓,盖不经也",可谓是互为表里的。所称流俗当是指上层人士的观点,崔、卢、李、郑、王乃是旧士族名号的遗留,而张、王、李、赵的称谓主要是民间人口最多姓氏的概述,双方的着眼点很不相同。孔至在玄宗时撰《百家类例》,"品第海内族姓"。"以张说等为近世新族,剟去之。说子坦,方有宠,怒曰:'天下族姓何豫若事,而妄纷纷邪?'"② 类例乃是私人著作,并非官修,它清楚显示出江南士族后裔孔至对新进官僚的嫉怨激烈程度。南宋赵彦卫《云麓漫钞》卷3云:"唐人尚氏族,推姓显于一郡者谓之望姓,如清河张、天水赵之类。"诸如此类的族望、郡望、门望,自中唐以来,不再具有往日门阀士族兴旺时的门第象征,而逐渐演变为没有多大实际意义的社会习俗。李唐刘知幾、赵宋宋子京都对此有所论列。有人说,六朝以前,谱学在官,唐、宋而下,谱在私家。如此表述,恐怕是并不很确切。官谱自汉至唐中叶相当盛行。私家撰谱从汉、晋以来一直非常流行,到了中唐以后,它的撰修方式出现了较大的变化。

　　唐德宗贞元八年(792年),于邵撰《河南于氏家谱后序》,谈到他的高叔祖于志宁在唐初"修集家谱,其受姓封邑,衣冠婚嫁,著之谱序,亦既备矣"。此后170年间,"家藏一本,人人遵守,未尝失坠"。我们知道,于氏本是北朝胡族,自于栗碑

---

① 《全唐诗》卷806;参《宋高僧传》卷19《寒山子传》。

② 《新唐书》卷199《孔至传》;《封氏闻见记校注》卷10《讨论》。

以至于谨，历仕元魏、北周①，于谨在周隋间身居大官，他的曾孙于志宁撰家谱，所记家族事必详。安史乱事使中原成为战场，于氏族人同样遭难。"旧谱散落无余"，政局稳定以后，于邵注意到百余年来，子孙繁衍，按以往办法统一修谱，面临很多困难，"纸幅有量，须变前规"，他为此决定，改为分房支修谱，"每房分为两卷"，而且只系九代，若是"衣冠人物"不多、子孙名位不扬、寂尔无闻的房支，还可以数房合编一谱②。由于唐谱无一保留到现代，分房修谱的具体内容已不可详知。于邵立意仍以衣冠人物为对象而作家谱，这种分房支修谱的方式，在此后广为流行，上述唐末河南周氏谱是如此，北宋四川人苏洵、江西人欧阳修所纂族谱，原则上也是如此。苏洵说："谱之所记，上至于吾之高祖，下至于吾之昆弟。"③欧阳修云："谱图之法，断自可见之世即为高祖，下至五世玄孙，而别自为世……凡诸房子孙各纪其可当纪者。"④宋末文天祥说："族谱昉于欧阳，继之者不一而足。"⑤他们撰修族谱已不详述祖先缘起，一律采取分房编修。宋人认为这是始于欧阳，其实它是中唐以来的通常做法。苏洵修谱时，收录了"贫而无归"的族人⑥，这似乎是唐代修谱时所没有注意到的，可能是宋谱新增内容和新的发展。总的说

---

① 《新唐书》卷72下《宰相世系表》："于氏，出自姬姓。"似乎于氏是汉族人，清沈炳震《新唐书世系表订伪》卷6已辨其伪。参姚薇元《北朝胡姓考》内篇第二，勋臣八姓中之于氏。《日知录》卷23《氏族相传之讹》云："氏族之书，所指秦汉以上者大抵不可尽信。"

② 《全唐文》卷428于邵《河南于氏家谱后序》；参《旧唐书》卷137，《新唐书》卷203《于邵传》。

③ 苏洵《嘉祐集》卷12《谱谱后录上篇》。

④ 《欧阳文忠集》卷71《欧阳氏谱图序》。

⑤ 文天祥《文山集》卷10《跋李氏谱》。

⑥ 《嘉祐集》卷13《苏氏族谱亭记》。

来，中唐时出现的修谱方式开创了明清以来分房支修撰宗谱和族谱的新方式。这种谱牒比以往更为大众化、平民化，广泛流行于民间，而与以往官撰谱牒仅仅着眼于贵族官僚，私撰族谱止于标榜自家姓族高贵的封闭式的谱系乃是大为异趣的了。

刊《唐文化研究》

上海人民出版社，1994 年

按，本文原是《一得集》所收《谱牒与门阀士族》的末段，因文字较长，我将它删除了。适逢唐史学会在无锡召开国际唐文化学术研讨会，1993 年 10 月，我持此小文与会，会后结集与会诸公论文，此小篇亦被收纳。

五 代 十 国

　　唐朝灭亡之后，在中国中原地区相继出现了五个朝代和割据西蜀、江南、岭南和河东的十个政权，合称五代十国。

　　五代是后梁、后唐、后晋、后汉、后周。除后梁一个短暂时期以及后唐都洛阳外，后梁大部分时期和其他三代都以开封为首都。五代为期五十四年，有八姓称帝（后梁、后晋、后汉各一姓，后唐三姓，后周二姓），共十四君。后梁和后周的君主是汉族人，后唐、后晋、后汉的君主是沙陀族人。他们都建国于华北地区，疆土则后梁最小，后唐最大。

　　十国是前蜀、后蜀、吴、南唐、吴越、闽、楚、南汉、南平（荆南）和北汉。北汉建国于今山西境内，其余九国都在南方。十国与五代并存，但各国存在时间长短不一，如吴越，割据于唐亡以前，直到五代结束后才为北宋所灭。疆土则南平最小，南唐最大。

五代简表（907～960）

朝代名	创建者	起止年	行用年号	国都	灭于何朝何国
后梁	朱温	907～923	开平、乾化、凤历、贞明、龙德	开封—洛阳—开封	后唐
后唐	李存勖	923～937	同光、天成、长兴、应顺、清泰	洛阳	后晋
后晋	石敬瑭	936～947	天福、开运	开封	契丹
后汉	刘知远	947～951	（天福）、乾祐	开封	后周
后周	郭威	951～960	广顺、显德	开封	北宋

十国简表（891～979）

国名	创建者	起止年	行用年号	国都	灭于何朝何国
前蜀	王建	891～925	武成、永平、通正、天汉、光天、乾德、咸康	成都	后唐
后蜀	孟知祥	926～965	明德、广政	成都	北宋
吴	杨行密	892～937	武义、顺义、乾贞、大和、天祚	广陵	南唐
南唐	李昪	937～976	昇元、保大、中兴、交泰	金陵—洪州	北宋
吴越	钱镠	893～978	天宝、宝大、宝正、正明	杭州	北宋
闽	王潮、王审知	893～945	龙启、永和、通文、永隆、天德	福州、建州（殷）	南唐
楚	马殷	896～951		长沙	南唐
南汉	刘隐、刘岩	905～971	乾亨、白龙、大有、光天、应乾、乾和、大宝	番禺	北宋
南平	高季兴	907～963		江陵	北宋
北汉	刘崇	951～979	天会、广运	太原	北宋

五代的更迭和十国的割据

五代的更迭　自唐中和四年（884年）黄巢起义失败以后，唐朝名义上还存在二十余年。但早被削弱了的朝廷威权这时更加衰微，新旧藩镇林立，战争不休。国家分裂的倾向日益明显。那时，罗绍威据魏博（今河北大名北），王镕据镇冀（今河北正定），刘仁恭据卢龙（今北京），诸葛爽据河阳（今河南孟县东南）和洛阳，孟方立据邢（今河北邢台）、洺（今河北邯郸东北），李克用据太原、上党（今山西长治），朱温据汴（今河南开封）、滑（今河南滑县东），秦宗权据许（今河南许昌）、蔡（今河南汝南），时溥据徐（今属江苏）、泗（今江苏盱眙北），朱瑄据郓（今山东东平北）、曹（今山东定陶西）、齐（今山东济南）、濮（今山东鄄城北），王敬武据淄（今山东淄博南）、青（今山东益都），李茂贞据凤翔（今属陕西），高骈、杨行密先后据淮南，秦彦据宣（今安徽宣城）、歙（今安徽歙县），刘汉宏、董昌据浙东，钱镠据浙西（后又并浙东），王建据两川，王潮、王审知兄弟据福建，马殷据湖南，刘隐、刘岩兄弟据岭南。他们都力图扩大实力。经过多年的相互兼并，逐渐形成了几支较大的势力。在北方，主要是以汴州为据点的朱温和以太原为中心的李克用。天祐四年（907年），朱温灭唐称帝，是为后梁太祖，国号梁，史称后梁，改元开平。五代时期自此正式开始。

朱温本是黄巢起义军的叛徒，受唐封为宣武节度使，据汴州。此后，他逐渐攻占了蔡、徐、郓、曹、齐、濮等州，扫除了今华北的许多武装割据势力。天复三年（903年）又战败称霸秦陇、挟持唐昭宗的李茂贞，消灭了长期掌握朝廷军政大权的宦官集团。中唐以来的强藩魏博、成德也因战败归附朱温。后梁建国以后，除今山西大部和河北北部外，基本统一了黄河中下游地区。乾化二年（912年），朱温为其次子朱友珪所杀。次年，第三子朱友贞平乱后，即帝位。此后，后梁连年用兵，征敛苛重。贞明六年（920年），陈州人毋乙、董乙领导农民起义，势力扩及陈（今河南淮阳）、颍（今安徽阜阳）、蔡三州，后虽被镇压，后梁也开始衰败。

唐中叶后，迁居今山西境内的沙陀部酋长李克用参加镇压黄巢起义，被任命为河东节度使。他控制了今山西中部和北部地区，唐昭宗封他为晋王。朱温灭唐以后，他以拥护唐朝为名，与后梁交战不休。后来，他的儿子李存勗乘后梁内乱之机攻取河北，累败梁军，比较彻底地消灭了中唐以来长期跋扈的河北三镇。龙德三年（923年），李存勗在魏州（今河北大名北）即位，是为庄宗，改元同光，国号唐，史称后唐。同年，他派兵南下，攻占开封，梁末帝朱友贞自杀，后梁亡。后唐统一了华北地区。不久，后唐迁都洛阳。同光三年（925年），后唐又派兵六万攻灭前蜀，但李存勗宠任伶官、宦官，朝政不修，又任用租庸使孔谦敲剥百姓，统治出现了危机。次年，魏州骄兵发动叛乱，后唐庄宗李存勗在一片混乱兵变声中被杀。李克用养子李嗣源继位，是为明宗。他诛杀孔谦，废除苛敛，均减田税，允许民间自铸农器。李嗣源在位八年，战事稍息，农业生产凋敝的局面有所改观，是五代少有的小康之世。长兴四年（933年），明宗病，子从荣企图发动政变，夺取皇位，未成。明宗死后，子从厚继位。次年，明宗养子从珂起兵夺取了皇位，国内陷入混乱状态。

河东节度使石敬瑭是明宗的女婿。他乘后唐内乱，于清泰三年（936年）夏，上表称臣，并认契丹主耶律德光为父，以幽蓟十六州为代价换取契丹援助，大力着手夺取后唐政权。十一月，契丹主耶律德光册立石敬瑭为帝于太原，是为后晋高祖，改元天福，国号晋，史称后晋。闰十一月，石敬瑭攻入洛阳，后唐亡。天福二年（937年），后晋迁都汴州。三年，升为东京开封府。石敬瑭除了割地外，还岁贡绢三十万匹和其他玩好珍异之物与契丹。七年，石敬瑭死，侄石重贵继位，史称出帝或少帝。他在主战的景延广等人影响下，对契丹颇不恭顺。耶律德光便在降将赵延寿等人协助下，与后晋交战五年。开运三年（946年）十二月，契丹军攻下开封，俘虏后晋出帝石重贵，将其北迁，后晋灭亡。次年，德光称帝于开封，国号辽。辽帝占领中原以后，不给骑兵粮草，纵使他们四出掠取，称为"打草谷"，中原民众群起反抗。同年，辽帝被迫引众北还。

刘知远是后晋的河东节度使。当后晋与契丹交战时，他广募士卒，有步骑五万人，声言防备契丹，但却按兵不动。待辽帝将出帝迁往北方后，他于开运四年（947年）二月，在太原称帝，是为后汉高祖，仍用天福年号。随后，他统兵南下，定都开封，改国号为汉，史称后汉。那时，中原因契丹掳掠而残破不堪，公私困竭。刘知远死后，护国（即河中，今山西永济西）、永兴（今陕西西安）、凤翔三节度使连衡抗命。后汉虽出兵讨平，朝廷内部的将相矛盾日趋尖锐。乾祐三年（950年）冬，隐帝刘承祐不甘受将相所制，杀杨邠、史弘肇、王章等权臣，又派人去谋害邺都（今河北大名东北）留守郭威。

郭威当时出镇邺都，督抚诸将，北御辽国。隐帝杀他未成，郭威遂引兵南下，攻入开封，隐帝被乱兵所杀，后汉亡。广顺元年（951年）正月，郭威即帝位，是为后周太祖，改国号为周，史称后周，仍都开封。后周从政治、经济和军事方面进行了一系列改革，开始改变中国北方的残破局面。显德二年（955年），后周世宗柴荣出兵击败后蜀，收复秦（今甘肃秦安西北）、凤（今陕西凤县东北）、成（今甘肃成县）、阶（今甘肃武都东）

四州；此后，又亲征南唐，得淮南、江北十四州；六年，又收复了辽占领的莫、瀛、易三州。同年，柴荣病死。次年，赵匡胤（宋太祖）取代后周，建立北宋。

十国的分立 南方九国中，前蜀与后蜀大致前后衔接，吴与南唐前后相承。

唐末，王建据有西川，后又取东川。天复三年（903年），受唐封为蜀王，占地北抵汉中和秦川，东至三峡。后梁开平元年（907年），王建称帝，建都成都，国号蜀，史称前蜀。蜀土比较富饶，但自光天元年（918年），后主王衍继位后，蜀国朝政浊乱，卖官风气盛行，赋敛苛重，地荒民怨。后唐同光三年（925年），庄宗派兵攻灭前蜀，任命董璋为东川节度使，孟知祥为成都尹、西川节度使。孟知祥训练兵甲，后攻取东川，杀董璋。长兴四年（933年），后唐封他为蜀王，东、西川节度使。次年，孟知祥称帝，建元明德，重建蜀国，史称后蜀，仍都于成都。同年，知祥死，其子孟昶继位。契丹灭后晋之际，后蜀又得秦、成、阶、凤四州，拥有前蜀的故地。孟昶统治后期，君臣奢纵无度，朝政腐败。乾德三年（965年），为宋所灭。

唐末，杨行密据淮南二十八州，天复二年（902年）受唐封为吴王，都广陵（今江苏扬州），传四主。当时，大将徐知诰掌握实权，他访求贤才，杜绝请托，减轻赋敛，二十余年间休兵息民，国家得以富强。顺义七年（927年），行密子吴王杨溥称帝。天祚三年（937年），徐知诰废吴帝杨溥，自己称帝，国号大齐，改元昇元。次年，改姓名为李昇，改国号唐，史称南唐，都金陵（今江苏南京市）。南唐占有今江苏、江西和皖南、鄂东南等广大地区。李昇对外结好邻邦，对内整饬朝政，并禁止压良民为贱民，派人视察民田，按肥瘠分等收税和调兵派役，史称江淮之地"频年丰稔"。昇元七年（943年）李昇死，其子李璟继位。保大三年（945年）派兵攻灭内乱中的闽国，占领汀（今福建长汀）、漳（今属福建）、建（今福建建瓯）、泉州，加上新增置的泰（今江苏泰州市）、筠（今江西高安）、剑（今福建南平）州，共计三十五州，成为南方的大国。此后，李璟日益骄侈，朝政浊乱，任用非人，赋役繁重。保大九年，南唐出兵灭楚，收掠其金帛、珍玩、仓粟等，徙运金陵，大失楚地民心。湖南诸州得而复失，南唐国力迅速衰败下来。交泰元年（985年），李璟献江北、淮南十四州，称臣于后周，去年号。宋建隆二年（961年），李璟死，子李煜即位，是为后主。开宝八年（975年），宋发兵南下渡江，攻破金陵，后主李煜被俘，南唐亡。

钱镠在唐末占据杭州地区，他相继吞并浙东，占有两浙十余州之地。唐昭宗任他为镇海、镇东节度使。开平元年（907年），后梁封他为吴越王。吴越国土狭小，北邻强大的吴（后为南唐）。钱镠戒约子孙，不称帝，不改元，世代交结中原朝廷，借以牵制吴和南唐的侵扰。钱氏统治的八十年间，吴越地域相对安定，经济比较繁荣，宋太平兴国三年（978年），钱俶纳土入朝，吴越亡。

王潮、王审知兄弟在唐末占有福建全境，唐昭宗任王潮为节度使。开平三年（909年），后梁封审知为闽王。王审知统治近三十年。他力行节俭，轻徭薄敛，境内富实安定。审知死后，国内常有乱事，政局非常不稳。闽政权的继承者都崇信道教巫术，他们大兴土木，除了盖宫殿外，还营造了许多工程浩大的道观。费用不足，便公开卖官鬻爵，横征暴敛。保大三年（945年），闽为南唐所灭。

马殷在唐末占有潭（今湖南长沙市）、衡（今湖南衡阳市）诸州，被任为湖南节度使，进而占有桂管的梧（今广西梧州市）、贺（今广西贺县）等州，后梁开平元年（907年）被封为楚王，在长沙建宫殿，专制一方。马殷死后，诸子纷争，政刑紊乱。保大九年（951年），南唐发兵灭楚。

唐朝末年，岭南东道节度使刘隐，逐渐平定那里的一些割据势力，以后，据有西自邕州（今广西南宁市南）、东至潮州（今属广东）的岭南广大地区。后梁贞明三年（917年），其弟刘岩称帝，国号越，不久改称汉，史称南汉，都番禺（今广东广州市）。刘岩及其继承人都残暴荒淫，境内曾爆发张遇贤领导的农民起义。宋开宝四年（971年），南汉为宋所灭。

开平元年（907年），后梁大将高季兴被任为荆南节度使，驻守江陵。同光二年（924年）后唐封他为南平王，所以荆南又称南平。荆南原有地八州（一作十州），唐末，多被邻道所占，高季兴割据后，南平仅占有荆（今湖北江陵）、归（今湖北秭归）、峡（湖北宜昌）三州，在十国中最为弱小。其统治者只有向四周各国称臣，求得赐予。建隆四年（963年），南平为宋所灭。

十国中唯一在北方的国家是北汉。广顺元年（951年），当郭威灭后汉称帝时，刘知远弟太原留守刘崇也占据河东十二州称帝，仍以汉为国号，史称北汉。北汉土瘠民贫，赋役繁重。统治者结辽为援，守境割据。太平兴国四年（979年），宋兵攻克太原，北汉亡。

五代十国时期中国境内的其他政权　五代十国时期还先后存在过其他政权组织：刘守光建燕国于河北北部（859—913年）；李茂贞称岐王于凤翔（887—923年）；党项羌拓跋氏雄踞夏（今内蒙古白城子）、绥（今陕西绥德）等地；在沙州（今甘肃敦煌县城西）有归义军曹氏政权；在甘州（今甘肃张掖）、西州有回鹘可汗，史称甘州回鹘、西州回鹘；今新疆地区还有于阗等国；今青海、西藏一带有陷于分裂状态的吐蕃政权；今云南地区先后出现了大长和（902—928年）、大天兴（928—929年）、大义宁（929—937年）、大理国（937—1254年）等，都是南诏政权的延续；在东北有建国于盛唐时的渤海国（713—926年）；居住在今内蒙古西拉木伦河流域的契丹族，在唐朝灭亡的同年，耶律阿保机统一了契丹八部，势力日强，贞明二年（916年）建立契丹国。后唐时，契丹攻灭渤海国，南向争夺中原。天福十二年（947年），改国号大辽，改元大同。自此以至于北宋，一直与中原王朝对峙。

五代十国时期的社会经济

华北地区社会经济的严重破坏　唐末以后，黄河流域中下游地区受到割据藩镇和五代各朝长期混战的严重破坏。如蔡州秦宗权所到之处，肆意烧杀，中原地区千里没有人烟。朱温与时溥连年交战，徐、泗、濠三州人民不能进行农业生产。朱温战败河北刘仁恭时，自魏州至沧州（今河北沧州东南）五百里内死尸遍地，其中定州（今河北定县）一战，就杀死了六万多人。后梁与晋之间连年战争，使今晋南豫北不少地方"里无麦禾，邑无烟火"。后梁还数度决开黄河以阻挡晋兵，致使今河南、山东广大地区洪水泛滥，造成了巨大的灾难。唐代繁荣的东都洛阳迭经战乱，变成了瓦砾堆，荆棘丛生，在籍的民户还不满一百户。后唐以来，华北平原地区又不断遭受契丹侵扰，卢龙镇所属诸州均遭摧残。后晋时，契丹骑兵深入中原内地，所过之处焚掠一空，千里内"民物殆尽"。开封至洛阳数百里间，人烟稀少；相州民被杀死十余万人。河中（今山西永济西）与凤翔等镇在后汉时发动叛乱，战死饿死的尸体有二十万具以上。自黄巢起义失败以后，在长达六七十年内，大小战事不停。华北地区的兵役和各种劳役异常繁重。统治者视人命如草芥，无辜群众常遭惨杀。战争破坏和苛重赋役促使人民数以万计地饿死或流徙他处。北汉的十二州，盛唐时有二十八万户，而在北汉亡国时仅有三万余户，约为盛唐时户口的八分之一。

南方农业经济的发展 唐末以来，南方虽也不免遭到战争的破坏，但在十国时期，相对华北而言，南方的重大战事较少，政局也比较安定，有利于社会经济的恢复和发展。

自汉魏、六朝以来，成都平原和太湖流域社会经济持续发展。蜀地富庶，前、后蜀时，内部相对稳定，又注意兴修水利，"广事耕垦"。褒中一带还兴办了屯田，农业生产比较发达。吴、南唐、吴越所在的长江中下游地区，大批荒地得到了开垦。吴越在浙东沿海修筑了捍海石塘，以防海潮侵袭；又募民开垦荒田，免征田税，使钱塘成为东南的富庶地区。南方各国多注意水利建设，对农业生产有利。蚕桑丝织业比以往有了很大发展。过去，福建地区生产比较落后。唐末，王氏兄弟进据以后，注意保境息民，宽刑薄赋，劝民农桑。进一步发展茶叶生产，又奖励海上贸易，使福建经济面貌大为改观。自东晋南朝以来，湘江中下游地区的生产已有一定发展。马殷进据湖南后，对湘中、湘西的开发又取得新的成就，粮食产量显著增加，茶业也有一定的发展。楚国令百姓植桑养蚕以交赋税，又开始种植棉花。唐末，北方大乱，不少人"以岭外最远，可以避地"，迁至南汉统治地区。"五十年来，岭表无事"。长期安定的环境有利于发展生产，府库逐渐充实。那时候，州县的设置常和所在地区人口的增加、生产的发展密切相关。《太平寰宇记》所载，五代十国时期全国新置五十九县，绝大部分是在南方，如蜀置五县，吴越设五县，闽增设十三县，南唐新置二十六县（其中有十八县在今江西境内）。北宋统一南北时，原后周和北汉所在的华北地区约一百万户，而南方九国所在地区已有二百三十万户，充分显示了南方农业经济已有长足的进步。

工商业的新发展　诸国混战虽然严重破坏了社会经济，但社会生产并未中断。即使在华北地区，后梁建国初和后唐明宗在位时，都曾分别采取某些恢复生产的措施。后周时，手工业如纺织（丝织、麻织）、造纸、制茶、晒煮盐等生产也有所发展。瓷器制造和雕版印刷业的成就，尤为突出，南方和北方都有精制的秘色瓷器，也都出现了雕版印刷。那时候，诸国林立，兵祸连年，商贸往来受到了严重影响。如蜀国法令规定："不许奇货东出"；后周规定贩运食盐不得逾越漳河。但是，通商贸易、互通有无是大势所趋。华北需要的茶叶，经常通过商人南来贩运，南方茶商的行踪也远至河南、河北，他们贩卖茶叶，买回缯纩、战马。江南人所需的一部分食盐也依赖北方供应。北方诸国从契丹、回鹘、党项买马；蜀向西边各少数族买马。南方的吴越、南唐、楚、南汉等国以进贡方式和北方进行贸易。吴越、闽国与北方的贸易主要是通过海路。那时，对外贸易也很兴旺，东自高丽、日本，西至大食，南及占城（今越南中南部）、三佛齐（今印度尼西亚苏门答腊岛南部），都有商业往来。明州、福州、泉州、广州都是外贸重要港口。吴越、吴国和南唐从海外输入"猛火油"使用，且从海道再输往契丹。

赋役剥削苛重　五代十国时期社会经济虽然在某些地区有所发展，但一些国家的赋役征敛相当苛重。当时，仍沿用唐制，夏秋两征。各国时常检核农民的现垦耕地，据以确定岁租额。但官吏和地主往往相互勾结，以致赋税负担贫富不均。与唐朝相比较，额外收耗名目繁多。后唐时，官府规定收耗数额是每斗税谷加收一升，后汉时，增至两升；雀鼠耗是每斗加收两升。有的官府大斗收进，小斗输出，结果百姓每输一石租须纳一石八斗粮。

某些国家甚至向农民"预借"夏秋税，有的官府在饥荒和蝗灾之年，仍分派使臣到处搜刮民谷，逼使数十万民众饿死，流亡不可胜数。两税以外，还有按人征收的丁口钱、盐钱；按亩摊派的麴钱、农器钱、牛皮税等；又有盐铁税、茶税、屋税、鞋钱等杂税。州郡官吏常常增益赋调，县吏向里胥厚敛，里胥便重征于民，名目繁杂，税率屡增。随着商贸的发展，各国多重征商税，并有过税和住税之分，这些办法，多为北宋所沿袭。

由于战争频繁，人民的兵役负担沉重。刘仁恭在幽燕征发十五岁以上、七十以下的男子自备军粮从军，共得二十万人。北汉规定十七岁以上的男子皆入兵籍为兵。南唐曾强令老弱以外的人全部从军。吴越钱俶"尽括国中丁民"为兵。湖南马希萼调发朗州全部丁壮为乡兵。闽国后期发民为兵，力役无节。当时，为了防止士兵逃亡，特在士兵脸上刺字记其军号，以便各地关津识认、追捕逃兵。另外，各地都征派男、女从事运输，无数人畜累毙途中。朱温攻打青州王师范时，甚至把征发来堆积攻城土山的民丁、牛、驴一起掩埋在土山中。兵役以外，各种名目的土木修建劳役也层出不穷。后唐庄宗盛暑修建营楼，"日役万人"。荆南修理江陵外郭，驱兵民万余人从役。闽主建筑寺观宫殿，"百役繁兴"。赋役严重，既使战乱破坏严重的北方社会经济更难以复苏，也严重阻碍了南方经济发展的进程。

政治制度的一些变化

枢密使 唐中叶以后，宦官专权，神策军两护军中尉与两枢密使号称"四贵"，往往侵夺相权，威逼皇帝。唐亡前夕，朱温诛戮宦官，开始用朝臣充任枢密使。后梁初，曾改为崇政院使，后唐恢复旧名。以后，除后晋曾短期废置外，历朝相沿设置。枢密使通常由皇帝最亲信的臣僚充当，又大多为武将，皇帝经常与其商议军国大事，有时由枢密院直接下令任免藩镇。其时，同中书门下平章事虽居宰相之位，但枢密使的权势凌驾于宰相之上（宰相有时也兼任枢密使）。由于战事频繁，因此，军事机要成为枢密院的主要职司。宋代中书和枢密对掌文武二柄，是在五代开其端。当时，其他各地政权大抵也都置有枢密使或相当于枢密使的官职。

三司使　唐初，财务主要由户部下辖的户部、度支、金部、仓部四司分管。中唐以后，户部、度支、盐铁三司分管租税、财务收支和盐铁专卖、物资转动事务，常由非户部的官员分别以判、知或使的名义分管。唐昭宗在位时，以宰相崔胤兼领三司使，才开始出现"三司使"的官名。后唐曾设置租庸使，管辖三司，又曾命大臣一人判三司事，最后正式设置三司使和副使的专职，掌管中央财务。地方财政也听从三司指挥。以后历朝相承不废，北宋前期的三司理财正是沿袭五代的体制。

削弱节度使权力　五代十国的建国者多是唐末的节度使，他们能建立政权是因为手中拥有强大兵力。建国以后，为了巩固统治，他们都设法削弱地方实力。长期称雄的河北诸镇在后梁、后唐之际被制服以至消灭，就是因为自后梁始，禁军开始强化。禁军除了用以捍卫京师和皇宫外，还被派驻各地，借以牵制和削弱藩镇的实力。朝廷还频繁调动节度使，更换其驻地，以防止他们长期占据一方，形成割据势力。后唐以后，节度使往往兼其他职务，有的因此不能亲临镇所。一些地广兵强的藩镇，也由于地域被一再分割，势力大为削弱。藩帅在本辖区内任命刺史、县令的权力，逐渐被收归中央；对他们举荐、使用的幕僚，也增加了不少限制。后蜀还曾罢除重臣的节度使兼职。当然，这些措施并没有在各地全部实行，君弱臣强的局面未能根本改观，骄兵逐帅、帅强叛上的情况依然存在。后晋成德节度使安重荣曾公开说："今世天子，兵强马壮则为之耳。"但就节度使本身而言，通过以上的削藩措施，它的实力已比唐代大为减弱。

后周的改革与分裂局面的结束　华北地区混乱残破局面在后晋、后汉之际达到了最严重的程度。广顺元年（951年）郭威建立后周以后，开始出现了新的转机。

政治经济改革　郭威出身贫穷，颇知民间疾苦。执政以后，虚心纳谏，任用贤能；停止各地贡献珍贵食物和土特产；免除正税之外的一些苛敛；废免后梁以来长期存在的"牛租"，并将民间牛皮一律官收的办法，改变为按田亩多少分摊；停废营田，将田地、耕牛、农具、庐舍等分还给佃户为其永业，鼓励农民耕垦荒地，留心农田水利。民众的负担有所减轻，因而比较乐于附籍。至广顺三年，后周直接控制的人口增加了三万多户。

显德元年（954年），后周世宗柴荣即位。他广泛收罗人才，继续推进改革。政治上，他澄清吏治，赏罚严明，大臣犯罪，同样法办。又提倡节俭，力戒奢华。经济上，鼓励逃户回乡定居，减免各种无名科敛。对来自西川、淮西和河东等处的流民，一律分给荒闲田地作为永业。颁布逃户田地处理办法，鼓励农民垦殖逃户田，规定田主在三年内回乡的，归还其一半耕地；五年内回归的，给还三分之一。均不包括佃户所盖的屋舍和种植的树木、园圃；五年以外回归的，除坟茔地外，一律不归还。至于从契丹统治下回归的人，对他们在外的年限和获得土地的数量等的限定，都相对放宽。周世宗受唐元稹《均田表》的启发，编制《均田图》颁发州镇长官，还派遣使臣三十四人分赴各地均定田租，查出不少隐匿耕地，使之均摊正税。当时征收正税多不在农作毕功之后，显德三年，后周下令三司：夏税于六月一日、秋税于十月一日开始征收，以便人户交纳。官府一再动员民众修理黄河中下游的堤岸，堵塞黄河决口；疏浚汴水，北入五丈河，以通齐、济运路；又浚汴口，引河水达淮，使漕运畅通。其时，各地寺院林立，隐匿编户甚多。显德二年，诏废闭寺院三万余所，除了皇帝批准的僧尼数额以外，其余一律括还为编户，销毁铜佛像和民间铜器铸钱，使唐末以来长期缺钱的局面有所改变，有利于商贸流通的发展。

修订刑法　五代十国时的刑法，基本行用唐代的律令格式和编敕，但因历朝都有新颁的敕条，汇编附益，使得格敕前后重复矛盾；因仍唐旧的律令，有的已难解释。显德四年，世宗令大臣们进行整理，唐代律令条文难解的，加上注释；格敕繁杂的，加以删除，汇编为《大周刑统》二十一卷。北宋初年所编的《宋刑统》即就此书略加增删而成。

整军与统一战争　唐亡前夕，朱温诛戮宦官，解散了宦官所领的神策军。以后，朱温以宣武军（汴州军号）节度使称帝，即以宣武镇兵为禁军，设置在京马步军都指挥使。后唐改为侍卫亲军，置马步军都指挥使，是为侍卫司。后周又增置殿前司，也有马、步军都指挥使。后来又置殿前都点检，位在都指挥使之上，而侍卫司分置马军和步军两指挥使，不置都指挥使。

显德元年，周世宗初即位，北汉发兵攻潞州，世宗率领大军亲征，战于高平（山西高平），这次战役虽然击退了北汉、辽联军，但也暴露了禁军不守军纪、战斗不力之弊。侍卫司的马军和步军两个指挥使樊爱能、何徽临阵溃退，并劫掠辎重，还扬言周军已败。世宗处决了这两个指挥使和中级将校七十余人，整肃了军纪。高平之役前，世宗已令诸道招募包括山林亡命之徒的骁勇者充兵，班师后，世宗便命令检阅诸军，淘汰老弱，选拔精锐为殿前诸班。从此，朝廷拥有一支强大的劲旅，为进行统一战争创造了条件。

显德二年，周世宗命一些臣僚各撰写一篇《为君难为臣不易论》和《平边策》。其中王朴的《平边策》提出先易后难的战略方针，建议先取南唐江北诸州，继取江南、巴蜀、岭南，最后才取太原。这一建议成为后周和以后北宋统一全国的指导方针。就在这一年，周世宗出兵后蜀，收回秦、凤、成、阶四州。次年发兵攻南唐，经过三年苦战，得淮南、江北十四州六十县。从此，加强了对江南的军事优势，充实了国家的人力、财力。显德六年四月，乘辽内部纷争之机，世宗统率水陆大军北伐，不到两个月，便攻取瀛、莫、易三州十七县。五月，正当周军胜利向幽州推进时，世宗突患重病，被迫回师。六月世宗卒，子宗训即位，年仅七岁。显德七年（960年）正月，殿前都点检赵匡胤制造辽兵南下的假情报，统兵出征。在陈桥（今河南开封东北陈桥镇）发动兵变，率军返京，废后周恭帝自立，改国号为宋。

宋建国后，先集中兵力平定统治领域内的反抗力量，随后，采纳赵普建议，先削平南方的荆南、南汉、南唐、吴越等国，统一了南中国。太平兴国四年（979年），宋太宗出兵太原，北汉主刘继元被迫归降。至此，唐末以来近百年南北分裂的局面终告结束。

五代十国的科技文化 五代十国时期的科技文化，承唐朝之后，继续有所发展。

雕版印刷 唐朝末年，雕版印刷比较发达的西蜀，印刷品主要是占卜书、字书等。后唐时，开始刻印"九经"。长兴三年（932年），明宗命国子监以西京的石经为根据，校正"九经"，抄写作注，雇雕字匠人刻版印卖。这项工程用了二十年时间，直到后周广顺三年（953年）六月，才刻印完毕。从此，刻本"九经"广为流传。后蜀也专门印制，导致"蜀中文学复盛"。后汉时，又将《周礼》等未刊的"四经"刻版印行。刻印"九经"

促成儒学经典的普及，有利于文化的传播。

史学 史学取得了重要的成绩。《旧唐书》是这一时期撰成的最重要的史学著作。唐代原有吴兢、韦述编撰的前朝国史，历朝实录也比较完备。但由于安史之乱和藩镇战争，历朝实录多有亡佚，特别是武宗以后六十年的实录，未能流传下来。这使唐史的修撰遇到困难。五代时，很重视搜集唐史资料的工作。后梁末帝下诏，征集唐代的家传以及公私章疏；后唐明宗设三川搜访图籍使到成都一带搜寻唐实录，并明令保护唐人碑碣，这就为《旧唐书》的编撰，做了重要而及时的准备。后晋天福六年（941年）至开运二年（945年），刘昫、张昭远等人撰成《唐书》二百二十卷（今本均为二百卷），后世称为《旧唐书》。尽管历来认为《旧唐书》有不少缺点，主要是对原始材料缺乏加工，唐宪宗以前多照抄国史、实录。而唐穆宗以后，系编纂杂说、传记而成。但也因此保存了大量唐代的原始资料，受到后世史学家的重视。此外，王仁裕撰《开元天宝遗事》，记载唐玄宗时的朝野逸事。王定保撰《唐摭言》，详述唐代贡举制度。尉迟偓撰《中朝故事》，记载唐末四朝的旧闻。刘崇远撰《金华子》，记叙唐末朝野故事。孙光宪撰《北梦琐言》，记载唐及五代士人逸事，等等。这些五代十国时期的撰著都有不同程度的史料价值。

诗词 五代十国是词的重要发展时期。西蜀和南唐词人较多，水平也较高，从而成为两个中心：西蜀有韦庄、欧阳炯等人，他们的作品后来由赵崇祚等收入《花间集》；南唐有冯延巳、中主李璟、后主李煜等人，李璟父子的作品，后人集刻为《南唐二主词》。李煜是这一时期最重要的词人。晚唐五代的词大都是描写统治阶级的享乐生活，题材庸俗，境界狭窄，风格柔靡。花间派的作品，就是这种风格的代表。李煜前期的作品也是如此，但他在国亡被俘以后写的词，或慨叹身世，或怀恋往昔，形象鲜明，语言生动，把伤感之情写得很深挚，突破了晚唐以来专写风花雪月、男女之情的窠臼，在内容和意境两方面都有创新，为北宋词的发展开拓了新的领域。

绘画　五代十国的著名画家有后梁的荆浩、关仝，南唐的董源、巨然、徐熙，后蜀的黄筌等人。荆浩擅长画崇山峻岭，关仝师承荆浩而有发展，擅长画关河之势，两人并称为"荆、关"，是五代时北方山水画的主要流派之一。董源、巨然擅用或浓或淡的水墨描绘江南景色，两人长称为"董、巨"，是五代北宋时南方山水画的主要流派之一。黄筌擅画宫廷的珍禽异卉，徐熙擅画江湖上的水鸟汀花，两人并称为"黄、徐"。当时有"黄家富贵，徐熙野逸"的谚语，形容两人作品的不同风格。此外，顾闳中所画《韩熙载夜宴图》，至今仍为传世的艺术珍品。

《中国大百科全书·中国历史》第三卷

中国大百科全书出版社 1992 年

跋　语

丙戌初春,老妻突患恶疾,我亦久困心(冠心病已持续29年)脑
(1999年脑血栓大发作,2004年,缺血性脑中风住院)病痛多
年,爱妻重病,顿使小家庭风云突变,生活大为改观。近数年
来,脑力顿衰,往年读写诸事,很有恍如隔世之感。于斯时也,
几位老友敦劝我清理旧作,借以小结生平所为。回顾既往,我在
历史所工作,已逾半个世纪。进入耄耋之年,是应清理小结。几
十年来,外界风云变幻,我不愿随风飘蓬。读书写作,被迫多年
停顿,今兹清理,只有94文,且命题跨度,往往过大,写作粗
疏,实非好学深思精细探微之作,五年前,应兰州大学出版社
约,选录17文,编为《一得集》(30万字),今年统一再编两
集。本集所收23文,由中国社会科学出版社出版;另一集收25
文,交中华书局付梓。编集既完,对比前辈学者论著惜字如金,
乃精心之作。学浅如余,写作数量虽不算少,但质量不高,错讹
必多。敬祈读者严加匡正,是我所期待的厚望。

我不懂电脑,本集中有二篇复印不便,请高凤英女士代为打
印,谨此致谢。

张泽咸

丁亥春4月9日

作者著述要目

一 专著

1. 独著

《唐五代赋役史草》，中华书局 1986 年（1982 年完稿）。

《唐代工商业》，中国社会科学出版社 1995 年（1989 年完稿）。

《唐代阶级结构研究》，中州古籍出版社 1996 年（此书 1985 年 6 月交稿，拖压十余年印刷，错误最多，难以卒读）。

《隋唐时期农业》，台湾文津出版社 1999 年（1998 年 4 月交稿）。

《汉晋唐时期农业》，中国社会科学出版社 2003 年（2001 年 1 月完稿）。

2. 合著

《中国古代史科学》北京出版

社 1983 年。至 1989 年为止，该书重印三次。天津古籍出版社 2003 年出版增订本。我所写二章（六朝、隋唐）由 8 万字增至 10 万余字。

《中国屯垦史》中册，农业出版社 1990 年，我写三国、两晋南北朝、隋唐五代三章，偏重于生产发展方面。

《中国屯垦史》，台湾文津出版社 1997 年，我写汉、六朝、唐五代、辽宋金夏、蒙元五章，偏重于军事需要方面。

《中国航运史》，台湾文津出版社 1997 年，全书五章，我写前三章（上古至南宋）。

《中国封建社会经济史》第二

卷隋唐部分，齐鲁书社 1996 年，我起草提纲，写部分章节。

《隋唐五代社会生活史》，中国社会科学出版社 1998 年。我起草全书提纲，写部分章节。2003 年，该书又获重印。

《中国大百科全书·中国史卷》，中国大百科全书出版社 1992 年，我参写二十余条目，并负责初审不少条目。

3. 个人论文集

《一得集》，兰州大学出版社 2003 年，收论文 17 篇。

《张泽咸集》，中国社会科学出版社 2007 年，收论文 23 篇。

《湘宁集》，中华书局 2008 年，收论文 25 篇。

二　论文

《唐代的客户》，《历史论丛》第 1 辑，中华书局 1964 年。

《略评南朝经济试探》，《历史研究》1965 年第 5 期。

《唐代的寄庄户》，《文史》第 5 辑，中华书局 1978 年。

《曹魏屯田制与汉末农民革命》，《中国农民战争史论丛》第 1 辑，山西人民出版社 1979 年。

《从北朝的九等户至宋代的五等户》，《中国史研究》1980 年第 2 期，此文与王曾瑜合作。

《略论中国战国至清代的粮食生产》，《中国史研究》1980 年第 3 期，此文与王曾瑜、郭松义合作。

《唐代的衣冠户与形势户》，《中华文史论丛》（上海）1980 年第 3 辑。

《汉唐时期的茶叶》，《文史》第 11 辑，1981 年。

《东晋南北朝的屯田述略》，《史学月刊》1981 年第 3 期，河南。

《六朝时期的徭役制度》，《中国古史论集》吉林人民出版社 1981 年。

《唐代的力役》，《魏晋隋唐史论集》第 1 辑，1981 年。

《唐代江南实施均田小议》，《中国古代史论丛》第 2 辑，福建人民出版社 1982 年。

《再论唐代的客户》，《中国古代史论丛》第 3 辑，福建人民出版社 1982 年。

《汉唐时期的水稻生产》，《文史》第 18 辑，1983 年。

《魏晋北朝徭役制度》，《魏晋

隋唐史论集》第 2 辑，1983 年。

《唐代"南选"及其产生的社会前提》，《文史》第 22 辑，1984 年。

《唐代的部曲》，《社会科学战线》1985 年第 4 期，吉林长春。

《试论秦汉至两宋的乡村雇佣劳动》，《中国史研究》1984 年第 3 期，此文与王曾瑜合作。

《唐代杂徭的几个问题》，《中国社会经济史研究》（厦门）1985 年第 4 期。

《论田亩税在唐五代两税法中的地位》，《中国经济史研究》（北京）1986 年第 1 期。

《唐代盛世的屯田与供军》，《平准》第 1 辑，中国商业出版社 1986 年。

《唐代的门荫》，《文史》第 27 辑，1986 年。

《杨炎与两税法》，《中国古代改革家》，中国社会科学出版 1987 年。

《读点校本"建康实录"》，《书品》1988 年第 4 期。

《唐后期屯田的变质与败坏》，《平准》第 3 辑，1989 年。

《唐宋变革论若干问题的商榷》，《中国唐史学会论文集》，三

秦出版社 1989 年。

《六朝隋唐间川东地区的经济发展》，《长江上游开发学术讨论集》，西南师大出版社 1989 年。

《晋代军制中的几个问题》，《中国史研究》1989 年第 2 期。

《读唐师"山居存稿"》，《书品》1990 年第 2 期。

《简评"唐代盐政"》，《东方文化》（香港），1991 年第 1 期。

《唐代五金生产》，（台湾）《新史学》第 2 卷第 3 期，1991 年。

《关于诸葛亮隐居地的归属》，《诸葛亮躬耕地望论文集》，东方出版社 1991 年。

《唐代的诞节》，《魏晋南北朝隋唐史资料》第 11 期，唐长孺教授 80 大寿纪念专辑，1991 年。

《唐代城市构成的特点》，《社会科学战线》（吉林）1991 年第 2 期。

《唐代边境诸族的互市贸易》，《中国史研究》1992 年第 4 期。

《评介"日本学者研究中国论著选译"》第 4 卷（六朝隋唐），《书品》1993 年第 1 期。

《历代屯田概论》，《大百科全书·中国史卷》第 2 册，1992 年。

《五代十国》，《大百科全书·

中国历史卷》第 3 册，1992 年。

《六朝隋唐间福建地区海运发展与开发》，《中国唐史学会论文集》，三秦出版社 1993 年。

《唐代的节日》，《文史》第 37 辑，1993 年。

《谱牒与门阀士族》，《祝贺杨志玖教授 80 寿辰中国史论集》，天津古籍出版社 1994 年。

《谱牒与唐代社会小议》，《唐文化研究》，上海人民出版社 1994 年。

《略论六朝唐宋时期的夫役》，《中国史研究》1994 年第 4 期。

《唐代评定户等与田产的关系》，《杭州师范学院学报》1995 年第 1 期。

《评介"日本学者研究中国论著选译"》第 3 卷（先秦两汉），《书品》1995 年第 4 期。

《魏晋南北朝时期的果品生产》，《湖北大学学报》1995 年 3 期。

《六朝唐宋间农业劳动者的身份地位问题》，《何兹全先生八五华诞纪念文集》，中国社会科学出版社 1997 年。

《从中西对比看中国汉宋之间封建经济结构的若干重要特点》，《中国前近代史理论国际学术研讨会论文集》，湖北人民出版社 1997 年。

《资治通鉴事典前言》，中国旅游出版社 1997 年。

《魏晋隋唐间粮食作物复种及其他》，《高敏先生 70 华诞纪念文集》，中州古籍出版社 1997 年。

《魏晋南北朝时期的蔬菜》，《文史》第 44 辑，1998 年。

《汉唐间河西地区的农业生产》，《中国史研究》1998 年第 1 期。

《汉唐间河套平原及鄂尔多斯高原农牧业生产》，《庆祝杨向奎先生教研 60 周年论文集》，河北教育出版社 1998 年。

《汉唐间蒙古高原地区农牧生产述略》，《中国经济史研究》（北京）1998 年第 4 期。

《汉唐间西域地区农牧业生产述略》，《唐研究》第 4 卷，北京大学出版社 1998 年。

《汉唐间岭南地区的农业产述略》，《九州》第 2 期，1998 年。

《汉唐间东北地区农业生产述略》上，《文史》第 46 辑，1999 年。

《汉唐南东北地区农业生产述

略》下，《文史》第47辑，1999年。

《汉唐间云贵高原农业生产述略》，《唐研究》第5卷，北京大学出版社1999年。

《我与汉唐史研究》，《学林春秋》第二篇下册，朝华出版社1999年。

《读"魏晋南北朝兵制研究"》，《书品》1999年第1期。

《读文存，怀赵老》，《书品》1999年第6期。

《汉代吴越平原农业生产刍议》，《揖芬集》，(《张政烺先生九十华诞纪念文集》)，社科文献出版社2002年。

《秦汉时期黄淮平原农业生产》，《学术界》(合肥)2002年第2期。

《读"六朝士族研究探析"》，

《书品》2002年第1期。

《一部道教史的力作，读敦煌古灵宝经与晋唐道教》，《书品》2004年第1期。

《温故与怀念》，《魏晋南北朝隋唐史资料》第21辑《唐长孺教授逝世10周年纪念专辑》，2004年。

《汉唐间浙江丘陵农业生产》，《杭州师范学院报》2004年第2期。

《六朝史学发展与民族史的崛兴》，《蒙文通先生诞辰110周年纪念文集》，北京线装书局2005年。

《永远的怀念》，《石泉先生90诞辰纪念文集》，湖北人民出版社2006年。

《汉魏六朝时期的吏部运作述略》，《文史》第78辑，2007年。

三 资料整理

《东北古史资料汇编》上中下三册，中华书局内部印行1965年，由张政烺、孙毓棠、陆峻岭共同完成。

《唐五代农民战争史料汇编》上下册，中华书局1979年。

《魏晋南北朝农民战争史料汇编》上下册，中华书局1980年。

《1900—1981年隋唐五代史论著目录》，江苏古籍出版社1985年，与方积六、任三颐共同完成。

作者年表

1929 年

1 岁　12 月 4 日，出生于湖南宁乡世代农家，父母皆是文盲。

1937 年

9 岁　始入山顿湾小学读三年级。我年幼即随家父务农。入学时，识字很少。阿拉伯字也不识，加减乘除符号更不知。常受老师责怪。小学仅仅一个老师，只有国语、算术二门课。学生人数不多，都挤在一个房间上课。

1939 年

11 岁　进入离家约 30 里的宁乡县立第四高小住宿上学，翌年毕业。在进入高小以至初中、高中读书时，放假回家，仍照往常一样，参加农活。由此之故，我对南方水田农作和种植业，都粗有所知。而学习根底很差。

1941 年

13 岁　进入私立友仁中学（今宁乡六中）读初中，校址离家约 70 里的大成桥一所谢氏祠堂。一切吃喝洗漱用水，均取自同一池塘，生活条件极差。连仅有的一个篮球场，也是学生自己动手伐树挖土建成。1943 年，我身患疥疮，全身痒痛，多处流脓，无医可治，只好休学一年，在家用草药敷治。1945 年夏，初中毕业。

1945 年

17 岁　考取湖南省立一中，抗战期间，校址在安化县七星街一所旧祠堂内，旧楼连栏杆也没有，又无灯烛照明。一位男生夜间起床小解，竟坠楼而亡。"一失足成千古恨"。但该校有民主传统，我从那里读到了不少古代作家的爱国诗文，内心大受激励。

1946—1947 年

18—19 岁 1946 年暑假，学校迁回长沙市小吴门外，距校址约 300 米外，便是飞机场，整天声音嘈杂。那时，教学条件艰苦，除数学、物理有教科书外，国语和英语，也都依靠临时刻蜡板油印的文章，史、地、生物、化学等都是老师口头讲，学生边听边记。学校分文、理科，我是文科班学生。自己仅有武昌亚新地学社出版的一本小地图，别无他书；我能背出内地诸省一千多个县名和重要山川名，很受地理教师文士员喜欢。化学老师郭德垂为人老实，教学很认真。每当飞机声响起，班内 73 个学生，绝大多数学生跑出去看热闹，大多老师遇此情况，也就停止了讲课，郭老师仍照常讲课，作实验。历史课老师口才尚好，但思想比较右倾，我不时通过作文加以评议。中山大学毕业的语文教师刘家传数次在我写的文末批注，君好议论，奉劝多读《东莱博议》和《读通鉴论》，增强说服力。由于校内民主空气浓厚，我居然看到了石印本

《中国往何处去？》（即《新民主主义论》）、薛暮桥《政治经济学》等书，思想随之有所变化。1947 年 6 月，长沙发生反内战、反饥饿、反压迫大游行。我情绪激昂，大呼口号，走在队伍前列。暑期收到学校通知，责令家长必须严加管制。事后得知，是教化学的郭老师以自己生命担保我不是共产党，得免开除。而他的儿子却被正式开除了（湖南解放后，其子在衡阳地委工作，很可惜，1957 年，他是"右派"，被整死了）。

1948 年

20 岁 暑期毕业，赴武汉参加高考（因为长沙考点少）我分别报考了清华、北师大和浙江大学。仅参加前二校考试，后全身发热又畏冷，未能考浙大，便提前回家了。随后收到北平二校录取通知，令我经由长江出海，自天津至北平报到。那时，我疟疾未愈，电报请假无回音。病愈后，在家乡教小学。

1949 年

21 岁 长沙解放未久，我持录取通知书至省府，要求北上复学。王首道亲自接见，指出新旧社会不同，此已失效。劝我报考即将

开考的湖南大学。不久，《新湖南报》刊登录取名单，史学系录取24名，我名列第5。由于经济困难，我回老家，在友仁初中任教。那时，教师奇缺，史、地、政治、国语课，我都教，还代他人教过化学和英语课。每周上课不少于30节，还当班主任和教研组长。年纪轻，精力充沛，教学颇受同学欢迎。

1952 年

24 岁　湖南益阳专署分管教育的官员找我谈话，调我去益阳市一中教高中。我胆怯不去。他果断地通知我，不可能再回原校教初中了。过了几天，通知我升大学。中南区内的大学任我自选。于是，我以调干生名义，进入武汉大学历史系读书。我的基础很差，听专家讲课，甚为费力。那时，全校学生一律学俄语，我中学的英语有一定基础，经系主任特批去外语系学英语。由于全班同学大多不愿学俄语，反映强烈，我身为班干部，要起示范带头作用。由是被迫回本系学俄语，当时考试成绩虽不错，可现在连俄语字母也多不认识了。

1953 年

25 岁　武大历史系教师很不齐备，本年应开出的宋辽金元史课，没有老师。我持系主任亲笔信去武昌湖北省图书馆请馆长方壮猷先生来教宋史。那时全校都没有开选修课，各系开课不多。课余，我常去偷听别系的某些课，这在当时是不允许的。有次在中文系偷听黄焯先生讲古汉语课，被他发现，硬是把我赶出了教室。

1954 年

26 岁　当年，武汉出现了百年未遇的洪水大灾。从6月下旬至10月下旬，全校停课抗洪，我是全身心投入。

1955 年

27 岁　这一年，我在校学生会工作。事多，会多。当年，开展对胡风的大批判，我受命监管班内几位持有异议的同学，但没有对他们施加任何压力。

1956 年

28 岁　仍任班主席。大学毕业，面临工作分配。9月1日，通知我到北京历史一所工作。同时分配至历史所的还有四位（陈炯光、舒振邦、吕叔桐、智天成）。至京报到后，分配我学习秦汉史，由于唐长孺教授当时在历史一所、二所分别兼任研究员。11月，所领导决定让我回武汉当唐师助手，好好学习秦汉、六朝史。回武汉大学后，唐师指定我读《史记》、《汉书》和《高僧传》，如有疑问，可不定期去请他答疑。

1957 年

29 岁　4 月至 9 月，我随唐师至京，经常去中国科学院图书馆阅看显微胶卷，摘抄唐师所需要的敦煌资料。还不定期地参加历史所内的大鸣大放和反右派斗争会议。9 月 15 日，返回武汉后，全力投入异常激烈的反右斗争了。

1958 年

30 岁　年初，学校指定我随武大的学生去湖北红安县搞党史调查。当年，红安等地大旱，实际是全力投入车水抗旱。晚上家访，找老红军谈斗争经历，在微弱灯光下，边听边记。然后作出初步整理，最后写成专书。后来，所作调查，均未能发表。经历半年多的光线暗淡写作，视力开始变成了近视。10 月，自红安返校，投入大炼钢铁劳动。11 月，历史系党组织找我谈话，武大留我在校工作，不再返京。唐师做不了主，令我写信请示。很快，历史所向武大人事处、唐长孺和我本人发了五个电

报，说有重要工作，催我立即返京。我在武汉二年，除了去北京半年外，其他时间，我和唐师很少在一处，无从向他学习。

1959 年

31 岁　2 月至 11 月中，我被借调去参加中国历史博物馆建馆筹备工作，分配我搞秦汉和六朝时的文物陈列工作，并写出解说词，培养讲解员。过去，我没有学过考古，这次有机会读了建国十年来的相关文物考古文章，使我大有收获。

1960 年

32 岁　正月初五，离京至山东曲阜参加劳动锻炼一年。下乡首要任务是大力组织村民办公共食堂。在麦收前几个月内，没有吃过粮食，还要大干农活，全身迅速浮肿。整天下地劳动，使我对北方旱作农业第一次有了具体领会。11 月，下乡几十人，同时返京。我入住同仁医院治疗。

1961 年

33 岁　困难岁月，大讲劳逸结合，开会少了。但仍然白天搞批判、谈马列。气氛缓和，我虽有病，利用难得的机会每天彻夜读古书、抄卡片甚多，并在 1961—1962 年间写

出近 18 万字秦汉史论文。两年的夜间长期工作，导致了失眠症的加重，浮肿病至 1963 年夏，基本消失，失眠症在此后大为加重。

1963 年

35 岁　调我进入隋唐组参加《中国史稿·隋唐卷》写作，调动原因，我至今不明。分工写民族、对外关系、思想文化部分，还让我顺便搜集唐代客户资料，并提出自己看法。是年，我由实习研究员提为助理研究员。

1964 年

36 岁　历史所接受外交部下达编撰《中国古代东北史资料》，起自上古以至辽初，我在张政烺、孙毓棠二位领导下，分工摘抄六朝、隋唐部分的相关资料，工作异常紧张，日夜辛勤，整整干了一年。是年，《历史论丛》第 1 辑发表拙作《唐代的客户》，此文在国内和一些日本学者中，获得了好评。

1965 年

37 岁　受命撰文从政治上批判《略评南朝经济试探》一书的修正主义思想。我思想上不通顺，写成学术讨论性文章，刊登于本年《历史研究》第 5 期。

1966 年

38 岁　派往郊区斋堂公社搞四清。不久，调回机关搞"文化大革命"。很快，学部大院成为国内新闻中心，大批各地群众来院内看大字报，乱纷纷一片。我是逍遥派，冷眼旁观。

1967—1968 年

39—40 岁　工军宣传队进驻学部后，我先后被派搞历史专案与"516"专案的部分工作，日夜劳累，宣传队负责专案领导人多次批评我右倾。

1969 年

41 岁　盛夏，全所工作人员一律下放河南息县五七干校，干过多种重体力劳动。还让我监管二位态度强硬的同事，由干校下放到生产队劳动。

1970 年

42 岁　我老母在湖南病故，我是她唯一的儿子，宣传队强调政治运动压倒一切，不批准我回家乡探望和料理。

1971 年

43 岁　林彪逃亡摔死后，全体下放人员迅速撤至河南明港，没有活干了。除传达学习中央文件外，生活自由，无人管束。但初下放时，已正式通知，不准个人带书下乡，因此，无书可读。

1972 年

44 岁　是年秋，历史所全连成员调回北京。宣传队规定非《中国史稿组》写作成员，不许向图书馆借阅书刊，每天要大家学《毛选》。

1973 年

45 岁　中国科学院图书馆也受命不向我们借书，我只能每天早早去那里等候开门，借阅新版《文苑英华》，至傍晚闭馆时回家，长达几个月，天天如此。

1974 年

46 岁　先后主动向宣传队提出请求，批准我参加由唐长孺主持的吐鲁番出土文书整理工作，不允，且批评我是向资产阶级投降。不久，我又提出参加汉简整理工作，仍不许。随后，让我搞《唐五代农民战争史料汇编》，强调这是革命工作的需要。

1975 年

47 岁　反击右倾翻案风盛行，我自动中止了农战史工作，请在《史稿组》工作的同事，从所图书馆借出《全唐诗》和《唐六典》《四时纂要》，通看了《全唐诗》，

抄了不少卡片。那时，还没有复印机，我只好将国内几百年没有出版的《唐六典》全文照抄，分订为上、下二册，共计40万字。又抄出《四时纂要》约一万余字。

1976 年

48 岁　"四人帮"垮台，我加速完成《唐五代农战史资料汇编》，岁末送交中华书局，他们让我续编魏晋南北朝部分。

1977 年

49 岁　《魏晋南北朝农战史资料汇编》按当时所领导人的安排，是分配历史所内其他四五位同事干的。结果谁也没有动手。中华书局负责同志力劝我为之。从1977 年 2 月 18 日开始至 11 月，我编成《魏晋南北朝农战史资料汇编》，采纳朱大渭口头提出将资料分成三类的意见，由我独自操作完成，于1977 年 12 月，送交中华书局。

是年初夏，我应上海人民出版社约，三年内，写出《隋唐五代经济史》。该社将约稿书名和作者，已印发全国。为此，我在交稿时，谢绝了中华书局让我再编《秦汉农战史资料汇编》的要求。是年，历史所恢复招收硕士研究生，报考唐

长孺的竟有 28 人。所领导以唐先生人在外地，令我代看试卷，考生成绩都比较好。最后，决定录取二名，还动员了几位成绩好，又自愿去武汉的北京考生去了武汉。在唐师所出考题中，有释《寄庄户》一词，无一人答案令我满意。写《唐代寄庄户》一文，也算是一份答卷，刊登在《文史》第 5 辑；是年，与王曾瑜合作，撰写了《从北朝九等户至宋代五等户》一文，由王曾瑜交给拟于明年创刊的《中国史研究》编辑部。

1978 年

50 岁　从 1977 年冬开始，我着手清理资料卡片，编写经济史提纲，拟分户口、土地、赋役、阶级、工、商、农业共七章，预计写 50 万字。刚刚开始写几千字，盛夏，猝发心肌梗塞，几致亡身。次日，协和医院诊断患了冠心病。6 月，我去信上海人民出版社，请求毁约。从此，我停止夜间工作，放慢工作速度。是年，我被评为副研究员。应约审看郭朋手稿《隋唐佛教史》提了些意见。同年，陈高华约我写"中国古代史料学"秦汉、六朝、隋唐三章，我只承诺写六朝史学一章。

同年初冬，我开始写作《汉唐时期水稻生产》一文，至 1979 年内完成。

1979 年

51 岁　应陈高华一再要求，同意增写隋唐五代史料学一章，秦汉章因牵涉第三节要写考古文物事，我所知太少，而坚辞。是年，撰写《唐代衣冠户与形势户》一文，修订旧作《汉唐时期茶叶》一文，又与王曾瑜、郭松义合撰《略论战国至清代粮食生产》一文。是年，谢绝所领导几次动员我招收硕士生的建议。

1980 年

52 岁　是年，提前完成杨向奎先生指定我撰写三国、两晋南北朝、隋唐五代三章《中国屯垦史》的编写。杨先生在屯垦史《叙例》中说："当历史所的张泽咸同志，已经交出魏晋六朝隋唐屯田史稿件时，上述几位先生还没有开始写作，形势逼人，只得加强组织。"由于有些先生交稿推迟，《屯垦史》一书，延至 1990 年始出版。从本年度开始的近十年内，我对六朝、唐、宋时期的徭役比较看重，分别写出了多篇论文。从本年开始至 1990 年夏，王毓铨先生长期关注我对役事的研究，或面谈或给我写信，帮助良多。六七月间，我去北戴河休养一个月。10 月，在西安召开全国唐史研究会成立大会，唐耕耦邀我参加会议，所领导指示，我俩只听大会而不发言。

1981 年

53 岁　从本年开始至 1996 年我审看过的研究生论文超过 100 篇。我应邀参加国内多所高校研究生论文答辩，共计 67 次。大致 1985 年前，是硕士生答辩；1985 年以后，多数为博士生论文答辩。我对每篇论文审读着重核实所引资料是否真实可靠，观察论文论点，有多少创新。我据以写出的书面意见，或在答辩会上提出的意见，都是很严厉。本年开始，我与日本学者佐田靖彦交往，以后，与日本国研究中国汉魏六朝隋唐史学者联系日趋增多，送书给我的人数也是不少。

是年，我与方积六、任三颐合编《隋唐五代史论著目录》(1900—1981)，内容包括港台和日本人的有关作品在内。是年，我结束《唐五代赋役史草》写作。开始写《唐代阶级结构》一书；断断续续至 1984 年完成。

1982 年

54 岁　按上级通知，参加编选"历代退休资料"上交。撰写《唐代江南实施均田小议》一文。接受孙毓棠先生一再敦劝，我应邀参加撰写大百科全书条目。为此撰写"五代十国"长条和若干中短条。12 月，所领导决定写作出版多卷本《中国古代土地制度史》，找我撰写《魏晋南北朝土地制度史》专著，我迅速写作，刚写完二章半，心脏病发作，休假一月。领导迅速换人写作，此后我未再参与其事。

1983 年

55 岁　与王曾瑜合撰《汉宋间乡村雇佣劳动》一文。个人写《杨炎与两税法》一文。《文史》第 18 辑发表拙作《汉唐间的水稻生产》。一年后，北京农林科学院作物所李增高先生来信说，读后"深受教益"，"我们从事水稻育种研究工作，还有些问题想当面请教"。随后，他至历史所，和我畅谈了近三小时，我在所内复印了拙文一份送他。是年，北京出版社出版《中国古代史料学》。此后几年间，我收到 8 封对拙作的来信，有质疑的，有询问资料出处的，有感谢的。是年，我写《唐代屯田》长文，其后，《平准》刊物索去，砍头去尾，分作二篇发表。11月，参加武汉大学校庆。

1984 年

56 岁　王毓铨先生赠送《莱芜集》。一年内，五次给我写信，多为商谈徭役事。写《唐代部曲》一文，力辩"部曲佃客制"之说不能成立。

写《唐代门荫》一文。开始起草《唐代工商业》。自汉至宋，我收集了不少资料卡片，原想写一部汉宋间的工商业专著，因涉及工业技术，我是外行，难以写作。因此，写《唐代工商业》时，珍惜所收资料，在书中多少录用了一些，主要是作为源流使用，遂使篇幅增大，有位先生责备我没有写生产关系。我认为建国以来，谈此已多，了无新义。何况，我在《唐代阶级结构研究》一书中，已就国内各阶级状况，有所论述。全书在 1989 年完稿。

8月19日，中州古籍出版社总编庄昭来家约稿，承诺明年七一前，我寄去《唐代阶级结构研究》，他保证一年内出书。次年6月15日，我提前寄去书稿，被该社积压 12 年，至 1996 年出版，且不经商量乱加删改，错讹颇多。书首《绪论》，华东师大专治魏晋南北朝史的刘精诚先生来长信赞誉，说是一篇全面论述了魏晋南北朝时期阶级结构的佳作。

1985 年

57 岁　修改大百科全书条目 20 条，有的基本是改写。

为大百科全书经济卷写《历代屯田》条，费时数月，十分费力。

6月，写《唐代杂徭》一文。

西北大学葛承雍为写研究生论文《唐代的库》与我长谈，颇多新意。写《田亩税在两税法中的地位问题》一文，以驳两税是户税说。

12月，去王毓铨先生家商谈阶级关系士庶等问题，见解互有异同。

是年，我晋升研究员。本年，我接受王毓铨先生劝告，邮寄《唐代赋役史草》一本给美国崔维德教授，他迅速回了信很客气。其后，王先生具告，崔教授拟请我去美国讲学半年，我谢绝了。

1986 年

58 岁　10月，我去四川广元参加一次唐史会议，会议尚未正式开始，历史所急电令归，要我任"顾问"，为美国人汤维强搞一份政治经济文化多方面的具体资料，并让其他几位同事参加搜集，分别列表，由我复核后寄往美国。此事费时数年，颇费精力。

中华书局送来唐师《山居存稿》抄写复印稿，错讹众多，我全力投入，进行核查和加工整理，其中有关辽、金、元史诸文，我请陈高华先生先读，提示修改意见，我费时半年修订，然后送交中华书局排印。

写《唐宋变革论》论文。

是年，通过译者与一位德国教授座谈前、后蜀史二天，他很满意。邀请我去德国讲学三年或五年，我谢绝了。

是年，科研处布置搞一个"汉唐时期开放资料"。

1987 年

59 岁　5 月，完成《晋代军制中的几个问题》，交《中国史研究》编辑部。8 月，编辑部以文字与内容太多太长，令我压缩与删节。

6 月，参加历史所部分人员在香山召开《社会生活史会议》，确定全书七册，每卷 25 万字左右。

1992 年完成。我在会上声明，不任卷主编。返所后，迅速写出全卷提纲，打印 20 份，分送科研处与作者。

8 月，上海师范大学聘我为兼职教授，寄来聘书。11 月，我去该校为研究生讲授《汉宋间寺院生活与寺院经济》，长达一月。

审读北师大博士生论文《晋唐寺院经济》（26 万字），写了七千字书面意见，何兹全先生复信称，此为他一生所见如此认真提出具体意见的第一人，深表感谢。

审读程喜霖《汉唐烽堠制度》书稿，他在中华书局出版该书的后记中，列举了我的具体帮助。

12 月，白钢找我写《唐代政治制度史》，我没有空闲，改聘为顾问。

1988 年

60 岁　在大百科全书工作的杨川等同志持周一良先生亲笔信，让我与田余庆、陈得芝三人在三月至半年内，通改《中国大百科全书·中国史卷》，我深感自己力不能逮，为免因我加入，工作而出差错，三次谢绝，十分遗憾。

审读武大牟发松的博士论文，七人参加的答辩会，进行一整天。

唐师指名要我多提意见，这是我参加67次答辩会时间最长的一次大会。

参加南开张国刚、山大齐涛、李玉福等人博士论文答辩，山东大学正式聘我为兼职教授。之前，该校领导找我谈，动员我调去山大，可不迁户口，来去自由，分给我住房，待遇优等。我谢绝了，乃改为兼职教授。此次论文答辩会后，山大领导安排杨向奎、张政烺、何兆武和我等同登泰山游，大家十分快慰。此后数年，多次去山大参加论文答辩。

6月，接待军科院刘昭祥先生，具体讨论历代军制条目。

8月，逐一审改军科院所送两晋、十六国隋代军制条目。

10月，去重庆参加长江上游开发讨论会。很使我意外，川籍学者大多认为宋以后，四川落后了，自称盆地思想，情绪不高。我为此多次发言，肯定自巴国以后，经秦汉至隋唐，川东地区在日趋发展，我还重点谈到了宋元时代川东的进步，并没有落后。发言颇受与会者欢迎。

是年，为白钢《中国政治制度史》唐史卷写出提纲。在提纲讨论会上，我发言谈了若干意见，会后，白钢让我重新改写魏晋南北朝卷提纲。

写点校本《建康实录》书评校勘很精，标点不理想。

是年（1988）至1998年，任所学术委员10年，在此期间，不计个人恩怨，对所有送审论著，每一份都认真通读。因此，与会发言多，累累受会议主持人阻挠。

1989 年

61 岁　白钢组织写十卷本《中国政治制度》，郭正忠组织写《中国古代盐业史》，都找我帮忙。我推荐黄惠贤写《六朝政治制度史》，以及上古至六朝的盐业；推荐吴丽娱写《隋唐盐业》，他们所写书稿，都交我复读。另外，他人所写《秦汉政治制度史》和《隋唐五代政治制度史》也让我复看，所都提意见，多被作者采纳。

6月，参加河北大学多名研究生论文答辩，一位女研究生在通过后，走到我面前，说我太厉害了，今天在我面前死了一次。她大汗淋漓，头发、上衣皆汗湿了。反省自己，对每个研究生所提问题太多，是有点过分了。

烟台师院任士英找我进修一

年，我每周六给他讲课答疑。

撰文参加诸葛亮躬耕地望学术讨论会。

写《唐代的诞节》一文。写《唐代的五金生产》一文。

填写博士生导师申请表。

复读方积六《五代十国军事史》。

写《唐代与边境诸族的互市贸易》一文。

1990 年

62 岁　1月参加历史所"五老祝寿会"。3月，参加明史组主持庆王毓铨先生80寿辰会。

自知无能，坚决谢绝《文史知识》编辑多次让我写治学经验谈，深表遗憾。

开始整理熊德基先生遗稿三篇，延至1993年完成，计6万字。

写《山居存稿》书评偶尔发现贾循在《新唐书》有传，我整理《山居存稿》时，竟疏忽未能改正，是不对的。

2月，正式办理退休手续。

8月，应日本中国都市研究会邀请，赴日考察古代日本城市遗址并参加有关研讨会。在京都，励波护教授热情送我专书，还主动陪我参观和介绍相关情况，还有十余位日本学者来住处看望和赠书，相处很友好。遗憾的是在京都和东京的学术讨论会上，日本学者提出汉代的一个考古问题，我们一行数人（内含一位专治秦汉史者）无人能答复，深为惭愧。

10月，所领导通知我招博士生二名。

1991 年

63 岁　应台湾文津出版社邀，我与郭松义合撰《中国屯垦史》、《中国航运史》。审读牟发松为山东大学组织编写《中国封建社会经济史》中的《唐代经济史》，质量相当好，我很满意。其后总主编田昌五、漆侠也都很满意通过。

审读程喜霖《汉唐间的过所》书稿，帮他作了些修补。

为海南林巨兴《韦执谊评传》撰写序言。

5月，去军事科学院军制部，参加三国两晋南北朝隋唐五代有关"军制"条目讨论，我提意见甚多。

写略评《唐代盐政》。受命主编《通鉴事典》。次年写《通鉴事典序》，该书由旅游出版社出版。

8月，应邀赴香港大学亚洲研究中心参加1991年隋唐五代史国际研讨会，我提交了《唐朝与边境诸族的互市贸易》一文，会晤了多名港台学者。台湾政治大学王寿南在 11 月和 12 月，两次来信邀我访台。

1992 年

64 岁　写《六朝隋唐间福建的发展与海运》一文。

8 月，参加在厦大举办的唐史研究会。理事会一致通过我任会长，因无力办事，坚决辞掉。

写《谱牒与门阀士族》一文。

从本年开始，上海、山东、吉林、湖北、北京和本所 6 位朋友先后来信或找我面谈，要求跟随我念博士后，有人且将博士论文直接寄来，我自知无能且已退休，因此，一律没有向所领导反映，直接回信谢绝了。

认真审看唐师《魏晋南北朝隋唐史三论》打印稿，并批注我的意见。审读历史所交下《通鉴语译》，提出具体意见。

从本年度开始，获国务院颁发的特殊津贴。

1993 年

65 岁　1 月，写文评介《日本学者研究中国史论著选译》第 4 卷（六朝、隋唐）。

3 月，博士生考试集中阅卷，最终录取谢宝富，拟订培养计划。

7 月，又一次填写申请博导（经济史）表。不久，国务院学位委员会批准我任中国经济史博导。

10 月，应邀去武汉大学参加该校第一次由本单位进行的博导评审工作。

是年，拙作《唐代赋役史草》获第一届历史所优秀科研成果一等奖。

1993 年，1995 年，1997 年，台湾唐史学会开会，每次来函邀请，我一次也没有去。

1994 年

66 岁　从 1990 年以来，一直酝酿写《汉宋时期农业》，有空隙，即清理所抄数百万张卡片，进行分类，按我掌握内容，在本年度，初步拟订出分十个方面编写，估计写成，将达 400 万字。为避免资料使用交叉重复，将卡片反复摆弄、移易，颇费思量。由于健康原因，业已安排就绪，从秦汉至南宋末分十方面写作的计划，迅速化为泡影。1996 年，预感到情况不妙，赶紧调整，退而只集中力量写一个方面。适当吸收其他方面的少量资料。即使如此，宋、辽、金、夏部分仅写出二章初稿，再也无力继续写下去。长期收聚的绝大多数资料变成了废纸，这是个人始料所不及的。

4月，写《唐代评定户等与田产的关系》一文。

参加历史所第一次自评博导会议。

写《魏晋至唐宋时夫役》一文。

博士生入学考试，录取栾贵川。

1995 年

67岁　5月，参加北大、武大几位博士生论文答辩。

9月初，去襄樊，首次参加魏晋南北朝史学会会议。游三峡，甚快慰。

评介《日本学者研究中国论著选译》第3卷（上古秦汉）。

12月，参加续修四库全书修撰会议。是月，《唐代工商业》由中国社会科学出版社出版，不久，又重印一次。

11月，去研究生院，对文史哲学生讲"中国中古史与西欧中世纪史的异同比较"。

1996 年

68岁　1月，意外地收到清华大学三篇硕士论文，颇有不同时俗新观点。

2月，再次参加续修四库书史部的会议三天，我提了不少意见。

5月，收看复旦《东汉政区地理》论文，别有新义。

6月，坚辞李斌城《唐代文化》让我参加写作二章，10月，坚辞为该书写《导论》。

写《六朝唐宋间农业劳动者的身份地位问题》一文。

参加何兹全先生祝寿会，发言谈何先生对奴隶制、军制和寺院经济研究的贡献。

10月，看晏长贵论丹江口水库地区的地理考察论文，颇有新意。

博士生谢宝富通过答辩毕业。

1997 年

69岁　收到学位委员会寄来全国性博士和硕士点申请大批资料，我二次致电坚辞，请今后不再寄送我。

收台湾高明士信，约我写一本唐代经济方面著作，20—25万字，明年4月交稿。自1991年香港会议以后，高明士教授主动与我密切联系，来信甚多，先后送我10本学术著作，主要是有关教育与贡举方面的专著，质量较高。他是一位热爱中国的学者。

武汉柳春新所写政治史博士论文，颇有特色。

博士生栾贵川通过答辩，留研究生院工作。

1998 年

70 岁 4 月，如期给台湾寄去《隋唐时期农业》书稿。本书与后来所写《汉晋唐时期农业》不同，它是从生产力与生产关系两方面比较全面地作了简明论述。台湾回信，我是所约 10 人中第一个交稿者。

两位韩国学生（张甫仁、李重远）被录取入学。

写《我与汉唐史研究》一文。

因病入北京医院住院，双目动手术。

任《文史》编委。

1999 年

71 岁 4 月，脑血栓大发作，双手也发抖，秦斌大夫判断是帕金森病，我坚持每天去医院针灸，长达 11 个月。输液几乎无停顿。自此，头脑常晕眩，记忆力锐减。

9 月 23 日，历史所通知，自 10 月 1 日起停止回聘，我正好以此停带研究生。

10 月 21 日，抱病出席主持沈

冬梅博士后出站学术讨论会。

2000 年

72 岁 缓慢删削《汉晋唐时期农业》书稿，个别则有补充。

指导韩国张甫荣如何着手读《魏书》，以配合论文写作。

草写完《汉晋唐时期农业》序章，请张弓帮忙理顺、修订。

让李重远汉译他在韩国的硕士论文（《中唐后江南农业经济之发展》），使我心中有数，便于指导他旧题新作。

写《汉中地区在汉唐间的农业生产》一文。

12 月，收《中国史研究》编委会聘书。

韩国二生作开题报告。

写《汉代吴越平原农业生产刍议》。

2001 年

73 岁 写《汉晋唐时期农业》结束语，全部书稿托人送交北大交罗新先生，转中国社会科学出版社。

李重远要求休学一年。该生所译本人硕士论文，内容与题目名实不符。

写《六朝士族探析评议》短文。

审看《唐代城傍辨析》一万字，有创新见解。

应兰州大学出版社之邀，自编一论文选集，取名《一得集》。

2002 年

74 岁　1 月，李重远送交提纲，不能用。此后与他反复谈，始终未再交出提纲。

《唐代工商业》获郭沫若中国历史学的三等奖。

6 月，韩国张甫荣通过博士论文答辩，7 月回国。

2003 年

75 岁　写短文，评王承文著《晋唐道教》。写《温故与怀念》，纪念唐师去世 10 周年。

写《六朝史学发展与民族史的崛兴》，纪念蒙文通先生诞辰 110 周年。

2004 年

76 岁　缺血性脑中风发作，住院治疗。

任《文史》学术顾问，寄来聘书。

2005 年

77 岁　写《永远的怀念》，悼怀石泉先生。

2006 年

78 岁　修改 2003 年起草的《汉魏六朝时期的吏部运作述略》一文。

8 月，授予我中国社会科学院荣誉学部委员称号。

12 月，拙作《汉晋唐时期农业》荣获第六届历史所优秀科研成果奖。

2007 年

79 岁　4 月，拙作《汉晋唐时期农业》荣获第六届社会科学院优秀成果二等奖。

10 月，写《律令与晋令》一文。